Walther Streffer

Magie der Vogelstimmen

Die Sprache der Natur
verstehen lernen

Walther Streffer

Magie der Vogelstimmen

Die Sprache der Natur
verstehen lernen

Verlag Freies Geistesleben

Walther Streffer, geboren 1942, Buchhändler und Antiquar in Münster/Westf. Seit 1969 in Stuttgart tätig, Schwerpunkt Naturwissenschaften; von 1991 bis 2007 mit eigener Buchhandlung. Seitdem freier Autor.

Beschäftigt sich seit Jahrzehnten mit naturwissenschaftlichen Themen, vor allem Ornithologie und Evolutionsbiologie. Mitglied der Deutschen Ornithologen-Gesellschaft, des Bundes für Umwelt und Naturschutz Deutschland (BUND). Seit fünfzig Jahren geführte Vogelstimmen-Exkursionen, unter anderem auch viele Jahre für den Bund für Vogelschutz in Stuttgart, jetzt: Naturschutzbund Deutschland e.V. (NABU). Vielfältige ornithologische Reisen innerhalb Europas und zahlreiche Aufenthalte in verschiedenen Ländern der Sahara, in Ost- und Westafrika, der Türkei, in Nordamerika und mehrfach in den tropischen Regenwäldern Indonesiens (Sumatra, Borneo, Sulawesi). Sein bevorzugtes Interesse gilt den Singvögeln, der Entwicklung des Vogelgesanges, der Autonomiezunahme innerhalb der natürlichen Evolution und der Bedeutung intelligenter Individuen für die Evolution der Tiere.

Autor der Bücher: *Wunder des Vogelzuges. Die großen Wanderungen der Zugvögel und das Geheimnis ihrer Orientierung.* 2005. – *Klangsphären. Motive der Autonomie im Gesang der Vögel.* 2009. – *Michelangelos offenbare Geheimnisse. Das Deckenfresko der Sixtinischen Kapelle.* 2012. *Über die Art hinaus. Die Bedeutung intelligenter Individuen für die Evolution der Tiere.* 2016. Verlag Freies Geistesleben, Stuttgart.

ISBN 978-3-7725-2240-6

3., verbesserte und aktualisierte Auflage 2018

Verlag Freies Geistesleben
Landhausstraße 82, 70190 Stuttgart
www.geistesleben.com

© 2003 Verlag Freies Geistesleben
& Urachhaus GmbH Stuttgart
Einbandgestaltung: Walter Schneider; Foto: © Bildagentur Blickwinkel/O. Giel
Druck: DZA Druckerei zu Altenburg GmbH, Altenburg
Printed in Germany

Inhalt

Einleitung 7
Vogelbeobachtung vor 60 Jahren 11
Die «Vogeluhr» und der große Chor am Morgen 13
Eine Vogelstimmen-Exkursion Anfang März. Porträts verschiedener Singvögel 16
    Vogelstimmen in Wald und Park 16
    Vogelstimmen außerhalb des Waldes 39
    Wintergäste 48
Wann treffen die Zugvögel bei uns ein? 51
Porträts unserer ziehenden Singvögel 55
Die Beziehung des Vogelwesens zum Licht 89
Das luftige Element und das Vogelgefieder 91
Eigenwärme – ein Schritt zu mehr Autonomie 100
Formen der Lautbildung in der Wirbeltier-Evolution 106
Über die Lautäußerungen der Singvögel 114
    Gesänge, Rufe und ihre sozialen Funktionen 114
    Spielerischer Stimmgebrauch bei den Singvögeln 119
    Lernprozesse, Lernphasen, Dialekte 130
    Der Gesang der Mönchsgrasmücke 137
    Imitation als höhere Stufe der Lautäußerungen 140
Gesang und Revier 147
    Reviergesang und Revierverteidigung 147
    Wechselgesang und individuelles Erkennen 156
    Gesang, Bewegung und Landschaft 161
Helfer-Arten (Kooperative Brutpflege – zugleich eine Hommage an Johann Peter Eckermann) 168
Musikalische Qualitäten der Vogelstimmen 173
Vom «Dichten der Nachtigall» 183
Betrachtungen zum Klangrevier 187
Ausklang 214

Literaturverzeichnis 217
Nachweis der Abbildungen und Tonbeispiele 228
Allgemeines Register 229
Lateinisch-deutsche Vogelnamen 234
Verzeichnis der Vogelarten 237
Tonbeispiele auf der beiliegenden CD 241
Alphabetisches Register der CD 243

Dank

Dass das Buch zustande kam, ist vor allem Andreas Neider zu verdanken, der mich mehrfach angeregt hat, meine Gedanken zu Papier zu bringen und der auch als Lektor die Herausgabe des Buches betreut hat. Mein Dank gilt ferner dem Verlagsleiter Jean-Claude Lin für sein Engagement, das Buch zu verlegen wie auch Walter Schneider, der als Hersteller die Gestaltung des Buches übernahm und keine Mühe gescheut hat, dem Buch sowohl in der inneren wie der äußeren Gestaltung eine schöne und harmonische Form zu geben. Darüber hinaus möchte ich den Freunden danken, die mich persönlich unterstützt und die Arbeit kontinuierlich begleitet haben, die das Manuskript durcharbeiteten oder mir beim Korrekturlesen eine große Hilfe waren: Berthold Jacob, Harald Falck-Ytter, Bettina und Christoph von Stietencron.

Andreas Suchantke danke ich für seine anregenden und wertvollen Hinweise zum Thema «Gesang und Landschaft» wie auch Dr. Einhard Bezzel, dem langjährigen Leiter der Staatlichen Vogelschutzwarte Garmisch-Partenkirchen, für wichtige Literaturangaben zum Thema Helfer-Arten. Dankbar denke ich an die zahlreichen Exkursions- und Seminarteilnehmer, deren Interesse und Fragen mich vielfältig angeregt und gefördert haben. Zum Schluss möchte ich noch Dr. Friederike Woog danken, die die ornithologische Abteilung des Staatlichen Museums für Naturkunde, Stuttgart, leitet. Von ihr habe ich nicht nur wichtige Literaturhinweise erhalten, sondern durch ihr freundliches Entgegenkommen war es mir möglich, auch außerhalb der regulären Öffnungszeiten in der ornithologischen Bibliothek des Museums zu arbeiten.

Zur Neuauflage

Das Interesse an den Singvögeln scheint erfreulich hoch zu sein. Bereits 18 Monate nach Erscheinen des Buches ist eine Neuauflage notwendig. Es zeigt, dass die Freude und das Bedürfnis, diese liebenswerten Geschöpfe und ihre vielfältigen Gesänge unmittelbar wahrzunehmen, sehr groß ist. Gerne komme ich dem Wunsch des Verlages nach, für das Frühjahr eine Neuauflage vorzubereiten. Die Konzeption des Buches ist unverändert. Es waren aber einige Korrekturen und Zusätze nötig geworden. Vier Bilder wurden ausgetauscht und die Literaturnachweise aktualisiert. Ich möchte wiederum Andreas Neider und Walter Schneider für die gute Zusammenarbeit danken und mich besonders beim Verlagsleiter Jean-Claude Lin für die großzügige Werbung bedanken, die, zusammen mit den durchweg sehr positiven Buchbesprechungen, zur raschen Verbreitung des Buches beigetragen hat. Mein Dank gilt aber auch den Vogelkennern Dr. med. Armin Husemann und Rudolf Donner für wertvolle Hinweise, anregende Kritik und ergänzende Vorschläge. Möge auch diese zweite durchgesehene und verbesserte Auflage bei den Vogelfreunden reichen Anklang finden.

4. März 2005 *Walther Streffer*

Einleitung

*Der Genuss, den es gewährt, in Flur und Wald mit allen Stimmen,
die das Ohr vernimmt, mit allen Gestalten, die flüchtig vor dem Auge vorüberhuschen,
vertraut zu sein, wird fast noch übertroffen durch den Reiz, den es hat,
all diese Gestalten und Stimmen Schritt für Schritt erst kennen zu lernen.*
Otto Kleinschmidt (1931)

Wenn nach kalten Tagen und Nächten plötzlich die Temperatur ansteigt, kann es sein, dass wir bereits Ende Januar von den ersten Vogelgesängen überrascht werden. Amseln, Meisen, Kleiber und Buchfinken sind es vor allem, die sehr früh im Jahr mit ihren Gesängen beginnen. Auch Zaunkönige, Rotkehlchen und Gartenbaumläufer sind bereits im Februar zu hören. Aber es wird noch nicht mit großer Intensität gesungen. Die Gesänge sind zu dieser Zeit meistens leise und in der Regel noch nicht ganz ausgebildet. Zudem werden die Strophen nicht lange vorgetragen. Es klingt etwas zaghaft, so als würde noch geübt, geprobt. Es genügt aber, um in unserer Seele etwas in Schwingung zu bringen. Ab Mitte Februar werden die Gesänge in der Regel lauter und erklingen dauerhafter. Drosseln und Zaunkönige sind weit zu hören. Vor allem lässt der Buchfink den ganzen Tag über seinen kraftvollen Gesang erklingen. Meisen sind jetzt ebenfalls nicht mehr nur am frühen Morgen zu hören. Und es hat seinen besonderen Reiz, darauf zu achten, wie einzelne bekannte Gesänge vervollkommnet werden und wie neue hinzukommen.

Fast alle einheimischen Singvogelarten haben charakteristische Gesänge. Die Anwesenheit eines Vogels nehmen wir häufig nur durch seine Stimme wahr; dabei ist der Gesang oft ein sicheres und schnelles Erkennungsmerkmal. Bei einer morgendlichen Frühjahrswanderung lernen wir die einzelnen Arten in einem großen herrlichen Vogelkonzert kennen. Aber sobald wir beginnen, uns mit dem Vogelgesang zu beschäftigen, erfahren wir rasch, dass es nicht so einfach ist, sich die einzelnen Arten zu merken. Das hat seinen Grund nicht nur darin, dass wir vielleicht zu wenig geübt sind, sondern dass wir oft meinen, nicht musikalisch genug zu sein. Auch Musiker haben anfangs Schwierigkeiten. Es braucht seine Zeit, bis wir die einzelnen Arten sicher erkennen und bestimmen können, weil zahlreiche Arten über einen großen Motivreichtum verfügen und die Individuen einer Art nicht selten ihre Gesänge wechseln und variieren. Auch können sich die Gesangsstrophen innerhalb eines Tages oder im Laufe des Frühjahrs ändern. Außerdem gibt es noch regionale Variationen, so genannte Dialekte. Und es gibt erstaunliche Nachahmungskünstler! Das macht uns verständlicherweise zu Beginn etwas Mühe. Unsere Freude sollte es aber nicht mindern; denn wir haben es bei vielen Singvogelarten mit begabten Sängern zu tun!

Das Anliegen dieses Buches ist es, den Leser zuerst einmal schrittweise mit den einheimischen Singvögeln und ihren Gesängen vertraut zu machen. Ferner werden wir hören, welche musikalischen Qualitäten unsere Singvögel ausgebildet haben, wie sie diese einsetzen und welchen sozialen Funktionen die Vogelstimmen dienen. Wir wollen uns mit dem unterschiedlichen, oft aggressiven Verhalten der Singvögel beschäftigen, warum manche von ihnen gesellig, andere solitär leben, weshalb sich nicht alle Kleinvögel während des Zuges gesellig zusammenschließen und was das alles mit dem Singen zu tun haben mag. Und es ist mir ein großes Anliegen erlebbar zu machen, dass der Gesang nicht nur lebenswichtigen Funktionen dient, nämlich Brut- und Nahrungsreviere zu verteidigen und Weibchen anzulocken, sondern dass sich im Gesang unserer Singvögel – über die biologischen Notwendigkeiten hinaus – ein gewisser Grad von Autonomie ankündigt. Ich möchte das einseitige Bild von der Revierverteidigung erweitern und auch die andere, farbigere Seite zeigen, dass es nicht nur kämpfende Rivalen gibt, sondern dass sich Reviernachbarn auf der Ebene der Gesangsqualität – wie in einem musikalischen Wettstreit – auch gegenseitig anregen und fördern. Singvögel führen uns eine recht nachahmenswerte Methode vor: sie schlichten nämlich Streitigkeiten an den Reviergrenzen häufig durch Gesang.

Die Fähigkeit zu singen ist im Bereich der Lautäußerungen eine der hervorragendsten Eigenschaften im gesamten Tierreich. Fast alle Singvögel müssen ihren Gesang lernen. Wir werden hören, wie mit der gesangssteigernden Begabung einzelner Arten sich auch der individuelle melodiöse Reichtum der Stimmen entfaltet und wie sich unsere besten Sänger auf diese Weise über das Artspezifische erheben. Die einzelnen Vögel erkennen sich zum Beispiel individuell an ihren Gesängen. Manche Arten haben geradezu kompositorische Fähigkeiten. Spielerisch-Freiheitliches klingt auf. Diese stärker individualisierte Gesangsentfaltung können wir als gesteigerte Innerlichkeit erleben. Und wir können nach und nach auch selbst lernen, einzelne Vögel an ihren individuellen Gesängen zu unterscheiden. Wir werden sehen, wie eng diese individuelle Entwicklung gerade damit zusammenhängt, dass die meisten Singvögel ihren Gesang erlernen müssen, denn je weniger einem Wesen angeboren ist, desto mehr Möglichkeiten hat es, individuell und dauerhaft lernen zu können. Dieser *Mangel* erweist sich als weisheitsvolle Einrichtung der Natur im Sinne Goethes «Dass du nicht enden kannst, das macht dich groß» (GOETHE, West-östlicher Divan, 1819).

Die Beschäftigung mit Vogelstimmen ist mehr als sich Kenntnis der Arten und Gesänge anzueignen. Doch anfangs ist dieser Lernprozess notwendig. Deshalb werden wir uns auf unserem gemeinsamen Weg zuerst den einzelnen Vogelarten und ihren Stimmen intensiv zuwenden. Mit dem Studium der verschiedenen Gesänge beginnen wir am besten sehr zeitig im Jahr, also Mitte Januar oder Anfang Februar, sodass wir Mitte März, wenn die eigentlichen Zugvögel aus ihren Winterquartieren zurückkehren, uns schon eine gewisse Grundlage und Sicherheit erworben haben. So können wir auch leichter heraushören, wann ein neuer Zugvogel eingetroffen ist. Bei sehr frühen Vogelstimmenwanderungen, wie ich sie regelmäßig unternehme, also vor Sonnenaufgang, ist es in der Regel empfindlich kalt. Deshalb sollten wir für warme Kleidung und gutes Schuhwerk sorgen. Ich möchte Sie anregen, vor allem das Frühjahr zu nutzen und so oft wie möglich hinauszugehen, um dem Gesang der Vögel zu lauschen und das Gehörte jeweils zu vertiefen. Beginnen wir zuerst mit den einfachen Gesängen. Je mehr wir üben und aktiv zu hören versuchen, desto vertrauter wird uns der Vogelgesang. Wir müssen hierzu nicht besonders musikalisch sein. Viel wichtiger ist, dass wir lernen zuzuhören und dass wir unser Gedächtnis für Klänge ein wenig entwickeln. Und wo immer wir uns befinden, ob im Wald, Park, Garten oder in der Stadt, die Gesänge dringen mehr und mehr an unser Ohr, weil wir unser Bewusstsein auf die Vogelstimmen richten und unser Gehör daran schulen. Es ist fast so, als ob wir ein neues Wahrnehmungsorgan entwickeln würden. Wenn wir dann beginnen, stärker das Lautmalerische der Stimmen zu beachten und die verschiedenen Gesänge miteinander zu vergleichen, so lernen wir die einzelnen Stimmen sicher voneinander zu unterscheiden, und wir verbinden uns auch intensiver mit dem Wesen des Vogels. Das ist dann mehr als ein ergreifendes Hör-Erlebnis.

Ratsam ist es, einen Vogel gleichzeitig zu hören und zu sehen! So prägt sich der Gesang leichter ein. Zur sicheren Bestimmung sind dabei Fernglas und Vogelbuch fast unerlässlich. Zu beachten sind allerdings die jeweiligen Lichtverhältnisse. So erscheinen Farben und Muster des Vogelgefieders bei trübem Wetter in einem völlig anderen Licht als bei Sonnenschein. Wenn wir die Sonne im Rücken haben und das Licht unmittelbar auf den Vogel fällt, erstrahlen die Federn in ihrem vollen Glanz, und eine Vogelart ist so, im Zusammenhang mit dem Gesang, anhand sicher zu erkennender Merkmale am besten zu bestimmen. Bei untergehender Sonne kann es dagegen sein, dass das Federkleid auch schlicht gefärbter Arten plötzlich einen rötlichen Schimmer erhält! – Je nach Lebensraum erwarten uns unterschiedliche Vogelarten. Beim Bestimmen ist es wichtig, auf Größe, Färbung und Zeichnungsmuster eines Vogels zu achten. Auch die Bewegungsart in der Luft, auf Zweigen oder am Boden kann ein wesentlicher Hinweis sein. Beim Gesang hören wir auf Melodien, vielfältige oder stereotype Motive, Wiederholungen, auf Rhythmus, Lautstärke, Tonhöhe und die Klangfarbe. Aber auch Rufe können charakteristische Erkennungszeichen sein. – Der verständlichen Neugier, die Vögel auch am Nest beobachten zu wollen, sollten wir nicht nachgeben. Höhlenbrütende Arten, wie beispielsweise Meisen, Kleiber oder Spechte, lassen sich bei genügendem Abstand bei der Fütterung ihrer Jungen gut beobachten. Grasmücken oder Laubsänger fühlen sich dagegen schnell gestört und verlassen ihre Nester vorzeitig. Jeder, der nicht wissenschaftlich tätig ist, sollte generell darauf verzichten, nach Nestern zu suchen, um die Vögel nicht zu beunruhigen oder gar den weiteren Verlauf der Brut zu gefährden.

Die meisten einheimischen Singvogelarten werden kurz mit einem Bild vorgestellt und ihre Gesänge bzw. typischen Lautäußerungen auf einer CD erfasst. Die CD soll helfen, sich die einzelnen Stimmen besser einzuprägen. Selbstverständlich kann der lebendige Eindruck eines Vogelgesanges dadurch nicht ersetzt werden, denn auf der CD hören wir meistens nur *einen* Strophentyp. Das vielfältige Gesangsrepertoire unserer *Meistersänger* musste auf wenige Motive reduziert werden. Zudem hören wir in der Regel auch jeweils nur einen Vogel. Wir erleben auf der CD also weder die individuellen Variationen, etwa im Gesang einer Mönchsgrasmücke, noch die unterschiedlichen Motive anderer Sänger derselben Art. Jedes Rotkehlchen hat beispielsweise seine individuellen Gesangsstrophen und variiert diese sehr häufig. Um uns richtig einzuhören, sollten wir deshalb stärker versuchen, die typische Klangfarbe nachzuempfinden, als nur den genauen Gesangsablauf zu beachten. Das ist aufgrund der Mannigfaltigkeit anfangs etwas mühsam, aber es erleichtert uns, den Typus des Rotkehlchengesanges reiner zu erfassen.

Die beiliegende CD sollte nicht dazu verführen, sich lediglich die aufgenommenen Gesänge einzuprägen. Wir können mit diesem Medium nicht in der rechten Weise Anteil nehmen an dem reizvollen und anregenden Wechselgesang der Artgenossen. Gerade der Gesamteindruck, den ein Vogelkonzert am frühen Morgen auf uns macht, wird uns fehlen. Um den *beseelten* Ton eines Vogels in seiner Ganzheit zu erleben, sollten wir auch die typische Landschaft, in der das Vogellied sich entfaltet, mit all unseren Sinnen aufnehmen! Kontinuierliches Üben im Freiland ist der beste Lehrmeister; keine noch so gute Tonwiedergabe kann eine Vogelstimmen-Exkursion ersetzen. Beides miteinander zu verbinden, scheint mir ein Erfolg versprechender Weg zu sein. Da die Gesangsumschreibungen in diesem Buch nicht anhand der CD, sondern nach der Natur erfolgten, können sich im Vergleich zu den Stimmäußerungen auf der CD Abweichungen ergeben, so wie wir sie natürlicherweise bei den «guten» Sängern in vielen Variationen erleben können.

Die einheimischen Singvögel werden auch mit ihren lateinischen Namen vorgestellt, um die Verwandtschaftsbeziehungen etwas deutlicher zu machen, zum Beispiel *Parus major* für die Kohlmeise, *Fringilla coelebs* für den Buchfink. Der erste Name der wissenschaftlichen Systematik steht jeweils für die Gattung, der zweite Name bezeichnet die Art als unverwechselbare Einheit. Ein dritter Name kann für eine Unterart oder geographische Rasse stehen. Im Verzeichnis der Vogelarten (am Schluss des Buches) sind die lateinischen Bezeichnungen aller im Text genannten Vogelarten zu finden.

Folgende Symbole werden im Text verwendet:

♂ Männchen,
♀ Weibchen,
⇨ Wichtiger Hinweis,
🔊 Gesangswiedergabe auf der CD.

Es mag sein, dass Sie die eine oder andere Vogelart hier vermissen. Die Auswahl der genannten einheimischen Vogelarten ist weder vollständig, noch ist die Beschreibung annähernd erschöpfend. Ich möchte kein Bestimmungsbuch ersetzen. Für jeden, der sich genauer informieren möchte, gibt es gute Vogelbestimmungsbücher mit vorzüglichen Illustrationen und Verbreitungskarten (⇨ S. 217), sowie spezielle Literatur über Gesang, Biologie, Brut, Verhalten und Vogelschutz.

In dem Buch werden zwei unterschiedliche methodische Wege verfolgt, die sich stilistisch auswirken. Ich stütze mich großenteils auf eigene Beobachtungen und Erlebnisse. Ein solcher Erfahrungsschatz lässt sich in einem viel persönlicheren Stil mitteilen, als ein mehr sachlicher Gang durch die umfangreiche Fachliteratur. Letzterer war mir aber wichtig, um die eigenen Beobachtungen für den Leser wissenschaftlich abzudecken. Außerdem wird der Leser vielleicht ein Ungleichgewicht in der Behandlung der Themen feststellen. Auf der einen Seite wird, wie es der Buchtitel erwarten lässt, das Phänomen des Vogelgesangs sehr ausführlich dargestellt, während andererseits bedeutsame Erscheinungen im Leben des Vogels (Nestbau, Eier, Ernährung, Vogelzug), welche die Leser ebenso interessieren könnten, nur gestreift oder gar nicht behandelt werden. Auch musste aus Platzgründen auf zahlreiche Textillustrationen verzichtet werden. Ich bitte meine Leser deshalb um Nachsicht.

Ich werde versuchen, auf unserer gemeinsamen «Wanderung» die vielen Fragen, die in der Regel bei solchen Exkursionen gestellt werden, in diesem Buch zu beantworten. Vorzugsweise werden wir uns mit den häufigen und leichter zu beobachtenden Arten beschäftigen, sodass diese Betrachtungen für das Kennenlernen der Vogelstimmen anregend und förderlich sein mögen.

Vogelbeobachtung vor 60 Jahren

Der Geist des Menschen ist nomadisch, sein Blut beduinisch und Liebe ist der eingeborene Spurenleser auf der verblichenen Wüstenspur seines verlorenen Selbstes; und so kam ich dazu, mein Leben zu leben, nicht durch einen bewussten Plan oder einen vorbereiteten Entwurf, sondern als jemand, der dem Flug eines Vogels folgt.

Laurens van der Post (1988)

Die ersten Tier- und Vogelbücher meiner Kindheit habe ich mit gesammelten Tierbildern, welche eingehend betrachtet und deren Texte immer wieder gelesen wurden, selbst zusammengestellt. So lernte ich mit 10 bis 14 Jahren die heimische Tierwelt genauer kennen. Außerdem gab es noch eine alte Ausgabe von «Schmeil's Lehrbuch der Zoologie» in der Familie, das Geschenk eines amerikanischen Onkels. So informative und mit Bildern reich illustrierte, handliche Vogelbücher wie heute gab es damals kaum. Auch hätten die wirtschaftlichen Verhältnisse den Kauf eines teuren Buches kaum gestattet. Mir genügten die Anregungen, denn das herrliche «Buch der Natur» lag ausgebreitet unmittelbar vor der Haustür. Es gab im Münsterland Felder, Wiesen, Wälder und Wallhecken, Flüsse und Bäche, Seen und Teiche, Heide und Moore. Besonders interessierten mich die Vögel. Mit ihrer Fähigkeit zu singen und zu fliegen verband ich immer den mitreißenden und sehnsüchtigen Hauch von Freiheit. Ich hatte oft den geheimen Wunsch, mit ihnen zu tauschen. Und ich hatte große Freude, sie zu beobachten und ihren Gesängen zu lauschen. Die Vogelstimmen haben mich schon sehr früh in ihren Bann gezogen. Eine Lebenseigenheit förderte diese Begeisterung; denn seit meiner Kindheit machte ich es so wie der Gartenrotschwanz: ich war morgens der erste und abends der letzte. Und bereits als Fünfjähriger sprang ich mittags regelmäßig aus dem Fenster, weil mir der Gang in den Wald viel unterhaltsamer erschien als ein Mittagsschlaf. Und auch während der Schulzeit verbrachte ich viele Stunden in der Natur. Die kindliche Tierliebhaberei und die spielerisch-neugierigen Interessen bekamen dann mit vierzehn Jahren deutlichere Konturen. Ich nahm an den Pflanzenbestimmungs- und Mikroskopier-Kursen teil, die vom Landesmuseum für Naturkunde in Münster/Westf. veranstaltet wurden. Vor allem waren es die Vogelstimmenexkursionen, die mich am stärksten begeisterten. Es konnte morgens nicht früh genug sein. Die mannigfaltigen Gesänge der Singvögel übten eine magische Wirkung auf mich aus. Es war mir, als würde ich mit dem genauen Kennenlernen der arteigenen Gesänge auch innere Ohren für diesen Gesangskosmos entfalten. Ich beteiligte mich abends an ornithologischen Arbeitsgruppen und hatte im Museum freien Zutritt zur Bibliothek. Viele anregende Stunden habe ich dort zugebracht; denn Vögel und Bücher zogen mich seit meiner Kindheit gewaltig an. Die lautmalerischen lateinischen Namen zu lernen, wie *Sylvia atricapilla*, *Erithacus rubecula*, *Emberiza citrinella* oder *Prunella modularis*, war reines Vergnügen. Auch meine geologisch-paläontologischen Interessen wurden hier geweckt. Denn unzählige Male habe ich fast ehrfürchtig vor dem im Eingangsbereich des Museums aufgestellten mächtigen Ammoniten gestanden. Dieser gewaltige Fund gehört mit etwa 1,80 Meter Durchmesser zu den größten bisher gefundenen Ammonitenarten (*Parapuzosia seppenradensis*); er stammt aus der Oberkreide von Seppenrade bei Münster und hat mich immer wieder neu in Erstaunen versetzt.

Mit vierzehn Jahren erhielt ich als Geburtstagsgeschenk ein Buch von ROLF DIRCKSEN (1954) über den Vogelzug. Dieses Werk begeisterte mich außerordentlich und erweiterte in vielerlei Hinsicht meinen Horizont. Der Zug der Kraniche und der Wildgänse wurde nun, auch dank eines neuen Fernglases, genauer beobachtet. Und im heutigen Europareservat der «Rieselfelder Münster» begann das intensive Studium der durchziehenden Watvögel. Aber mein Interesse galt nicht nur den Zugwegen der Vögel, sondern ich spürte selber das große Bedürfnis, die Welt zu bereisen. Das Realisieren dieser Wünsche hielt sich damals allerdings in bescheidenen Grenzen, doch als junges Mitglied des Westfälischen Naturwissenschaftlichen Vereins nahm ich an vielen Exkursionen und Fahrten teil. Und so begannen meine privaten naturkundlichen Studien, die mich im Laufe der Jahre auch in fremde Länder und Kontinente führen sollten.

Wenn ich als Buchhändler und Antiquar heute zurückblicke, so hat sich die Welt der Bücher wie die Welt der Vögel verändert: Damals gab es nur wenige handliche und gut illustrierte Vogelbücher, dafür aber eine einigermaßen intakte Natur. Heute besitze ich mehrere Regale voll mit herrlichen Vogelbüchern. Um aber eine Grauammer, einen Schilfrohrsänger oder einen Raubwürger sehen zu können, muss ich mich erst bei befreundeten Ornithologen erkundigen. Selbst Pirol, Nachtigall und Neuntöter sind selten geworden. Ein früher so häufiger Vogel wie das Rebhuhn ist schon seit Jahren nicht mehr auf jedem Feld anzutreffen. Das Braunkehlchen, früher Charaktervogel der ausgedehnten Wiesen, ist heute eine Seltenheit. – In den letzten 40 Jahren veränderte sich die reich gegliederte Kulturlandschaft mit den verschiedenen Lebensräumen tiefgreifend, vor allem als Folge der Industrialisierung der Landwirtschaft (JENNY 1990). «Die Verwechslung von Qualität mit Quantität und der daraus erwachsene Drang zur Überproduktion und Ertragsmaximierung ist die Ursache der heutigen Landwirtschaftskrise» (SUCHANTKE 1993). Der Einsatz von Chemie und Pestiziden ist, zusammen mit der fortschreitenden Vernichtung von Lebensraum, in hohem Maße verantwortlich für den Rückgang zahlreicher heimischer Vogelarten.

Ich hatte damals eine kindliche Freude an den ständig sich verändernden Strophen des Sumpfrohrsängers, der im nahe gelegenen Brennnesselfeld einer Bachböschung brütete. Es gab verschiedene Weidendickichte und Schlehdornhecken mit Nachtigallen zur Auswahl, und am Bahndamm brüteten regelmäßig mehrere Dorngrasmücken in den Ginsterbüschen. Ich kann mich nicht daran erinnern, bei meinen Beobachtungsgängen eine einsame Nachtigall oder eine einzelne Dorngrasmücke gehört zu haben. Es war einfach selbstverständlich für mich, dass auf eine Gesangsstrophe eines Vogels auch regelmäßig wenigstens ein Artgenosse antwortete. Ich wusste nicht, dass man das einmal Kontergesang (⇨ S. 156) nennen würde, aber das reizvolle Erlebnis dieses musikalischen Wechselspiels hat mich damals schon tief bewegt und begeistert. Und so bedrückt es mich heute, wenn bei etlichen unserer Singvögel die anregende Antwort eines Nachbarn ausbleibt.

Die «Vogeluhr» und der große Chor am Morgen

*Die Sonne tönt nach alter Weise
in Brudersphären Wettgesang ...*
Johann Wolfgang von Goethe (Faust I)

Um das große Vogelkonzert zu erleben, sollten wir morgens etwa 50 Minuten vor Sonnenaufgang draußen sein. Es ist dann zwar etwas schwieriger, die Gesänge der einzelnen Arten zu erkennen, aber es geht zunächst um ein Sich-Hineinhören in den wundervollen Vogelchor als Ganzes, denn er ist ein musikalisches Erlebnis besonderer Art. Es ist ähnlich wie bei einem Konzert. Wer wollte sich den Genuss eines Symphoniekonzertes entgehen lassen, weil er vielleicht nicht alle Instrumente sicher voneinander unterscheiden kann? Das Erlebnis der gesamten Komposition bewegt uns tiefer. So ist es auch am frühen Morgen. Mit der Fülle des Gehörten und Erlebten wenden wir uns danach den einzelnen Stimmen zu. Und wir sind gut beraten, schon einige Minuten vor Gesangsbeginn im Wald zu sein, um uns ein wenig einzustimmen.

Wir können uns zum Beispiel vorstellen, wie eine gewaltige Gesangswoge von Osten kommend über den asiatischen und europäischen Kontinent hinweg fließt. Dem Licht der aufgehenden Sonne voraus strömt und tönt eine einzigartige Gesangswelle. Und dieser jubelnde vielstimmige Chor bewegt sich auf uns zu und zieht weiter nach Westen. Aber wir sind mitten darin! Das kann wie ein meditatives Einfühlen in die Musik der Natur sein. Wir mögen an den Prolog aus Goethes «Faust» denken: «Die Sonne tönt nach alter Weise ...». Dieses großartige kosmisch-musikalische Bild vermag in uns eine ähnliche Stimmung zu erzeugen, wie wir sie am frühen Morgen erleben können. Und wir sollten uns bewusst machen, dass es jeweils nur die kurze Frühjahrszeit ist, in der wir an diesem außergewöhnlichen Geschenk der Natur teilhaben können.

Vogelstimmenwanderungen sind gerade für den Anfang wichtig. Der Bund für Vogelschutz, jetzt Naturschutzbund Deutschland e.V. (NABU), bietet alljährlich in seinem Programm solche Exkursionen an; die Ortsgruppe Stuttgart z. B. fast jeden Sonntag im Frühjahr gegen 7.00 Uhr. Ich habe selber über viele Jahre für diese aktive und erfolgreiche Naturschutzorganisation Vogelführungen geleitet. Darüber hinaus habe ich seit über 50 Jahren jedes Jahr mit großer Begeisterung für kleinere und größere Gruppen, einschließlich Studenten und Kindern, etwa 5 bis 15 Vogelführungen pro Frühjahr, 45 bis 60 Minuten vor Sonnenaufgang, unternommen. Es war mir immer ein großes Anliegen, den Menschen dieses bezaubernde Tonerlebnis näher zu bringen.

Versetzen wir uns nun in den morgendlichen Wald. Wir lauschen eine Weile in die nächtliche Stille. Bald hören wir die ersten zarten Töne eines Rotkehlchens. Ein zweites antwortet. An manchen Tagen beginnen Amseln oder Singdrosseln. Auch sie singen zuerst ein wenig verhalten, um dann aber rasch ihren lauten volltonenden Gesang zu entfalten. Manchmal führt auch ein Zaunkönig das Konzert an. In der Regel ist es dann etwa 45 Minuten vor Sonnenaufgang. An klaren Tagen kann es früher, an bedeckten Tagen später sein. Das Phänomen der «**Vogeluhr**», dass bestimmte Arten im gleichbleibenden Zeitabstand vor Sonnenaufgang mit ihrem Gesang beginnen, ist weitgehend bekannt. Wenn wir häufiger unterwegs sind, werden wir aber wahrnehmen, dass es zeitliche und regionale Verschiebungen sowie individuelle Varianten gibt. So kann sich der Gesangsbeginn der Drosseln und Rotkehlchen im Mai/Juni um etliche Minuten vor Sonnenaufgang verfrühen; auch wird das morgendliche Konzert zum Ende der Gesangsperiode (Juni/Juli) kürzer. Die «Vogeluhr» ist kein streng festgelegter Zeitplan. Allerdings singt am frühen Morgen selten ein Buchfink vor einer Amsel oder gar ein Haussperling vor einem Rotkehlchen. Die nachfolgende Betrachtung ist mehr als anregende Orientierung zu verstehen, wobei gilt, dass Insektenfresser meistens vor den Körnerfressern singen.

Nach den Drosseln und Rotkehlchen ist meistens der Zaunkönig zu hören. Bald erklingen in ihren bestimmten Lebensräumen die Gesänge der begabten Grasmücken und munteren Fliegenschnäpper. Etwas später erschallen die rufartigen Gesangsstrophen des Kleibers und der Meisen, denen sich die Gesänge der beiden Baumläuferarten, des Zilpzalps und der Heckenbraunelle anschließen, in der Regel – je nach Lebensraum – gefolgt von Goldhähnchen und Ammern wie auch von Buchfink, Fitis, Dompfaff, Kernbeißer und Grünfink; Stare und Sperlinge sind ausgesprochene Langschläfer. Bei Sonnenaufgang singen noch fleißig die Buchfinken, während Stare (und oft auch Grünfinken) erst mit ihrem Gesang beginnen. Auch Waldlaubsänger und Neuntöter sind meistens erst nach Sonnenaufgang zu hören. Insgesamt ist es aber ruhiger geworden. Nach der langen Nacht sind nun die meisten Vögel mit der Nahrungssuche beschäftigt. Der Gesangsgipfel ist vorbei. Nun lassen sich die einzelnen Sänger besser studieren, weil sie nicht mehr in dem großen Chor von vielen Stimmen übertönt werden. Am Abend gibt es ebenfalls eine stärkere, wohltönende Gesangsintensität. Der Tag klingt in unseren Lebensräumen meistens mit den Liedern der Amsel und der Singdrossel oder mit dem Gesang des Rotkehlchens aus. So verläuft das Leben der Singvögel in enger Beziehung zum Licht (⇨ S. 89). Der aufmerksame Vogelfreund bemerkt sehr bald, dass diejenigen Vogelarten, die morgens zuerst mit dem Gesang beginnen, am Abend die letzten sind, während jene, die am Morgen spät aufstehen, abends früh schlafen gehen.

In der Regel schlafen Vögel außerhalb der Brutzeit nicht, wie oft angenommen wird, in ihren Nestern; Mehlschwalben, Zaunkönige und Haussperlinge tun es. Kohl- und Blaumeisen nächtigen ebenfalls häufig in Nisthöhlen, Kleiber und Spechte dagegen seltener. Auch Stare und Feldsperlinge suchen wintertags gelegentlich Schlafhöhlen auf. Die Mehrzahl unserer heimischen Singvögel hockt während der Schlafenszeit geschützt im Gebüsch, auf Bäumen, in Baum- oder Felsennischen oder nächtigt im Schilf; denn «sein Bett, nämlich das Gefieder, hat der Schläfer ja immer bei sich» (Heinroth 1955). Singvögel plustern zur Wärmeisolation das Kleingefieder auf und nehmen während des Schlafens eine kugelige Gestalt an, den Kopf fast immer tief im Rückengefieder verborgen. Die Zehen sind so eingerichtet, dass sie einen Zweig fest umklammern, sobald der Vogel, um seine hockende Schlafstellung einzunehmen, die Knie einknickt. Aufgrund dieser weisheitsvollen Einrichtung der Natur können schlafende Vögel nicht vom Zweig fallen. Es gibt aber auch einige

Vogelarten, welche geduckt in Bodenmulden schlafen, wie Feldlerche, Baumpieper, Schafstelze, Braunkehlchen oder Steinschmätzer.

Im Häusermeer der Stadt hören wir noch vor den Drosseln und Rotkehlchen frühmorgens den Hausrotschwanz; in Gärten, Streuobstwiesen und an Bauerngehöften trägt der farbenfrohe Gartenrotschwanz seine melodische Strophe vor. Beide Arten singen bereits 60 bis 90 Minuten vor Sonnenaufgang. Über den Feldern beginnen auch die Feldlerchen schon zu dieser frühen Stunde mit ihrem Singflug. Auch Baumpieper singen oft schon 40 Minuten vor Sonnenaufgang. Aber nicht alle Singvögel, haben in ihrem Gesangsleben ein so rhythmisches Verhältnis zum Sonnenlicht wie die bisher genannten Arten; einige scheinen ganz unabhängig von der «Vogeluhr» nicht nur am Tage, sondern auch nachts zu singen. Dort, wo Nachtigallen brüten oder der Feldschwirl sein Revier hat, können wir sie zum Beispiel während der ganzen Mainächte hören. Das gleiche gilt für den wehmütigen Gesang der selten gewordenen Heidelerche, die in Heidegebieten und Ödland noch vereinzelt brütet. Auch Sumpfrohrsänger und seine nahen Verwandten, die im Schilf ihre kunstvollen Nester bauen, singen nachts.

Eine Vogelstimmen-Exkursion Anfang März.
Porträts verschiedener Singvögel

Es tagt, der Sonne Morgenstrahl weckt alle Kreatur.
Der Vögel froher Frühchoral begrüßt des Lichtes Spur.
Werner Gneist (HORNEMANN 2002)

Vogelstimmen in Wald und Park

In der Regel singen bei unseren einheimischen Sängern nur die Männchen. Das Besondere am frühmorgendlichen Vogelkonzert ist, dass wir mit großer Gewissheit sämtliche im Wald lebende Vogelmännchen auch hören werden. Wir können also intensiv ihre Gesänge studieren, erhalten gleichzeitig eine verlässliche Übersicht über die verschiedenen Vogelarten innerhalb eines Gebiets und auch Kenntnis über die Bestandsgröße einer Art. Zudem haben wir die beste Gelegenheit, die verschiedenen Gesänge einer Art miteinander zu vergleichen. Warnrufe, Lockrufe, Stimmfühlungslaute und andere Stimmäußerungen gehören ebenso zum Stimmrepertoire der Männchen wie der Weibchen. Nur einige einheimische Singvogelweibchen, wie z.B. Rotkehlchen, Meisen, Heckenbraunelle, Wasseramsel, haben einen Vollgesang ausgebildet, der aber selten und dann leiser erklingt.

Die Weibchen der europäischen Singvögel sind – sofern die Geschlechter unterschiedlich gefärbt sind – auch in der äußeren Erscheinung schlichter. Das fällt besonders zur Brutzeit auf, wenn sich die Männchen vieler Arten im Prachtkleid (⇨ S. 97) zeigen. Die jahreszeitlich wechselnde Ausfärbung des Gefieders zahlreicher Singvögel wie auch das unterschiedliche Federkleid von Männchen, Weibchen und Jungvögeln wird im Folgenden weniger (und auch meistens nicht auf den Abbildungen) dargestellt. Soweit das Äußere eines Vogels beschrieben wird, so ist es in der Regel das (singende) Männchen, denn dieses sollten wir während des Hörens auch eindeutig optisch bestimmen. Die nachfolgenden Betrachtungen einiger Vogelarten, die im Vorfrühling zu hören sind, folgen etwa dem morgendlichen Gesangsbeginn.

Wenn wir Anfang März eine Vogelstimmenexkursion durch einen Laub- oder Mischwald machen, so bildet fast immer der volltönende flötende Gesang der **Amsel** oder Schwarzdrossel (*Turdus merula*) die Klangfülle des Vogelkonzerts. Ihre Motive sind außerordentlich vielfältig. Und sobald wir uns etwas eingehört haben, vermögen wir auch die Gesänge der einzelnen Individuen zu unterscheiden. Wir werden bald bemerken, dass es unterschiedlich begabte Sänger und geradezu vollendete Meister gibt.

Ähnlich ist es mit der **Singdrossel** (*Turdus philomelos*), die lautstark in aller Frühe, gern hoch von der Spitze eines Baumes, ihren Gesang vorträgt. Im Gegensatz zum Melodischen der Amsel herrscht bei der Singdrossel die etwas hektische, rhythmische Wiederholung einzelner Motive vor. Unverkennbar sind typische Strophen wie «tjo-tüh, tjo-tüh, tjo-tüh», «wutiwitt, wutiwitt, wutiwitt» oder «pitta, pitta, pitta». Die Motive der Singdrossel sind sehr mannigfaltig. Charakteristisch sind vor allem die Wiederholungen der Motive. Wenn wir uns das einprägen, werden wir diesen faszinierenden Sänger schnell wiedererkennen. Singdrosseln ähneln in ihrem Aussehen den bräunlichen Amselweibchen, haben aber eine helle Unterseite mit dunklen Flecken.

Der erstaunliche Variationsreichtum hängt damit zusammen, dass wir es mit einem Vogel zu tun haben, der andere Stimmen nachzuahmen vermag, wie das z.B. auch Sumpfrohrsänger, Gelbspötter, Neuntöter, Haubenlerche, Dompfaff, Blaukehlchen und Star können. Wir sprechen dann auch von «Spotten» und «Spottgesang». Ich kannte einige Singdrosseln, unter deren Singplatz sich ein Vogelstimmenstudium für Fortgeschrittene gelohnt hätte, so vielfältig wurden fremde Gesänge nachgeahmt. Aber, wie bei den Amseln, können wir unter den Singdrosseln auch etwas weniger begabte Sänger finden, die nur einige Motive, zwar laut und volltönend, aber doch mit einer gewissen Monotonie wiederholen.

Auch **Amseln** sind begnadete Imitatoren. Nur fällt es uns nicht sogleich auf, weil fremde Gesangsmotive für unser Ohr weniger deutlich erkennbar sind als bei der Singdrossel. Die Gesänge werden nicht etwa in Lautstärke, Rhythmus und Melodie einfach kopiert, sondern umgewandelt und in den eigenen Gesang eingewoben. Die Amsel komponiert geradezu. Wir können bei ihr richtige Übungs- und Singstunden beobachten (⇨ S. 129). Das Repertoire ist außerordentlich umfangreich und mannigfaltig.

Der Komponist und Ornithologe HEINZ TIESSEN (1887 – 1971) hat der Amsel ein ganzes Büchlein mit zahlreichen Notenbeispielen gewidmet. Er schreibt: «Die Amsel ist, mit den menschlichen Maßstäben von Melodik, Harmonik und Ryth-

Abb. 1: Amsel ♂

Abb. 2: Singdrossel

Abb. 3: Misteldrossel

mik gemessen, der musikalisch höchststehende Singvogel Mitteleuropas» (TIESSEN 1989). Auch von Amselweibchen sind gelegentlich leise Gesangsstrophen zu hören. Wenn die Amsel so selten wäre, wie es die Nachtigall vielerorts leider inzwischen ist, so würden wir gewiss zu ihr pilgern, um sie wenigstens einmal zu hören. Das, was wir häufig direkt in unserer Nachbarschaft vorfinden, wissen wir oft zu wenig in rechter Weise zu schätzen. Die Amsel war übrigens in früheren Zeiten noch ein reiner Waldvogel; erst seit dem 19. Jahrhundert hat sich dieser wundervolle Sänger Gärten und Städte erobert.

Ein leichtes Warnen klingt wie «tjack-tjack». Jedem von uns ist sicherlich das laute «tix-tix-tix» oder «tschick-tschick-tschick» bekannt, das manchmal mehrere Amseln über längere Zeit von sich geben können. Mit diesen harten Lauten warnen sie eindringlich ihre Artgenossen wie auch alle Tiere der näheren Umgebung. In äußerster Erregung kann sich dieses Zetern auch zu scharfen Warnreihen steigern. Beim ersten bewussten Hören des hohen und feinen «zieeeh» werden wir allerdings erstaunt sein, dass auch dieser Ruf von einer Amsel stammt. Reviere werden heftig verteidigt (⇨ S.151). Bei allen schwarzen Drosseln, also der Amsel und der Ringdrossel, sind die Geschlechter verschieden gefärbt, während sie bei unseren gefleckten Drosseln gleich, oder, wie bei der Wacholderdrossel, fast gleich gefärbt sind.

In meist aufgelockerten Bergwäldern lebt die **Misteldrossel** (*Turdus viscivorus*). Sie bevorzugt lichten Nadelwald, ist stellenweise aber auch im reinen Laubwald anzutreffen; im Tiefland brütet sie häufig in lichten Kiefernwäldern. Sie macht den Eindruck einer sehr großen Singdrossel; sie ist unsere größte Drossel. Ihr Gesang ist dem der Amsel verwandt, laut und weit tönend, aber ohne deren großen Variationsreichtum. Sobald wir einen schlichten, etwas rauhen wehmütigen «Drosselgesang» hören, sollten wir nach der Misteldrossel Ausschau halten. Charakteristisch ist auch ihr schnarrender Ruf. Zur Winterzeit ernährt sich die Misteldrossel besonders gern von den Beeren der Mistel, daher ihr Name. Sie trägt mit zur Verbreitung dieser Halbschmarotzerpflanze bei, die als Medikament in der Krebstherapie von großer Bedeutung ist.

Die **Wacholderdrossel** (*Turdus pilaris*), auch Krammetsvogel genannt, bevorzugt halboffene Landschaften, Waldränder, Feldgehölze, Parks, große Friedhöfe und Obstbaumgebiete. Sie ist regional stark verbreitet. Wacholderdrosseln sind wehrhafte Vögel, die sich gemeinsam auch gegen größere Greifvögel wie Habichte und Baumfalken zu verteidigen wissen. Sie ähneln großen Singdrosseln, haben aber einen auffällig grauen Kopf und Bürzel. Die Vögel sind gesellig

Abb. 4: Wacholderdrossel

Abb. 5: Ringdrossel ♂

und der häufig zu hörende Ruf «tschack, tschack, tschack» erinnert an die Rufe junger Amseln. Oft hören wir auch erregte Rufreihen wie «drrrrrrt, drrrrrrt». Der aufgeregte, heiser klingende Fluggesang ist eine zusammengedrängte Strophe hoher fisteliger Töne, wenig musikalisch und nicht sehr kunstvoll. Da Drosseln aber insgesamt zu einer sehr stimmbegabten Vogelgattung gehören, könnte es sein, dass die Wacholderdrossel im Laufe der Evolution ihre Gesangsqualität eingebüßt hat. Die Winterhärte dieser Vögel ist bemerkenswert: Norwegische Wacholderdrosseln, die es aufgrund eines schweren Sturms im Januar 1937, also in der finsteren Polarnacht, nach Grönland verschlagen hatte, haben nicht nur überlebt, sondern sich dort auch fortgepflanzt (LIECKFELD 2002). Seit dieser Zeit gibt es Wacholderdrosseln als Standvögel an der Südostspitze Grönlands!

Ergänzend möchte ich die **Ringdrossel** (*Turdus torquatus*) noch kurz erwähnen. Sie ist ein Gebirgsvogel der oberen Nadelwaldzone, sozusagen die Amsel der Berge. In Deutschland können wir sie in den Alpen, im Bayerischen Wald wie auch im südlichen Schwarzwald ab etwa Mitte März beobachten. Die Ringdrossel gleicht einer Amsel mit einem breiten weißen Kropfband. Die Unterseite ist stärker geschuppt. Die Weibchen haben ein hellbraunes Band. Im Winter ist der schmückende Ring kaum wahrzunehmen; das gilt auch für die nordosteuropäische Rasse, die wir aber nur als Durchzügler sehen können. Der Gesang ist amselähnlich, aber kürzer und weniger ausgeprägt und mit wacholderdrosselartigen rauhen Elementen. Immer wieder eingewoben sind laute, weit tragende, typisch singdrosselartige Töne; woran die Ringdrossel wohl am besten zu erkennen ist.

Abb. 6: Rotkehlchen

Zum **Rotkehlchen** (*Erithacus rubecula*) empfinden wir nicht nur wegen seiner orangeroten Brust und den großen dunklen Augen besondere Sympathie, sondern weil diese anmutigen Vögel auch außerordentlich zutraulich werden können. Ich hatte einige Jahre ein Rotkehlchen im Garten, das mich stets bei meinen Arbeiten begleitete. Natürlich galt sein Interesse wohl vornehmlich den Regenwürmern. Aber es war schon nach kurzer Zeit so zutraulich, dass ich im Umgang mit meinen Geräten vorsichtig sein musste. Nicht selten setzte es sich auf den Spaten. Auch wenn man weiß, dass dieser Vogel einen an der Oberfläche grabenden Maulwurf mit dem gleichen hungrigen Interesse begleiten würde, so freut man sich doch über das vertrauensvolle Annähern. Und dazu dieser melancholisch stimmende perlende Gesang! Wir hören meist abfallende Strophen von glockenreinen und gequetschten Lauten, meistens mit hohen Tönen beginnend. Die Gesänge sind sehr variationsreich; Tempo und Höhe werden oft gewechselt. Auch haben die einzelnen Vögel wiederum ihre spezifischen Eigenheiten. Aber alle Rotkehlchengesänge haben eine gemeinsame Klangfarbe, die es nachzuempfinden gilt. Der große englische Ornithologe DAVID LACK (1943) berichtet, dass während des Ausfliegens der Nestlinge die Gesangsaktivität der Männchen stark ansteigt, was den Jungen Gelegenheit gibt, den artspezifischen Gesang zu erlernen. Fast ganzjährig ist der etwas wehmutsvolle Gesang zu hören; auch die Weibchen singen. Ziehende Exemplare singen auch im Winterquartier. Und in den Städten, in der Nähe großer Lichtquellen, können wir den Gesang sogar manchmal mitten in der Nacht vernehmen. Rotkehlchen baden gern, und zwar zu allen Tages- und Jahreszeiten. Ein charakteristisches Verhalten des Rotkehlchens ist das so genannte «Knixen», das jeweils wie eine kleine Verbeugung aussieht. Diese liebenswerten Vögel sind während der Brutzeit gegenüber Artgenossen allerdings sehr aggressiv, und es kann zu heftigen Kämpfen kommen (⇨ S. 151). Der Warnruf ist ein hartes «tick-tick ...», dem des Zaunkönigs nicht unähnlich. Bei aller Vertrautheit, zum Beispiel im Garten, sind Rotkehlchen zur Brutzeit meistens recht zurückhaltend. Die Weibchen brüten. Sie beginnen häufig bereits eine Woche nach dem Ausschlüpfen der Jungvögel mit dem Bau eines neuen Nestes für eine weitere Brut, sodass den Männchen die weitere Aufzucht der Jungen meistens allein zufällt. Manchmal werden auch fremde Vogelkinder adoptiert (⇨ S. 169). Auf die beiden lesenswerten Büchlein von ERIKA BELTLE (1994) und ALEXANDRA RÖHL (1968) über die Freundschaft mit Rotkehlchen sei besonders hingewiesen. – Das Rotkehlchen auf den Kanarischen Inseln singt ganz anders. Dort

Abb. 7: Zaunkönig mit Nistmaterial im Schnabel

lebt ein naher Verwandter unseres Rotkehlchens mit dem wissenschaftlichen Namen *Erithacus superbus*. Diese farbenprächtigere Art präsentiert sich durch ein etwas kräftigeres Rot auf Kehle und Brust, wie auch durch einen volltönenden singdrosselartigen Gesang. Als ich mehrere Rotkehlchen auf Teneriffa zum ersten Male hörte, war ich überzeugt, dass es sich um Drosselgesang handeln müsse. Ich hielt natürlich nach den Sängern Ausschau. Wie groß war mein Erstaunen und meine Begeisterung, als ich dann die «Pracht-Rotkehlchen» entdeckte!

Der **Zaunkönig** (*Troglodytes troglodytes*) schmettert seinen metallisch klingenden Gesang in einer Lautstärke durch den Wald, die man dem kleinen Vogel nicht zutrauen würde. Es ist eine lange Stakkato-Reihe, wie schnell auf hell klingendes Metall gehämmert. Danach folgt eine schnurrende Phrase, der sich gleich eine zweite Stakkato-Reihe anschließt. Der Gesang ist relativ lang, manchmal länger als 5 Sekunden. Er ist, wie der Gesang des Rotkehlchens, einer der wenigen Gesänge, die fast das ganze Jahr über erklingen. Wenn wir Zaunkönig und Rotkehlchen mit Amsel und Singdrossel vergleichen, so fällt uns bei den letzteren auf, dass sie meistens während des Singens recht ruhig sitzen. Rotkehlchen sind schon bewegter, während der Zaunkönig am ganzen Körper bebt. Man kann nur staunen, wie diese quirlige Federkugel von nur 9 Gramm einen so lauten Gesang hervorzubringen vermag, im zeitigen Frühjahr zudem fast ohne Unterlass! An dem meist gestelzten Schwanz ist der kleine Vogel sofort zu erkennen. Zaunkönige lieben dichtes Unterholz und efeuumrankte Baumstämme. Häufig können wir sie mausähnlich am Boden durch das Gesträuch schlüpfen sehen. Ihre morgendlichen Reviergesänge absolvieren sie dagegen oft recht hoch in den Bäumen, wo man sie gar nicht vermutet. Zaunkönigmännchen sind tüchtige Baumeister. Sie bauen kunstvolle Kugelnester mit seitlichem Eingang. Es kann sein, dass sie dem Weibchen zuerst einmal zwei halbfertige Nester vorführen und eines dann, je nach Wahl des Weibchens, vollenden. Danach können außerdem noch weitere «Spielnester» konstruiert werden, die den Männchen wie auch später den flüggen Jungvögeln als Unterschlupf dienen können. Junge Zaunkönige schlafen nicht selten auch in Schwalben- und Drosselnestern.

Die **Meisen** erwachen in der Regel etwas später. Sie gehören zumeist zu den bekanntesten Vogelarten, weil sie regelmäßig die winterlichen Futterplätze aufsuchen und dann wenig scheu sind. Sie sind sehr geschickte Kletterer und hängen oft kopfüber an den Zweigen. Bei den meisten Meisenarten brüten die Weibchen allein; sie singen

Abb. 8: Kohlmeise

auch, aber seltener und leise. Meisen sind wie Spechte, Kleiber und Trauerschnäpper Höhlenbrüter und bauen gern in der vorjährigen Bruthöhle der Buntspechte ihre Nester. Leider herrscht da aber Wohnungsnot, weil häufig die alten Bäume geschlagen werden. Deshalb ist es eine große Hilfe, wenn wir reichlich Nistkästen aufhängen, auch wenn einmal ein Feldsperling darin seine Jungen aufziehen sollte. Im Winterhalbjahr vergesellschaften sich oft verschiedene Meisenarten und ziehen in gemischten Trupps umher.

Die **Kohlmeise** (*Parus major*) gehört zusammen mit Amsel und Buchfink zu den häufigsten Singvogelarten Deutschlands. Sie ist die größte unserer Meisen, sehr lern- und anpassungsfähig und die einzige Meise, die häufiger auch am Boden nach Nahrung sucht. Sie ist leicht an dem schwarz-weißen Kopf und dem gelben Bauch mit dem schwarzen Längsband zu erkennen. Vielen Menschen vertraut ist das typische und häufige «zi-ta», «zi-ta», «zi-ta» oder «zizi-dä» bzw. «zizi-be». In diesen einprägsamen Strophen erschöpft sich der Gesang aber meist nicht. Kohlmeisen haben sehr variationsreiche Gesänge. Charakteristisch ist, dass die Strophen meist rhythmisch wiederholt werden. Variationen ergeben sich vor allem durch Veränderung des Rhythmus, Wechsel der Pausen und unterschiedliche Betonung. Dieselbe Meise kann auf diese Weise ohne Mühe innerhalb weniger Stunden verschiedene Gesänge hervorbringen. Der Strophenaufbau ist einfach, und die Variationsmöglichkeiten sind groß und werden häufig durch Wiederholungen gesteigert. «Das Lautrepertoire der Kohlmeise zählt zu den umfangreichsten und differenziertesten unter den Singvögeln» (GLUTZ 13/I). Es macht große Freude, dieser ganz aus dem Rhythmus sich entwickelnden Gesangsgebärde zu lauschen und mit dem im Melodischen lebenden Gesang der Amsel zu vergleichen. Kohlmeisengesang ist fast ganzjährig wahrzunehmen. Allerdings ist das typische dreisilbige Motiv «zizi-dä» seit über zehn Jahren sehr viel seltener zu hören als früher.

In der Erregung hören wir von der Kohlmeise ein «tje-tje» oder «tsäderrrettettett». Auch ein buchfinkenartiges «pink» ist zu vernehmen, und ihre vielfältige Begabung zeigt sie auch dadurch, dass sie andere Meisengesänge täuschend ähnlich zu imitieren vermag. Ist bei einer Vogelstimmenwanderung zum Beispiel ein etwas untypischer Sumpfmeisengesang zu hören, sage ich: «Dieser Gesang klingt jetzt wie die Strophe einer Sumpfmeise. Aber wir sollten nachsehen, wer der wirkliche Sänger ist». Nicht selten ist es dann wieder die Kohlmeise. Es ist für das sichere Ansprechen der einzelnen Vogelgesänge in jedem Falle ebenso erstrebenswert wie Erfolg ver-

Abb. 9: Blaumeisen

Abb. 10: Tannenmeise

sprechend, jeden Vogel gleichzeitig zu hören und zu sehen.

Im Gesang der kleineren **Blaumeise** (*Cyanistes caeruleus*), die morgens meistens schon vor der Kohlmeise singt, ist das Rhythmische ebenfalls sehr ausgeprägt. Diese geschickteste aller Meisenarten singt höher und heller als die Kohlmeise. Charakteristisch ist das schnell vorgetragene, silberhelle «zizizi-trrrrrrr, zizizi-trrrrrrr», das durch Verlangsamung des Tempos zu einem «zi-zi-trrr, zi-zi-trrr» werden kann und somit in einer höheren Tonlage dem Kohlmeisengesang verwandt ist. Aber die glöckchenartige Strophe ist unverkennbar und einzig unter den einheimischen Meisen. Der typische Gesang wird ebenso wie bei der Kohlmeise häufig durch Rhythmusveränderungen variiert. An den Triller kann auch ein «zi-zit» angehängt werden, sodass ein neues Motiv entsteht: «zizizi-trrrrrrr-zizit»; gerne wird dabei auch die Tonhöhe modifiziert. Das warnende «zerrettettet» klingt wie bei der größeren Verwandten. Diese Zeterstrophe ist häufig zu hören und kann auch in den Gesang integriert werden: «zizi-zetteret-zizi». Ich könnte aus meinen ornithologischen Notizen noch eine Fülle anderer Motive und Variationen aufzählen. Wenn ich auch noch keine Imitationen bei der Blaumeise vernommen habe, so bin ich doch immer wieder erstaunt über das umfangreiche Repertoire ihrer unterschiedlichen Gesangsstrophen.

Unsere kleinste Meise, die **Tannenmeise** (*Periparus ater*), treffen wir vor allem in Nadelgehölzen an. Sie ähnelt auf den ersten Blick einer Kohlmeise, hat aber im Unterschied zu dieser einen deutlich sichtbaren weißen Nackenfleck, keinen gelben Bauch und – als einzige Meisenart – zwei Flügelbinden. Auch sie verfügt über verschiedene Gesangsvariationen. Von einzelnen Individuen sind nicht selten mehrere Strophentypen zu vernehmen; am häufigsten hören wir aber von ihr ein einfaches, oft wiederholtes hohes «wize-wize-wize…», das auch in ein «zewize-zewize» abgewandelt werden kann. Außerdem sind zeitweise feine Schnurrlaute und ein goldhähnchenartiges «sisisisi» zu vernehmen. Meistens tummelt sich die Tannenmeise, eifrig nach Nahrung suchend, in den Wipfeln der Nadelbäume.

Die hübsche **Haubenmeise** (*Lophophanes cristatus*) ist noch stärker an Nadelwälder gebunden, brütet aber hin und wieder auch in Gärten mit altem Koniferenbestand, wo das Weibchen häufig selbst eine Nisthöhle in einen morschen Baumstamm hackt. Die Haubenmeise ist leicht an ihrer auffälligen Haube zu erkennen. Meisen sträuben häufig ihre Scheitelfedern, aber die Haubenmeise ist als einzige europäische Meisenart mit diesem prächtigen Kopfschmuck dauerhaft ausgestattet. Sie ist nur ein wenig größer als die Tannenmeise, aber seltener und scheuer; sie ist ein echter Standvogel. Wir entdecken sie in der Regel zuerst an ihren typischen Rufen: «zigürrr» oder «zizi-gürr» und «trrr-trrr-zizit-trrr-trrr». Mit etwas Glück finden wir dann auch den immer munter umher huschenden Vogel in den Kronen alter Nadelbäume. Im Gegensatz zu den deutlichen Rufreihen ist der Gesang sehr leise und nur selten zu hören. Von allen Meisenarten verfügt die Haubenmeise über das geringste Stimmrepertoire.

Die in lichten Laub- und Mischwäldern und zunehmend in alten Gärten lebende graubraune **Sumpfmeise** (*Poecile palustris*) unterscheidet sich mit ihrer schwarzen Kappe deutlich von den

Abb. 11: Haubenmeise

Abb. 12: Sumpfmeise

oben beschriebenen Meisenarten. Sie ist, wie alle Meisenarten, ständig in Bewegung. Der Name ist etwas irreführend, denn sie bevorzugt keineswegs sumpfiges Gelände. Häufig ist ihr charakteristischer, explosiver Ruf «pistjä, pistjä» zu hören. Rufreihen klingen wie «zjezjezjezje». Der Gesang besteht aus einer Reihe wiederholter Laute «tjipp-tjipp-tjipp-tjipp-tjipp» und kann unterschiedlich schnell vorgetragen werden. Es klingt manchmal wie eine Mischung aus Klappergrasmücke und Grünfink. Der Gesang kann aber auch sehr abwechslungsreich sein und ist variabler als bei der Weidenmeise (über Gesangslernen ⇨ S. 136). Jeder Vogel hat mehrere Strophentypen. Sumpfmeisen sind ausgeprägte Standvögel, deren Gesang fast das ganze Jahr zu hören ist.

Die äußerlich der Sumpfmeise zum Verwechseln ähnliche, aber weniger häufige **Weidenmeise** (*Poecile montanus*) singt zwar ähnlich, grenzt sich gesanglich jedoch von der Sumpfmeise ab und ist durch ihren rauhen und gedehnten, sehr auffallenden Ruf «dää-dädä-dää» am besten von dieser zu unterscheiden. (Arten, die zusammen in einem Gebiet vorkommen, sich aber schwer unterscheiden lassen, bezeichnen wir als Zwillingsarten; sie pflanzen sich nicht untereinander fort.) Die Weidenmeise ist sehr ortstreu; sie bevorzugt im Gegensatz zur Sumpfmeise gerne feuchtes oder sumpfiges Gebiet.

Eine besonders reizvolle Erscheinung ist die **Schwanzmeise** (*Aegithalos caudatus*), unverkennbar an ihrem langen stielartigen Schwanz. Im Winter treffen wir manchmal auf kleine Pulks von Schwanzmeisen mit reinweißem Kopf; das ist die nordöstliche Unterart. Schwanzmeisen sind außerordentlich gesellige Vögel. Sobald wir einen Vogel dieser Art entdecken, können wir ziemlich sicher sein, dass weitere unmittelbar

Abb. 13: Weidenmeise an der Bruthöhle

Abb. 14: Schwanzmeisen. Die weißköpfige Unterart (oben im Bild) bewohnt Nordeuropa und taucht in Deutschland als Wintergast auf

folgen werden. Verschiedene Artgenossen helfen darüber hinaus auch häufiger einem Paar bei der Brut (⇨ S. 171). Bis über den Winter halten die Familien zusammen, häufig vergesellschaftet mit anderen Meisenarten. Bestes akustisches Erkennungszeichen ist als häufiger Ruf ein feines «si-si-si». Der Gesang ist eine schlichte und leise, wenig auffällige Trillerstrophe, dem Blaumeisengesang verwandt. Warnend erklingt ein kurzes «schärr» und «serrp» oder «srrr». Die Schwanzmeise bewohnt Parkanlagen, Friedhöfe und alte Gärten, aber auch Wälder mit reichlichem Buschbewuchs. Sie ist kein Höhlenbrüter, sondern baut ein ovales moosiges, sehr gut wärmeisoliertes Nest. Dieses kunstvolle Gebilde wird mit vielen kleinen Federn ausgepolstert; über 1500 Federn sind in einem Nest gezählt worden. «Die äußere Verkleidung des Nestes besteht nicht selten aus Flechten des Nistbaumes, was zu hervorragender Tarnung führen kann. Flechten werden allerdings auch benutzt, wenn sie nicht in Nestnähe wachsen, sodass das Nest dann besonders auffällt» (GLUTZ 13/I). Außerdem ist das Nest häufig von zahlreichen feinen Spinnenfäden durchzogen, sodass es sich mit den größer werdenden Jungvögeln zu dehnen vermag; es wächst mit!

Weit verbreitet in unseren Wäldern, Parks und Feldgehölzen ist der recht ungesellige **Kleiber** (*Sitta europaea*), früher auch unter dem charakteristischen Namen Spechtmeise bekannt. Er ist wie die Meisen und Baumläufer ein guter Turner und vermag sogar die Baumstämme hinunterzuklettern. Er ist blaugrau mit rostfarbener Unterseite. Auffallend ist sein schwarzer Augenstreif. Der Kleiber brütet wie unsere Meisenarten in Höhlen und nimmt ebenfalls gern etwas größere Nistkästen an. Hat er die vorjährige Höhle eines Spechtes besetzt, dann versucht er die zu große Öffnung auf sein Maß zu verkleinern. Mit Erde

Abb. 15: Kleiber an seiner Bruthöhle

vermauert er den Eingangsrand und verkleinert so die Öffnung. Das ist sehr praktisch und gehört unbedingt zum Balzritual dazu. Denn selbst dann, wenn er einen Nistkasten mit genau passender Öffnung als Brutplatz findet, so kle(i)bt er doch seinen Naturzement noch außen herum. Auch vorhandene Ritzen werden von außen und innen sorgfältig zugemauert. Der Kleiber besitzt einen kräftigen Schnabel, mit dem er unter der Rinde nach Nahrung sucht. Seine Stimme erinnert ein wenig an das Pfeifen von Kindern: «wihe, wihe, wihe». Und dann ist da noch sein weit tragender metallisch klingender Ruf «tuit, tuit tuit», der laut durch den Wald schallt, besonders auffallend von Februar bis zur Brutzeit zu hören. Durch Wiederholung und unterschiedliche Betonung vermag der Kleiber diesen typischen Ruf zu einer langen Gesangsstrophe zu variieren. Und während der Balzzeit steigert er

Abb. 16a: «Schlafrosette» aus etwa 15 gemeinsam nächtigenden Gartenbaumläufern. (Zeichn. v. F. Weick nach einem Photo v. H. Löhrl)

Abb. 16: Gartenbaumläufer mit Futter

sich häufig zu einem richtigen Triller, sodass wir glauben könnten, einen anderen Vogel singen zu hören. Diese Vielfalt und dieser Variationsreichtum bei zahlreichen unserer Singvögel machen aber gerade den großen Reiz aus, auch wenn uns anfangs das sichere Bestimmen dadurch einige Schwierigkeiten bereitet.

In Wäldern, Parks und selbst in Stadtbezirken mit alten Bäumen ist der **Gartenbaumläufer** (Certhia brachydactyla) weit verbreitet und häufiger zu beobachten, als vermutet. Oft sehen wir den kleinen rindenfarbenen Vogel mit der weißlichen Unterseite und dem gebogenen Schnabel spechtartig geschickt an Baumstämmen aufwärts klettern. Im Frühjahr lässt er seinen kurzen, nicht sehr weit tragenden Gesang «tsi-tsi-stü-tsüirisrih» oder «ti-ti-tirui-tit» erklingen. Sobald man dieser eiligen hohen Strophe bewusst lauschen möchte, ist sie auch schon wieder beendet. Aber mit ein wenig Übung werden wir seine eilige Pfeifstrophe nicht mehr überhören. Der Gartenbaumläufer neigt sehr zu Dialektgesängen, sodass wir in verschiedenen Regionen unterschiedliche Gesangstypen wahrnehmen können. Einzeln zu hörende Rufe wie «tsit», «tüüt» und «srih» entsprechen in ihrer Klangfarbe den Einzelelementen des Gesanges.

Nur wenige unserer heimischen Singvögel sitzen oder schlafen außerhalb der Brutzeit eng beisammen. Bekannt ist direkter Gefiederkontakt zum Beispiel bei Mehlschwalben, Schwanz- und Bartmeisen, Winter- und Sommergoldhähnchen, Mariskensängern, Feldsperlingen und besonders bei den Gartenbaumläufern, deren Schlafstellung außergewöhnlich ist. Im Winter suchen 10 oder mehr Vögel in geschützten Baumnischen engsten

Abb. 17: Waldbaumläufer

Körperkontakt und drängen sich dabei so nah wie möglich zusammen. Die Köpfchen sind alle in der Mitte beieinander, die Schwänze nach außen. Diese nächtliche «Schlafrosette» (Abb. 16a) ist unter heimischen Singvögeln etwas Besonderes; bei großer Kälte drängen sich ebenfalls Wintergoldhähnchen wie auch Feldsperlinge ähnlich zusammen. Solche «Schlafkugeln» von 12 oder mehr Exemplaren sind auch von den Mausvögeln bekannt. Ich konnte diese aparten Vögel mit ihrem «zerschlissenen» Federkleid in Ostafrika beobachten, wie sie an Ästen hängend, dicht beieinander ruhten. Während des Schlafens hängen aber nur die inneren Vögel an Ästen, «während sich die später hinzukommenden außen an ihren Artgenossen festhalten» (Stiefel 1976). Enger Gefiederkontakt wird also nicht nur bei Kälte gepflegt, sondern ist für einige Vogelarten vor allem ein Zeichen sozialer Zusammengehörigkeit. So können wir «Federfühlung» bei den meisten der oben genannten Singvögel auch an warmen Tagen beobachten. Und zahlreiche in den Tropen lebende Bienenfresser- und Papageien-Arten, Brillenvögel u.a. sitzen, wie die Mausvögel, ebenfalls gern eng beisammen.

Der mehr in größeren Laubwäldern mit Altbestand lebende **Waldbaumläufer** (*Certhia familiaris*), ist am Gesang von seinem Vetter sicher zu unterscheiden. Seine Stimme ist weicher, und sein längeres Lied ist eine zarte, blaumeisen- oder wintergoldhähnchenartige, verhältnismäßig leise, aber charakteristisch auf- und absteigende Strophe. Der einzelne Vogel variiert selten seine Strophen. Innerhalb der Art sind jedoch abweichende Gesangsstrophen zu hören. Und es gibt Mischsänger, die zu ihrem eigenen typischen Gesang auch die Strophe des Gartenbaumläufers vortragen oder beide Strophentypen miteinander verbinden können.

Goldhähnchen sind die kleinsten Vögel Europas und sind nicht leicht zu entdecken, weil sie sich gern in den Spitzen von Nadelhölzern aufhalten. Allerdings sind sie ständig in Bewegung. Beide Arten haben einen goldgelben Scheitel. Ihre Stimmen sind sehr hoch und nur mit gutem Gehör zu erlauschen. Die an freien Ästen aufgehängten wundervollen Nester sind sowohl in ihrer Konstruktion wie in ihrer aus mehreren unterschiedlichen Polsterschichten bestehenden Ausstattung echte Meisterwerke gefiederter Nestbauer.

Das **Wintergoldhähnchen** (*Regulus regulus*) ist bei uns auch häufiger Wintergast, und somit ganzjährig zu beobachten. Die ziehenden Vögel sind im Gegensatz zum Sommergoldhähnchen schon ab Mitte Februar wieder zurück. Ab Mitte März können wir den Gesang von beiden Arten

Abb. 18: *Wintergoldhähnchen*

Abb. 19: *Sommergoldhähnchen am Nest*

hören und miteinander vergleichen. Der feine, wellenförmig auf- und absteigende Gesang des Wintergoldhähnchens ist eine dem Waldbaumläufer verwandte Strophe: «si-sissi-si-sissi-si-sissi-si-sit». Der Endschnörkel variiert bei den einzelnen Männchen und gilt als individuelles Erkennungsmerkmal. Imitationen von Meisen- und Buchfinkenlauten sind hin und wieder wahrzunehmen. Gegenüber dem strophig gegliederten Reviergesang ist der Plaudergesang sehr viel reichhaltiger (⇨ S. 128).

Ganz anders klingt die Strophe des **Sommergoldhähnchens** (*Regulus ignicapillus*), das frühmorgens häufig etwas später als die vorige Art zu singen beginnt. Es ist ein hohes und feines Crescendo: «sisisisisisit», das mit hohem Endton abschließt. Während das Sommergoldhähnchen eine klare eilige Strophe hat, erscheint der Gesang des Wintergoldgähnchens universeller. Die Lockrufe beider Goldhähnchen sind ein leises flüsterndes «ssih, ssih». Äußerlich unterscheidet sich das Sommergoldhähnchen von seinem Vetter durch einen dunklen Augenstreif und einen weißen Überaugenstreif.

Der Gesang der Vögel ist nicht nur ein oft deutliches Erkennungsmerkmal, sondern kann auch bei Fragen der Artzugehörigkeit von Bedeutung sein. Im 20. Jahrhundert gab es etliche Diskussionen darüber, zu welcher Art das Goldhähnchen auf den Kanarischen Inseln zu zählen sei. Es hat wie unser Sommergoldhähnchen (*Regulus ignicapillus*) eine ansteigende Gesangstrophe. Deshalb rechneten es einige Ornithologen dieser Art zu. Andere Forscher stellten dagegen, dass es keinen Augenstreif habe und deshalb dem Wintergoldhähnchen (*Regulus regulus*) zu-

zuordnen sei. In den meisten Vogelbüchern wurde es dann aber – nach seinem Gesang – als Unterart des Sommergoldhähnchens geführt. Ich habe die Kanarischen Inseln in den 1970er und 1980er Jahren dreimal besucht und mich dabei sehr auch den Goldhähnchen gewidmet. Auf Teneriffa leben sie in ca. 1000 bis 1600 m Höhe in den Kiefernwäldern. Von etwa 30 Goldhähnchen sang weniger als ein Drittel die typische Strophe des Sommergoldhähnchens. Bei der überwiegenden Mehrzahl konnte ich sehr häufig abweichende Gesangsfolgen erkennen. Nach dem charakteristisch ansteigenden «sisisisisisit» folgten unmittelbar meisen- und wintergoldhähnchenartige Motive und Phrasen wie zum Beispiel «...titlit», «...zirrit», «...zirrrr», «sisisirr», «...sisi-zirr-sisit», «...sisisi-tuit» (so meine Notizen vom 6. April 1973). Hier war fast gleichwertig der auf- und absteigende Rhythmus des Wintergoldhähnchens zu erleben.

Haben wir es etwa mit einem urtümlichen Goldhähnchen zu tun, sozusagen um ein voreiszeitliches Relikt, dessen Gesang noch vielseitig, offen und wenig festgelegt ist? Es mag sein, dass sich nach der Eiszeit auf dem europäischen Festland die beiden Arten herausgebildet haben und sich nun durch verschiedene Gesänge deutlich voneinander abgrenzen. Denn man nimmt heute an, dass Vogelgemeinschaften südlich des Mittelmeeres wahrscheinlich älter sind als jene in West-, Mittel- und Nordeuropa, wo Klima- und Vegetationsverschiebungen während der Eiszeit stärker ausgeprägt waren. Vermutlich handelt es sich aber um insulare Gesangsausbildungen oder Inseldialekte. Da zum Beispiel zwischen den Inselpopulationen der Azoren-Goldhähnchen erhebliche akustische Differenzierungen bestehen, folgern Päckert und Martens (2003), dass sich «innerhalb einer relativ kurzen geologischen Zeitspanne aufgrund geographischer und akustischer Isolation eine Vielfalt neuer Inseldialekte der Wintergoldhähnchen entwickelt» hat. P.H. Becker hat die Lautäußerungen des Kanarengoldhähnchens «sonagraphisch untersucht und deren Ähnlichkeit mit dem Wintergoldhähnchen festgestellt, allerdings auch, dass weder mitteleuropäische Winter- noch Sommergoldhähnchen auf das Vorspielen von Teneriffagesang reagierten (Thaler 1990). So rückten die Goldhähnchen von Teneriffa in der systematischen Ordnung wieder zum Wintergoldhähnchen. In der 7. (letzten) Auflage von Pareys Vogelbuch (1996) finden wir, im Gegensatz zu früheren Zuordnungen, inzwischen ein Kanaren-Goldhähnchen mit dem Hinweis aufgeführt, dass es als Unterart taxonomisch sowohl dem Winter- als dem Sommergoldhähnchen zugeordnet werden könne. Es wird daher als gesonderte Art (*Regulus teneriffae*) behandelt. – Mir ging es in diesem Zusammenhang darum, einmal aufzuzeigen, wie bedeutsam auch der Gesang als Artmerkmal sein kann. Obwohl Vögel leicht ihren Standort verändern können, hat es auf Inseln oft eigenständige Entwicklungen gegeben. In diesen Fällen sprechen wir von endemischen Arten, die manchmal nur auf einer einzigen Insel (oder in einem abgegrenzten Gebiet) vorkommen. Deshalb kann es immer wieder anregend sein, bei Urlaubsaufenthalten auf Inseln die Vogelwelt genauer zu studieren. So haben sich beispielsweise auf mehreren kanarischen Inseln jeweils verschiedene Unterarten von Blaumeise und Buchfink ausgebildet, die wir unschwer beobachten und miteinander vergleichen können.

Nach den Goldhähnchen stimmen mit kräftigen Gesängen die Finken in das Morgenkonzert ein. Durch die auffallend weißen Flügelbinden ist der **Buchfink** (*Fringilla coelebs*) auch gut im Flug zu erkennen. Sein kraftvoller dynamischer Gesang ist sicher den meisten bekannt. Ende Januar /

Abb. 20: Buchfink ♂

S. 156), werden manchmal sogar unterschiedliche Motive der Reviernachbarn einander angeglichen. Buchfinkengesang können wir meistens bis Anfang Juli hören. Vom auffälligen «Regenruf» sind in ganz Europa verschiedene Dialekte bekannt, von «schrütt», «wrüt», «tried» zu «huit», «dschäd» und dlüt». Diese Rufe sind nicht selten bei trübem Wetter oder mittags zu hören; eine Wettervorhersage sind sie jedoch nicht. Ich habe es mehrfach erlebt, dass Buchfinkenmännchen, auf dem Boden hin und herlaufend, diesen Ruf 30 bis 50-mal hintereinander, mit nur kurzen Pausen dazwischen, erschallen ließen. Gelegentlich hört man auch ähnlich häufig wiederholte «zit-hüit»-Rufreihen. Nachahmungen artfremder Gesänge scheinen selten zu sein. Als Kontakt- oder Alarmruf zählt das helle charakteristische «pink» oder «pink-pink», von dem der Buchfink auch seinen Namen hat. Dieser Ruf ist dem der Kohlmeise sehr ähnlich. Bei starker Beunruhigung kann dieser Ruf, häufig wiederholt, zu einer richtigen Alarmreihe gesteigert werden. Buchfinken beginnen mit ihrem Gesang meistens 20 bis 30 Minuten vor Sonnenaufgang, sollen aber schon eine Viertelstunde vorher wach sein. (Gesangslernen beim Buchfink ⇨ S. 130).

Anfang Februar ist es reizvoll den Buchfinken zuzuhören, wie sie ihren Gesang üben. Der erste Teil geht ohne Mühe, während der kraftvolle Überschlag erst noch geprobt werden will. Aber Ende Februar / Anfang März ist der Finkenschlag «zitzitzitzitdjitdjidjit-duritju» überall vollendet zu hören. Es kann auch noch ein spechtartiges «kit» angehängt sein. Die Gesänge können sowohl individuell wie auch regional beträchtlich variieren; sie sind aber in ihrer Grundstruktur verhältnismäßig konstant. Buchfinken sind sehr gesangsfreudig. Während der Brutzeit ist es möglich, 500 bis 1000 Strophen pro Tag zu hören. Dabei kann es sein, dass derselbe Vogel mehrere gleichartige Strophen hintereinander vorträgt, um dann nach einer Weile mit einer veränderten Strophenreihe fortzufahren. Singen zwei benachbarte Männchen im Wechselgesang miteinander, im so genannten Kontersingen (⇨

Am Waldrand, nahe den ersten städtischen Gärten, dringt das Flunschen oder Knätschen des **Grünfinken** oder Grünlings (*Carduelis chloris*) an unser Ohr. Dieses nasale, langgezogene «dschüitsch» oder «djäih» passt so gar nicht zu seinen klangvollen Trillern und Rufreihen, die aus rhythmisch wiederholten Tönen bestehen, in wechselndem Tempo erklingen und an den Gesang des wilden Kanarienvogels (Kanarengirlitz) erinnern. Die nasalen Rufe können auch in den volltönenden Gesang eingewoben sein, fehlen aber, wenn der Grünfink seinen Gesang in gaukelndem Fluge vorträgt. Verschiedene Imitationen, besonders von Kleiber und Blaumeise,

Abb. 21: Grünfinken

Abb. 22: Erlenzeisig, ♂ (oben) und ♀

werden häufiger in den Gesang eingeflochten. In Dörfern und in Städten mit Parks, Grünanlagen und Gärten ist der Grünfink weit verbreitet. Während sich z.B. Rotkehlchen, Drosseln, Meisen oder der Zaunkönig von schlechtem Wetter in ihrer Gesangsfreude wenig stören lassen, reagiert der Grünfink etwas empfindlicher. Er gehört auch zu den Finkenvögeln, die oft erst kurz vor oder nach Sonnenaufgang mit ihrem Gesang beginnen. In den wärmenden Strahlen der Sonne scheint sich sein Gesang so recht zu entfalten. Weibchen singen leise, aber recht selten. Der Grünfink singt manchmal schon ab Ende Dezember; Singflüge der Männchen sind aber meistens erst ab Januar / Februar zu sehen. In seinem Balzgefieder ist das auffallende Gelb an den Flügeln gut zu erkennen. Im Laufe des Winters haben sich bei ihm die dunklen Federränder zu leuchtendem Gelbgrün abgenutzt.

Der kleinere **Erlenzeisig** (*Spinus spinus*) ist ein geschickter Turner und fällt durch seine schwarz-gelb gemusterte Oberseite auf. Er brütet in Deutschland in Nadelwäldern, fällt aber vor allem im Winter auf, wenn größere, aufgeregt zwitschernde Schwärme, oft in Gemeinschaft mit Birkenzeisigen und Stieglitzen, aus dem Norden und Nordosten bei uns in Erlen- und Birkenbestände einfallen. Die Gesangsperiode beginnt schon im Januar; «zu dieser Zeit tragen die im Trupp herum ziehenden Zeisige ihre Strophen oft in vielstimmigen Chören vor» (BEZZEL 2001). Zur Brutzeit singt der Erlenzeisig meist von einer hohen Warte oder im schmetterlingsartigen Flug. Der Gesang ist eine schnelle zwitschernde Strophe mit einem gedehnten Endton: «didldidldidldidlkrieeh», durchsetzt mit Knirschlauten und Imitationen. Charakteristisch ist das nasale «krieeh», mit dem der Gesang häufig kreischend unterbrochen oder beendet wird. Der Ruf «tüli» oder tsilü» hat einen wehmütigen Klang. Im Mittelmeergebiet überwinternde Vögel kehren ab Mitte März in ihre deutschen Brutgebiete zurück. Der Erlenzeisig ist bei uns ein spärlicher Brutvogel, aber ein häufiger Wintergast.

Der **Birkenzeisig** (*Acanthis flammea*) kehrt schon Anfang März zurück. In Baden-Württemberg ist er ein recht seltener Brutvogel, hat sich aber inzwischen ausgebreitet: 1992 erstmals als Brutvogel in Ulm. Er ist bei uns vor allem als regelmäßiger Wintergast bekannt, der manchmal invasionsartig, also in großen Schwärmen, erscheint. Der Birkenzeisig, Bewohner von Birken- und Nadelwäldern, ist ein wenig dicker als der Erlenzeisig, aber mit seiner bräunlich gestreiften Oberseite und der roten Stirn eine ganz andere Erscheinung. Er ist eher mit dem Bluthänfling zu verwechseln und auch mit diesem näher verwandt. Beide Geschlechter haben ein schwarzes Kinn. Das Männchen erscheint zur Brutzeit mit einer prächtigen rötlichen Brust. Den Gesang bilden einförmige zwitschernde oder schwirrende Rufreihen beziehungsweise grünfinkenartige Triller mit dem typischen «tschät» oder nasalen «djüit».

Ein liebenswerter und hübscher Vogel ist der **Gimpel** oder Dompfaff (*Pyrrhula pyrrhula*). Er ist dicker und gedrungener als der Buchfink. Mit seiner schwarzen Kopfplatte, dem grauen Rücken und den schwarzen Flügeln ist er sehr schmuck. Beide Geschlechter haben eine weiße Flügelbinde, und das Männchen ziert sich außerdem noch mit einer prachtvollen roten Unterseite. Im Fluge fällt vor allem der weiße Bürzel auf. Häufig treffen wir ein Pärchen zusammen an. Meistens sind nur die wehmütig-weichen Stimmfühlungslaute der Partner «tjit» und etwas tiefer «djüt» oder «diü» zu hören. Vögel gehen

Abb. 23: Birkenzeisig am Nest

Abb. 24: Dompfaff oder Gimpel, ♂ (oben) und ♀

Abb. 25: Fichtenkreuzschnabel ♂

Abb. 26: Kernbeißer

nicht gern auf *Tuchfühlung*. Kontakte werden vornehmlich über die Stimme gepflegt, deshalb spricht man treffend von Stimmfühlungslauten. Der Dompfaff hält sich mit seinen musikalischen Qualitäten zurück. Der Gesang ist ein leises melodisches Trillern und Zirpen, das nur selten zu hören ist. Aber der Dompfaff ist ein begabter Stimmkünstler, der vollständige Volksliedweisen nachzupfeifen versteht! So wurden früher zum Beispiel im Harz, in der Region des Vogelbergs oder in Thüringen gefangenen Gimpeln Volkslieder vorgesungen, die sie verhältnismäßig schnell lernten. Danach konnten sie als tüchtige Sänger verkauft werden: «Im Gebirge bezahlte man für einen wildgefangenen Gimpel ungefähr zehn Silbergroschen, höchstens einen halben Taler, in größeren Städten stellt sich der Preis etwa um die Hälfte höher; abgerichtete Gimpel dagegen werden je nach der Güte ihres Vortrags und

der Anzahl der Lieder, welche sie nachpfeifen, mit fünf bis zwanzig Talern bezahlt … Kein anderer unserer deutschen Vögel besitzt die Fähigkeit, ihm gelehrte Lieder in ähnlicher Reinheit nachzupfeifen, wie der Gimpel» (BREHM 1872).

Der **Fichtenkreuzschnabel** (*Loxia curvirostra*) ist etwas größer als der Gimpel. Er brütet ausschließlich in Nadelwäldern. Seine überkreuzten Schnabelspitzen sind hervorragend dazu eingerichtet, Koniferensamen zu fressen. Leider sind die Fichtenkreuzschnäbel nicht so leicht zu beobachten, da sie sich fast immer hoch oben in den Baumwipfeln aufhalten. Ein kräftiges metallisch-hartes «kip, kip» oder «gip, gip» macht auf sie aufmerksam. Ihre zwitschernd-flötenden Strophen erinnern an den Gesang des Grünfinken. Fichtenkreuzschnäbel imitieren hin und wieder (besonders in Gefangenschaft) Gesangsstrophen anderer Finkenarten. Sie zigeunern gerne herum. In manchen Jahren unternehmen diese großen Finkenvögel invasionsartige Wanderungen. Bereits im Februar, zur Reifezeit der Fichten- und Tannenzapfen, können sie schon mit der Brut beginnen.

Noch etwas kompakter als der Dompfaff ist der **Kernbeißer** (*Coccothraustes coccothraustes*) und damit unser größter Fink. Auch er ist hübsch gezeichnet und im Flug gut an den breiten weißen Flügelfeldern zu erkennen. Er hat einen mächtigen Schnabel, mit dem er Kerne von Kirschen und Pflaumen zu knacken versteht. Ansonsten zwickt er gern Knospen und Triebspitzen der Laub- und Obstbäume ab. Der Kernbeißer lebt meistens in den Wipfelregionen von Laub- und Mischwäldern. Wir hören ihn häufiger, als dass wir ihn sehen. Sein hartes und durchdringendes «zicks» verrät aber seine Anwesenheit. Sein verhaltener Gesang ist nur selten zu hören.

Abb. 27: Star an der Bruthöhle

Mit zu den bekanntesten Vogelarten gehört der drosselgroße **Star** (*Sturnus vulgaris*). Er ist sehr häufig sowohl in lockeren Wäldern wie auch in Parks und Gärten anzutreffen und brütet gern in Astlöchern alter Bäume. Im Spätsommer und Herbst fallen die geschickten Flugspiele der oft großen Starenschwärme auf. Man muss diese wundervollen Vogelwolken in ihren sich verändernden Kunstformen gesehen haben! Aus einem spielerischen, ineinander verwobenen Band kann plötzlich eine dichte schwarze Kugel werden, die sich zu einer hohen Säule wandelt, um dann plötzlich ein dicht über der Erde ausgebreiteter rasender Teppich zu sein. Wer gibt den Takt an? «In ihrer Einheit der Bewegung, in ihrer Präzision des Wendens, Steigens und Fallens – wie ein Überorganismus erscheint uns dann dieser Schwarm. Wir sehen in ihm ein Maximum an Preisgabe des Einzelseins, an Aufge-

hen in einer überlegeneren Ordnung» (PORTMANN 1943). Stare schlafen auch gern gesellig. Ihre typischen Massenschlafplätze – im Schilf oder auf großen Bäumen – verlegen diese Vögel häufig in die Städte und nächtigen dort auf Parkbäumen oder auch an vielfältig unterbrochenen Hausfassaden, wie ich es in mehreren deutschen Großstädten beobachtet habe. Nach der Mauser im August ist das gesamte Gefieder mit zahlreichen hellen Tupfen überzogen; wir sprechen dann vom so genannten «Perlstar». Im Laufe des Winters nutzen sich die Federspitzen ab, wodurch besonders das Balzgefieder der Männchen auf diese Weise einen grün bis violetten Metallglanz erhalten kann. Der Gesang des Stars ist eine merkwürdige Mischung aus pfeifenden, knackenden, schmatzenden und knirschenden Tönen und wird verhältnismäßig leise vorgetragen. Häufig werden andere Vogelstimmen täu-

Abb. 28: Eichelhäher

schend ähnlich nachgeahmt. In Norddeutschland habe ich mehrfach die Balztriller des Großen Brachvogels vernommen wie auch Pirolgesang. Der Star ist also eigentlich ein Tonkünstler, hat aber dennoch keinen eigenen volltönenden Gesang ausgebildet. Und so, als ob er es wüsste, macht er während des Singens durch lebhaftes Flügelschlagen auf sich aufmerksam.

Um die Reihe der waldbewohnenden Singvogelarten zu vervollständigen, möchte ich noch den auffallend bunten **Eichelhäher** (*Garrulus glandarius*) erwähnen, dessen Rufe unverkennbar sind. Wir hören häufig ein lautes «räätsch» und «djäk» oder «tschak». Auch halten die Eichelhäher in jedem Frühjahr regelrechte Versammlungen ab; 10 bis 30 und mehr Vögel können in einem kleinen Gebiet zusammenkommen, und wir haben dann Gelegenheit, den Stimmreichtum dieses großen schönen Vogels zu bestaunen. Vor allem die zahlreichen Imitationen bis hin zum Katzenmiauen sind ergötzlich. Ich habe seit meiner Kindheit große Freude an diesen lärmenden Zusammenkünften. Diese eigenartigen, meistens wenig melodischen Konzerte finden von März bis April statt. Man gewinnt den Eindruck, als ob die Vögel vor der Brut noch einiges zu klären hätten. Vielleicht dient es außer der Paarbindung auch der Paarbildung. Was auch immer sie zu diesen «zeremoniellen Versammlungen» veranlasst (KIPP 1978), es ist außerordentlich reizvoll, den besonders im Frühjahr so mannigfaltigen Lautäußerungen der Eichelhäher zu lauschen.

Eine auffallende Erscheinung ist auch die **Elster** (*Pica pica*), deren Aussehen unverwechselbar ist. Im Sonnenlicht schimmert der sonst schwarze Schwanz in leuchtend grünem bis purpurnem Glanz. Ihr schäckerndes «tschack, tschack» ist ebenso vertraut und bekannt wie der Vogel selbst. In der Steiermark nennt man sie treffenderweise «Tratschkatel». Der Gesang, «ein mit pfeifenden, gurgelnden und schnarrenden Lauten untermischtes Schwätzen, ist leise und nur aus der Nähe zu hören» (BEZZEL 2001). Im Frühjahr finden manchmal kleinere «Versammlungen» statt. Und es gibt – wie beim Eichelhäher – auch winterliche Schlafgemeinschaften. Beide Arten sind sehr wachsam und beobachten ihre Umgebung genau; das gilt auch für die in ihren Revieren brütenden Singvögel, deren Eier und Jungvögel hin und wieder als Nahrung willkommen sind. Das geschieht aber bei weitem nicht so häufig, wie man es diesen Vögeln nachsagt. Eichhörnchen kann man zum Beispiel nicht selten beim Nesträubern erwischen. Der Speiseplan von Elstern und Eichelhähern ist außerordentlich vielseitig, doch sie sind es nicht, die den Rückgang irgendeiner Vogelart verursacht hät-

Abb. 29: Elster   Abb. 30: Dohle

ten. Wenn sie in einem Gebiet zahlreich auftreten, so heißt das eigentlich, dass es dort auch viel zu fressen gibt. ULRICH MÄCK (1998) hat in seiner Dissertation nachweisen können, dass der Artenreichtum (im Großraum Ulm) wie auch die Nachwuchsrate offen brütender Kleinvögel in Lebensräumen mit größerer Elsterndichte sogar höher ist als in Gebieten mit geringeren Elsternbeständen: «Eine Gefährdung der Singvogelpopulationen durch die Elster ist dadurch auszuschließen». Ähnliches darf auch für den Eichelhäher angenommen werden. Natürlich kann es hin und wieder im städtischen Bereich zu Problemen kommen, wie immer, wenn das natürliche Gleichgewicht gestört ist. Aber da gibt es eigentlich nur eine Spezies, die verantwortlich zu machen wäre, und das ist der Mensch.

Im Gegensatz zu China, wo die Elster als ein Vogel von guter Vorbedeutung gilt, ist sie in den meisten europäischen Ländern als Unglücksvogel verschrien. Auch steht sie im Verruf «diebisch» zu sein, weil sie immer wieder glänzende Metalle (Münzen, Löffel, Ringe u.a.) in ihr Nest verschleppt. Ohne Frage liebt die Elster glitzernde Gegenstände. Trüge sie nur glänzendes Papier in ihr Nest, so würde im Volksmund sicher nicht von «diebischer Elster» gesprochen. Da uns Gold und Silber aber wertvoll erscheinen, hängt der Makel des Diebes über diesem Vogel, der vielleicht mehr als andere Vögel einen Hang dazu hat, sein Nest zu schmücken. Diebisch könnten wir Beutelmeisen nennen, die sich gegenseitig häufig das Nistmaterial stehlen.

Bei den Laubenvögeln Australiens und Neuguineas, die mit den Paradiesvögeln eng verwandt sind, ist das Bedürfnis des Verzierens besonders ausgeprägt: Vor der vom Männchen aus Zweigen

Abb. 31: Rabenkrähe *Abb. 32: Kolkrabe*

und Gras zu ebener Erde errichteten Spiellaube, die aber nicht als Nest benutzt wird, befindet sich der freie Balzplatz. Dieser wird beim Graulaubenvogel mit zahlreichen weißlichen Gegenständen (Quarzsteinchen, Knochen, Muschelschalen, Glas) verziert, während der Seidenlaubenvogel einen angeborenen Hang zu farbigem Material hat; seine Laube ist geschmückt mit Früchten, Blättern, Blüten, glänzenden Steinchen, Muscheln und bunten Federn. Im Vergleich mit diesen australischen Vögeln ist es vielleicht leichter zu verstehen, dass unsere Elster nicht diebisch ist, sondern eher einen Hang zum «Schönen» hat (KIPP 1942).

Meine Zuneigung gehört auch den Dohlen, Saatkrähen, Raben- und Nebelkrähen, den metallisch schwarzglänzenden Alpendohlen und Alpenkrähen, diesen meisterhaften Hochgebirgsfliegern, wie dem Kolkraben und seinem nordafrikanischen Vetter, dem braunnackigen Wüstenraben. Immer wieder begeistern mich die fantastischen, teils akrobatischen Flugspiele dieser Vögel.

Der **Kolkrabe** (*Corvus corax*) ist der größte Singvogel der Erde. Rabenvögel gehören zusammen mit den Papageien zu den intelligentesten Vögeln. Wenn auch ihre Stimmen weniger klangvoll sind, so verfügen sie doch über einen außerordentlich großen, differenzierten Stimmschatz; sie besitzen ein erstaunliches Imitationstalent (⇨ S. 141) und die Fähigkeit, die menschliche Stimme nachzuahmen.

Dass Eichelhäher, Elstern, Dohlen, wie auch Raben und Krähen zu den Singvögeln gehören, mag manchen Leser verwundern, ebenso wie es etliche «Nicht-Singvögel» gibt, die weitaus klangvollere Strophen zu bieten haben als einige unserer Singvögel. Ich denke vor allem an die herrlichen Trillerstrophen des Großen Brachvogels oder an das «Lachen» des Grünspechts. Es ist nicht die Qualität des Gesanges, wodurch Singvögel von anderen Vögeln unterschieden werden. Anatomische Gesichtspunkte stehen hier im Vordergrund: Das Stimmorgan der Singvögel, die so genannte Syrinx, die wir weiter unten noch genauer betrachten wollen (⇨ S. 110), ist im Vergleich zu anderen Vögeln wesentlich komplizierter aufgebaut. Wer sich besonders für die Rabenvögel interessiert, dem empfehle ich das auch kulturgeschichtlich bemerkenswerte Buch von WOLFGANG EPPLE (1997). Hier wollen wir die Rabenvögel nicht weiter im Einzelnen behandeln.

Bei einem Waldspaziergang Anfang März sind fast immer auch der Große Buntspecht, Grünspecht, Grauspecht, seltener Mittelspecht und Schwarzspecht zu hören. In lockeren Laub- und Mischwäldern, besonders aber in Obstgärten, sind auch die Stimmen von Kleinspecht und Wendehals zu vernehmen. Häufig hören wir die Strophen der Ringeltaube, hin und wieder auch die kürzeren Rufreihen von Hohl- und Turteltaube, während die sich seit Mitte des 20. Jahrhunderts über ganz Europa ausgebreitete Türkentaube hauptsächlich in Städten und Dörfern anzutreffen ist. Auch der Ruf des Mäusebussards klingt häufiger durch den Wald (nicht selten allerdings vom Eichelhäher imitiert). Weiter gehören dazu die Stimmen von Waldkauz und Waldohreule und ab Mitte April der bekannte und wohlklingende Ruf des Kuckucks. Die vorgenannten Arten gehören nicht zu den Singvögeln; mit diesen aber und ihrem vielfältigen Laut- und Gesangsrepertoire wollen wir uns bevorzugt beschäftigen.

Vogelstimmen außerhalb des Waldes

Die meisten der oben betrachteten Singvögel können wir auch im Stadtgebiet in gebüschreichen Grünanlagen, Gärten, Vorgärten, kleinen Baumbeständen und auf Friedhöfen beobachten. Diese Vögel haben sich zuweilen eng an das Stadtleben angepasst. In besonderem Maße ist das der Fall bei Amsel, Rotkehlchen, Kohl- und Blaumeise, Kleiber, Star, Gartenbaumläufer, Buchfink, Grünfink, in manchen Jahren sehr auffällig aber auch bei Zaunkönig, Sing- und Wacholderdrossel. Zum Hörerlebnis in der Stadt gehören selbstverständlich auch die weiter unten beschriebenen Zugvögel Hausrotschwanz, Mönchsgrasmücke und Zilpzalp. Und natürlich gehören dazu die Sperlinge.

Der **Haussperling** (*Passer domesticus*) ist wohl der bekannteste Vogel Mitteleuropas. Wenn wir ihn etwas genauer anschauen, werden wir entdecken, dass er – besonders zur Brutzeit – ein hübsches Gefiedermuster hat. Außerordentlich robust und anpassungsfähig hat er sich wohl am intensivsten von allen Singvögeln an den menschlichen Lebensraum angeschlossen. Der russische Sänger FJODOR SCHALJAPIN (1873 – 1938) schreibt in seinen Erinnerungen über einen Spaziergang durch New York Anfang des 20. Jahrhunderts: «In den Straßen von New York gab es keinen einzigen Sperling, obwohl er bekanntlich der tapferste Vogel der Welt ist» (GORKIJ 1965). Inzwischen ist der Haussperling auch bei uns nicht mehr ganz so häufig wie noch vor einigen Jahrzehnten. Der einstige Allerweltsvogel «zeigt nach neuesten Bestandszahlen großflächig starke Bestandseinbrüche, die inzwischen zur Halbierung des deutschen Bestandes seit der ersten Hälfte des 20. Jahrhunderts führten» (ENGLER 2002). Als Gründe werden vor allem genannt: Aufgabe und starke Reduzierung der Nutztier-

Abb. 33: Haussperling, ♂ (vorn) und ♀

Abb. 34: Feldsperling

haltung (vor allem Pferde), deutlich verringertes Nahrungsangebot im Jahresverlauf, fehlende Stoppelbrachen im Winter und zunehmender Pestizid- und Beizmitteleinsatz. So wurde der Haussperling im Jahre 2002 vom Naturschutzbund Deutschland e.V. (NABU) zum «Vogel des Jahres» erklärt. Sein «Gesang» besteht vor allem aus dem bekannten Tschilpen, das häufig in der Gruppe vorgetragen wird. Dazu können aber vereinzelt auch nette Zwitscherstrophen kommen. So hörte ich vor einigen Jahren in Stuttgart auf der Uhlandshöhe einen Haussperling an sein typisches «tschilp-tschilp» ein fröhliches «zipzip-zipzip» anhängen. Seinen wenig musikalischen Gesang versucht er etwas wettzumachen, indem er vor seinem Weibchen mit gespreizten Flügeln und aufgerichteten Schwanzfedern einen kleinen Tanz aufführt. Der Haussperling ist sehr gesellig und lärmfreudig. Außerhalb menschlicher Siedlungsräume ist er kaum anzutreffen. Sein Nest baut er gern in Hausnischen und Höhlen. Nicht selten finden wir diesen Kosmopoliten aber auch als «Untermieter» in Storchennestern und Greifvogelhorsten. Den Namen «Dreckspatz» hat er paradoxerweise erhalten, weil er häufig reinigende Sandbäder nimmt!

Der **Feldsperling** (*Passer montanus*) ist mit seiner schokoladenbraunen Kopfplatte und dem schwarzen Wangenfleck ein hübscher Kerl. Er ist nicht so stark an den Menschen gebunden wie der Haussperling; er bevorzugt stärker die offene Landschaft. Wir finden ihn deshalb oft an Orts- und Waldrändern, wie auch auf Streuobstwiesen mit alten Bäumen. Der Feldsperling ist ein Höhlenbrüter und lebt gern gesellig; er ist lebhafter als der Haussperling, «lärmt» aber weniger. Seine Stimme ist derjenigen seines Vetters ähnlich, klingt aber mehr wie «tschep, tschep». Beide Sperlinge rufen «tetetetet» oder «tek-tek-tek-tek», wenn sie aufgeregt sind.

Über den Feldern hören wir zu dieser frühen Jahreszeit, manchmal auch schon Mitte Februar, den Gesang der recht großen **Feldlerche** (*Alauda arvensis*), die in 30 bis 50 m Höhe über ihrem Brutrevier singend ihre spiraligen Kreise zieht. Ihren jubilierenden, wohlklingenden Gesang können wir morgens weit über eine Stunde vor Sonnenaufgang hören. Es sind kunstvolle melodische Rufreihen in wechselndem Rhythmus und unterschiedlicher Betonung. In den flatternd oder rüttelnd vorgetragenen Gesang werden Triller wie auch Nachahmungen anderer Vogelstimmen eingewoben. Die Lerche kann morgens, bei völliger Dunkelheit, auf einer kleinen Warte sitzend mit ihrem Gesang beginnen, bevor sie singend senkrecht aufsteigt und oft minutenlang ihre tirilierenden, teils spottenden Strophen vorträgt. Ein zweiminütiger Singflug kann mehrere hundert Motive enthalten. Die verhältnismäßig großen und zugespitzten Flügel machen die Feldlerche zu einem geschickten Flieger und erlauben ihr auch gegen den Wind in der Luft flatternd zu *stehen*. Lerchen wirken in der Luft recht breitflügelig. «Der universelle Bau des Lerchenflügels erlaubt eine äußerst mannigfaltige Flugweise. Die Feldlerche versteht es vorzüglich, die Fluggeschwindigkeit zu wechseln, meistert den Langsam- und Schnellflug auf elegante Weise, was besonders bei den um die Brutreviere kämpfenden Männchen zum Ausdruck kommt. Hier zeigt sie schwer zu beschreibende artistische Leistungen. Vom Schweben und zitternden Flattern bis zum reißenden vorwärts gerichteten Schussflug sind alle Übergänge vorhanden» (PÄTZOLD 1983). Ihren Gesang beendet sie erst nach einem ausgedehnten Gleitflug, wenn sie sich plötzlich in den letzten Me-

Abb. 35: Feldlerche

tern fallen lässt, um sich kurz vor dem Boden wieder abzufangen. Manchmal sind regelrechte Sturzflüge nach Beendigung des Gesanges zu beobachten. Der Lockruf klingt wie «tschirüp» und «zierlie». Alle Lerchen sind Bodenbrüter. Die Feldlerche gehörte zu den häufigsten Vögeln auf unseren Feldern; ihr Bestand ist aber, wie bei zahlreichen Singvögeln unserer Heimat, durch die Intensivierung der Landwirtschaft in den letzten Jahrzehnten zurückgegangen.

Ganz anders ist der Gesang der kleineren, sperlingsgroßen und leider sehr selten gewordenen **Heidelerche** (*Lullula arborea*). Er besteht aus weichen, melancholischen, meist zum Ende hin abfallenden Strophen, die man mit «düdelüdelüdelüdel», «lililiülüliililülü,» «lürelürelürelürelüre», «dlidlidlidlidlüdlüdlülülü» umschreiben könnte. Es ist wie ein wehmütiges sanftes Flö-

Abb. 36: Heidelerche

ten, das in wellenförmigem und spiraligem Flug erklingt und meistens im Gleitflug beendet wird. Nachahmungen sind sehr viel seltener als bei den anderen beiden Lerchenarten. Die Heidelerche gehört zu den wenigen mitteleuropäischen Singvögeln wie zum Beispiel Nachtigall, Sprosser, Feldschwirl und Rohrsänger, die auch nachts singen. Am Tage habe ich sie fast immer nur vormittags gehört. Sie trägt ihren wundervollen Gesang fast ebenso lange wie die Feldlerche vor, bis weit in den Sommer hinein. Hin und wieder beginnt sie ihren Gesang auf einem Baum, bevor sie sich schräg in die Lüfte schwingt. Sie ruft ähnlich, aber noch weicher als die Haubenlerche: «didlüi» und «didlüit». Die Heidelerche bevorzugt trocken-warme Landschaften, Heidegebiete, Waldlichtungen und freie Hänge in unseren Mittelgebirgen. Früher war sie der Charaktervogel der norddeutschen Kiefernhei-

den, heute ist sie bei uns ein sehr seltener Brutvogel. Sie trifft meistens zwei Wochen nach der Feldlerche bei uns ein, Ende Februar bis Mitte März. In Südostpolen, im Galizischen Bergland, bis hin zur ukrainischen Grenze, habe ich sie Mitte April 2001 recht häufig gesehen und gehört. Besonders reizvoll ist es, wenn man Gelegenheit hat, dem Wechselgesang zweier benachbarter Männchen zu lauschen. Ihre Gesänge, die sie manchmal bis zu 60 Minuten erklingen ließen, waren von einer bewegenden Innerlichkeit. Es ist sehr bedauerlich, dass diese liebenswerte Vogelart so extrem zurückgegangen ist. Und es ist ein großer Verlust für uns, dass wir kaum noch diesem ebenso melodischen wie melancholischen Gesang lauschen können. Im Vergleich zu Feld- und Haubenlerche, die generell zu ebener Erde, im Gras oder in Mulden, nächtigen, schläft die Heidelerche zur Brutzeit auch in den Zweigen sehr kleiner Kiefern «immer der untergehenden Sonne zugewandt» (MACKOWITZ 1970).

Die **Haubenlerche** (*Galerida cristata*) ist mehr in Norddeutschland verbreitet und dort in den Städten mit reichlich Grünflächen, aber auch in verlassenem Industriegelände anzutreffen. Ende des 19. Jahrhunderts hat sie sich dort verbreitet. Ihre Bestände sind aber in den letzten Jahrzehnten wieder auffällig zurückgegangen. Zahlreiche Haubenlerchen verbringen den Winter im Brutgebiet. Sie sind an ihrer charakteristischen Federhaube leicht zu erkennen. Zu beachten ist aber, dass auch die Feldlerche ihre Scheitelfedern zu einer kleinen Federhaube sträuben kann. Die Haubenlerche ruft sanft flötend «tüitie-tüüü». Die abwechslungsreichen Gesangsstrophen sind kürzer als bei der Feldlerche, aber lauter, klarer und werden sowohl von einer Singwarte als auch im kürzeren Singflug vorgetragen. Sie steigt fast immer stumm auf, um dann

Abb.. 37: Haubenlerche

erst mit ihrem Lied zu beginnen. Während sie minutenlang ihre Kreise zieht, trägt sie – jeweils auf der Stelle flatternd – ihren Gesang vor. Danach lässt sie sich im Sturzflug zur Erde fallen oder landet häufiger noch auf einer Singwarte. Hin und wieder ist ihr Gesang auch nachts zu hören. Sie ist der Nachahmungskünstler unter den Lerchen! Im Gesang einer Haubenlerche sind häufig Imitationen von mehr als 10 Vogelarten zu hören; sie übertrifft hier noch die Feldlerche. Und seit der Ornithologe und Bioakustiker ERWIN TRETZEL (1965) seinen Aufsatz über den Schäferpfiff der Haubenlerche veröffentlichte, ist sie richtig berühmt geworden: Zwei «freilebende Haubenlerchen eigneten sich alle drei Kommandopfiffe eines Schäfers an seine Hunde an und bauten sie recht organisch in ihren Motivgesang ein». Die Hunde gehorchten nun auch den Pfiffen der Haubenlerchen, sodass die Lerchen ungewollt für einige Verwirrung sorgten. Als nun die Imitationen der Haubenlerchen genauer untersucht wurden, stellte sich heraus, dass die Lerchen reiner pfiffen als der Schäfer! «Sie hatten ein Gefühl für Takt und Tonhöhe, das dem Schäfer mangelte. Deshalb mutmaßte TRETZEL, dass die Lerche die Idealgestalt der Motive erfasst und genauso gepfiffen hat, wie der Schäfer es wohl gedacht hatte» (GRZIMEK IX). Und der Vogelkundler bescheinigt denn auch der Haubenlerche ein «erstaunliches musikalisches Formgefühl».

*****

Wüstenläuferlerche (*Alaemon alaudipes*): Da mir die Lerchen sehr am Herzen liegen, möchte ich an dieser Stelle doch verraten, dass es eine Lerche war, die mich zu meinen zahlreichen Sahara-Reisen veranlasst hat. Als ich 1974 zum ersten Mal den Gesang einer Wüstenläuferlerche auf einer Schallplatte hörte, war ich wie elektrisiert. Ich konnte kaum glauben und ebenso wenig verstehen, dass ein Vogel derart saubere Intervalle singen kann. Das Motiv des Gesanges ist verhältnismäßig einfach: Einem längeren, wehmütig-flötenden Ton folgen in gleicher Tonhöhe 2 kürzere Töne. Dieses Motiv wird in der Regel zweimal in ansteigenden Sekunden oder Terzen ohne größere Pause wiederholt, um dann in der höchsten Terz mit zwei spitzen Tönen zu enden: «tjüüüüt-tüt-tüt, tjüüüüt-tüt-tüt, trrr-iiiiiii, tüüüüt-tüt-tüt, tit-tit». Der mittlere Teil des Gesanges kann auch durch einen Triller verlängert werden. Immer wieder habe ich mir diese Strophenfolge angehört, und es war vor allem eine Frage, die mich immer stärker bewegte: «Was macht dieser Vogel, während er singt?» Ich begann einige befreundete Ornithologen und Biologen anzuregen. Friedrich und Anna Kipp, Stuttgart, und Berthold Jacob, Rheine/Westf., ließen sich begeistern, und im darauf folgenden Frühjahr, am 30. März

1975, Ostersonntagmorgen, hörten wir südlich der Oase Erfoud in Südmarokko unsere erste Wüstenläuferlerche! Die Sonne ging gerade über der sehr ebenen Sahara auf. Der Boden war übersät mit Steinen, hier und da sahen wir kleine Sandhügel und spärliche Vegetation. Hier in der Wüste erlebte ich nun diese klagende, unendliche einsame Stimme. Selten hat mich ein Gesang so tief angerührt. In der Erinnerung sind auch meine weiteren Erlebnisse in der Sahara mit diesem Gesang untrennbar verbunden. Als wir die Lerche dann entdeckten und uns vorsichtig näherten, erhielt ich auch die Antwort auf meine Frage, die ja der Auslöser für diese kleine Expedition war. Die große, langbeinige Lerche, von weitem unscheinbar sandfarben aussehend, mit großem, etwas gebogenem Schnabel, stand auf einem der kleinen Sandhügel und begann ihr Lied. Es waren flötende, weit tragende Strophen in teils klaren Intervallen. Dann geschah etwas Unerwartetes: In dem Moment, als die Wüstenläuferlerche ihr einprägsames Motiv dreimal vorgetragen hatte, flog sie 4 bis 6 m hoch, vollendete dabei mit den letzten beiden Tönen ihren Gesang, machte in der Luft eine saltoartige Drehung und segelte im Gleitflug schweigend etwa 20 bis 50 m weit zur Erde. Dabei zeigte sie ihre kontrastreichen schwarz-weißen Flügelmuster. Unmittelbar nach der Landung lief sie erstaunlich schnell zum nächsten Sandhügel, dann um diesen herum, und nach einer Weile erschien sie oben und begann erneut mit ihrem Gesang. Seit diesem Morgen habe ich den Gesang der Wüstenläuferlerche noch viele Male, auch in Algerien und Tunesien, gehört, häufig mit kleinen Variationen und unterschiedlichen sauberen Intervallen. Längere Singflüge, von denen in der Literatur berichtet wird und die für die meisten Lerchen so typisch sind, konnte ich jedoch nicht beobachten.

*****

Abb. 38: Goldammer

In einer heckenbestandenen offenen Landschaft, einem Feuchtgebiet mit Riedbestand und Wiesen oder an Flüssen und Bächen haben wir im Vorfrühling bereits Gelegenheit, noch einige andere Vogelarten kennen zu lernen.

Die **Goldammer** (*Emberiza citrinella*) mit ihrem gelben Bauch und gelben Kopf ist sehr auffällig. Wir treffen sie häufig in so genannten Saumbiotopen an, also beispielsweise an der Grenze von Hecken und Gräben zu sonnigen Waldrändern. Sie hat wie alle Ammern einen langen Schwanz und ist häufig am Boden anzutreffen, um nach Nahrung zu suchen. Sie singt aber in der Regel von einer etwas höheren Warte aus. Sie beginnt immer erst nach den Drosseln zu singen. Ihr einprägsamer Gesang «dzi-dzi-dzi-dzi-dzi-dziiiiie» besteht aus meist 5 gleich hohen Tönen, denen ein längerer und meistens etwas tieferer Ton folgt. Dieses charakteristische Motiv soll Beethoven zu den Eingangstakten seiner fünften Symphonie inspiriert haben. Das ist nicht ganz sicher. Da der große Komponist aber fast täglich frühmorgens durch die Natur wanderte, dürfte er den Klängen der Vögel mit besonderer Intensität gelauscht haben, sodass ihn das eingängige Motiv durchaus inspiriert haben mag. Mit diesem etwas wehmütigen Lied scheint die Goldammer so ganz verbunden mit der Landschaft zu sein. Die Strophen enden übrigens «im süddeutschen Raum in der Regel mit einem fast reintonigen oder stärker frequenzmodulierten und dann rauh klingenden stets gedehnten Schlusselement» (Glutz 14/III). Recht häufig, auch im Winterhalbjahr, sind ihre Rufe «zülipp» und «tschi-trüt» zu hören. Ihr Lockruf ist ein heiseres «sib». Die Goldammer war ursprünglich ein Steppenvogel; sie hat sich mehr und mehr der Kulturlandschaft angepasst. Die Paare halten meistens eng zusammen und suchen häufig ihre Nahrung außerhalb ihres Reviers.

Die **Rohrammer** (Schoeniclus schoeniclus) ist, wie ihr Name andeutet, in der Regel nur im Röhricht anzutreffen, wo sie geschickt wie ein Rohrsänger in den Halmen herumturnt. Die Rohrsänger kommen aber später zu uns; sie bauen ihre Nester in frisch gewachsene Schilf- oder Rohrkolben-Bestände und müssen dazu selbst Ende Mai noch etwas warten. Die Rohrammer dagegen baut ihr Nest in die vorjährigen Schilfbestände und kann deshalb schon zeitig mit dem Nestbau beginnen. Singende Männchen sitzen gern oben auf alten umgeknickten Schilfrispen, die sie als Gesangswarte benutzen. Der schlichte Gesang klingt wie das Tschilpen eines Sperlings, was der Rohrammer auch den Namen «Rohrspatz» eingetragen hat. Am schwarzen Kopf sind die Rohrammermännchen gut zu erkennen.

Abb. 39: Rohrammer, ♂ (oben) und ♀

Eine aparte Seltenheit in größeren Röhrichtbeständen ist die langschwänzige **Bartmeise** (Panurus biarmicus). Dieser braune, meisenähnliche Singvogel gehört mit über 200 Arten zur Familie der Drosselmeisen. Vor etwa drei Jahrzehnten haben die Bartmeisen von ihrem ostasiatischen Verbreitungsgebiet aus den mitteleuropäischen Raum besiedelt. Bevorzugter Lebensraum sind große Schilfbestände. Die Bartmeise ist keine echte Meise, hat aber große akrobatische Begabung. Man muss sie nur einmal im Schilf bestaunen, wie sie geschickt an einem Halm hinaufklettert, um kurz Ausschau zu halten. Das attraktive Männchen fällt vor allem durch den grau-weißlichen Kopf mit den hervorstechenden schwarzen Bartstreifen auf. Bartmeisen sind die einzigen langschwänzigen Brutvögel Europas, die im Schilf leben. Sie brüten in lockeren Kolonien und sind sehr sozial. Fremde Weib-

Abb. 40: Bartmeise

Abb. 41: Wasseramsel mit Futter im Schnabel

chen und auch ältere Jungvögel helfen nicht selten bei der Fütterung der Nestlinge. Das Nest wird direkt über dem Boden oder über dem Wasser gebaut. Leider brüten diese reizvollen Geschöpfe in Deutschland bisher nur (inselförmig) an wenigen Stellen. In Baden-Württemberg gibt es zum Beispiel am Federsee/Oberschwaben und im Wollmatinger Ried/Bodensee seit über 25 Jahren einige wenige beständige Populationen. (Unter Population verstehen wir sämtliche Individuen einer Art, die zusammen in einem bestimmten Gebiet leben.) Die Bestände der Bartmeisen unterliegen periodischen Schwankungen. So erleiden diese Tiere als Standvögel in strengen Wintern oft hohe Verluste, die aber verhältnismäßig rasch ausgeglichen werden, da Bartmeisen zu den Singvögeln mit der längsten Brutperiode gehören. Ich habe diese gesellig lebenden Vögel öfters auch am Neusiedler See/Österreich beob-

achten können. Entweder machten sie sich durch ihren schwirrenden Flug dicht über dem Röhricht bemerkbar oder häufiger noch durch ihre Rufe: Dem nasalen «tsing» oder «ping» folgt oft ein rollendes gedehntes «tjirr». Der einfache Gesang ist ein leises dreisilbiges Tschirpen.

Der einzige europäische Singvogel, der flügelschlagend unter Wasser zu schwimmen vermag, ist die **Wasseramsel** (Cinclus cinclus). Sie erinnert an eine kleine, gedrungene und kurzschwänzige Drossel mit schwärzlich-braunem Gefieder und einer leuchtend weißen Brust. Der Vergleich mit einem großen Zaunkönig wäre aber ebenfalls zutreffend. Wir finden die Wasseramsel an klaren, rasch fließenden Bächen und Flüssen. Unter Uferböschungen und Brücken baut sie ihre kugelförmigen moosartigen Nester. Sie ist das ganze Jahr bei uns und beginnt schon im Februar mit der Brut. Selbst im Winter steht sie knicksend in der Bachmitte auf einem überspülten Stein. Auf der Suche nach Nahrung taucht sie unter und schwimmt geschickt unter Wasser, um kleine Fische oder Wasserinsekten zu jagen. Häufiger jedoch werden wir erleben, wie die Wasseramsel von uns aufgeschreckt im schwirrenden Flug dicht über dem Wasser davon fliegt, um dann ruckartig in einer Uferhöhlung zu verschwinden. Dabei ist ein scharfes, durchdringendes «zih-titz» oder auch ein metallisches «klink-klink» zu hören. Männchen und Weibchen singen. Der fast ganzjährig zu hörende Gesang ist ein leises, anhaltendes melodiöses Schwätzen und Pfeifen, von kratzenden Lauten unterbrochen.

In der Nähe von Gewässern, selbst in Parks und stillen Gärten, besonders wenn Wasser in der Nähe ist, finden wir die **Bachstelze** (*Motacilla alba*). Sie ist durch ihre kontrastreiche Schwarz-Weiß-Zeichnung und ihren langen Schwanz unverwechselbar. Schnell trippelnd ist sie meistens am Boden anzutreffen oder auffliegend, um geschickt im Flug ein Insekt zu erhaschen. Ein anmutiger lebhafter Vogel, der tagsüber fast immer in Bewegung ist. Selten sehen wir die Bachstelze einmal ruhig stehen, dann aber fast immer mit wippendem Schwanz. Auch bei den Rotschwänzen werden wir dieses häufige Schwanzzittern bemerken. Der abwechslungsreiche leise Gesang besteht sowohl aus zwitschernden wie melodischen, schnell vorgetragenen Tönen, ist aber nicht häufig zu vernehmen. Wichtigste und typische Lautäußerung ist ein angenehmes «zü-litt», das auch manchmal im Flug zu hören ist.

In höheren Lagen, vornehmlich an fließenden Gewässern, finden wir die **Gebirgsstelze** (*Motacilla cinerea*). Die Männchen haben im Prachtkleid eine leuchtend gelbe Unterseite und eine

Abb. 42: Bachstelze

Abb. 43: Gebirgsstelze

schwarze Kehle. Der Gesang perlt schlicht dahin. Ihr charakteristischer, etwas metallischer Ruf «tsi-tit» ist ähnlich demjenigen der Bachstelze, aber schärfer. Von der Schafstelze (⇨ S. 59) unterscheidet sie sich auch im Schlichtkleid durch dunklere, fast schwärzliche Flügel mit weißen Flügelstreifen.

Wintergäste

Mehrere einheimische Vogelarten, die auch in Skandinavien und Nordosteuropa brüten, verlassen in der kalten Jahreszeit den hohen Norden und kommen zu uns, z. B. Wacholderdrosseln, Kernbeißer, Buchfinken, Meisen, Zeisige u.a. Hier wollen wir einige Arten betrachten, die *nur* im Winter bei uns zu beobachten sind.

Anfang März haben wir noch Gelegenheit, den **Bergfinken** (*Fringilla montifringilla*) zu beobachten und zu hören. Er ist bei uns von September bis Mitte März ein fast regelmäßiger und häufiger Wintergast. Kopf und Rückengefieder der Männchen sind um diese Zeit bräunlich-schwarz geschuppt, Brust und Kehle rötlich-braun. Weibchen sind insgesamt schlichter und heller gefärbt. In der Bruteimat, in Nordeuropa, legt sich das Männchen durch Abnutzung des Gefieders ein Prachtkleid mit glänzend schwarzem Kopf und Rücken zu. Fast immer in kleinen oder größeren Trupps ist der Bergfink in Buchenwäldern zu beobachten. Häufig suchen sie in größeren Scharen, wie wandernde Teppiche, am Boden nach Nahrung. Vor allem machen die Vögel durch ihr charakteristisches nasales «Knätschen» auf sich aufmerksam, das wie «dschääk» oder «jäähp» klingt. Sobald man sich nähert, fliegen sie rasch davon. Sie fliegen schneller und reißender als Buchfinken, reduzieren aber manchmal ihr Tempo, wenn Buchfin-

Abb. 44: Bergfink im Schlichtkleid

ken mit ihnen ziehen. In Jahren der Buchenmast, d. h. bei einer reichen Ernte an Bucheckern, kann es zu großen Invasionen kommen. An den verschiedenen Massenschlafplätzen fallen dann Tausende von ihnen in großen Schwärmen und unter intensivem und lautem Rufen ein. Es dauert bis weit in die Nacht, bis sie zur Ruhe kommen. Mein stärkstes Erlebnis waren die Beobachtungen während der größten Bergfinken-Invasion in Baden-Württemberg im Winter 1982/83, mit zentralen Massenschlafplätzen sowohl im Hölzer Tal bei Magstadt/Kreis Böblingen als auch im Raum Nürtingen-Neuffen. WOLFGANG SCHAD (1983) hat über diesen Masseneinflug anschaulich berichtet. Nach Schätzungen sollen es etwa fünf Millionen Vögel gewesen sein. Allabendlich kamen aus den verschiedensten Himmelsrichtungen die fliegenden Wolken heran. Die Bäume waren schon mehr als überbesetzt, und trotzdem fiel eine Woge nach der anderen ein. Dann plötzlich stob eine riesige Wolke wieder auf, und so ging es über mehrere Stunden. Im großen Umkreis wird tagsüber nach Nahrung gesucht, und am Abend versammeln sie sich dann wieder. Es erscheint nicht sehr zweckmäßig, solche Ballungszentren zu bilden, aber der Drang nach Zusammengehörigkeit scheint die Vögel doch unwiderstehlich zu verbinden. Derartig gewaltige Schwärme und Massenansammlungen werden wohl nur von den afrikanischen Blutschnabelwebern übertroffen.

Die **Rotdrossel** (*Turdus iliacus*) brütet in Nordeuropa und ist auf dem Weg in ihr afrikanisches Winterquartier in Deutschland ein recht häufiger Durchzügler. Sie ist etwas kleiner als die Singdrossel und auch leicht mit dieser zu verwechseln. Sie hat aber einen auffälligen hellen Überaugenstreif und rostrote Flanken. Mit etwas Glück können wir im Oktober oder April größere Trupps dieser nordischen Drossel beobachten, wie sie sich nach anstrengendem Nachtflug in wellenförmigem Sinkflug zur Rast in den Baumspitzen niederlassen. Dabei sind dann auch ihre rotbraunen Unterflügeldecken (Achseln) deutlich zu erkennen. Rotdrosseln, die als Wintergäste bei uns bleiben, sind oft mit Wacholderdrosseln vergesellschaftet. Der Gesang (im Brutgebiet) ist flötend und abwechslungsreich. Wir hören von den ziehenden Vögeln vor allem ein feines gedehntes «tsieh». In Norddeutschland hatte ich vor längerer Zeit Anfang März das schöne Erlebnis, über hundert Rotdrosseln in einem Baum zu beobachten, die einen leisen wundersamen Chorgesang ertönen ließen.

Ein seltenerer Wintergast von November bis März ist der **Seidenschwanz** (*Bombycilla garrulus*). Dieser rötlichbraune Vogel fällt mit seiner spitzen Federhaube, dem schwarzen Augenstreif und der

Abb. 45: Rotdrossel

schwarzen Kehle, ebenso durch seine schwarz-weiß-rot-gelben Flügelmuster und dem grauen Schwanz mit der schwarz-gelben Endbinde sofort auf. Sein Lebensraum sind die Wälder Skandinaviens und die Weiten der Taiga Sibiriens. Der Seidenschwanz ist ein guter Flieger. In Gärten, Friedhöfen und Parks mit beerentragenden Sträuchern und Bäumen, besonders Eberesche und Mistel, können wir diese etwas exotisch anmutende Vogelart im Winter in kleinen Trupps finden. Häufig ist dann ein hohes und schwirrendes «sriii» zu vernehmen. In Zeiten von Nahrungsmangel kommt es zu invasionsartigen Wanderungen. «Wo die Seidenschwänze auf ihrem Invasionszug genug Beeren finden, verweilen sie längere Zeit. Allerdings scheinen bisweilen auch bei Großinvasionen beerenreiche Gebiete in schnellem Strom überflogen zu werden» (Schüz 1971). Vermutlich sind es zeitweise große Vogelbestände,

Abb. 46: Seidenschwanz

Abb. 47: Schneeammer

die unabhängig vom Nahrungsangebot solche Massenwanderungen auslösen können.

Ein regelmäßiger Wintergast ist die aus dem Norden kommende **Schneeammer** (*Plectrophenax nivalis*). Nicht selten können wir die meist in Schwärmen auftretenden hellen Vögel ab Oktober an der deutschen Nord- und Ostseeküste beobachten. Das Überwinterungsgebiet dieser Vögel erstreckt sich aber bis in den Mittelmeerraum, sodass auch in Süddeutschland alljährlich von Oktober bis März Schneeammern auf dem Zug gesichtet werden können, entweder in kleinen Trupps oder als durchziehende Einzelvögel. Auch im Schlichtkleid besitzen die Vögel eine weißliche Unterseite. Ein typisches helles «tirr» oder «tiriririp» ist als Flugruf häufig zu hören. Der Gesang im nordeuropäischen Brutgebiet besteht aus lerchenartigen Strophen mit zahlreichen Trillern.

Wann treffen die Zugvögel bei uns ein?

Nein, der Winter wird nicht bleiben!
Vögel, die dem Lenz vertrauen,
jubeln schon und Knospen treiben ...
Erika Beltle (Mit dem Sonnengang)

Die Ankunftszeiten unserer Zugvögel unterliegen von Jahr zu Jahr leichten Schwankungen und sind auch von Region zu Region verschieden. So sind die Vögel selbstverständlich sehr viel früher in Norditalien als in Deutschland. Und je nach Witterung können sie sich dort manchmal etwas länger aufhalten. Wärmere Regionen, wie zum Beispiel das Rheintal, werden früher aufgesucht als bergige Höhenlagen. Das gesamte Zuggeschehen zieht sich meist über einige Wochen hin. Der Frühjahrszug vollzieht sich in der Regel rascher als der «Herbstzug»; wir sollten besser sagen: Wegzug, weil die ersten Vögel (z. B. der Pirol) bereits Anfang August fortziehen. Aufgrund langjähriger Beobachtungen über das Eintreffen der Zugvögel sowohl im Münsterland wie auch in Baden-Württemberg konnte ich feststellen, dass bei vielen Arten die Schwankungen innerhalb eines bestimmten geographischen Raumes nicht sehr groß sind. Meistens trifft die Hauptmasse einer Vogelart regelmäßig innerhalb eines Zeitraums von zwei Wochen ein. Ausnahmsweise gab es in manchen Jahren auch ungewöhnlich frühe und späte Ankunftsdaten. Bei zahlreichen Zugvogelarten treffen die Männchen ein bis zwei Wochen vor den Weibchen in den Brutgebieten ein.

Vor allem Singvogelarten, die nur zum Teil das Brutgebiet verlassen (so genannte Teilzieher) und bereits im Februar oder Anfang März in ihre Brutgebiete zurückkehren, reagieren bei schlechter Witterung empfindlicher als zum Beispiel die Fernzieher, die südlich der Sahara überwintern. Und wenn die Zugvögel bei nass-kaltem oder besonders bei windigem Wetter, wie wir es oft im April haben, wenig Lust verspüren zu singen, so sollten wir nicht vorschnell annehmen, sie würden sich dieses Mal vielleicht verspäten. Wir sollten nach ihnen Ausschau halten. Nicht selten entdecken wir, dass sie doch schon zur «rechten» Zeit gekommen sind, sich nur noch still verhalten. Allerdings scheinen mildere Winter (bedingt durch die globale Erwärmung) wie auch bessere Nahrungsangebote die Zuggewohnheiten besonders der Teil- und Kurzstreckenzieher in den letzten Jahren so zu beeinflussen, dass sie inzwischen bis zu einer Woche früher bei uns eintreffen. Auch zeigen sich deutliche Tendenzen, den Wegzug hinauszuzögern oder die Zugstrecke zu verkürzen.

Diesbezüglich ist besonders das Zugverhalten der Mönchsgrasmücke in den letzten Jahrzehnten gründlich studiert worden: «Seit 1959 wird bei der Mönchsgrasmücke eine neue Zugrichtung in ein neues Winterquartier beobachtet. Vögel, vor allem aus dem westlichen Mitteleuropa, wandern in zunehmendem Maße in nordwestlicher Richtung in ein Überwinterungsgebiet, das hauptsächlich in Südengland und Irland liegt ... Inzwischen ist vor allem durch

Ringfunde geklärt, dass die sich im Winter auf den Britischen Inseln aufhaltenden Mönchsgrasmücken vom Kontinent zugezogene Vögel und keine einheimischen Brutvögel sind; letztere ziehen im Winter nach wie vor weg. Mönchsgrasmücken können wie ausgeprägte Zugvögel anderer Arten das Mittelmeer überqueren ... und ihre Fettreserven würden für Nonstopflüge über die Sahara ausreichen» (BERTHOLD, QUERNER, SCHLENKER 1990). Die ständige Zunahme von Wintergästen ist möglicherweise auf die größere Überlebensrate (günstiges Klima, an Futterhäusern leicht erreichbare Nahrung) und größeren Bruterfolg im Vergleich zu den in das traditionelle Winterquartier ziehenden Vögeln zurückzuführen (GLUTZ 12/II). Mönchsgrasmücken reagieren demnach relativ schnell auf veränderte klimatische Bedingungen und scheinen bereits nach wenigen Generationen fähig zu sein, ihr Verhalten umzustellen. Wir können also damit rechnen, dass sich die Ankunftsdaten der Kurzstreckenzieher und Teilzieher weiter nach vorne verschieben werden. Langjährige Studien der Vogelwarten zeigen, dass klassische Langstreckenzieher wie Dorngrasmücke, Gartenrotschwanz, Nachtigall, Pirol, Fitis oder Trauerschnäpper trotz des Klimawandels stärker an ihren Zugmustern festhalten als Kurzstreckenzieher (NIPKOW 2002).

Die Hauptrichtung der meisten einheimischen Singvögel ist im Herbst Südwesten. Nur einzelne fliegen nach Süden oder nach Südosten. Während Weißstörche auf deutlichen Zugstraßen über Gibraltar oder den Bosporus nach Afrika segeln, ziehen unsere Singvögel in der Regel in breiter Front (manche sogar nonstop) über Mittelmeer, Nordafrika und Sahara. Sie legen dabei gewaltige Strecken von über 6000 km für einen Weg zurück. Aber die Gefahren während der langen Reise sind groß, nicht zuletzt durch die südeuropäischen Vogeljäger, sodass nur ein Teil unserer Zugvögel wieder in die heimatlichen Brutgebiete zurückfindet. Man schätzt, dass jährlich drei bis fünf Milliarden Vögel die Sahara überqueren.

Zur Zugzeit können wir die Vögel in artgleichen Schwärmen oder gemischten Trupps sehen. Geeignete Beobachtungsmöglichkeiten bieten Meeresküsten, Meerengen, Nehrungen, Inseln, Bergkuppen, Flusstäler und Alpenpässe. Bevorzugte Regionen an der Ostsee sind zum Beispiel Falsterbo in Südschweden, Ottenby auf der Südspitze Ölands, die Insel Fehmarn und Rossitten, heute Rybatschij, auf der Kurischen Nehrung in Ostpreußen. An der Nordsee bietet das gesamte Wattenmeer vor der deutschen und holländischen Küste lohnende Ziele, vor allem die Inseln Helgoland und Texel, ferner auch die englische Ost- und Südküste. Andere berühmte Beobachtungsstandorte sind das Randecker Maar auf der Schwäbischen Alb, der Bodensee, der Schweizer Alpenpass Col de Bretolet (südlich des Genfer Sees) und in besonderem Maße Gibraltar und der Bosporus, nicht zu vergessen das Mekka der Ornithologen: der Golf von Suez und der Golf von Elat am Roten Meer. Dort sind im Herbst und im Frühjahr Hunderttausende von Greifen und Störchen zu beobachten. «Es gibt wenige Orte auf der Erde, an denen sich das Zuggeschehen der Vögel so überwältigend darstellt wie in Palästina: hier konzentriert es sich wie in einem Flaschenhals zwischen Wüste und Mittelmeer. Aber es ist nicht nur das – der wahrhaft grandiose Eindruck wird durch die gewaltigen Zahlen der großen Segelflieger, der zahlreichen Adlerarten, der Pelikane und vor allem der Störche hervorgerufen ... es dürfte wohl keinen zweiten Ort auf der Welt geben, wo sich der Vogelzug in ähnlicher Weise konzentriert» (SUCHANTKE/SCHAD 1996).

Aber das Zuggeschehen ist nicht generell eine Massenbewegung. Zahlreiche Fernstreckenzieher, die südlich der Sahara überwintern, wie Nachtigall, Blaukehlchen, Gartengrasmücke, Fitislaubsänger, Pirol oder Fliegenschnäpper, ziehen nachts und allein. Auch einige Kurzstreckenzieher wie Rotkehlchen, Mönchsgrasmücke und Zaunkönig ziehen ebenfalls nachts und allein. Es gibt einen geheimen Zusammenhang zwischen Zugverhalten und Gesangsbegabung, auf den später noch eingegangen werden soll (⇨ S. 191).

Singvögel, die regelmäßig ihr Brutgebiet verlassen, Jahr für Jahr große Strecken zurücklegen und sich in weit entfernten Winterquartieren aufhalten, gehören eigentlich drei Lebensräumen an. Und es scheint auch eine Art seelischer Metamorphose mit ihnen beim Wechsel dieser verschiedenen Lebensbereiche vor sich zu gehen: Auf der nördlichen Halbkugel wird gesungen und gebalzt, es werden Nester gebaut, Eier gelegt und ausgebrütet und die Jungen versorgt. Danach tritt eine Verwandlung ein. Bis auf wenige Arten, die schon sehr früh fortziehen, mausern die Singvögel bei uns, erneuern also ihr gesamtes Federkleid, und auf ihrer anschließenden Wanderschaft nach Süden sind sie himmelsorientiert, indem sie sich nach den Sternen richten. Im Winterquartier wird nicht gebrütet, und die meisten unserer Zugvögel sind dann auch verhältnismäßig stumm, bis sie sich wieder zu einem neuen Brutzyklus nach Norden aufmachen.

Grundsätzlich gilt, dass früh eintreffende Zugvögel spät wegziehen, während jene, die erst Anfang Mai ankommen, schon ab Ende Juli wieder fortziehen. Über den Pirol schreibt EINHARD BEZZEL (1989): «Zur Zeit des Wegzuges nach dem Süden sind bei uns die Tage etwa gleich lang wie in der ersten Maihälfte. Von Grasmücken und Laubsängern wissen wir aus langjährigen Laborversuchen, dass der regelhafte Wechsel der Tageslänge im Jahreslauf ein entscheidender Zeitgeber für den Fahrplan des Vogelzuges ist.» Und diese «innere Uhr» arbeitet besonders bei den Fernstreckenziehern unabhängig vom aktuellen Wetter. Der Tierfreund und ausgezeichnete Vogelkenner JOHANN PETER ECKERMANN machte Goethe bereits vor fast 200 Jahren auf bestimmte Rhythmen des Vogelzuges aufmerksam. So ist bei ihm zu lesen: «Ein Vogel aber, der früh bei uns ankommt, zieht spät weg, und ein Vogel, der spät bei uns ankommt, zieht früh weg» (ECKERMANN 1848). Auf diesen Zusammenhang von Sonnenstand und Vogelzug kommen wir später noch zurück (⇨ S. 89). Mit dem Phänomen der Vogelwanderungen habe ich mich eingehender in dem Buch «Wunder des Vogelzuges» befasst.

Es hat nun nicht jeder die Möglichkeit, unmittelbar beobachtend am Zuggeschehen teilzunehmen. Im Zusammenhang mit dem Studium der Vogelstimmen können wir uns jedoch im Frühjahr aufmerksamer auf das Eintreffen der Zugvögel vorbereiten. Mit jedem neuen Gesang, den wir von Mitte März bis Anfang Mai hören, werden wir uns bewusst, welcher neue Zugvogel eingetroffen ist. In jedem Falle ist es anregend und erlebnisreich, selbst die Ankunftszeiten zu beobachten und zu notieren, um so an diesem großen Ereignis des Vogelzuges teilzunehmen. Uns kommt dabei hilfreich entgegen, dass die Vögel kurz nach ihrer Ankunft im Brutgebiet sehr intensiv singen. Diese Zeit sollten wir nutzen, denn nicht alle Vögel singen bis in den Juni hinein.

Die folgende Tabelle ist, wie die «Vogeluhr», kein exakter Fahrplan der Ankunftszeiten; sie soll lediglich eine leichtere Übersicht vermitteln und die Entdeckungsfreude von Woche zu Woche anregen.

Beobachtungszeit		Singvogelarten
Herbst / Winter: Wintergäste (nicht bei uns brütend)		Bergfink, Seidenschwanz, Rotdrossel (häufiger Durchzügler), Schneeammer
Ganzjährig zu beobachten Standvögel und Teilzieher; Winterflüchter und Wintergäste		Haubenlerche, Amsel, Schwanzmeise, Sumpf- u. Weidenmeise, Tannenmeise, Kohl- und Blaumeise, Haubenmeise, Bartmeise, Kleiber, Wald- und Gartenbaumläufer, Wasseramsel, Zaunkönig, Gebirgsstelze, Alpenbraunelle, Haus- und Feldsperling, Dompfaff (auch häufiger Wintergast), Kernbeißer (auch häufiger Wintergast und Invasionsvogel), Fichtenkreuzschnabel (Invasionsvogel), Elster, Eichelhäher, Tannenhäher (invasionsartig), Dohle, Saat- und Rabenkrähe, Kolkrabe
Teilzieher (auch Wintergäste)	**Ankunft** Baden-Württemb. Anfang Februar bis Anfang März	Feldlerche (witterungsbedingt), Misteldrossel, Singdrossel, Wacholderdrossel (auch häufiger Wintergast), Rotkehlchen, Buchfink, Grünfink, Bachstelze, Rohrammer, Goldammer (auch häufiger Wintergast), Wintergoldhähnchen (auch häufiger Wintergast), Star, Erlenzeisig (häufiger Wintergast), Birkenzeisig (Invasionsvogel)
Zugvögel	**Mittleres Ankunftsdatum** (Bad.-Württ.)	
Anfang März – Mitte März	10.3.	Zilpzalp, Heidelerche (teils auch früher), Sommergoldhähnchen
Anfang März – Anfang April	15.3.	Blaukehlchen, Heckenbraunelle (überwintert teilweise)
Mitte März – Anfang April	20.3.	Rauchschwalbe, Wiesenpieper (witterungsbedingt), Hausrotschwanz, Schwarzkehlchen, Ringdrossel, Mönchsgrasmücke, Grauammer (überwintert teilweise)
Mitte März – Mitte April	28.3.	Uferschwalbe, Beutelmeise, Girlitz, Hänfling (überwintert teilweise)
Ende März – Anfang April	3.4.	Mehlschwalbe, Schafstelze, Fitis,
Ende März – Mitte April	10.4.	Baumpieper, Steinschmätzer, Klappergrasmücke, Gartenrotschwanz, Stieglitz (überwintert teilweise)
Anfang April - Ende April	15.4.	Nachtigall, Braunkehlchen, Feldschwirl, Schilfrohrsänger, Dorngrasmücke, Waldlaubsänger, Trauerschnäpper
Mitte April – Anfang Mai	22.4.	Drosselrohrsänger, Gartengrasmücke, Berglaubsänger, Halsbandschnäpper, Ortolan
Ende April – Anfang Mai u. später	1.5.	Teichrohrsänger, Gelbspötter, Grauschnäpper, Zwergschnäpper, Neuntöter, Pirol, Sprosser, Sumpfrohrsänger

Porträts unserer ziehenden Singvögel

Wer nicht oberflächlich diese wirklich außerordentlich weisheitsvollen Vogelzüge beobachtet, wird staunen darüber, wieviel von dem, was man Intelligenz nennt, zu einem solchen Zuge der Vögel gehört.
Rudolf Steiner (1908)

Etwa vierzig Singvogelarten haben wir inzwischen kennengelernt. Wir werden jetzt etwa noch einmal so viele «Sommervögel» betrachten, die, wie der Name besagt, nur bei uns brüten. Unter diesen Zugvögeln, die ab Mitte März aus ihren Winterquartieren zurückkehren, gibt es zahlreiche *Meistersänger*, sodass das vielstimmige Vogelkonzert außerordentlich bereichert wird. Leider sind einige von ihnen seltener geworden und nicht mehr so leicht zu beobachten.

Um nahe verwandte Arten leichter miteinander vergleichen zu können, wollen wir sie nach Möglichkeit in der wissenschaftlichen Systematik der Familien und Gattungen betrachten, so wie wir sie in neueren Bestimmungsbüchern antreffen. Ich habe mich im Wesentlichen nach dem «Handbuch der Vögel Mitteleuropas» (GLUTZ 1966-98) und nach der 7. Aufl. von «Parey's Vogelbuch» gerichtet und zur besseren Übersicht hier eine etwas vereinfachte Gliederung angefügt.

Die **Schwalben** haben sich unter den Singvögeln am stärksten dem luftigen Element hingegeben. Alle Schwalben sind außerordentlich gewandte Flieger mit stark zugespitzten Flügeln. Der ganze Leib scheint Ausdruck einer intensiven Beziehung zur Weite der Atmosphäre zu sein (KRANICH 1995).

Mitteleuropäische Singvogelfamilien

1. Lerchen
2. Schwalben
3. Pieper und Stelzen
4. Seidenschwänze
5. Braunellen
6. Drosselvögel
   Nachtigall, Sprosser, Blaukehlchen, Rotkehlchen
   Wiesenschmätzer
   Rotschwänze
   Steinschmätzer
   Echte Drosseln (Gattung Turdus)
7. Zweigsänger (Grasmückenartige)
   Schwirle
   Rohrsänger
   Spötter
   Echte Grasmücken (Gattung Sylvia)
   Laubsänger
   Goldhähnchen
8. Fliegenschnäpper
9. Meisen
10. Meisenartige (*Schwanz-, Beutel-, Bartmeise*)
11. Kleiber / Baumläufer
12. Zaunkönige / Wasseramseln
13. Würger
14. Rabenvögel
15. Pirole
16. Stare
17. Sperlinge
18. Finkenvögel
    Echte Finken (Gattung Fringilla)
    Zeisigverwandte (Girlitz, Zeisig, Hänfling, Stieglitz, Grünfink, Dompfaff u.a.)
19. Ammern

Abb. 48: Rauchschwalbe

Sehr eng hat sich die **Rauchschwalbe** (*Hirundo rustica*) an den Menschen angeschlossen. Sie ist ein ausgeprägter Kulturfolger. Durch ihre langen Schwanzspieße ist sie unverkennbar. Die dunkle Oberseite hat einen blauschwarz metallischen Glanz, Stirn und Kehle sind rot. Die Unterseite ist bis auf ein schwarzes Brustband reinweiß. Wenn die Rauchschwalben bei Gewitterneigung ganz tief in ständigem Hin und Her über den Boden jagen, sind sehr schön die weißen Flecken auf dem Schwanz zu sehen. Sie baut ihre halboffenen Nester in Gebäuden, besonders gern in Kuhställen, während die Mehlschwalbe ihre geschlossenen Nester außen an die Hauswände klebt. In der artenreichen Familie der Schwalben finden wir, besonders in Afrika und Asien, zahlreiche Nestbaukünstler. Der Gesang der Rauchschwalbe ist ein angenehmes, lang anhaltendes plauderndes Gezwitscher, teilweise mit Imitationen und hellen Trillern vermischt. Sehr häufiger Ruf ist ein charakteristisches «wid-wid» oder tswit-tswit». Die ersten Rauchschwalben kommen etwa Mitte März zu uns. Schon seit dem Altertum gelten sie als Frühlingsboten und Glücksbringer. Sie sind recht nistplatztreu. Bei jeder Gelegenheit ist ihr Gezwitscher zu hören. Schon früh am Morgen, bevor sie ihren Nahrungsflug beginnen, findet ein gemeinsames Konzert statt. Und mehrfach am Tage sitzen zwitschernde Vögel beieinander. Nach der Brut kommen die Rauchschwalben nachts an ihren Sammelschlafplätzen (meistens im Schilf) zusammen. Dort kann der abendliche Zwitschergesang bis weit in die Nacht hinein andauern. Eine wundervolle Steigerung dieses gemeinsamen Singens ist es, wenn noch vor der Morgendämmerung mehrere Rauchschwalben auf über 100 m aufsteigen und dort, langsam gleitend, 30 bis 60 Minuten (bis zum Sonnenaufgang) im Chor singen.

Etwa zwei Wochen nach der Rauchschwalbe kommt die **Mehlschwalbe** (*Delichon urbicum*). Während die Rauchschwalbe nur im ländlichen Raum zu sehen ist, treffen wir die kleinere Schwester, gefördert durch künstliche Nisthilfen, gelegentlich noch in den Vororten größerer Städte an. Nur wenige Singvögel, wie zum Beispiel unsere beiden Schwalbenarten, benutzen ihre Nester mehrere Jahre hintereinander. Die Mehlschwalbe ist unsere einzige schwarz-weiße Schwalbe mit kurzem, nur leicht gegabelten Schwanz und weißem Bürzel; daran ist sie im Flug gut zu erkennen. Der Gesang besteht aus einem meist leisen, verhaltenen Gezwitscher, nicht so melodisch wie der Gesang der Rauchschwalbe und auch ohne deren Triller. Mehlschwalben brüten in kleinen Kolonien, schlafen in ihrem Nest und sind morgens vor dem Ausfliegen schon lange wach; es findet zur Brutzeit

Abb. 49: Mehlschwalben   *Abb. 50: Uferschwalbe an der Bruthöhle*

allmorgendlich 30 bis 90 Minuten eine «Erzähl- oder Gesangsstunde» statt.

Die **Uferschwalbe** (*Riparia riparia*) ist unsere kleinste Schwalbe. Mitte bis Ende März können wir in der Regel die ersten Vögel beobachten. Von der Mehlschwalbe ist sie deutlich zu unterscheiden durch ihre braune Färbung, ihr auffällig dunkles Kropfband und den fehlenden weißen Bürzel. Der Ruf ist wie ein dumpfes Reiben auf Sandpapier: «tschrrrp». Der leise zwitschernde Gesang besteht zum Teil aus aneinander gereihten Rufen. Uferschwalben brüten gesellig an steilen Sandwänden, am liebsten an Uferböschungen entlang der Flüsse, aber auch an Steilwänden von Ton- und Kiesgruben. Uferschwalben sind für mich mit vielfältigen Kindheits- und Jugenderinnerungen verbunden. Die Steilufer der Ems bei Münster wie auch die zahlreichen Sandgruben des Münsterlandes boten diesen Schwalben reichlich Gelegenheit ihre Kolonien zu gründen. Es ist erstaunlich, mit welchem Eifer die kleinen Vögel mit ihren Füßen die über einen halben Meter tiefe Röhre in die Sandwand graben. Diese Art des Nestbaus ist einzigartig unter den europäischen Singvögeln. Es sind vor allem die Männchen, die mit dem Bau der Bruthöhle beschäftigt sind. Sobald ein Weibchen sich für die Brutröhre und damit auch für das Männchen entschieden hat, wird am Ende der Röhre die größere Nestkammer fertiggestellt und Nistmaterial eingetragen, in der jetzt auch Männchen und Weibchen schlafen. Uferschwalben scheinen besonders frische Abbrüche zu bevorzugen, wie ich es bei zahlreichen Bootsfahrten beobachten konnte. Die meisten Flüsse wurden ab Mitte des letzten Jahrhunderts begradigt. Das natürliche Mäandrieren wurde verhindert und

Abb. 51: Baumpieper am Bodennest

die Fließgeschwindigkeit durch zahlreiche Stauwerke gebremst. Die Brutmöglichkeiten für die Uferschwalbe wurden eingeschränkt. Immer wieder auftretende Dürreperioden in der Sahelzone, dem Überwinterungsgebiet der Uferschwalben, waren weitere Ursachen für den Rückgang dieser Vogelart.

Ein besonderes Ereignis jeder Vogelstimmenexkursion ist der lerchengroße **Baumpieper** (*Anthus trivialis*), der in den ersten Aprilwochen zu uns kommt. Er bevorzugt Waldränder und Waldlichtungen, aber auch offene Landschaften mit Baumbestand. Kraftvoll beginnt er auffliegend seinen Singflug mit einem «zipp-zipp-zipp-zipp...», schließt trillernde oder surrende Phrasen an, um sich dann mit ausgebreiteten Flügeln und einem lauten und ausdrucksstarken «zia-zia-zia-zia-zia...» regelrecht in den fallschirmartigen Landeflug zu stürzen. Verhalten und Gesang bilden eine dynamische Einheit. Ein eindrucksvolles Schauspiel! Die Gesänge können vielfach variiert werden und je nach Flugdauer unterschiedlich lang sein. Das Lied des Baumpiepers «enthält die ganze Frühlings- und Sommerseligkeit des Waldes» (GERLACH 1960). Das Repertoire der einzelnen Vögel ist verschieden. Nicht selten trägt der Baumpieper seinen Gesang auch auf einem Ast sitzend vor, dann aber ohne die charakteristische Endstrophe. Er brütet wie die Laubsänger auf dem Boden, benötigt aber freie Lichtungen. Leider sind die Bestände dieses agilen Vogels in den letzten Jahren so massiv zurückgegangen, dass die zahlreichen freien Flächen, die der Wirbelsturm «Lothar» am 26. Dez. 1999 gerissen hat, zum großen Teil nicht neu besiedelt werden konnten. Ich habe in den Jahren 2000 – 2002 jeweils im Frühjahr zahlreiche ehemalige Reviere in Baden-Württemberg besucht, aber leider mit nur geringem Erfolg. Der generelle Verlust der Lebensräume, wie auch häufige Dürren in den Überwinterungsgebieten und hohe Verluste durch Fang und Jagd auf dem Zuge sind nach (BAUER/BERTHOLD 1997) die Hauptursachen für den Rückgang.

Mitte März bis Anfang April trifft – je nach Witterung – der **Wiesenpieper** (*Anthus pratensis*) bei uns ein. Ein Teil der Vögel scheint aber auch in milden Wintern hier zu bleiben. Wie der Name sagt, finden wir diesen Vogel mehr auf Wiesen, Heiden und in der offenen Berglandschaft. Er ist in Norddeutschland stärker verbreitet als im Süden. Äußerlich sehr ähnlich dem Baumpieper, grenzt er sich aber doch durch den anderen Lebensraum und seine Stimme von diesem ab. Er steigt schräg vom Boden zu seinem Singflug auf und landet dort auch regelmäßig. Der Gesang ist mit dem des Baumpiepers verwandt, aber insgesamt schlichter und ohne den temperamentvollen Schluss. Charakteristisch sind die «ist-ist»-Rufe.

Im Gegensatz zu dem schwarz-weißen Erscheinungsbild der Bachstelze ist die **Schafstelze** (*Motacilla flava*) mit ihrer leuchtend gelben Unterseite schon von weitem gut zu erkennen. Auch die Kehle ist gelb; dadurch ist sie leicht vom Männchen der Gebirgsstelze zu unterscheiden. Die Schafstelze ist ein echter Zugvogel und überwintert im tropischen Afrika. Anfang April trifft sie in der Regel in Süddeutschland, Mitte April in Norddeutschland ein. Sie bevorzugt ebene Wiesen und Feuchtgebiete und hält sich gern in der Nähe von weidendem Vieh auf. Die Schafstelze neigt sehr zur Bildung von Unterarten. Der Ruf ist ein charakteristisches «tswiep». Ein einfacher Zwitschergesang ist im April und Mai hin und wieder zu hören.

Abb. 52: Wiesenpieper

Abb. 53: Schafstelze

Abb. 54: Heckenbraunelle am Nest

Abb. 55: Alpenbraunelle

Meistens ab Anfang März ist das eilige Lied der unauffälligen **Heckenbraunelle** (*Prunella modularis*) zu vernehmen. Aufgrund ihres schlichten Aussehens wird sie manchmal mit dem Sperling verwechselt. Sie hat aber im Gegensatz zu diesem einen für Insektenfresser typisch längeren, schmalen Schnabel. In Hecken, Gärten und dickichtreichen Wäldern führt sie eine verborgene Lebensweise. Ihr Gesang, den sie gern frühmorgens wie auch abends nach der Dämmerung von exponierten Stellen, wie der Spitze eines Busches, erklingen lässt, ist ein eiliges, angenehm klingendes Gezwitscher von hellem Klangcharakter. Von Weibchen ist hin und wieder leiser plauderartiger Gesang zu hören. Der Lockruf ist ein hartes «zih»; zur Zugzeit ist ein hohes klingelndes «zizizih» zu vernehmen. Aber die Heckenbraunelle ist kein reiner Zugvogel. In Deutschland überwintert sie auch in milderen Gegenden, sodass ihr Gesang auch schon im Februar zu vernehmen ist.

Die größere **Alpenbraunelle** (*Prunella collaris*) ist ein echter Gebirgsvogel und brütet oberhalb der Baumgrenze. Sie hat eine farbigere Zeichnung als die Heckenbraunelle und dazu eine hübsche schwarz-weiß gebänderte Kehle. Die Flanken sind kräftig rostrot gefleckt. Im Flug ist das weiß eingerahmte schwarze Feld der sonst braunen Flügel gut sichtbar. Das Stimmrepertoire der Alpenbraunelle ist variationsreich und immer wieder von Trillern durchzogen. Häufig sind auch Rufe wie «trii-trii» und «tschüripp» zu hören.

Wäre nicht der kraftvolle Gesang der **Nachtigall** (*Luscinia megarhynchos*), so würden wir den unscheinbar gefärbten und versteckt im Dickicht lebenden Vogel kaum kennen. Ihr Motivreichtum, ihre Klangfülle, ihre Dynamik und die bewegende Klangfarbe ihres Gesanges haben sie zu einem der bekanntesten Vögel gemacht. Berühmt und einmalig sind ihre schluchzenden Crescendo-Strophen. Auch nachts können wir ihre schmelzenden Gesänge hören. Das hat, verbunden mit ihrer Gesangskunst, sicher dazu beigetragen, dass sie in vielen Gedichten und Liedern gerühmt wird. Aber kennen wir alle ihren Gesang? Und wenn wir diesen prachtvollen Gesang einmal gehört haben, so nicht selten von einem einsamen Sänger. Die Nachtigall ist meistens Mitte bis Ende April aus ihrem Winterquartier zurück. Sie brütet gern in wärmeren Auwäldern, gebüschreichen feuchten Zonen wie auch an Waldrändern mit reichlich Dickicht. Auch in Schlehdornbüschen habe ich sie oft beobachtet. Hin und wieder ist das Spreizen oder Fächern des rostfarbenen Schwanzes zu sehen. Die früh eintreffenden Männchen singen anfangs noch etwas verhalten, tragen aber spätestens nach Besetzung ihres Territoriums (und dem Eintreffen der Weibchen) Ende April ihren ausdrucksstarken Vollgesang vor. Selbstverständlich wirkt der nächtliche Gesang aufgrund der Stille und Dunkelheit intensiv auf unser Gemüt, aber die weit verbreitete Ansicht, die Nachtigall würde nur nachts singen, trifft nicht zu. Auch am Tage, besonders vormittags, ist ihr weit tragender Gesang zu hören. In der Hauptgesangszeit singen einige Nachtigallen 10 bis 20 Stunden täglich! Nach Mitternacht scheint sie ebenfalls eine besondere Gesangsaktivität zu entfalten, und ihre anschwellenden Flötenstrophen «düü-düü-düü-düü…tschuk-tschuk-tschukt-tschuk-tjüt» sind nachts häufiger zu hören als am Tage.

Einen bewegenden Klangeindruck erhalten wir in größeren Auwäldern, zum Beispiel an den Altarmen des Rheins von Freiburg bis Heidelberg, in denen Hunderte von Nachtigallen sin-

Abb. 56: Nachtigall

gen. Ende April / Anfang Mai, frühmorgens zwischen drei und vier Uhr, wenn die Nebelschwaden vom Mondlicht silbern schimmern und aus vielen Nachtigallenkehlen die frische Morgenluft durchklungen wird, dann erfahren wir etwas vom Wesen der Nachtigall. In einem solchen nächtlichen Chorgesang spiegelt sich das Seelenhafte dieser einzigartigen Sänger. Und ich empfinde es immer wieder als etwas Besonderes, in diese Klangfülle eintauchen zu können. Bei Nachtigallen ist auch der Wechsel- oder angleichende Kontergesang genauer untersucht worden (⇨ S. 158). «Hierbei beantwortet ein Individuum die Strophe eines Nachbarn mit einer gleichen oder möglichst ähnlichen Strophe seines eigenen Repertoires … (sodass) die Repertoires benachbart siedelnder Nachtigallen jeweils zu einem bestimmten Anteil ihrer Strophentypen übereinstimmen» (GLUTZ 11/I).

Amsel, Singdrossel, Rotkehlchen, Gartenrotschwanz, Mönchs- und Gartengrasmücke gehören ebenfalls zu unseren besten Sängern, und sie übertreffen in mancher Hinsicht sogar die Nachtigall. Was letztere so auszeichnet, ist ihre erstaunliche Vielfalt: So ergaben eingehende Untersuchungen, dass das Repertoire einiger Nachtigallen 600 bis 1250 verschiedene Elemente und 120 bis 260 verschiedene Strophen umfasste, «was die große Variabilität des Nachtigallengesangs charakterisiert» (Glutz 11/I). Darüber hinaus ist es vor allem ihre ausdrucksvolle, dynamische Vortragskunst, die unter den heimischen Singvögeln unerreicht ist.

Auf zwei Bootsfahrten Ende April 1996 und Ende Mai 1998 begleitete mich auf beiden Ufern der Loire von Digoin bis Orleans fast ohne Unterbrechung stimmungsvoller Nachtigallengesang. Auf dieser knapp 300 km langen Strecke folgte ein Brutrevier dem anderen, und jede Nacht hatte ich meine «private» Nachtigall unmittelbar neben dem Zelt; etwas leiser im Umkreis waren die Gesangsnachbarn zu hören. Und ich habe mich gern, anstatt viel zu schlafen, von diesen kraftvollen Tönen durchklingen lassen. Die Loire ist in ihrem Oberlauf von Digoin bis Gien (ca. 200 km) noch recht ursprünglich. Dichte Weidengebüsche und Schwarzpappeln, durchsetzt mit Heckenrosen und Holunderbüschen, säumen die Ufer. Die Loire ist einer der wenigen großen Ströme Mitteleuropas, die noch frei mäandrieren dürfen. Auf einer Seite reißt sie an den Steilufern Jahr für Jahr (zur Freude der Uferschwalben) Erdreich ab, auf der anderen Seite schafft sie ausgedehnte Kiesbetten, auf denen Flussregenpfeifer brüten und noch die seltenen Triele zu beobachten sind, bildet Inseln, große Sandbänke und kleine Lagunen. Die Ufer- und Überschwemmungszonen bieten für zahlreiche Tier- und Pflanzenarten einen vielfältigen Lebensraum. Täglich konnte ich 40 bis 60 Vogelarten hören und beobachten. Zu den zahlreichen Charaktervögeln der Loire-Auen gehören auch Kuckuck und Pirol. Und so, wie während dieser Bootsfahrten kontinuierlich der Gesang der Nachtigallen an mein Ohr drang, wurde ich auf der ganzen Strecke auch vom motivreichen Gesang des Sumpfrohrsängers begleitet.

Der **Sprosser** (*Luscinia luscinia*) ist der östliche Vetter der Nachtigall. Beide Arten schließen einander im wesentlichen geographisch aus. Die Nachtigall ist ein Vogel der relativ trockenen und warmen Mittelmeerländer ostwärts bis Mittelasien, der Sprosser hingegen Bewohner feuchterer und kühlerer Tiefländer Osteuropas und Westsibiriens (Glutz 11/I). Die westlichsten deutschen Brutvorkommen sind in Schleswig-Holstein, Mecklenburg, Brandenburg und Sachsen. Die Elbe bildet also in etwa die natürliche geographische Grenze. In diesen Grenzgebieten, die sich teils stärker überlappen, können wir beide Arten antreffen; auch Mischsänger kommen in diesen Bereichen vor. Der Sprosser gehört zu den wenigen Vogelarten dieses Buches, die ich leider nur ein einziges Mal gehört habe, und zwar Mitte April 2001 in Polen in den Auwäldern des unteren San, eines Nebenflusses der Weichsel. So kann ich mich hier kaum auf eigene Erfahrungen stützen. Der Gesang ist kraftvoll, laut, ausdauernd und auch anhaltend in der Nacht zu hören. Auffällige Unterschiede zur Nachtigall bestehen in der beim Sprosser wesentlich längeren Strophendauer und dem lauteren und kräftigeren Gesang sowie in der deutlich langsameren Vortragsweise, wodurch die verschiedenen Silben und Phrasen klarer hervortreten; die charakteristischen ausgeprägten Pfeif-Phrasen (Crescendo) der Nachtigall fehlen dem Sprosser in der Regel ganz (Glutz 11/I). Die Singwarten des Sprossers liegen im Vergleich zur Nachtigall häufig etwas höher.

Abb. 57: Sprosser

Abb. 58: Blaukehlchen, ♂ (unten) und ♀

Mein erstes **Weißsterniges Blaukehlchen** (*Luscinia svecica cynaecula*) habe ich im Mai 1978 am Neusiedler See, unweit der ungarischen Grenze, gehört und beobachtet. Mich hat dieser Vogel mit seinem anmutigen Gesang tief berührt. Später habe ich diesen nachtigallgroßen Sänger auch mehrfach im Raum Karlsruhe/Mannheim und am Chiemsee beobachten können. Das Blaukehlchen ist recht selten und brütet bei uns hauptsächlich im Schilf. Markant ist der weiße Überaugenstreif. Die auffällig blaue Kehle mit dem weißen Kehlfleck wird über der Brust von einem schwarzen und rotbraunen Band eingerahmt. Im Gegensatz zu unserer mitteleuropäischen Rasse hat die nordeuropäische Rasse (*Luscinia s. svecica*) einen roten Kehlfleck. Der kräftige Gesang ist außerordentlich vielseitig: hell, klar und sprudelnd, durchmischt mit klirrenden und knarrenden Tönen wie auch schnurrenden Elementen und flötenden Rufreihen. Oft beginnt der Gesang mit einem wiederholten kräftigen «zrit, zrit, zrit, zrit...» oder auch «djip, djip, djip, djip...», beschleunigt sich dann und entfaltet sich zu ausdauernden, melodischen und teils trillernden Strophen – angereichert mit zahlreichen Imitationen. Das Blaukehlchen hat ein wenig den klanglichen Schmelz einer Nachtigall und dazu das vielfältige Repertoire und die Spottfreudigkeit des Sumpfrohrsängers. Der Gesang wird gern von einer höheren Warte vorgetragen, wie auch in aufsteigendem und abfallendem Singflug. Folgenden Eintrag fand ich unter dem 6. Mai 1978 in meinen ornithologischen Notizen: Brutkleid des Männchens mit leuchtend blauem Kehlfeld – bei Gesang wird auch der weiße Fleck oder Stern deutlicher sichtbar, geschickter Turner im Schilfbestand. Hält sich selten in höheren Bereichen auf, sondern mehr in der Nähe des Bodens. Mehrfach ist kurzer Gesang zu hören. Plötzlich klettert es gewandt ein Schilfrohr hoch und beginnt nachtigallähnlich zu singen. Sehr hoch «zipp, zipp, zipp...» schnell und häufig wiederholend; auch einige sehr hohe «zih»-Laute. Insgesamt leise zarte Stimme, wohltönend mit prachtvollen Imitationen ... Einige Gesangsnotizen: «tinga-tinga-ting-trrrrr», «zirre-zitte-zitte-trrrr», «zit-zit-zit», «ting-ting-ting-ting», «zirritt-zirritt-zirritt» und «tip-tip-tip-tip-tip» mit ansteigendem «zezezezeze». Ausdrucksstarkes Spreizen des Schwanzes: leuchtendes Rotbraun mit breiter dunkler Endbinde, einer der anmutigsten Singvögel.

Ein noch vor Jahrzehnten in der buschbestandenen feuchten Wiesenlandschaft verbreiteter Vogel ist das **Braunkehlchen** (*Saxicola rubetra*). Heute ist es in vielen Gebieten selten geworden. Der Niedergang ausgedehnter Populationen ist vor allem eine Folge der industriellen Landwirtschaft. Bedingt durch intensive Stickstoffdüngung wächst das Gras viel schneller, und durch das damit verbundene immer frühere Mähen sind häufig totale Verluste der Brut zu beklagen. Der hübsche Vogel hat eine geschuppte Oberseite mit hellem Überaugenstreif. Brust und Kehle sind hell rostbraun. Das kurze Lied aus wohlklingenden wie gequetschten Tönen wird, meistens von einem Weidenpfahl oder einer Buschspitze, verhältnismäßig rasch vorgetragen. Der Gesang enthält nicht selten Imitationen anderer Vogelstimmen. Ferner sind harte schnalzende «tk-tk»-Rufe zu vernehmen.

Das **Schwarzkehlchen** (*Saxicola rubicola*) macht insgesamt einen schwarz-weißen Eindruck; lediglich die Brust ist rotbraun. Dieser Vogel liebt Ödland, steiniges oder offenes buschreiches Gelände, Heiden und Küsten. Der sehr einfache, pfeifend-gequetschte Gesang enthält oft Imitationen

Abb. 59: Braunkehlchen ♂

und ist manchmal auch während eines kurzen Singflugs zu hören. Wie beim Braunkehlchen haben wir auch beim Schwarzkehlchen in den letzten Jahrzehnten starke Bestandseinbrüche zu verzeichnen. Diese Art ist vor allem in den Mittelmeerländern weit verbreitet.

Sehr zeitig im Frühjahr, meist schon Mitte März, erklingt vom First unserer Hausdächer eine fröhliche Melodie. Der sperlingsgroße **Hausrotschwanz** (*Phoenicurus ochruros*) ist schon frühmorgens bereits 60 bis 90 Minuten vor Sonnenaufgang, aber auch den ganzen Tag über zu hören. Er ist ein eifriger Sänger; am frühen Vormittag können wir Hunderte von Strophen hören. Der Hausrotschwanz ist ein schwarz-schiefergraues Vögelchen mit einem häufig zitternden rot-schwarzen Schwanz. Die meisten Männchen haben ein helles bis weißes Flügelfeld; es gibt aber auch graubrau-

Abb. 60: Schwarzkehlchen

Abb. 61: Hausrotschwanz ♂

ne, also weibchenfarbige Männchen. Der dreiteilige Gesang beginnt mit einem ansteigenden, buchfinkenartigen «ti-ti-ti-ti-ti-ti...», dem in der Singvogelwelt ungewohnte knarrende, scheuernde oder gequetschte Töne folgen, die an eine Störung im Radio erinnern. Daran schließt sich eine dem Anfang ähnliche, kurze Trillerstrophe an. Der mittlere leisere Gesangsteil ist unverkennbar. Immer wieder ist auch der charakteristische Ruf «fid-tck-tck» zu hören. Der Hausrotschwanz ist eigentlich ein Gebirgsvogel. Er ist im Fluge ein außerordentlich geschickter und wendiger Jäger. Beide Rotschwanzarten knicksen häufig – wie Rotkehlchen.

Ende März / Mitte April kommt der schön gefärbte **Gartenrotschwanz** (*Phoenicurus phoenicurus*) zurück in unsere Gärten und Streuobstwiesen. Wir treffen ihn auch in lichten, unter-

holzreichen Laubmischwäldern an. Er wirkt weniger dunkel als der Hausrotschwanz. Die Oberseite des Männchens ist hellschiefergrau, und die schwarze Kehle setzt sich kontrastreich gegenüber der leuchtend rostroten Brust und der weißen Stirn ab. Auch er hat einen rostroten Schwanz. Er ruft ähnlich wie der Hausrotschwanz, den ersten Ton laut und hart betonend, «füid-teck-teck, füid-teck-teck» oder auch «füid, füid, füid-teck-teck», was uns an zwei aneinander schlagende Kiesel denken lässt. Der zweiteilige Gesang hingegen ist ausdrucksvoll und vielseitig, aber verhältnismäßig kurz. Der charakteristischen, rhythmisch vorgetragenen, flötenden Anfangsstrophe «hüit-tjück-tjück» folgen zwitschernde und schnalzende wie auch wohlklingende und trillernde Töne. Vor allem der zweite Teil des Gesanges ist es, der von Vogel zu Vogel stark variiert. Aber auch jedes Individuum

Abb. 62: Gartenrotschwanz ♂

Die Bestände des Gartenrotschwanzes gingen seit Mitte des letzten Jahrhunderts kontinuierlich zurück, vor allem durch die vermehrte Zerstörung seines Lebensraumes und den Einsatz von Insektiziden in den Brutgebieten. Unter diesen Umständen wirkte sich die Dürreperiode 1968/69 in seinem Überwinterungsgebiet (Sahelzone), ähnlich wie beim Baumpieper, katastrophal aus. Bestandseinbrüche von weit über 50 %, teilweise bis zu 90 % waren zu beklagen (BAUER 1997). Erfreulicherweise hat sich dieser Trend nicht weiter fortgesetzt. In den letzten zehn Jahren habe ich den Gesang des Gartenrotschwanzes in zahlreichen früher verlassenen Revieren wieder gehört. Wir haben also in diesem Falle eine positive Entwicklung zu verzeichnen, aber wir sollten nicht vergessen, dass sie auf sehr bescheidenem Bestandsniveau erfolgt. Deshalb sollten wir Altholzbestände und Streuobstwiesen schützen, auf den Einsatz von Insektiziden generell verzichten und dem Gartenrotschwanz als Höhlenbrüter zahlreiche Nisthilfen zur Verfügung stellen.

wechselt seine Strophen häufig. Der Motivreichtum wird durch zahlreiche Imitationen gesteigert, und «in Einzelfällen kann die Imitation so weit gehen, dass vom arttypischen Gesang nichts mehr übrig bleibt» (GLUTZ 11/I). Der Gesang ist frühmorgens schon zeitig zu hören; es waren stets die ersten Strophen, die mich im Gartenhaus geweckt haben. Nicht selten habe ich diese vertraute Stimme schon mehr als zwei Stunden vor Sonnenaufgang gehört, manchmal auch in der Nacht. Der Gartenrotschwanz hat weder den volltönenden Gesang der Amsel noch den Schmelz der Nachtigall. Auch fehlen ihm die ausdauernden Strophen einer Gartengrasmücke. Aber aufgrund seiner erstaunlichen Strophenvielfalt, in Verbindung mit dem Wohlklang seiner Stimme, gehört er zu unseren begabten Sängern. Von ihm hören wir auch ein laubsängerartiges, weiches «hüit», das oft wiederholt wird.

Ein Vogel der offenen steinigen Landschaft und der Gebirge ist der buchfinkengroße **Steinschmätzer** (*Oenanthe oenanthe*). Er ist auch ein Bewohner von hügeligem Weideland, der Heide und Tundra. Wir finden ihn ebenfalls in Küsten- und Dünenlandschaften wie in Steinbrüchen und Sandgruben. Sein Verbreitungsgebiet umfasst ganz Europa einschließlich Island. Er ist der einzige Vertreter dieser artenreichen Gattung, der sich so hoch in den Norden wagt. Die anderen bevorzugen südliche, wärmere Länder. So kenne ich sieben weitere Arten dieser Gattung aus dem Mittelmeergebiet und den Weiten der Sahara. Die Steinschmätzer haben fast alle ein charakteristisches umgekehrtes schwarzes T-Muster am Ende des sonst weißen Schwanzes. Auch der einheimische Steinschmätzer ist im Flug sofort an diesem

Abb. 63: Steinschmätzer, ♂ (oben) und ♀

Abb. 64: Feldschwirl

hervorstechenden Zeichen und den dunklen Flügeln zu erkennen. Schwanzwippen und Knicksen sind oft zu beobachten. Der Gesang ist ein wenig melodisches, eiliges, gedrängtes Schwätzen, das aber verhältnismäßig selten zu hören ist. Laut und hart ruft der Steinschmätzer «fid-tck-tck» oder «tset-tset-tset». Aufgrund intensiver Weidewirtschaft und umfangreicher Kultivierung von Ödland und damit Zerstörung potentieller Brutplätze hat der Bestand des Steinschmätzers großflächig abgenommen. Dürre und Überweidung in den Winterquartieren scheinen den negativen Trend zu verstärken.

In buschbestanden Wiesen, verfilztem Gras, an Sumpfrändern, im Röhricht wie auch in unterholzreichen Wäldern mit dichter Krautvegetation, führt der **Feldschwirl** (*Locustella naevia*) seine versteckte Lebensweise, meistens in Bodennähe. Ein kleiner brauner Vogel mit dunkel geschuppter Oberseite, den wir nur selten zu Gesicht bekommen. Sein Gesang ist dafür umso auffälliger: ein monotones, minutenlang anhaltendes, heuschreckenartiges Schwirren oder Schnurren. Obwohl verhältnismäßig leise, ist der Gesang doch mehrere hundert Meter weit zu hören. Manchmal ist er allerdings etwas schwierig zu orten, weil die singenden Schwirle häufig den Kopf hin und her drehen. Die beste Zeit, diesen ungewöhnlichen und bemerkenswerten Gesang zu hören, ist frühmorgens. Der Feldschwirl singt allerdings auch spätabends und nachts.

An der Wasserseite ausgedehnter Schilfbestände hören wir die laute knarrende Stimme des selten gewordenen, fast drosselgroßen **Drosselrohrsängers** (*Acrocephalus arundinaceus*). Sein dynami-

Abb. 65: Drosselrohrsänger an seinem tiefen Nest   *Abb. 66: Teichrohrsänger*

scher Gesang besteht sowohl aus harten krächzenden wie klingenden Elementen, die jeweils mehrfach wiederholt werden. Das kraftvolle «karre-karre-kriet-kriet...» ist unverkennbar, die Taktfestigkeit erstaunlich. «Infolge seiner großen Lautstärke und des harten Klangcharakters ist dieser Gesang auch bei Wind aus dem Rauschen des Schilfwaldes noch herauszuhören. Die mehr in der Verlandungszone lebenden Rohrsänger singen lieblicher» (BERGMANN 1982).

Leiser und etwas vielseitiger ist der Gesang des erheblich kleineren, rötlich-braunen **Teichrohrsängers** (Acrocephalus scirpaceus), der auch in kleineren Schilfbeständen, im Röhricht oder in ufernahem Gebüsch sein kunstvolles Nest baut. Der Teichrohrsänger ist ein außerordentlich geschickter Turner. Da der Vogel während des Singens meistens an einem Schilfhalm bis zur Halmspitze hochklettert, haben wir mit etwas Geduld Gelegenheit, diesen weit verbreiteten Rohrsänger ausfindig zu machen. Der kratzende Gesang, den wir vor allem sehr früh am Morgen (manchmal auch nachts) hören können, ist leiser und etwas vielseitiger als bei der vorigen Art. Es ist ein rhythmisches Wetzen und Schnarren und klingt wie: «tirre-tirre-kerr-kerr-kerr-räck-räck-räck-trid-trid-trid-wäd-wäd-wäd...». Die Motive werden fast immer zwei- bis dreimal wiederholt. Durch Umstellung einzelner Tonelemente kann der Ablauf des monoton klingenden Gesanges vielfältig variiert werden; Imitationen sind verhältnismäßig selten. «Innerhalb einer lockeren Kolonie angesiedelte Männchen singen während der Morgen- und Abenddämmerung regelmäßig im Chor»; dem Chorgesang kommt nach C.K. CHATPOLE «möglicherweise eine partnerschaftsstabilisierende Wirkung zu» (GLUTZ 12/I).

Der **Schilfrohrsänger** (Acrocephalus schoenobaenus) gehört zu den «gestreiften» Rohrsängern und hat einen hellen Überaugenstreif. Er bevorzugt dichte Röhrichte, Seggenbestände, staudenreiche Wassergräben und Verlandungszonen mit dichter Krautschicht und Buschwerk. Der Gesang erinnert zuerst an die Stimme des fast gleichgroßen Teichrohrsängers, aber die Fülle der pfeifenden und klingenden Töne, die sich kraftvoll und rein immer wieder über den sonst typischen rauhen und kratzenden Rohrsängergesang erheben, ist ein charakteristisches Merkmal. Im Vergleich zum Teichrohrsänger werden zahlreiche Imitationen in den Gesang eingewoben, und auch die Dynamik des Gesanges ist völlig verschieden; denn der Gesangsvortrag nimmt nach und nach deutlich an Tempo und Stärke zu, um dann wieder abzuflauen. Es wird völlig frei variiert. Strophen mit exakt gleichem Aufbau scheinen nicht wiederholt zu werden. Verschiedene Männchen singen auf sehr verschiedene Art und beschleunigen damit die Entwicklung noch komplexerer Strophen (GLUTZ 12/I). Insgesamt ist der Schilfrohrsänger ein sehr ausdauernder Sänger, dem ich am Neusiedler See besonders frühmorgens und vormittags oft stundenlang zugehört habe. Vor allem seine immer wieder aus dem bescheideneren Rohrsängerniveau ausbrechenden klaren Flötenreihen, die durch einen Singflug verstärkt werden, sind mir unvergesslich.

Abb. 67: Schilfrohrsänger

Eine musikalische Gesangsentfaltung besonderer Art bietet uns der **Sumpfrohrsänger** (Acrocephalus palustris). Innerhalb der einheimischen Rohrsänger ist er sowohl in der Dynamik wie im Reichtum der Variationen und der Motive, in der Fülle der Imitationen, der Klangreinheit und dem ausdauernden Vortrag ein *Meistersänger*. Seine Gesangsstrophen werden von den schnarrend-knarrenden Tonfolgen des typisch Rohrsängerhaften sehr viel weniger dominiert als bei anderen einheimischen Rohrsängern. Das Repertoire ist sehr umfangreich, die Imitationskunst außerordentlich und die Kopiergenauigkeit erstaunlich. Es sind bei ihm bisher über zweihundert imitierte Vogelarten entdeckt worden. Manchmal hat man den Eindruck, der oft stundenlang vorgetragene Gesang sei ein kunstvoll verwobener bunter Strauß fremder Klangblüten. Der Sumpfrohrsänger lebt sein Talent auf einem hohen musikalischen artspezifischen Niveau aus. Das individuelle Gesangsspektrum ist mannigfaltig. So lassen sich diese Imitationskünstler an der «persönlichen» Umgestaltung ihrer Vorbilder individuell erkennen. Außerdem ist der Sumpfrohrsänger bisher die einzige paläarktische Spezies, von der verschiedene Imitationen aus dem afrikanischen Winterquartier bekannt sind (DOWSETT-LEMAIRE 1979). Der Sumpfrohrsän-

Abb. 68: Sumpfrohrsänger am Nest

bewachsenen Hängen, in überjährigen Brennnesselbeständen und Getreidefeldern, deshalb wurde er früher auch Getreiderohrsänger genannt. Seit die Getreidefelder aber im Zuge der intensiven Landwirtschaft mit Einsatz von Bioziden ziemlich kraut- und insektenfrei geworden sind, habe ich keinen Sumpfrohrsänger mehr darin brütend angetroffen.

Ebenfalls erst Anfang Mai kommt der selten gewordene **Gelbspötter** (*Hippolais icterina*) zu uns. Dass er mit den Rohrsängern verwandt ist, beweist er schon durch seinen pausenlos vorgetragenen, gepresst klingenden und leicht abgehackten Gesang (GRZIMEK IX). Sein Name verrät, dass er gerne spottet, also andere Stimmen nachahmt. «Gelbspötter zählen in weiten Teilen Mitteleuropas zu den auffallendsten und interessantesten Sängern, die sehr zur Belebung von Auwäldern, Parks und Gärten beitragen. Sie scheinen in Norddeutschland noch häufiger zu sein. In ihrem frisch-frech klingenden Reviergesang wechseln oft kurze, obertonreiche, nasal bis quäkend klingende Laute mit langen, reinen, auf- und absteigenden Pfeiftönen ab. Oft werden die Kurzlaute rhythmisch vorgetragen, in den auch Imitationen gut eingepasst sind. Die wohlklingenden Pfeiftöne werden bei öfterer Wiederholung in der Tonhöhe moduliert und oft schwungvoll miteinander verbunden. Zusammen mit kurzen Staccato-Lauten ergeben sich hübsche Kontrastwirkungen oder sogar erstaunliche musikalische Entwicklungen. Jedes Männchen überrascht mit eigenen Motiven und Wendungen» (GLUTZ 12/I). Leider ist dieser Gesangskünstler selten geworden und fehlt in manchen Regionen ganz. Er ist mindestens ebenso stimmfreudig wie der Sumpfrohrsänger, aber sein fortlaufend schwätzender Gesang ist lauter und enthält viele scharfe, schneidende und schmatzende Töne wie auch rhythmische Wiederholungen. In der Imitationskunst ist er ein

ger trifft Anfang bis Mitte Mai aus seinem Winterquartier bei uns ein. Unmittelbar nach seiner Ankunft bis in den Juni hinein können wir seinen vielseitigen und kunstvollen Gesang während des ganzen Tages hören, wobei die intensivste Zeit die Stunden vor und nach Sonnenaufgang sind. Bis zur Paarbildung ist der Gesang auch in der zweiten Nachthälfte zu vernehmen (über Gesangslernen ⇨ S. 133). Nach F. DOWSETT-LEMAIRE kommt es beim Sumpfrohrsänger während der Eiablage und Bebrütung «häufig zu Chorsingen mehrerer benachbarter Männchen (2 bis 5 Teilnehmer). Sie singen dabei gleichzeitig ohne Zeichen von Aggressivität relativ nahe beieinander sitzend, meistens an den Reviergrenzen und fast immer in der Mitte eines Busches versteckt» (GLUTZ 12/I). Der Sumpfrohrsänger brütet fast nie im Schilf, sondern an feuchten Standorten im Dickicht, an stauden-

Abb. 69: Gelbspötter

Meister; das Repertoire an Nachahmungen beschränkt sich in der Regel jedoch auf kurze, öfter wiederholte Rufe (GLUTZ 12.I). Sein weit tragender Gesang ist vor allem zu Beginn der Brutzeit den ganzen Tag und manchmal auch nachts zu hören. Charakteristisch sind auch seine Rufe «tätä-tui» oder «di-de-ruit». Dass der Gelbspötter die Parklandschaften Mitteleuropas besiedeln konnte, verdankt er seiner Fähigkeit, sein Nest – unabhängig von niedrigem Gebüsch – hoch in Astquirlen oder aufstrebenden Astgabeln zu verankern (GRZIMEK IX). Gesangsstrophen sind teilweise schon auf dem Frühjahrszug zu hören.

Grasmücken sind wie Drosseln außerordentlich gesangsbegabte Vögel. Die **Mönchsgrasmücke** (*Sylvia atricapilla*) beginnt mit einem schönen vielfältig-schwätzenden, meist leisen Vorgesang, der unterschiedlich lang sein kann, um dann plötzlich in den charakteristischen laut flötenden Schluss (Überschlag) überzugehen. Der Gesang besteht deutlich aus zwei Teilen. Der zwitschernde Vorgesang enthält häufig Imitationen anderer Vogelgesänge und ist sehr abwechslungsreich. Jedes Männchen wechselt im Überschlag zwischen mehreren Motiven bzw. Strophentypen ab (BERGMANN 1977). Insgesamt ist das Gesangsrepertoire außerordentlich reichhaltig. An den drosselartigen Überschlag, der große Intervallsprünge enthält, werden nicht selten leiernde Strophen wie «tia-tia-tia» oder «dile-dile-dile» angehängt. Es gibt Populationen, in denen alle Vögel ganz typische Leierstrophen singen, aber generell ist der Reichtum individueller Gesangsentfaltung sehr ausgeprägt.

Abgesehen von den oft angehängten Leierstrophen halten sich viele Mönchsgrasmücken an die «Regel» des typischen zweiteiligen Gesangs, aber bei weitem nicht alle. Einige gestalten beispielsweise einen sehr langen ausgedehnten Vorgesang mit selteneren Schluss-Strophen, andere verzichten dagegen ganz auf den Vorgesang und beginnen gleich mit der lauten und weit klingenden Flötenstrophe, so wie es auch Individuen gibt, die fast nur noch leiern. Auf einige Besonderheiten des Gesanges möchte ich später noch ausführlicher eingehen (⇨ S. 137).

In der großen «Naturgeschichte der Vögel Mitteleuropas» fand ich folgende Beschreibung: «Der Gesang des Männchen ist einer der allervorzüglichsten Vogelgesänge und steht dem der Nachtigall an Kraft und Fülle der Töne wie an Mannigfaltigkeit derselben zwar bedeutend nach, darf ihm jedoch in mehr als einer Hinsicht an die Seite gestellt werden» (NAUMANN 1898). Die «nordische Nachtigall», wie die Mönchsgrasmücke auch genannt wurde, gehört in der Tat zu den besten Sängern Europas, und es ist erfreulich, dass sie so häufig und weit verbreitet ist. Überall in unterholz-

Abb. 70: Mönchsgrasmücke, ♂ am Nest

reichen Wäldern, in Parks, Hecken und Gärten brüten diese anpassungsfähigen Vögel, die schon Mitte/Ende März zu uns kommen. Sie gehören zu jenen Singvögeln, deren Zugverhalten intensiv untersucht wurde; von ihren veränderten herbstlichen Zuggewohnheiten, dass sie, anstatt nach Süden, vermehrt an die Futterhäuschen südwest-englischer Tierfreunde ziehen, haben wir ja bereits gehört (⇨ S. 51). Mönchsgrasmücken sind sehr stimmfreudig und singen in der Regel bis Ende Juni, manchmal sogar bis Mitte Juli. Vor allem die Gesänge unverpaarter Männchen sind sehr lange zu hören. Nach etwa vier Wochen ist bereits der Jugendgesang der jungen Männchen voll entwickelt. Auch im Herbst erfreut uns die Mönchsgrasmücke wieder mit ihrem Gesang. Fühlen sich die Tiere gestört oder bedroht, rufen sie laut und hart «tack», das auch erregt rhythmisch aneinander gereiht werden kann. Die Männchen haben eine schwarze, die Weibchen eine rostbraune Kopfplatte. Ähnlich wie beim Zaunkönig, wenn auch viel bescheidener, bauen die männlichen Mönchsgrasmücken mehrere (unterschiedlich vollständige) Wahlnester. Ein ähnliches Angebot an möglichen Brutplätzen erhalten ebenfalls die Weibchen der Dorn-, Klapper- und Sperbergrasmücke, die dann auch den endgültigen Standort für das Brutnest wählen. Der Vogelkundler HELGE MÜCKE (1991) berichtet über merkwürdige Versammlungen der Mönchsgrasmücken-Männchen: «Sie drehen und wenden sich auffällig auf den Zweigen, hängen sich manchmal sogar kopfunter und drehen den Kopf in bizarrer Weise nach oben». Dieses akrobatische «Gesellschaftsspiel» habe ich selbst jedoch noch nicht beobachten können.

An Waldrändern, im Dickicht, in Feldgehölzen wie auch in gebüschreichen Parks und Gärten führt die **Gartengrasmücke** (*Sylvia borin*) ihre oft versteckte Lebensweise. Der kräftige, angenehm schwätzende Gesang ist mit vielen sanften und klaren Tönen vermischt, viel ausdauernder und gleichmäßiger als bei der Mönchsgrasmücke, aber ohne deren flötenden Schluss. Dieser wohltönende Gesang ist in der Regel 5 bis 30 Sekunden lang und über 200 Meter weit zu hören; er erinnert mich immer an einen sanft dahin sprudelnden Bach. Ein nicht so achtsamer Hörer könnte diesen Gesang sogar für etwas eintönig halten. Schenken Sie aber diesen lang andauernden perlenden Gesangsstrophen einmal Ihre volle Aufmerksamkeit, und Sie werden den Imitations- und Variationsreichtum kennen und schätzen lernen. Die Gartengrasmücke gilt als der leistungsfähigste Spötter unter den Grasmücken. «Die Begabtesten unter ihnen stellen ‹Kurzfassungen› von Buchfinkenstrophen her, die alle wesentlichen Teile des Vorbildes enthalten, indem sie von allen Lautgruppen (Phrasen) nur einzelne Elemente übernehmen und auf diese Weise das Vorbild auf fast die Hälfte verkürzen – eine erstaunliche Leistung relativen Lernens und akustischer Abstraktion» (GLUTZ 12/II). Es muss aber dazu gesagt werden, dass menschliche Ohren diese Fähigkeit im Fluss des eilenden Gesanges kaum wahrnehmen können: Man hat die Gesänge von vielen Gartengrasmücken auf Tonband aufgenommen, dann langsamer laufen lassen und analysiert. Auf diese Weise entdeckten die Ornithologen die großen kompositorischen Fähigkeiten einiger besonders begabter Individuen (⇨ S. 178). Über die Zweckmäßigkeit des Gesanges hinaus wird hier, wie bei vielen unserer besten Sänger, eine individuelle Entwicklung erkennbar. Als ich im Jahre 1976 zum ersten Mal davon hörte, war ich ebenso erstaunt wie begeistert. Und dieses Wissen ließ mich seitdem noch auf-

Abb. 71: Fütternde Gartengrasmücke

merksamer dem Gesang dieser liebenswerten Vögel lauschen. Vielleicht haben auch Sie einmal das Glück, eine besonders begabte Gartengrasmücke zu hören. Von der meisterhaften Tonkunst dieser Vögel werden Sie aber bei jedem Gesang etwas erahnen können. ALWIN VOIGT, der bereits Ende des 19. Jahrhunderts das Studium der Vogelstimmen anregte, schrieb zum herrlichen Gesang der Gartengrasmücke: «Dieser ist zwar der typische Grasmückengesang, aber durch eine wohlklingende, volle, kräftige Stimme veredelt, sodass er zu den besten Vogelgesängen gehört, wenn er auch dem der begabteren Mönchsgrasmücken nachsteht» (VOIGT 1950). Die Gartengrasmücke ist seltener als die Mönchsgrasmücke. Sie kommt etwa vier Wochen später als diese und verlässt uns entsprechend früher, weil sie als ausgeprägter Zugvogel im Gegensatz zur Mönchsgrasmücke südlich der Sahara überwintert. Aufgeregte Tiere

Abb. 72: Dorngrasmücke

lassen ein von Grasmücken abweichendes rhythmisches «wet-wet-wet» erschallen.

Der Gesang der **Dorngrasmücke** (*Curruca communis*) ist ein sehr kurzes kratzendes, aber nicht unmelodisches Schwätzen. Das «dideriduotit» klingt wie eine hastig zusammengedrängte Tonreihe, die meistens von einer Singwarte aus häufig wiederholt und gelegentlich auch im kurzen Singflug vorgetragen wird. Besonders am Morgen ist die Gesangsaktivität groß. Im Gegensatz zum rauh klingenden, lauten Vollgesang ist der leise schwätzende Vorgesang, der auch Imitationen enthalten kann, kaum wahrzunehmen. Gelegentlich erklingen längere, gartengrasmückenähnliche Gesangspassagen. Charakteristisch ist der nasale Warnruf «wät-wät-wät» oder «woid-woid-woid», der oft auch als gereihte Strophe zu hören ist. Die Dorngrasmücke ist ein leicht erregbarer Vogel, der häufig die Scheitelfedern sträubt und den Schwanz fächert. Hin und wieder ist auch ein Schnarrlaut wie «errrrrt» zu hören. Der Gesang ist wie bei Mönchs- und Gartengrasmücke in seiner Grundstruktur angeboren. Ohne ernsthafte Auseinandersetzungen singen häufig benachbarte Männchen im lang andauernden Wechselgesang; über den variationsreichen Jugendgesang (⇨ S. 127).

Die Dorngrasmücke liebt offenes, warmes Gelände mit dichtem Buschwerk: Brombeerdickicht, Ginsterbüsche, Dornhecken, Feldraine, gebüschreiche Ufer, Bahndämme und Trockenhänge sind ihr Lebensraum. Kennzeichnend sind die rotbraunen Flügel und die weißliche Kehle. Ab Mitte April ist sie bei uns. Die Männchen bauen recht vollständige Wahlnester und führen sie den Weibchen vor. Früher war die Dorngrasmücke, wie ihr wissenschaftlicher Name verrät, häufig und verbreitet. Nach zeitweise starken Bestandverlusten war sie in manchen Gegenden nur noch selten anzutreffen. Inzwischen scheinen sich die Bestände, zumindest regional, wieder zu erholen.

In halboffenem, buschreichen Gelände, aber auch in Gärten ist der klappernde Gesang der **Klappergrasmücke** oder Zaungrasmücke (*Curruca curruca*) zu hören. Auch sie hat einen leisen, kaum wahrnehmbaren Vorgesang. Aufgrund ihrer versteckten Lebensweise nehmen wir ihre Anwesenheit meistens erst durch die typische Klapperstrophe wahr; ihre Stimme ist das beste Kennzeichen. Diese stereotypen Wiederholungen sind unverwechselbar; allerdings gibt es individuelle Gesangsunterschiede. Anfang April, meistens vor der Dorngrasmücke, kommt sie zurück in ihr Brutrevier. Wie bei den meisten ziehenden Singvogelarten treffen die Männchen vor den Weibchen im Brutgebiet ein.

Abb. 73: Klappergrasmücke *Abb. 74: Zilpzalp*

Laubsänger sind kleiner, schlanker und zarter als die verwandten Grasmücken. Sie fallen dem Beobachter durch ihre Rastlosigkeit auf; ständig sind sie in Bewegung und dadurch auch leicht zu entdecken. Ihre teils überdachten Nester bauen sie fast immer in Bodennähe.

Die häufigste Art ist der in Europa weit verbreitete **Zilpzalp** oder Weidenlaubsänger (*Phylloscopus collybita*). Zwischen dem 5. und 20. März trifft dieser zierliche, aber sehr anpassungsfähige Vogel, der seinem Vetter, dem Fitislaubsänger, zum Verwechseln ähnlich sieht, plötzlich wieder bei uns ein. An ihren Stimmen sind diese Zwillingsarten deutlich zu unterscheiden. Der Zilpzalp hat eine verhältnismäßig einfache Strophe:«zilp-zalp, zilp-zalp, zilp-zalp-zalp-zilp», die aber rhythmisch etwas variiert werden kann. Er singt sehr fleißig und bestätigt damit eine allgemeine Regel, dass Arten mit kleinem Repertoire ihre Strophen entsprechend oft wiederholen. Der monotone Gesang hat dem Zilpzalp seinen Namen gegeben; im Englischen heißt er Chiffchaff. Von Zeit zu Zeit ist ein weiches «hüit» zu hören. Der Gesang des Zilpzalps ist nach GERHARD THIELCKE von seinem Grundmuster her angeboren, wird aber durch Lernen wesentlich mitgeprägt. Die Annahme, dass Singvögel mit einfachen Strophen mehr angeborene Anteile in ihrem Gesang haben, trifft nicht zu: «Angeborene und erlernte Anteile sind bei verschiedenen Arten sehr verschieden groß, ohne dass sich bisher hierüber eine Regel aufstellen ließe» (THIELCKE 1983).

Der **Fitis** (*Phylloscopus trochilus*), der in den ersten Apriltagen zu uns kommt, hat sein Verbreitungsgebiet bis weit nach Nordskandinavien ausgedehnt. Er ist ein ausgeprägter Fernzieher,

Abb. 75: Fitis am Bodennest

der südlich der Sahara überwintert und oft über 8000 km für eine Wegstrecke zurücklegen muss. Im Vergleich zum Zilpzalp hat der Fitis einen weichen wohltönenden Gesang. Er beginnt etwa wie ein Buchfink, aber weicher; es folgt dann, anstatt des kräftigen Überschlags eine sanfte abfallende Strophe. Die Gesangsstrophen, die wir am Tage hören, sind meistens länger als am frühen Morgen. Wenn wir dem Gesang dieses Laubsängers lauschen, kann es uns anfangs ähnlich ergehen wie bei der Gartengrasmücke, dass wir bei flüchtigem Hinhören auch diesen Gesang als schlicht und gleichbleibend empfinden. Sobald wir aber intensiver diesem wohlklingenden, etwas melancholischen Gesang lauschen, bemerken wir schnell, dass die aufeinanderfolgenden Strophen sehr variationsreich und auch individuell verschieden sind. Der Fitis ist ein begabter Sänger. Das wird uns besonders deutlich, wenn wir längere Zeit dem Wechselgesang benachbarter Männchen zuhören. Die Gesangsstrukturen sind ähnlich, aber jeder Vogel hat seine eigenen unterschiedlichen Strophen. Ähnlich wie beim Zilpzalp ist auch ein weiches «hüit» zu hören.

In lichten, hochstämmigen Laub- und Mischwäldern, besonders in Buchenwäldern, können wir den etwas größeren **Waldlaubsänger** (*Rhadina sibilatrix*) beobachten. Er hat im Vergleich zu anderen einheimischen Laubsängern eine gelbe Brust, und der gelbe Überaugenstreif ist deutlicher. Wir hören «sipp-sipp»-Rufe, die aneinander gereiht und beschleunigt werden und in einer Schwirrfolge oder einem hellen metallischen Triller enden. Der Gesang klingt dann etwa wie «sipp, sipp, sipp, sipp-sipp-sipp-sippsipp-sirrrrrrrrrrrrrrrrr», dem nicht selten

Abb. 76: Waldlaubsänger

Abb. 77: Berglaubsänger

auch noch der flötende, weich-gedehnte Lockruf «djü-djü-djü» angehängt wird. Oft hören wir diesen etwas melancholischen Ruf auch einzeln, hin und wieder sogar gereiht wie eine «zweite» Gesangsstrophe. Das Besondere, was uns der Waldlaubsänger noch zu bieten hat, ist sein schwebender Singflug. Mit ausgebreiteten Flügeln schwirrt er unterhalb des Kronendaches von einer Singwarte zur anderen und lässt seine «sipp-sipp»-Reihe erklingen, um dann landend den Triller anzuschließen. Die Gesangsstrophen können unterschiedlich lang sein; im Sitzen vorgebrachte Gesänge sind aber in der Regel kürzer. Der Waldlaubsänger beginnt schon während des Heimzugs zu singen, und wir können diesen eifrigen Sänger von Mitte April bis Juni in unseren Wäldern hören, allerdings werden ab Mitte Mai die Schwirrflüge seltener.

Das Verbreitungsgebiet des **Berglaubsängers** (*Rhadina bonelli*) sind vor allem die Mittelmeerländer. In Süddeutschland brütet er in sonnigen und lichten Bergwäldern der Schwäbischen Alb und des Alpenvorlandes. Ende April kommt er meistens aus seinem Winterquartier zurück. Der Gesang ist ein kurzer, etwas stotternder Triller «tji-tji-tji-tji-tji-tji»; er ähnelt dem des Waldlaubsängers, aber ohne die zu Beginn sich beschleunigenden «sipp»-Rufe. In Baden-Württemberg seit 1950 (durch Veränderung des Lebensraums) anhaltend extreme Bestandsabnahme.

Fliegenschnäpper sind etwas kleiner und schlanker als Sperlinge, haben kürzere Beine und fallen vor allem durch ihre eleganten Flugjagden auf. Von einer erhöhten Warte oder aus dem Kronendach eines Baumes stürzt sich der Vogel mit geschickten Wendungen auf ein Insekt und kehrt häufig auf seinen vorigen Platz zurück. Die fliegende Jagdweise, wie auch die aufrechte Sitzhaltung verraten uns schon von weitem, dass wir es mit einem Fliegenschnäpper zu tun haben. Mit Ausnahme des Grauschnäppers lesen Fliegenschnäpper Insekten und Raupen auch von Zweigen und Blättern ab. Schnäpper bevorzugen lockere Laub- und Mischwälder, Parks, Gärten und Streuobstwiesen mit alten Obstbäumen. Die beiden schwarz-weißen Schnäpper sind reine Höhlenbrüter und nehmen sehr gern künstliche Nisthilfen an, während Grau- und Zwergschnäpper Halbhöhlen und Baumnischen bevorzugen.

Der **Trauerschnäpper** (*Ficedula hypoleuca*) ist wohl der bekannteste Schnäpper in Deutschland. Die Männchen fallen im Gegensatz zu den Weibchen durch ihre schwarz-weiße Zeichnung auf; allerdings zeigen die süddeutschen Männchen im Vergleich zu nordeuropäischen Exemplaren eine gewisse Tendenz zum Graubraun der Weibchen. Aber alle haben einen weißen Stirnfleck. Ende April / Anfang Mai singen die Vögel oft ohne Unterlass in der Nähe ihrer Bruthöhle. Der Gesang kann sehr vielfältig sein. Charakteristisch sind rhythmische klare Motive in wechselnder Tonhöhe und gartenrotschwanzähnliche Strophen mit Imitationen und zahlreichen angehängten Variationen: «zji-zji-wuti-wuti-wuti, zwi-tsi-zwit-tschti-schtü-tsüli, tschek-tsit-tsuli-zit, zi-zi-zi-wütji-wütji-wütji-tsiut-zwi-zi-zit». Auch klappernde Gesangsfolgen sind zu vernehmen. Die Gesangskunst einzelner Individuen ist sehr unterschiedlich entwickelt; gute Sänger können ein außerordentlich reiches Repertoire haben. Als charakteristischen Lockruf hören wir häufig ein kurzes kräftiges «bit». Typisch ist das «Höhle-Zeigen» der Männchen. Sie fliegen den Nistkasten an, hängen sich daran, stützen sich mit den Schwanzfedern ab und singen sehr intensiv,

Abb. 78: Trauerschnäpper, ♂ an der Bruthöhle

während sie von Zeit zu Zeit den Kopf ins Einflugloch strecken, um dann weiter zu singen. So wird den Weibchen laut und klangvoll eine Nisthöhle vorgeführt. Dieses musikalische Nestvorführen wird von den Männchen aber auch praktiziert, wenn noch kein Weibchen zugegen ist, wie ich es häufiger beobachten konnte. Nicht selten besetzen erfahrene Männchen gleich nach Ankunft mehrere Reviere mit Nistkästen, sodass sich das Weibchen die beste Nistgelegenheit aussuchen kann. Im Mai/Juni 1969 besuchte ich an den Wochenenden meinen Freund Rudolf Lühl, der damals am Forstzoologischen Institut, Freiburg/Br. tätig war und in der Nähe von Hockenheim / Schwetzingen (Baden-Württemberg) Trauerschnäpper untersuchte. Im lockeren Kiefern-Mischwald waren reichlich Nistkästen aufgehängt, und es stellte sich heraus, dass nicht wenige Trauerschnäppermännchen zwei Weibchen hatten und später auch zwei Bruten fütterten. Dieses besondere Brutverhalten findet sich auch beim Halsbandschnäpper, scheint aber bei beiden Arten saisonal und geographisch unterschiedlich häufig zu sein. Durch Anbringen von Nistkästen in geeigneten Lebensräumen können die Verluste, die durch Zerstörung alter Wälder hervorgerufen wurden, ausgeglichen werden. «Nach der Brutzeit durchlaufen die adulten Trauerschnäpper die Vollmauser. Sie sind in dieser Zeit sehr schwer zu beobachten und leben still und heimlich in den Baumkronen» (CREUTZ 1955). Sein Brutgebiet verlässt der Trauerschnäpper verhältnismäßig früh, etwa Mitte bis Ende Juli.

Der **Halsbandschnäpper** (*Ficedula albicollis*) ist mit seiner noch ausgeprägteren schwarz-weißen Färbung eine aparte Erscheinung. Sein durchgehend weißes Halsband und der weiße Bürzel unterscheiden ihn deutlich vom Trauerschnäpper. Sein Verbreitungsgebiet ist wesentlich kleiner als das der anderen Arten (Teile von Osteuropa, einige Ostsee-Inseln, Süditalien). Im süddeutschen Raum gibt es eine Art vorgeschobener Brutinsel. Doch gehört er in Baden-Württemberg und Bayern zu den selteneren Vögeln. Sein wehmütig lang gezogenes «jiib» oder «siip», das häufig vorgetragen und nicht selten auch zwischen die Gesangsstrophen eingereiht wird, macht uns meistens als erstes auf ihn aufmerksam, weil es sehr weit zu hören ist. Halsbandschnäpper haben eine typische Sitzhaltung: Hängende Flügel und ein etwas hochgestellter Schwanz. Der Gesang ist eine seltsame Mischung aus rauhen, kratzenden und klingenden Tönen, insgesamt langsamer und gedehnter als beim Trauerschnäpper. Es klingt so, als würde der Vogel die Töne wechselweise aus- und einatmen oder hin- und herziehen: «tju-tji-tju-tji-tjü, djü-di-didji...». Ich kenne keinen Gesang, mit dem ich die Strophen dieses munteren und hübschen

Abb. 79: Halsbandschnäpper ♂

Vogels vergleichen könnte. Vor allem in den frühen Morgenstunden ist er sehr stimmfreudig, und wir können seinen Gesang den ganzen Mai bis etwa Anfang Juni hören. Sobald aber die Jungen schlüpfen, erlischt der Gesang fast vollständig. Als Warnruf ist ein hartes «tck-tck» oder «siip-tck-tck» zu hören. Der Halsbandschnäpper zeigt an der Höhle ein ähnliches Verhalten mit «Nestzeigegesang» wie der Trauerschnäpper. Da sich stellenweise die Brutgebiete beider Arten überschneiden und häufig nicht genügend Höhlen in alten Laub- und Obstbäumen vorhanden sind, kann es zu Kämpfen um die Nistplätze kommen. Der Halsbandschnäpper ist bei solchen Auseinandersetzungen meistens dem Trauerschnäpper unterlegen. Das mag auch ein Grund sein, warum sich der Halsbandschnäpper aus vielen Gebieten vollständig zurückgezogen hat. Durch ein reichliches Angebot an Nistkästen

Abb. 80: Zwergschnäpper

könnten wir, wie es in manchen Regionen erfolgreich praktiziert wird, den Mangel an natürlichen Höhlen ausgleichen und so den Bestand sichern und gleichzeitig für ein friedliches Nebeneinander beider Arten sorgen. Der Halsbandschnäpper zieht sich nach dem Flüggewerden der Jungen rasch aus dem Brutgebiet zurück, oft schon Anfang Juli. Im Gegensatz zum Trauerschnäpper zieht ein großer Teil der Halsbandschnäpper (die so genannte Ostpopulation) nicht nach Südwesten, sondern mehr in südöstliche Richtung in das afrikanische Winterquartier südlich der Sahara (z.B. Sambia).

Von Osteuropa bis nach Ostsibirien und China erstreckt sich das Verbreitungsgebiet des bei uns in Nord- und Ostdeutschland vorkommenden **Zwergschnäppers** (*Ficedula parva*). Westlich der Elbe und in Süddeutschland gibt es nur sehr seltene Brutvorkommen, allerdings mit etwas zunehmender Tendenz. Er ist der kleinste Fliegenschnäpper und bevorzugt Laubmischwälder mit geschlossener Kronenschicht. Mit seiner leuchtend orangefarbenen Kehle und Brust macht ein mehrjähriges Männchen den Eindruck eines kleinen Rotkehlchens und wird leicht mit diesem verwechselt. Selbst die noch schlicht gefärbten jungen Männchen singen schon eifrig. Dieser bei uns sehr selten vorkommende Schnäpper hat eine wohltönende Stimme, die uns anfangs an Baumpieper und Waldlaubsänger erinnert: «zit-zit-zit-zit…dji-djü-djü-djü…», um danach in eine fitisartige Strophe wie «dididlü-dlü-dlü…» abzufallen. Dieses Grundmuster wird vielfältig variiert, sodass wohl jedes Männchen an seinem individuellen Gesang kenntlich ist (GLUTZ 13/I). Der Zwergschnäpper ist ein eifriger Sänger; er beginnt frühmorgens in der Dämmerung und singt bis spätabends. Der Gesang wird auch im flatternden Singflug vorgetragen. Nach der Brut zieht er südöstlich und überwintert im indischen Raum.

Erst Anfang Mai kommt der in Europa weit verbreitete und etwas größere **Grauschnäpper** (*Muscicapa striata*) zu uns. Das unscheinbare Federkleid, der bescheidene Gesang und seine Lebensweise im Kronendach der Bäume sind wohl die Ursache dafür, dass dieser Vogel verhältnismäßig wenig bekannt ist. Hauptsächlich hören wir von ihm schärfere Rufe wie «pst», «zck», «zit», «zst», «zst-zrr» und auch leise «tsiieh»-Laute. Der nur für kurze Zeit, bald nach Eintreffen im Brutgebiet, zu hörende Gesang ist ein unauffälliges, dünnes Zirpen, das wie ein heiseres Aneinanderreihen der Lockrufe klingt. Flügge Jungvögel lärmen dagegen geradezu. Der Grauschnäpper gehört zu den Kleinvögeln, die weder optisch noch akustisch besonders in Erscheinung treten und sich deshalb sehr leicht unserer

Abb. 81: Grauschnäpper am Nest

Sinneswahrnehmung entziehen. Seine lebhaften Flugmanöver beim Beutefang könnten aber unsere Aufmerksamkeit etwas mehr auf diesen besonders geschickten Jäger lenken. Bei ihm ist das Wesenhafte der Fliegenschnäpper besonders ausgeprägt. Er jagt fast ausschließlich im Flug und meist von exponierten Stellen aus. Er hat stärker ausgebildete Schnabelborsten als die anderen Arten, und bei ihm ist auch das Schnabelknappen, ein Instrumentallaut beim Insektenfang, deutlicher. Mit etwas Glück können wir ihn sogar rütteln sehen. Diese Fähigkeit, mit schnellem Flügelschlag in der Luft zu stehen, können wir beim Turmfalken oder Eisvogel beobachten, aber auch bei einigen einheimischen Singvögeln wie beispielsweise beim Pirol, Ortolan oder den Rotschwänzen. Seit Jahrzehnten gehen die Bestandszahlen des Grauschnäppers in Europa zurück, vor allem durch Zerstörung seines Lebensraums, durch hohen Einsatz von Insektiziden in den Brutgebieten und aufgrund von Dürreperioden in der Sahelzone.

Sind schon Zaunkönige und Schwanzmeisen ausgezeichnete Nestbaumeister, so werden sie von der kunstfertigen **Beutelmeise** (*Remiz pendulinus*) noch übertrumpft. In Auwäldern und anderen Feuchtgebieten mit Weiden, Pappeln, Rohrkolben und Schilf bauen die Männchen an herabhängenden Zweigen, besonders der Silberweide, ab Mitte April in zwei bis drei Wochen ihr stabiles flaschenartiges Nest, das uns an ein afrikanisches Webervogelnest mit Einschlupfloch erinnert. In Europa kennen wir derartige Nester sonst nicht. Die Männchen sind ausgesprochene Nestbaukünstler und fleißige Baumeister, sie bauen mehrere Nester. Selbst im Juni kann man noch bauende Männchen antreffen. Als bevorzugte Baustoffe dienen neben Pflanzenfasern die Samen von Weide, Pappel und Rohrkolben.

Dass das Material alter Beutelmeisennester auch für ein neues Nest verwendet werden kann, erzählt Konrad Lorenz, der einst ein hoch auf einem Baum gebautes Nest langsam – in verschiedenen Phasen – immer tiefer befestigte, um es aus der Nähe beobachten zu können. Daraufhin bauten die Vögel das tiefhängende Nest ab und bauten es in der ursprünglichen Höhe wieder auf (Löhrl 1990). Die eigentliche Heimat der etwa blaumeisengroßen Beutelmeise ist Südosteuropa, aber sie hat ihr Brutgebiet, besonders in den letzten 20 Jahren, schubweise nach Westen ausgedehnt. Dort, wo sich feste Brutpopulationen gebildet haben, sind kleine kolonieartige Bestände zu beobachten, die aber nicht selten in Bewegung sind und sich durchmischen. Ein eigentliches Revier gibt es nicht, gesungen wird fast ausschließlich in unmittelbarer Nestnähe (Franz 1983). Beutelmeisen sind geschickte Turner. Wegen der unverkennbaren schwarzen Ge-

Abb. 82: Beutelmeisen (♂ und ♀) mit ihrem kunstvollen Nest; das ♂ sitzt außen

sichtsmaske sehen sie wie kleine Neuntöter aus. Da die Beutelmeise aber recht unauffällig und verborgen lebt, nehmen wir diese bei uns noch seltene Art meistens zuerst akustisch wahr. Während des Nestbaues singen die Männchen sehr eifrig. Der leise Gesang erinnert ein wenig an Tannenmeise und Grünfink: «siiüü-tlü-tlü-sirrrrr-sit-sit-sit-siiüü». Vor allem aber das feine und hohe, lang gezogene «ziiih», das weit zu hören ist, sollte uns aufmerksam und neugierig machen – besonders, wenn wir uns im Mai in einem typischen Biotop aufhalten, wo die Samenwolle der Weiden und Pappeln sich verbreitet. Sie bildet vor allem den weichen und warmen Stoff, mit dem die kunstvollen Nester gebaut und in denen – vom Winde gewiegt – die Kinder groß werden. Kann man sich eine schönere Naturschaukel vorstellen?

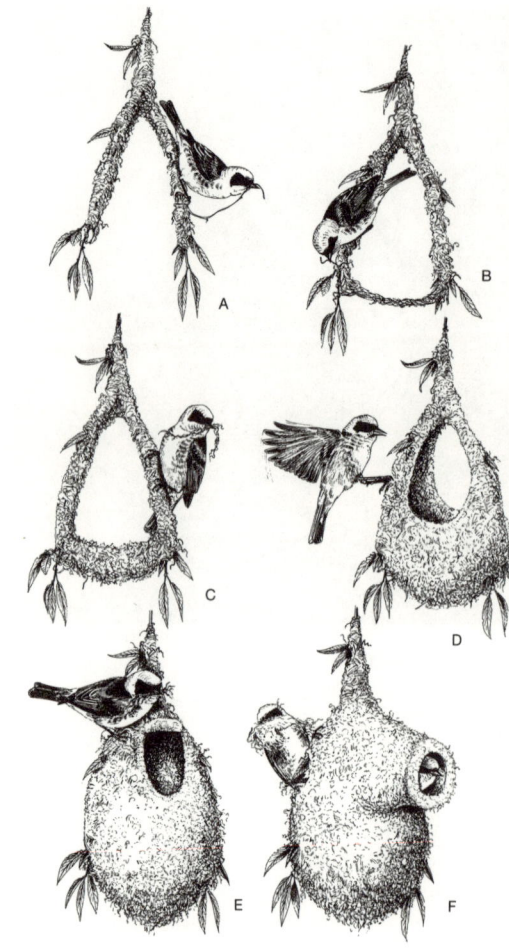

Abb. 82a: Beutelmeise: Verschiedene Nestbaustadien.

A: Seitenwicklung in Arbeit
B: Ring wird geschlossen und gefestigt,
C: Schaukel, Hängematte,
D: Henkelkorbstadium,
E: Taschenstadium,
F: Fertiges Nest; ♂ bringt Polstermaterial

(Zeichnung von F. Weick)

Abb. 83: Neuntöter ♂

Stellvertretend für die Würger wollen wir hier den **Neuntöter** (*Lanius collurio*) betrachten. Die beiden südlichen bzw. südöstlichen Arten (Rotkopf- und Schwarzstirnwürger) sind in Deutschland sehr seltene Sommervögel; es gibt nur noch wenige inselartige Brutvorkommen. Auch der amselgroße Raubwürger ist fast nur noch als Wintergast zu beobachten, die Bestände in Deutschland sind fast erloschen. Würger sind Singvögel mit deutlich greifvogelähnlichen Merkmalen: hakig gebogene Schnäbel und Greiffüße mit scharfen Krallen. Sie sind kraftvolle, geschickte Jäger. Beutetiere wie Käfer, Heuschrecken, Hymenopteren (Bienen, Hummeln, Wespen, Hornissen), Mäuse u.a. werden nicht selten auf Dornen aufgespießt, wobei stachelbewehrte Insekten vor dem Verzehr entstachelt werden (GWINNER 1961). Das Aufspießen ist eine angeborene Verhaltensweise; nicht nur Jungvögel, sondern auch alte Würger spießen manchmal Dinge auf, die nicht essbar sind, z. B. Blättchen, Blüten, Radiergummi, Wollfaden u.a. (LORENZ 1968). Der Neuntöter ist der kleinste einheimische Würger, etwas größer als der Buchfink. Er ist ein Vogel der offenen Landschaft mit dornigen Büschen und Hecken. Wie der Pirol ist er nur etwa drei Monate bei uns. Ab Anfang Mai ist sein leiser, etwas rauher Gesang zu hören, in den regelmäßig zahlreiche Nachahmungen fremder Vogelstimmen eingeflochten werden. Zuerst hören wir aber meistens sein hartes «räääw». So auf ihn aufmerksam geworden, haben wir meistens Glück, den gerne frei und aufrecht sitzenden Neuntöter zu sehen. Er ist an seinem grauen Kopf mit der schwarzen Augenmaske gut zu erkennen. Wegen seines rotbraunen Rückens wird der Neuntöter in älteren Büchern auch als Rotrückiger Würger bezeichnet.

Unter dem Namen Pfingstvogel oder Vogel Bülow oder auch Goldamsel ist der schmucke **Pirol** (*Oriolus oriolus*) weithin bekannt. Das Gleiche gilt auch für den flötenden Gesang. Die über 60 volkstümlichen Namen zeigen uns, wie vertraut und verbreitet der drosselgroße Pirol einmal war. Leider ist dieser schlanke gelbe Vogel mit seinen schwarzen Flügeln seltener geworden. In Auwäldern wie auch in hochstämmigen lichten Laubwäldern können wir sein vertrautes «düdelüoh» oder «didlilüoh» hören, das manchmal auch variiert wird. Anfang Mai kommt der Pirol in der Regel zu uns; er bevorzugt klimabegünstigte Gebiete. Bei gutem Wetter beginnen die Männchen sofort mit intensivem Gesang ihre meist recht großen Reviere abzugrenzen. Hauptgesangszeit ist unmittelbar nach der Reviereinnahme in der ersten Maihälfte; der Gesang ist vereinzelt auch noch im Juni zu hören. Der Zeitpunkt der größten Gesangsaktivität ist in der Regel der taufrühe Morgen.

Die Stimme des Pirols ist gut nachzuahmen, und der Vogel lässt sich so leicht anlocken. Er antwortet meistens sehr rasch und sucht im Kronenbereich der Bäume nach einem anderen Männchen, um den vermuteten Eindringling zu vertreiben. Bei wiederholtem Anlocken ist der Gesang dann oft in größerer Nähe zu hören, und nicht selten werden dabei in der Erregung – ähnlich wie beim Kuckuck – die Gesangsstrophen verkürzt und etwas stolpernd aneinander gereiht. Wir haben jetzt die beste Gelegenheit, den scheuen Vogel, der sich trotz seiner auffälligen Färbung erstaunlich geschickt im hohen Laubdach zu verbergen weiß, auch einmal fliegend zu sehen. Pirole haben einen spechtartigen, wellenförmigen Flug. Aber auch dann, wenn er sich dem vermeintlichen Reviernachbarn nähert, bleibt er in Deckung der Baumwipfel. Bei meinen Paddelfahrten auf der Donau locke ich ihn gern von einem Ufer zum anderen. Es ist ein

Abb. 84: Pirol, ♂ (vorn) und ♀

wunderbarer Anblick, diesen Vogel im Sonnenlicht fliegen zu sehen. Wenn man sich gut versteckt, ertönt bald nach den klangvollen Flötenstrophen ein ärgerliches, rauhes häherartiges «chrääh» oder «räi»; dieser Warnruf verrät deutlich die Verwandtschaft des Pirols zu den Rabenvögeln. Bei Revierauseinandersetzungen können sich diese Erregungslaute regelrecht überschlagen; auch ist in solchen Situationen (im Flug) ein schnelles «jik-jik-jik...» oder ein turmfalkenähnliches «gigigigig» zu hören. Aber man kann sicher sein: Spätestens wenn wir den Vogel im Geäst erspähen, hat auch er uns entdeckt. Und sein Schweigen auf unsere weiteren Anlockungsversuche zeigt, dass er uns durchschaut hat; Pirole singen ja auch nicht am Boden! Das in der Literatur beschriebene Singen in Gruppen von mehreren (bis zu 20) Pirolen habe ich leider nicht beobachten können.

Weibchen und junge Männchen sind schlichter gefärbt als die adulten, leuchtend gelben Männchen, die ihr Prachtkleid erst im dritten Lebensjahr erhalten und danach auch erst brüten. Das Gefieder beider Geschlechter wird mit jeder Jahresvollmauser leuchtender, sodass ältere Weibchen manchmal sogar mit Männchen verwechselt werden können; allerdings bleibt der reinschwarze Augenzügel ein rein männliches Attribut. In eine Astgabel, verborgen im Laubdach, wird das kunstvolle napfartige Nest gehängt, das mutig gegen Nesträuber verteidigt wird; auch Rabenvögel werden heftig attackiert. Junge unausgefärbte Männchen helfen manchmal bei der Fütterung der Nestlinge (⇨ S. 170). Pirole sind schnelle geschickte Flieger. Oft jagen sie im Rüttelflug. Sie ernähren sich hauptsächlich von Großinsekten und ihren Larven. Bemerkenswert ist, dass sie außerordentlich gern baden, sei es in Wasserlachen oder indem sie sich mit elegantem Schwung kurz auf das Wasser fallen lassen bzw. im Gleitflug Brust- und Bauchgefieder durchs Wasser ziehen. Eine weitere «wahrscheinlich regelmäßig genutzte Möglichkeit nasser Gefiederpflege besteht im Regenbaden in hängender, fledermausartiger Stellung. Hierbei kippen flugfähige Pirole rücklings ab und lassen sich am Ast hängend mit leicht oder ganz geöffneten Flügeln und Dreh- bzw. Streckbewegungen beregnen oder sogar durchtränken» (Glutz 13/II). Natürlich mag dieser wärmeliebende Vogel auch ausgedehnte Sonnenbäder.

Bereits Ende Juli / Anfang August verlassen uns die Pirole wieder, um in südöstlicher Richtung nach Afrika aufzubrechen. Das Verbreitungsgebiet unseres Pirols reicht in mehreren Unterarten bis weit nach Russland und Nordindien. Wenn wir diesen exotischen Gast sehen und erleben, vermuten wir zu Recht, dass er eher ein südländischer Vogel ist. Und es gibt in der Tat über 20 tropische Pirolarten. Ich kenne zwei Arten aus Kenia/Ostafrika und Ghana/Westafrika, mehrere Arten aber aus Sulawesi, Borneo und den Molukken (Indonesien), wo sich zahlreiche Arten ausgebildet haben. Vermutlich ist Südostasien auch die Urheimat der Pirole.

Abb. 85: Girlitz am Nest

Einer unserer kleinsten Finken ist der blaumeisengroße **Girlitz** (*Serinus serinus*), nah verwandt mit dem auf den Kanarischen Inseln endemisch vorkommenden Kanarengirlitz (*Serinus canaria*). Die Brust und der verhältnismäßig große Kopf sind leuchtend gelb. Im Vergleich zu dem nur wenig größeren Erlenzeisig hat der Girlitz einen gelben Bürzel und einen viel kleineren Schnabel. Seit dem 19. Jahrhundert hat sich der Girlitz von Süden her in mehreren Schüben Mitteleuropa erobert, sodass er stellenweise stark verbreitet war. In den 80er Jahren des letzten Jahrhunderts gingen die Bestände allerdings wieder massiv zurück. Der Girlitz liebt die offene Kulturlandschaft, Siedlungen, Parks, Alleen, Gärten und Friedhöfe mit einzeln stehenden Nadelbäumen. Der oft lang andauernde Gesang ist eine schnelle Folge von schwätzenden, schwirrenden und kratzenden Tönen und wird häufig in gaukelndem Singflug vorgetragen. Dieses eigenartige klirrende Gezwitscher erinnert etwas an einen ungeölten quietschenden Kinderwagen. Manchmal werden auch kurze und hohe, aber klangvolle Triller eingeschoben. Seinen Namen hat der Girlitz von dem häufig zu hörenden Flugruf «girlitt» oder «trililit».

Ein ebenfalls kleiner und sehr munterer Finkenvogel ist der weit verbreitete **Stieglitz** oder Distelfink (*Carduelis carduelis*). Seine weichen Rufe «stiglitt» oder «tigelitt...» sind typisch und einprägsam und meistens ab Mitte April zu hören. Der zwitschernde, angenehm klingelnde Gesang ist größtenteils ein Aneinanderreihen der Rufe, untermischt mit grünfinkenartigem Knätschen, das häufig auch am Schluss zu hören ist. Der Stieglitz zeichnet sich durch eine ausdrucksvolle Kopffärbung aus. Seine rot-weiß-schwarze Gesichtsmaske ist einzigartig. Auch im Flug ist er gut am breiten gelben Feld auf den schwarzen Flügeln zu erkennen. In lichten Laubwäldern, kleineren Baumgruppen, Obstgärten, Parks und auf Friedhöfen und vor allem in ländlicher Umgebung ist der Stieglitz anzutreffen. Diese anmutigen Vögel sind außerhalb der Brutzeit sehr gesellig und auf verwilderten Flächen mit hoher Staudenflur häufig anzutreffen; als Nahrung sind Distelsamen sehr beliebt.

Der stieglitzgroße **Hänfling** oder Bluthänfling (*Linaria cannabina*) bewohnt gerne Waldränder, Weingärten, Parks, Baumschulen und Gärten und fühlt sich in der offenen Kulturland-

Abb. 86: Stieglitz

schaft mit Hecken besonders wohl. Allerdings hat auch ihn die intensive Landwirtschaft aus manchen Gebieten vertrieben. Wesentlich sind, wie beim Stieglitz, offene Ödlandflächen mit reicher samentragender Krautschicht. Hänflinge sind sehr gesellig und brüten teilweise in lockeren Gruppen. Der angenehme Gesang ist abwechslungsreich mit flötenden Motiven, Trillern und gackernden Lauten. Zur Brutzeit finden wir die singenden Männchen häufig exponiert auf einer Buschspitze sitzen, wo sie stolz ihre hübsche rote Brust zeigen. Da die Männchen nach der Mauser im Spätsommer alle eine schlicht braune Brust haben und im Winter nicht noch einmal ihr Gefieder wechseln, wird oft gefragt: Und wie erhalten die Hänflinge dann Ende März ihre roten Brustfedern? Die weisheitsvolle Natur beschreitet hier einen ebenso genialen wie ökonomischen Weg. Das kräftige Rot kommt durch

Scheuern und Abreiben der Brustfedern in der Winterzeit zutage, sodass die Männchen «gegen die Brutzeit hin ein Prachtkleid durch Schäbigwerden ihres Anzugs anlegen» (HEINROTH 1955).

In meiner Jugendzeit war die **Grauammer** (*Emberiza calandra*) ein weit verbreiteter und recht häufiger Singvogel. In der offenen Wiesenlandschaft war ab Anfang April stets der an einen klirrenden Schlüsselbund erinnernde Gesang zu vernehmen. Der pieperartig gestreifte Vogel benutzt gern eine Singwarte, um sein «tsick-tsick-tsick-tsick-tschrrrps» vorzutragen, das er gelegentlich auch im Singflug erklingen lässt. Die Grauammer hatte ein ähnliches Schicksal wie das Braunkehlchen zu erleiden. Aufgrund der intensiven Landwirtschaft mit stärkerer Düngung und dadurch früherer Mahd und dem Verschwinden von Brachflächen wurden diesem fleißigen Sänger zunehmend die Lebensräume zerstört und die Nahrungsquellen entzogen. Um 1955 betrug der Grauammer-Bestand Schleswig-Holsteins 3000 bis 4000 Paare, 1987 gab es nur noch 40 Paare (BUSCHE 1989). Die Bestandseinbrüche der letzten Jahrzehnte waren so katastrophal, dass die Grauammer in vielen Gebieten völlig verschwunden ist.

Auch der stärker in Süd- und Osteuropa verbreitete **Ortolan** (*Emberiza hortulana*) gehört, wie der Gattungsname zeigt, zu den Ammern. Er hatte als Steppen- und Graslandvogel seit der zweiten Hälfte des 20. Jahrhunderts ebenfalls massiv unter der Intensivierung der Landwirtschaft, den Monokulturen und dem starken Biozideinsatz zu leiden. Die Bestände wurden stellenweise massiv gelichtet. – Der Ortolan hat eine weit hörbare, wohlklingende Stimme. Der zweiteilige, variationsreiche Gesang, der uns anfangs an das Lied der Goldammer erinnert und dann etwas wehmütig abgleitet, wird auch

Abb. 87: Hänfling ♂

Abb. 88: Grauammer

Abb. 89: Ortolan ♂

im Singflug vorgetragen. Die Dialektausbildung ist bei dieser Art ausgeprägt. Früher war der Ortolan unter dem Namen Gartenammer bekannt.

Bei fast allen Ammern ist der Kopfbereich kontrastreich gezeichnet. So fallen die gelbe Kehle und der gelbe Bartstreif am graugrünen Kopf des Ortolans besonders auf.

*****

Zum Schluss noch eine Erinnerung an einen liebenswerten Vogel: Da ich auf meinen Reisen durch die nordafrikanischen Länder fast ausnahmslos in einfachen Oasen-Herbergen oder bei befreundeten Familien übernachtete, so wurde ich im Frühjahr regelmäßig am frühen Morgen von der zwitschernden Strophe der **Hausammer** (*Fringillaria striolata*) geweckt. Dieser rotbraune Vogel mit dem grauen Kopf ist verbreitet wie ein Sperling und zutraulich wie ein Rotkehlchen. Jeder Einheimische kennt ihn, und ich habe niemals beobachtet, dass er verjagt wurde. Er gehört zum häuslichen Leben dazu, und zwar in ganz Nordafrika bis weit in die Oasen der Sahara.

*****

Abgesehen von einigen Raritäten vermitteln die bisher vorgestellten Arten einen Überblick über die häufigsten Vögel, die wir in Deutschland beobachten können. Eine gründliche und sichere Bestimmung ist zwar notwendig, um Gesänge miteinander vergleichen zu können. Jedoch auch unabhängig von einer genaueren Kenntnis der einheimischen Vögel und ihrer Stimmen können die weiteren Betrachtungen dazu anregen, sich intensiver mit der Vogelwelt zu beschäftigen. Die Kapitel «Über die Lautäußerungen der Singvögel» und «Gesang und Revier» zeigen die vielfältigen Gesangsformen und den unterschiedlichen Einsatz der Stimme. Und vor allem in den «Betrachtungen zum Klangrevier» soll dargestellt werden, wie stark die musikalische Begabung der Singvögel mit dem Revierverhalten in Wechselbeziehung steht.

Ich möchte dieses Kapitel mit einem Wort des schwedischen Ornithologen LARS JONSSON, Verfasser eines vorzüglichen und mit künstlerischen Bildern ausgestatteten Bestimmungsbuches, beschließen: «Wer sich wirklich für die Vögel interessiert, wird in ihnen nicht nur Objekte wissenschaftlicher Forschung oder die Leidenschaft, seine eigene Liste schon gesehener Arten ständig zu verlängern, sehen, sondern auch immer wieder ihren ästhetischen Reiz empfinden» (JONSSON 1992).

Die Beziehung des Vogelwesens zum Licht

> *Wär' nicht das Auge sonnenhaft,*
> *Die Sonne könnt' es nie erblicken;*
> *Läg' nicht in uns des Gottes eigne Kraft,*
> *Wie könnt' uns Göttliches entzücken?*
> Johann Wolfgang von Goethe (Zahme Xenien III)

Im Leben der Singvögel ist das Licht von großer Bedeutung. Für jeden von uns ist unmittelbar erlebbar, welch entscheidenden Einfluss das Licht auf den morgendlichen Gesangsbeginn hat. Einige Singvögel, besonders Drosseln und Rotkehlchen, lassen sich sogar durch helle Lampen in den Städten zu früherem Singen verleiten, sodass wir sie häufig schon zwei Stunden vor Sonnenaufgang hören können. Auch der Gesangsbeginn am Anfang des Jahres hängt unmittelbar mit der zunehmenden täglichen Lichtdauer zusammen.

Über das Auge des Vogels wirkt das Licht auf die hormonellen Prozesse im Zwischenhirn. Dort werden Neurohormone gebildet, die unter anderem die Hypophyse beeinflussen. Von ihr gehen beim Vogelmännchen Wirkungen auf die Keimdrüsen aus, deren Hormone wiederum über den Blutstrom die Gesangsnerven im Gehirn anregen, sodass der Vogel zu singen beginnt. Damit ist aber nicht befriedigend geklärt, warum der Vogel singt. Nehmen wir diesen Zusammenhang zuerst einmal als Phänomen der engen Verbindung des Vogels zum Lichtelement und zum anderen als die neuro-physiologische Grundlage, die für das Gesangsleben und seine starke innere Rhythmik notwendig ist. Auch bei nicht singenden Weibchen ist übrigens die funktionelle Möglichkeit des Gesanges vorhanden.

Auf die enge Beziehung der Vögel zum Licht und das besondere Verhältnis der Zugvögel zum Sonnenstand haben Friedrich Kipp (1949b) und Adolf Portmann (1966) aufmerksam gemacht. Wir erinnern uns, dass das Licht den Tagesrhythmus und die Gesangsaktivität der Singvögel bestimmt: In einem etwa gleichen Abstand zur Tagesmitte beginnen und enden die Gesänge. Die ersten Sänger am Morgen sind abends die letzten, während die Spätaufsteher früh schlafen gehen. In ähnlicher Weise hängt auch der Vogelzug eng mit dem Licht und mit dem Stand der Sonne zusammen: Sehr früh im Jahr eintreffende Vögel wie zum Beispiel Feldlerche, Singdrossel und Zilpzalp, ziehen auch sehr spät ab. Dagegen verlassen uns Vögel, die erst Anfang Mai kommen, wie Pirol, Gelbspötter oder Sumpfrohrsänger, schon Ende Juli / Anfang August. Die Zugvögel, besonders die Langstreckenzieher, kommen und ziehen bei einer ganz bestimmten Sonnenstellung. Johanni steht im Zentrum des Vogeljahres. Die Verweildauer ist bei uns vor Johanni etwa so lange wie danach. Abweichungen hängen meist damit zusammen, dass einige Arten nicht bei uns mausern (Kipp 1943). Die Zugbereitschaft hat, ähnlich wie die Gesangsaktivität, auch ihre physiologische Grundlage im Hormonhaushalt des Vogels: «Die Steigerung der Lichtmenge wirkt über das Zwischenhirn (Hypothalamus) auf die Hirnanhangdrüse (Hypophyse) ein, und der Hirnanhang regt andere Hormondrüsen, zum Beispiel die Schilddrüse, an. Fast immer ist mit dem Beginn der Zugbereitschaft, also nach Beendigung der Mauser, eine Umkehr des Stoffwechsels verbunden, die in wenigen Tagen zum Aufbau eines beachtlichen Fettpolsters führt» (Grzimek VII).

Mit welchem Organ nimmt nun der Vogel bereits in der Dunkelheit der Nacht das heraufkommende Licht wahr? Es wird heute angenommen, dass die Zirbeldrüse (Epiphyse) dem Vogel in verfeinerter Form Lichtwahrnehmungen ermöglicht. Diese auch Pinealorgan genannte kleine Hormondrüse liegt, als Anhangsdrüse des Zwischenhirns, zwischen Großhirn und Kleinhirn. Die Zirbeldrüse ist in den letzten Jahren in Zusammenhang mit dem Vogelzug und der Zugunruhe stärker in das Interesse der Physiologen gerückt. Dieses «dritte Auge» ist ein lichtempfindliches Sinnesorgan, welches «maßgeblich an der Steuerung der Tagesperiodik von Vögeln beteiligt ist und deren Hormon, das Melatonin, möglicherweise eine Rolle bei der Ausbildung von Zugaktivität spielt» (Berthold 2000). Die Produktion von Melatonin unterliegt einem ausgeprägten Tagesgang. Nachts (ohne Licht) beginnt die Sekretion anzusteigen und fällt tagsüber unter dem Einfluss von Licht wieder ab (Bezzel/Prinzinger 1990). Es konnte nachgewiesen werden, dass «innere, annähernd jahresperiodische Rhythmen entscheidend das Wann und Wie der Wanderung» bestimmen (Gwinner 1986). Auch ihren eigenen Dämmerungswert tragen die einzelnen Vogelarten gewissermaßen wie eine *innere Uhr* in sich. Die Zirbeldrüse scheint bei den Vögeln der «Sitz der inneren Periodik» zu sein.

Der tägliche Gesangsrhythmus und das Zuggeschehen im Jahreslauf zeigen uns das innige Verhältnis der Vögel zum Licht. Das gilt im Besonderen für die Fernzieher. Nordeuropäische Küstenseeschwalben ziehen alljährlich in die antarktischen Gewässer und zurück, das sind mehr als 30.000 Kilometer. Es sind nicht nur diese Rekordleistungen; zum Lebensrhythmus dieser Seeschwalbe gehört auch, dass sie von einem Polarsommer zum anderen fliegt. Sie dürfte damit wohl die Vogelart sein, die am intensivsten mit dem Licht verbunden ist: sechs bis acht Monate im Jahr genießt sie täglich 24 Stunden Licht.

Vögel sind ausgeprägte Augentiere und besitzen außerordentlich leistungsfähige Sehorgane. Der Sehsinn hat eine überragende Bedeutung, und die Sehleistung der Vögel scheint der anderer Lebewesen weit überlegen zu sein. Der Vogel hat ein verhältnismäßig großes Auge. Der Strauß hat beispielsweise mit 5 cm Durchmesser das größte Sehorgan aller Landwirbeltiere. Geier können noch aus 1000 m Flughöhe Objekte von ca. 7 cm Größe erkennen. Das «genauere Studium der Sehfunktion zeigt aber darüber hinaus, dass der Vogel offenbar sehr viel rascher wahrnimmt als wir. In einem einzigen Augenblick registriert er die Mannigfaltigkeit eines Sehfeldes so scharf, wie wir es nur nach wiederholten und daher zeitraubenden Suchbewegungen der Augen vermögen» (Portmann 1966). Außerdem können diese Lichtwesen direkt in die Sonne schauen.

Das luftige Element und das Vogelgefieder

Gefiedert und eroberndes Wesen, hat der Vogel seine Kraftlinien versammelt,
getragen vom Rhythmus des Alls, nah der Substanz des Ursprungs ...
Saint-John Perse (1978)

Luft ist das eigentliche Element der Vögel. Denken wir nur an die zahllosen Vögel, die Jahr für Jahr die weiten Strecken von ihrem Brutgebiet ins Winterquartier zurücklegen. Die Vögel haben sich den Luftraum erobert. Wie hat aber nun die Natur die Vögel zu diesen teils außerordentlichen Flug- und Zugleistungen befähigt?

Wenn wir den Vogel eingehender betrachten, wird uns deutlich, wie stark der Grundplan seines Körperbaues auf das Fliegen, auf die Überwindung der Schwere, eingerichtet ist. So zeigen die Vögel eine erstaunliche Einheitlichkeit in ihrem Bauplan; fast alle haben einen aerodynamischen Körperbau. Das Vogelskelett ist gleichermaßen stabil und leicht. Es beträgt oft nur zehn Prozent des Körpergewichts. Zu den schwersten flugfähigen Vögeln gehören Höckerschwan und die männliche Großtrappe mit 12 bis 18 kg Gewicht. Unsere Goldhähnchen bringen ca. fünf Gramm auf die Waage, und die Bienenelfe, ein hummelgroßer Kolibri auf Kuba, wiegt als wohl kleinster Vogel der Welt knapp zwei Gramm (SCHUCHMANN 1999). Alles ist darauf eingerichtet, den Vogelkörper möglichst leichtgewichtig zu halten. Auch die schnelle Verdauung ist hier sehr förderlich.

Die Vogelwelt hat nicht nur den äußeren Luftraum ergriffen, sondern auch in besonderer Weise das Luftelement in sich hineingenommen. Bei fast allen flugfähigen Arten sind die Knochen mehr oder weniger lufthaltig. Das **Atmungssystem** und die damit zusammenhängenden Organe sind Zentrum des Vogellebens. Von der Lunge schieben sich mehrere Luftsäcke in den Körper und dazu noch bis in die langen Röhrenknochen hinein. Fliegen ist eine sehr energieaufwendige Fortbewegungsart, sodass der Vogel einen großen Sauerstoffbedarf hat. Die Luftsäcke dienen nicht nur der Verminderung des spezifischen Gewichtes, sondern sie sind vor allem Teil des leistungsfähigen Atmungssystems: «Beim Einatmen gelangt die Luft zunächst in die relativ kleine Vogellunge. Von dort strömt sie durch einige kleine Röhren weiter in die hinteren Luftsäcke. Wenn der Vogel ausatmet, fließt die Luft aus diesen Säcken durch weitere Röhren zurück in einen anderen Teil der Lunge. Mit dem nächsten Atemzug wird die gleiche Luft aus diesem Teil der Lunge heraus- und in die vorderen Luftsäcke hineingepumpt. Das darauf folgende Ausatmen befördert sie dann durch die Nasenlöcher wieder in die Atmosphäre. Der Luftstrom verläuft also durch alle Teile des Atmungsapparates eines Vogels immer in einer Richtung, und der in der Luft eines Atemzuges enthaltene Sauerstoff wird fast vollständig aufgenommen» (ATTENBOROUGH 1999). Vögel atmen sehr schnell. Im Ruhezustand macht zum Beispiel eine Taube 29 Atemzüge je Minute, ein Kolibri schon etwa 250. Bei starker

Aktivität steigt die Zahl der Atemzüge bei der Taube auf 450. Wenn aber ein Kolibri je Sekunde fünfzig Flügelschläge macht, atmet er etwa dreitausendmal in der Minute (GRZIMEK VII). Im Gegensatz zu den Säugetieren wird die Lunge der Vögel ganz durchströmt, wodurch die Atmung der Vögel wesentlich effizienter ist. Die Vögel scheinen dadurch auch recht unempfindlich gegen den Luftdruck in großen Höhen zu sein. Dieses hochwirksame Atmungssystem bildet zusammen mit einem verhältnismäßig großen Herzen die Grundlage für eine vorzügliche Sauerstoffversorgung der mächtigen Flugmuskeln, die an dem meist gut ausgebildeten Brustbein ansetzen.

Vögel sind perfekte **Flugkünstler**. Einige Vögel verfügen über ein hochspezialisiertes Flugvermögen, wie beispielsweise Wanderfalken, Mauersegler, Basstölpel, Seeschwalben, Fregattvögel, Sturmvögel und Albatrosse. Mauersegler «haben die Loslösung von der Erde wohl am weitesten unter allen Vögeln getrieben: sie paaren sich im Flug und, erstaunlichstes von allem, übernachten sogar in der Luft, in Hochsommernächten, getragen von aufsteigenden warmen Luftmassen» (SUCHANTKE 1983). Grundsätzlich ist aber zu sagen, dass alle Zugvögel, die ihre Winterquartiere südlich der Sahara haben, über ein sehr gut entwickeltes Flugvermögen verfügen. Diese Transsaharazieher haben im Vergleich zu verwandten Standvögeln und Teilziehern stärker zugespitzte Flügel, die sie zu diesen Flugleistungen befähigen (KIPP 1958/59). Dazu gehören nicht nur viele unserer Singvögel, sondern beispielsweise auch Enten, die ausgezeichnete und schnelle Flieger sind. Aber auch die Flugmanöver in Wald und Gesträuch erfordern von zahlreichen Kleinvögeln große Geschicklichkeit. Hühnervögel haben sich mehr der Erde zugewandt, während Taucher, Möwen, Seeschwalben und Entenvögel stärker mit dem wässrigen Element verbunden sind. Dagegen gibt es nur sehr wenige völlig flugunfähige Vögel, wie Strauße, Kiwis oder Pinguine. Bei diesen Arten haben sich im Laufe der Evolution die Flügel zurückgebildet oder wie bei den Pinguinen zu «Schwimmflügeln» umgewandelt.

Das Fliegen ist eine der kennzeichnenden Fähigkeiten der Vögel; es ist ihnen angeboren. Wenn wir flügelschlagende Jungvögel im Nest beobachten, so könnten wir annehmen, dass sie das Fliegen üben. Versuche mit jungen Tauben haben aber gezeigt, dass dem nicht so ist. Man hat einigen Jungvögeln im Nest mit einer Pappmanschette die Flügel zusammen gehalten, den anderen nicht. Letztere hatten also während der Wachstumsphase, im Gegensatz zu ihren bedauernswerten Geschwistern, die Möglichkeit, kräftig mit den Flügeln zu schlagen. Als die ersten jungen Tauben ausflogen, löste man den anderen die Flügelfesseln und – sie flogen auch gleich ab, weil ihre Flügel ausgewachsen waren. Das Flügelschlagen, das wir regelmäßig im Horst der Greifvögel oder Störche beobachten können, dient der Kräftigung der Flugmuskulatur. Das Fliegen an sich wird nicht erlernt, sondern es wird geprobt, ob die Fluginstrumente schon zum Fliegen taugen. Allerdings bedarf es einiger Übung, um die Geschicklichkeit beim Landen oder Jagen zu steigern. Das Fliegen an sich aber ist angeboren.

Die **Flügelform** erfüllt in idealer Weise die Voraussetzungen für den Flug. Alle Vogelflügel sind oben stärker gewölbt als unten. Dadurch muss die Luft auf der Oberseite des Flügels in derselben Zeit eine größere Strecke zurücklegen als auf der Flügelunterseite. Auf der hochgewölbten Oberseite des Flügels muss also die Luft schneller vorbei streichen als unter dem Flügel. Diese am Oberflügel wirksame, die Luft beschleuni-

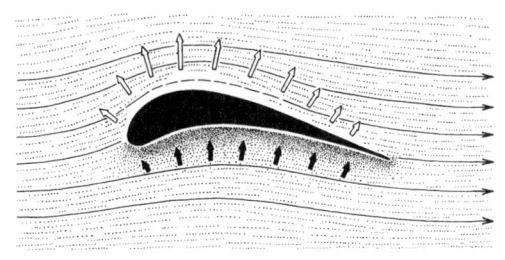

Abb. 90: Eine der wichtigsten Eigenschaften des Vogelflügels ist die Wölbung der Oberseite. Wie unser Schema zeigt, wird durch ein solches Flügelprofil im Luftstrom auf zweierlei Weise Auftrieb erzeugt. Über die gewölbte Flügeloberseite hinweg müssen die Luftteilchen einen längeren Weg zurücklegen und deshalb schneller strömen als der Unterseite entlang. Nach den physikalischen Strömungsgesetzen lässt die schnellere Bewegung oben Unterdruck entstehen, während die langsamere Bewegung unten zu Überdruck führt. Beide Kräfte, der Sog an der Oberseite (weiße Pfeile) und der Druck von unten (schwarze Pfeile), wirken in gleicher Richtung und ergeben den Auftrieb, die hebende Luftkraft. (PORTMANN 1984)

gende Kraft entspricht einem Unterdruck oder Sog, der den Flügel emporhebt.

Spitze und gestreckte Flügel haben einen relativ geringen Luftwiderstand, das heißt, je länger und schmaler ein Flügel ist, wie z. B. beim Albatros, desto günstiger ist es. Das gilt zumindest, solange wir den Blick nur auf die Flugvorteile solcher Spezialisten richten. Diese extreme Flügelform war Vorbild für das Segelflugzeug. Albatrosse segeln aber nicht nur. Im Bereich des Lebendigen bedeutet Spezialisierung auch Verlust des Universellen. Der erwachsene Albatros brütet etwa alle zwei Jahre und ist mit der Fütterung des Jungvogels jeweils mehr als zehn Monate beschäftigt. Er muss während dieser Zeit häufig seine hinreißenden Segelkünste unterbrechen. Und spätestens dann zeigen uns die nicht selten bauchlandenden Tiere deutlich, dass ein so hochspezialisierter Flügelbau nicht für alle Lebensfunktionen geschickt ist.

Bei vier Aufenthalten in den spanischen Pyrenäen und in der Extremadura erhielt ich beim Beobachten der Greifvögel besten Anschauungsunterricht: Der Wanderfalke, stark und kraftvoll, extrem zugespitzte Flügel, mit über 280 km/h der schnellste Vogel überhaupt: im Jagdflug wie im Sturzflug das Urbild des energiegeladenen Jägers. Dagegen etwa 50 mächtige Gänsegeier, zwei große Mönchsgeier und mehrere kleinere Schmutzgeier, die sich jeden Morgen auf ihren riesigen brettartigen Flügeln in großer Höhe über das Land verteilten, auf der gemeinsamen Suche nach einem verendeten Tier stundenlang ohne einen Flügelschlag segelnd, unfähig selbst zu jagen. Ja, bei stürmischem Wind hatten sie bereits Schwierigkeiten an ihren Horsten sicher zu landen. Eine Mittelstellung nahmen unterschiedlich große Greife wie Kaiser- und Schlangenadler oder Zwergadler und Mäusebussard ein, die ich gleichermaßen segelnd und jagend erleben konnte. Wanderfalken nutzen zwar geschickt den Aufwind, segeln aber seltener, während Geiern die Kraft für den längeren Ruderflug und die Geschicklichkeit zur Jagd fehlen. Die schmalflügligen Bartgeier haben sich noch einen Rest des eigenständigen Jagens erhalten. Durch ihren Sturzflug erschrecken sie manchmal Tiere, damit diese in den Abgrund stürzen.

Jeder von uns hat Gelegenheit, ähnliche Phänomene zu beobachten. Schauen Sie sich einmal die verkümmerten Füßchen der rasant fliegenden Mauersegler an, dieser faszinierenden Himmelsstürmer; sie haben sich einseitig dem Luftelement zugewandt. Verwandte Erscheinungen, wenn auch weniger extrem, können wir bei Milanen und Bussarden beobachten, wenn sie von den viel kleineren, aber fluggewandten Wacholderdrosseln im Flug attackiert werden. Bei aller Faszination für die Leistungen der Spezialisten ist es anregend, sich auch mit dem «Preis» zu beschäftigen, den die Tiere als Ausgleich für diese Einseitigkeiten zu bringen haben.

Erdzeitalterlang vor den Vögeln gab es unter den Insekten ausgezeichnete Flieger, die bis heute in erstaunlich hoher Artenzahl überlebt und sich weiter entwickelt haben. Aus dem Reich der Reptilien gingen gewaltige Flugsaurier hervor. Als fliegende Säugetiere kennen wir Fledermäuse und Flughunde. Doch das wesentliche Merkmal der Vögel sind die Federn. Das Federkleid kennzeichnet den Vogel heute als einzigartiges Wesen. Das Gefieder vereinigt in sich die Vorzüge von Leichtigkeit, Widerstandsfähigkeit und Geschmeidigkeit. Das betrifft vor allem die Schwungfedern der Flügel wie auch die Schwanzfedern, mit denen der Vogel steuert. Je schneller ein Vogel fliegt, desto härter sind die Flügel, wie bei Wanderfalken und Mauerseglern. Federn können aber auch kraftvoll und doch ganz weich sein. Betasten Sie einmal die Federn eines Waldkauzes oder einer Schleiereule, die ihren Trägern einen so lautlosen Flug durch die Nacht ermöglichen.

Die **Vogelfeder** ist leicht, biegsam und wasserabstoßend. Dieses Meisterwerk der Natur ist außerordentlich belastbar und überhaupt «das komplizierteste Hautgebilde, das im ganzen Tierreich zu finden ist» (SUCHANTKE 1982). Von der Hauptachse, dem Federschaft, gehen seitlich Federäste ab, von denen wiederum zu beiden Seiten feine Federstrahlen abzweigen. Jeweils eine Reihe dieser Strahlen trägt winzige Häkchen, die sich mit Bogenstrukturen der Nachbarstrahlen zu einer stabilen und elastischen Fläche, der Federfahne verbinden. Der untere, im Körper verhaftete Teil des Federschaftes ist die Spule. Sie ist nahezu hohl, nur von Resten der Wachstumszeit, der «Federseele», ausgefüllt (BEZZEL 1990). Der Federschaft teilt die Feder nicht immer in gleiche Hälften, wie es oft bei Schwanz- oder Deckfedern zu beobachten ist. Die Außenfahne einer äußeren Handschwinge ist beispielsweise sehr viel schmaler als die Innenfahne. Anhand unterschiedlicher Formen und Muster lässt sich der Platz auch einer einzelnen Feder im Großgefieder bestimmen. Und nach allem, was wir heute über den im Fränkischen Jura bei Solnhofen/Altmühltal gefundenen Urvogel (*Archaeopteryx lithographica*) wissen, hatte auch dieser frühe Vorfahr bereits «moderne» asymmetrisch geformte Federn mit Haken- und Bogenstrahlen. Nach ATTENBOROUGH (1999) ist der Bau der Federn so komplex, dass der Urvogel das Produkt einer Evolution über viele tausend Generationen hinweg gewesen sein muss. Die unglaubliche Feinstruktur einer Feder zeigt sich auch in nüchternen Zahlen: eine einzige Feder kann mehrere hunderttausend Strahlen enthalten.

Es liegt nahe, dass der Vogel große Sorgfalt darauf verwendet, dieses wundervolle Instrument täglich intensiv zu reinigen und zu ordnen, kann doch von dessen Funktionstüchtigkeit sein Leben abhängen. Deshalb können wir Vögel so häufig bei der **Gefiederpflege** beobachten. Sie verwenden viel Zeit darauf, diese hoch entwickelten Gebilde zu pflegen. Dabei sind es nicht wenige Federn, die es zu putzen gilt: bei Kleinvögeln etwa 1800 bis 3600, wobei die «Standvögel» im Winter meistens beträchtlich mehr Federn besitzen als im Sommer. Ein Haussperling hat dann ca. 3600 Federn, das entspricht einem Gewicht von 1,9 Gramm (SCHIFFERLI 1981); ein Zwergschwan besitzt mehr als 25.000 Federn! Vögel nehmen gerne Wasserbäder und durchnässen sich manchmal dabei völlig. Anschließend wird Feder um Feder durch den Schnabel gezogen. Gleichzeitig werden Federn und Haut nach Schmarotzern abgesucht. Zum Schluss können wir beobachten, wie die meisten Vögel erst den einen, dann den anderen Flügel extrem strecken und sich immer wieder aufplustern und schütteln, wodurch das gesamte Federkleid geordnet wird und sich sämtliche Haken- und Bogenstrahlen wieder verbinden. Steppen- und Wüstenvögel nehmen ausschließlich Sand- oder Staubbäder. Zahlreiche Singvögel nehmen auch gern Sonnenbäder; Amseln sind häufig zu beobachten, wie sie mit ausgebreiteten Flügeln für einige Zeit in der prallen Sonne liegen.

Die meisten Vögel, besonders die Wasservögel, haben über dem Schwanzansatz eine fettabsondernde Drüse, die Bürzeldrüse. Mit diesem fettartigen Wachs wird das Gefieder eingerieben, das dadurch elastisch und wasserabstoßend bleibt. «Eine sonderbare Form der Gefiederbehandlung bei manchen Singvögeln ist das Einemsen. Die Vögel setzen sich dazu entweder mit ausgebreiteten Flügeln auf einen Ameisenhaufen oder nehmen Ameisen in den Schnabel und bestreichen mit diesen ihr Gefieder. In beiden Fällen werden die Federn mit dem Wehrsekret der Ameisen, der Ameisensäure, besprüht, was möglicherweise zur Bekämpfung von Haut- und Federparasiten dient» (PERRINS 1987). Gartengrasmücken scheinen allerdings das Sekret der Ameisen am Gefieder abzuwischen, um die Tiere zu fressen. Ferner beobachten wir häufig, wie sich die Vögel mit dem Fuß am Kopf kratzen oder dass sich die Partner gegenseitig das Kopfgefieder säubern. Doch auf Dauer reicht auch die beste Pflege nicht, denn die Federn nutzen sich ab und müssen erneuert werden. Die Vögel beginnen zu mausern.

Das ist ein weiterer Vorzug der Federn: sie können ersetzt werden. Vom Bluthänfling wissen wir, dass das Brustgefieder des im Herbst nach der **Mauser** noch schlicht gefärbten Männchens zum Frühjahr hin leuchtend rot wird. Die Feder als abgestorbenes Organ lässt sich aber nicht umfärben. Das leuchtende Rot erscheint, weil sich die äußere Hornschicht der Federn abnutzt. Auf die gleiche Weise wird auch das Gefieder von Grünfink, Buchfink, Bergfink, Star oder Goldammer zur Brutzeit farbenfroher und leuchtender und erfährt so durch Abschaben eine vorteilhafte Veränderung. Rotkehlchen besitzen allerdings ganzjährig eine rote Kehle, während das leuchtende Blau der Blaukehlchen im zeitigen Frühjahr ermausert wird. Allgemein verlangt das Gefieder durch den großen Abnutzungsprozess jährlich wenigstens einmal eine Erneuerung. Stellen Sie sich vor, wie oft ein Vogel seine Flügel spreizt und anschließend wieder übereinander legt. Jedes Mal reiben die einzelnen Federn aneinander. Während des Fliegens sind die Flügel stark den Kräften der Luft ausgesetzt. Viele Singvögel legen zweimal im Jahr einen mehr oder weniger großen Zugweg zurück. Dadurch nutzen sich die Federn ständig etwas ab. Besonders während des Brütens werden die Federn sehr beansprucht. Wenn wir die Vögel zum Beispiel nach einer Brutperiode genauer beobachten, können wir häufig feststellen, dass die Federn durch das Scheuern am Nestrand arg strapaziert, stellenweise sogar beschädigt sind. Und deshalb sind die Wochen nach der Brut der geeignetste Zeitraum für die Mauser unserer Singvögel, ganz abgesehen davon, dass zur Zeit der anstrengenden Mauser auch reichlich Nahrung vorhanden sein muss.

Die Mauser verläuft zwar in gewissen Rhythmen, aber bei den Vogelfamilien und Gattungen in unterschiedlicher Form ab. Singvögel mausern so, dass sie jederzeit flugtauglich bleiben. Es werden also immer nur einige Schwung- oder Schwanzfedern abgeworfen und ersetzt. Im Gegensatz dazu verlieren Enten und Gänse alle

Schwungfedern zur gleichen Zeit, wodurch sie zeitweise flugunfähig sind. Die meisten Singvögel wechseln zweimal im Jahr ihr Gefieder, allerdings nur einmal das Großgefieder. Die Vollmauser von Groß- und Kleingefieder dauert je nach Art 40 bis 70 Tage. Die alten Federn werden durch Nachschieben der neuen Federn abgestoßen. Die jungen Federhüllen sind noch stark durchblutet, aber der Lebensprozess wird vollständig zurückgenommen, sobald die Federn ausgewachsen sind.

Für einige Zugvögel, die sich nur wenige Monate in ihrem Brutgebiet aufhalten, wie Pirol, Gelbspötter, Gartengrasmücke oder Sumpfrohrsänger, reicht die Zeit nicht, um noch bei uns ihr Gefieder zu erneuern; sie mausern im Winterquartier. Andere Singvögel, wie Mehl- und Uferschwalbe, beginnen noch im Brutgebiet mit der Mauser und setzen diese, nach einer Mauserpause während des Zuges, im Winterquartier fort. Aber die meisten unserer Singvögel mausern im Brutgebiet oder schließen später in ihren Winterungsgebieten noch eine Kleingefiedermauser an; lediglich vom Fitis ist eine doppelte Mauser des Großgefieders, sowohl im Brut- wie im Ruhegebiet, bekannt. Mauser und Zugunruhe sind durch «endogene Jahresrhythmen» (GWINNER 1969) aufeinander abgestimmt.

Bei den meisten Vögeln werden die Handschwingen von innen nach außen und die Armschwingen von außen nach innen gemausert. Diese geregelte Abfolge verhindert, dass im Flügel zu große Lücken entstehen. Große Vögel mausern in der Regel länger als Kleinvögel. Bei Greifvögeln kann die Erneuerung der großen Schwung- und Schwanzfedern ein ganzes Jahr oder mehr Zeit in Anspruch nehmen. Deshalb sind in den Flügeln der großen Greife fast ganzjährig kleinere Lücken zu entdecken. Die Erneuerung des gesamten Federkleides ist ein anstrengender physiologischer Prozess. Die Vögel haben während dieser Zeit einen gesteigerten Nahrungsbedarf, häufig sogar eine höhere Körpertemperatur. Flaute die Gesangsaktivität bei zahlreichen Singvögeln schon während der Brut deutlich ab, so singen die Vögel während der kräftezehrenden Mauser gar nicht mehr. Mausernde Vögel halten sich versteckt. Ab Mitte Juli wird es in Bezug auf den Vogelgesang deutlich stiller. Erst ab September ist bei einigen Arten wieder «Herbstgesang» zu hören.

Mit jeder Mauser können die Vögel auch die Färbung ihres Federkleides wechseln. **Farben und Farbmuster** spielen in der Darstellung der Vögel eine wesentliche Rolle. Das gesamte Erscheinungsbild des Vogels wird letztlich vom vielfältig ausgestalteten Gefieder bestimmt. Da aber die ausgewachsenen Federn tote Gebilde sind, sind auch die teils farbenprächtigen Muster über längere Zeit festgelegt. Nach dem Jugendkleid erhalten die meisten Singvögel im Herbst ihr Alterskleid. Bei einigen, vor allem tropischen Singvögeln, erhalten die Männchen, wie bei unserem Pirol, ihr Prachtkleid aber erst nach zwei bis vier Jahren. Große Vögel, wie Stein- oder Seeadler, benötigen fünf bis sechs Jahre, bis ihr Gefieder voll ausgefärbt ist. Auch große Möwen benötigen mehrere Jahre. Wir haben also bei der Bestimmung dieser Vögel das Gefieder der Jugendlichen (Juvenilen), der Heranwachsenden (Immaturen) und Erwachsenen (Adulten) zu unterscheiden. In jedem guten Bestimmungsbuch sind die verschiedenen Farbkleider einer Art abgebildet. Dazu wird deutlich zwischen Schlicht- und Prachtkleid unterschieden.

Ein Teil der Federfärbungen kommt durch Farbstoffe (Pigmente) zustande. Wenn wir beispielsweise die Federn einer Amsel genauer untersuchen, so werden wir einen schwarzen Farbstoff finden. Neben schwarzen, braunen und gelben Farbtönen, die auf so genannte Melanine zurückgehen, gibt es noch Carotinoide, die Rot und Orange hervorrufen. Sie müssen von den Vögeln über die Nahrung aufgenommen werden. Deshalb bleichen bei gefangenen Vögeln, wie Stieglitz, Flamingo oder dem Roten Kardinal, die Farben aus, wenn diese Tiere nicht entsprechendes Zusatzfutter erhalten. «Die Turakos, schöne, taubengroße Fruchtfresser aus den afrikanischen Wäldern, besitzen ein (grünes) Pigment auf Kupferbasis, das sonst im gesamten Tierreich nicht vorkommt; folgerichtig hat es den Namen Turacin erhalten» (ATTENBOROUGH 1999). In all diesen Fällen sprechen wir von Pigmentfarben im Gegensatz zu Strukturfarben, die bei Vögeln eine große Bedeutung haben: In den Federn der Blaumeise suchen wir zum Beispiel vergeblich nach einem blauen Farbstoff. Wir finden Melanin, das auch für das Schwarz im Gefieder der Amsel verantwortlich ist. Wie entsteht aber das Blau?

Die Färbung beruht in diesem Fall auf derselben Erscheinung wie das Blau des Himmels. Ein trübes Medium vor dunklem Grund, eines der Urphänomene Goethes, wird so von ungezählten Vogelarten zu einer besonders schönen Farberscheinung verwertet (PORTMANN 1966). Mit einfachen Mitteln wird die außerordentliche Vielfalt der Farbenwelt erzeugt; Strukturfarben führen uns den Kunstgriff der Natur vor Augen! Eine Steigerung sind die prachtvollen, metallisch schillernden Interferenz-Farben zahlreicher tropischer Vögel, zum Beispiel der Kolibris, Nektarvögel und Glanzstare. Aber auch die Flügelspiegel einiger heimischer Enten oder die metallisch blauviolett schillernden Schwungfedern des Kernbeißers gehören dazu.

Ein besonderes Geheimnis birgt die Federzeichnung. Zahlreiche Vögel besitzen charakteristische, meist auffällige Flügelmuster. Schauen wir uns die einzelnen Federn genauer an, so bemerken wir, dass sie sehr kompliziert gestaltet sind, indem fast immer nur der sichtbare Teil der Feder farblich hervortritt, während der von den Nachbarfedern überlagerte Teil unscheinbarer gefärbt ist.

«*Das Muster ist ein den Einzelfedern übergeordnetes Ganzes* ... Wie erstaunlich ein solches kombiniertes Muster ist, erfassen wir erst, wenn wir bedenken, dass es in mehreren oder vielen, voneinander völlig gesonderten Federhüllen entsteht, in jeder einzelnen Feder erst noch in einem stark eingerollten Frühzustand, so dass erst beim Entfalten diese Federn ihr gemeinsames Muster bilden ... Der Farbstoff wird während des Federwachstums in die verhornenden Zellen eingelagert. Arbeiten die Pigment absondernden Zellen rhythmisch, so bilden sich ‹Sperbermuster›, d.h. Querbänder. Sondern sie den Farbstoff dauernd, aber in begrenzten Zonen ab, so bilden sich Längsmuster ... Was für unbekannte Kräfte lenken wohl die Aufbauarbeit des ‹Bemalens› in diesen Federkeimen? Die eingehende Betrachtung solcher Federn öffnet ein Tor in eine Formenwelt voll unsagbarer Freuden des Auges» (PORTMANN 1960).

Pracht-, Schlicht- und Tarnkleider: Bei mehreren Singvögeln können wir feststellen, dass die Männchen (♂) zur Brutzeit (oder auch ganzjährig) auffälliger gefärbt sind als die Weibchen (♀), zum Beispiel: Blaukehlchen, Braun- und Schwarzkehlchen, Garten- und Hausrotschwanz, Amsel, Ringdrossel, Blaumerle, Steinrötel, Steinschmätzer, Trauer-, Halsband- und Zwergschnäpper, Mönchs- und Samtkopfgrasmücke, Weißbart- und Brillengrasmücke, Gebirgs- und Schafstelze, Bartmeise, Neuntöter, Pirol, Haus- und Weidensperling, Berg- und Buchfink, Grünfink, Girlitz, Hänfling, Erlenzeisig, Fichtenkreuzschnabel, Karmingimpel, Dompfaff, Gold- und

Rohrammer. Wir sprechen hier von Geschlechtsdimorphismus.

Häufig sind die Lautäußerungen eines Vogels umso «einfacher und unauffälliger, je aufwendiger sein Federkleid ist. Kein Vogel scheint es nötig zu haben, in beides zugleich zu investieren. So pompös das Gefieder der Fasane und Paradiesvögel ist, so rauh und einfach sind ihre Rufe» (ATTENBOROUGH 1999). Das laute Gekreisch der farbenprächtigen Papageien bestätigt uns das eindrucksvoll. Eine bedeutsame Ausnahme von der Regel bilden aber die Singvögel. Es gibt zahlreiche einheimische Arten, die einen angenehmen, vielseitigen oder wohlklingenden Gesang und, im Vergleich zur schlicht gefärbten Nachtigall, auch ein farbenfrohes Gefieder besitzen, wie Gartenrotschwanz, Blaukehlchen, Pirol, Steinrötel, Blaumerle, Kohlmeise, Stieglitz, Rotkehlchen, Buchfink, Hänfling.

Ferner gibt es einige Vogelarten, bei denen die ♂ nicht nur prächtiger gefärbt sind als die meist schlichteren ♀, sondern sie sind zum Teil auch größer und fallen durch ein ausgeprägtes Balzverhalten auf. Dazu gehören: Auerhuhn, Birkhuhn, Großtrappe, Kampfläufer, wie auch einige fremdländische Singvogelarten, zum Beispiel Pracht-Paradiesvogel, Gelbnackenlaubenvogel, Graurücken-Leierschwanz. Eindrucksvollen Anschauungsunterricht geben uns auch die einheimischen Stockenten. An fast jedem Gewässer, auch auf dem kleinsten Stadtsee, können wir sie beobachten. Sie sind unsere häufigsten Gründelenten. Das Männchen, der Erpel, trägt ein Prachtkleid, und ist sofort an seinem grün-schillernden Kopf und den vier gebogenen Schwanzfedern zu erkennen. Das Weibchen ist, wie bei fast allen Entenarten, schlicht gefärbt. Dieser deutliche Unterschied im Farbkleid von ♂ und ♀ (bei manchen Vogelarten auch in der Größe) wird Geschlechtsdimorphismus genannt. Da nun im Gegensatz zu den prächtigen Entenmännchen nur die Weibchen brüten, bezeichnen Biologen das unscheinbare Gefieder der Weibchen häufig als Schutzfärbung.

Die verbreitete Meinung, die ♀ besonders auffällig gefärbter ♂ hätten sich ein Tarnkleid zugelegt, ist aber fraglich. Sehr viel mehr spricht dafür, dass die Evolution nicht mit Prachtkleidern begonnen hat, sondern mit einfachen Formen und schlicht gefärbten Wesen. Selbstverständlich ist ein Schlichtkleid unauffälliger und kann sich bei brütenden ♀ vorteilhaft auswirken, aber der Kausalzusammenhang ist evolutionsbiologisch problematisch, denn «stets ist dort, wo Männchen und Weibchen die gleichen Rollen und das gleiche Kleid tragen, auch stammesgeschichtlich der Anfang zu suchen, während Prachtformen Spätformen sind ... Bei den Vögeln ist das Schlichte das Ursprüngliche, dafür aber das seelisch Regsamere» (SUCHANTKE 1983). Auf diesen bedeutungsvollen Zusammenhang hat FRIEDRICH A. KIPP in seinem 1942 erschienenen Beitrag über das *Kompensationsprinzip*, in Anlehnung an GOETHE, hingewiesen: Nicht die ♀ haben sich im Laufe der Evolution mit einem Tarnkleid ausgestattet, sondern die ♂ zahlreicher Vogelarten haben sich mehr und mehr mit Prachtkleidern geschmückt und sich dadurch zunehmend vom Brutgeschäft gelöst. Würde es nicht förderlicher sein – auch unter dem Aspekt der Erhaltung der Art –, wenn die Stockentenmännchen auf ihre Prachtkleider *verzichtet* hätten und sich stattdessen um den Nachwuchs kümmern würden? Häufig sagte mir KIPP etwas humorvoll: «Wenn man sich schön macht, tut man auch schön». Und in der Tat ist zu beobachten, dass Vogelmännchen mit ausgefallenen Prachtkleidern sich oft auch eindrucksvoll darstellen. Sie mögen damit Erfolg haben, aber sie leben gefährlich, denn sie machen auf diese Weise nicht nur «Freunde» auf sich aufmerksam. Darüber hinaus gibt es verschiedene Beispiele in der Natur, wo Imponiergebärden fast zum Selbstzweck auszuarten scheinen.

Das Sich-Zur-Schau-Stellen der Paradiesvögel auf Neu-Guinea wie auch die Balzturniere der heimischen Kampfläufer zum Beispiel enden nicht immer mit dem Ergebnis, dass der Schönste oder der Erfolgreichste das ♀ erhält. Nicht selten paart sich ein untergeordnetes ♂ mit einem zuschauenden ♀, während die «Besten» vor allem sich selbst zu präsentieren scheinen. Auch ein Pfauenmännchen schlägt sein phantastisches Federrad nicht nur in Anwesenheit eines ♀; er scheint um seine außerordentliche Schönheit zu *wissen*, und er setzt sich auch entsprechend in Szene. Diese auffälligen Rituale, die das höhere Tierleben auszeichnen, stehen einerseits alle in Funktionskreisen der Erhaltung; «von ihnen gehen Wirkungen aus, denen feste Rollen in bestimmten ernsten Lebensspielen zukommen. Zugleich aber sind auch sie Ausdruck der Innerlichkeit eines Einzelwesens, Manifestation einer Selbstheit und Darstellung derselben» (PORTMANN 1965). Ausnahmsweise finden wir auch Vogelarten, bei denen sich die ♀ farblich hervortun, wie bei den Odins- und Thorshühnchen aus der Familie der Wassertreter; das sind kleine Watvögel, die in nordischen Gewässern zu beobachten sind und die sich federleicht auf dem Wasser drehen. Auch beim nordischen Mornellregenpfeifer und bei zahlreichen australischen Kampfwachteln (Laufhühnchen) tun sich die ♀ farblich hervor. Haben sich in diesen Fällen nun die ♀, wie sonst die prachtvolleren ♂, vom Brutgeschäft gelöst? In der Tat sind es bei den genannten Arten nun die auffälliger gefärbten ♀, welche Balzspiele aufführen oder Reviere verteidigen und es teilweise oder ganz den ♂ überlassen, sich um die Brut zu kümmern. Auch bei der in Afrika und Südostasien lebenden Goldschnepfe sind die ♀ beträchtlich größer und schöner gefärbt. Die Stimmen der ♀ sind voll und tief, während von den ♂ nur ein kurzes Zirpen zu hören ist. Das ♀ ist der werbende Teil. Nach H. SICK balgen sich die ♀ regelrecht um die ♂; dann ziehen sich die ♂ zurück, um allein die Eier auszubrüten. Gleich nach dem Schlüpfen verlassen die Jungen das Nest und werden vom Vater geführt (GRZIMEK VIII). «Sehr starke Geschlechterunterschiede, insbesondere dann, wenn sie sich auf eine Anzahl von Merkmalen beziehen – auf Größe, Färbung, besonders aber auf Abweichungen im Gestaltbild –, deuten immer darauf hin, dass der bevorzugt ausgestattete Partner in der Gemeinschaft keine Rolle spielt ... Das Verdienst, erstmals auf den Zusammenhang zwischen der körperlichen Ausgestaltung des Vogels und seiner Beteiligung an der Brutgemeinschaft aufmerksam gemacht zu haben, gebührt FRIEDRICH KIPP ... Die Gedanken von KIPP dürften einer der ersten wirklichen konkreten Ansätze sein, die verursachenden Kräfte der tierischen Gestaltbildung zu erforschen» (SUCHANTKE 1983).

Wir haben nun ein wenig die Architektur und die besonderen Eigenschaften von Flügel und Feder betrachtet, uns mit Gefiederpflege und Mauser beschäftigt und einen Ausblick auf die Bedeutung der Prachtkleider gewagt. Die Feder ist das kennzeichnende Organ der Vögel. Wenn wir das von zahlreichen winzigen Lufträumen durchsetzte Gefieder sowie die sorgsame Umhüllung des Vogelkörpers mit weichen Daunen betrachten, so zeigt sich uns eine weitere, außerordentlich bedeutsame Eigenschaft des Gefieders, nämlich seine wärmeregulierende Eigenschaft. Denn Vögel sind nicht nur Luft-, sondern in hohem Maße auch Wärmewesen.

Eigenwärme – ein Schritt zu mehr Autonomie

*Die gesamte Evolution ist von der
Signatur der Freiheit durchzogen.
Wolfgang Schad (1972)*

Es ist eine weisheitsvolle Einrichtung der Natur, dass die ausgewachsenen Federn nicht durchblutet sind. So müssen sie nicht weiter ernährt werden, und der Vogel behält durch die eingesparte Blutflüssigkeitsmenge seine optimale Leichte. Zudem vermeidet er während des Fluges auch einen zu großen Wärmeverlust. Denn die Federn dienen außer dem Fliegen auch der Regulation der Körperwärme. Einen optimalen Kälteschutz bietet dem Vogel, im Zusammenhang mit dem warmen Daunenkleid, das luftgepolsterte Gefieder, dessen isolierende Wirkung umso größer ist, je mehr der Vogel sich aufplustert. Die meisten Vogelarten haben eine deutlich höhere Durchschnittstemperatur als Säugetiere. Singvögel in Bewegung erreichen zum Beispiel ca. 40 bis 44° C. Mit der Entwicklung der Vögel während der Jurazeit trat in umfassender Weise die Eigenwärme im Tierreich auf. «Der Erwerb der Homöothermie steht zur Vervollkommnung des Flugvermögens, und diese wieder zur Ausbildung eines Federkleides in engster Wechselbeziehung» (STRESEMANN 1934). Nach den letztjährigen Funden kleiner befiederter Saurier in China, sind Federn aber vermutlich nicht primär als Flugorgane entwickelt worden, sondern im engen Zusammenhang mit dem Wärmehaushalt. Mit einem kurzen Blick auf die Entwicklungsgeschichte soll gezeigt werden, dass es sich bei der Bildung der Eigenwärme nicht nur um ein Anpassen an die Umwelt, sondern vielmehr um ein Unabhängigwerden von der Umwelt handelt, denn wechselwarme Tiere wie Fische, Amphibien und Reptilien sind noch in stärkerem Maße von der Umgebung abhängig als gleichwarme Wirbeltiere wie Vögel und Säugetiere.

Fische haben ein Gehirn ausgebildet und besitzen einen geschlossenen Blutkreislauf. Sie leben aber noch ganz im Einklang mit dem Wärmemilieu des Wassers. Durch starke Aktivität kann die Körpertemperatur allerdings steigen, sodass sie bei wandernden Thunfischen beispielsweise um 10° C höher sein kann als das umgebende Meerwasser.

Amphibien (Lurche) haben den Schritt aufs Land gewagt und sich in die Vierbeinigkeit begeben. Dazu war die Bildung eines kräftigen Knochengerüstes notwendig. Zu den Amphibien gehören die Schwanzlurche (Molche, Salamander) und die Froschlurche (Unken, Frösche, Kröten, Laubfrösche). Es sind wechselwarme und heute meist kleinere Tiere. Mit Ausnahme der Kröten sind die Amphibien noch auf unterschiedliche Weise dem wässrigen Milieu verhaftet. Das gilt besonders für die Molche. Fortpflanzung und Entwicklung finden bei fast allen Arten ausschließlich im Wasser statt. Die Entwicklung zum erwachsenen Tier geht sogar noch über einen Larvenzustand (Kaulquappe). Die reich mit Blutgefäßen versorgte Körperhaut ist noch wichtiges Atmungsorgan. Auch Feuchtigkeit kann über die Haut aufgenommen werden, sodass etliche Arten im feuchten Boden über längere Zeit ausharren können, ohne auszutrocknen. Doch fast alle Arten sind äußerst empfindlich gegen lange direkte Sonneneinstrahlung. Bei den Froschlurchen werden für die Lautäußerungen besonders die Lungen bedeutsam. Mit den differenzierteren Atemeinrichtungen sind grundlegende Änderungen des Kreislaufsystems verbunden. Aus der bei Fischen meist einheitlichen Vorkammer des Herzens gehen zwei getrennte Vorkammern hervor (GRZIMEK V).

Reptilien sind zum großen Teil «Kinder der Sonne» und erstmals echte Landbewohner. Zu ihnen gehören Schildkröten, Eidechsen, Geckos, Skinke, Warane, Schlangen und Krokodile. Sie sind wechselwarme und lungenatmende Tiere mit einem eigenständigen Flüssigkeitshaushalt; die Haut ist nicht mehr Atmungsorgan. Reptilien zeichnen sich durch eine schuppenartig verhornte Oberhaut oder durch eine ledrige beziehungsweise gepanzerte Haut aus. Bei Schildkröten und Krokodilen wächst der Panzer kontinuierlich mit, während Echsen und Schlangen sich regelmäßig häuten müssen. Durch diese Hautverdickung bzw. -verknöcherung haben sich die Reptilien stärker von der Umwelt abgesondert. Aber um bewegungsfähig zu sein, sind sie noch auf äußere Wärme angewiesen. Und sie setzen sich, im Gegensatz zu den Amphibien, gern und ausdauernd intensiver Sonnenstrahlung aus. So ist es nicht zufällig, dass die meisten Arten dieser Klasse in den Tropen häufiger sind.

Es gibt Land- und Wasserbewohner. Der Fortpflanzungszyklus findet nun aber im Gegensatz zu den Amphibien (selbst bei ausgeprägten Wasserbewohnern, wie den Meeresschildkröten) auf dem Lande statt. «Eine der stammesgeschichtlich wichtigsten Errungenschaften der Kriechtiere ist das dotterreiche, beschalte Ei; erstmals in der Geschichte der Wirbeltiere wurde es nun möglich, die Keimlingsentwicklung auf das Land zu verlegen» (GRZIMEK VI). Die Eier werden der Sonne ausgesetzt oder in den Boden gelegt, sodass eine optimale Brutwärme gewährleistet ist. Reptilien bebrüten ihre Eier nicht. Krokodilweibchen bewachen teilweise das Gelege oder kümmern sich um die ausschlüpfenden Jungtiere. Bei einigen Riesenschlangenarten erzeugen die um das Gelege geringelten Weibchen durch Muskelzittern zusätzliche Wärme (GRZIMEK VI).

Eine gewisse Brutpflege ist bereits bei einigen Fischen zu beobachten, so bei einheimischen Stichlingen oder einigen Buntbarschen, den so genannten Maulbrütern. Brutpflege gibt es auch bei den giftigen amerikanischen Baumsteigerfröschen: die Kaulquappen werden nach dem Schlüpfen von den Männchen auf dem Rücken hohe Urwaldbäume hinauf getragen und in die Blattachseln von Bromeliengewächsen gesetzt; die Weibchen füttern sie mit unbefruchteten Eiern. Wir finden hier bereits beeindruckende Entwicklungsansätze. Aber es sind Ausnahmen. Und auch bei den meisten Reptilienarten tun die Jungtiere gut daran, nicht in die Nähe ihrer Eltern zu kommen. Bei den drei Meter großen Komodowaranen zum Beispiel, die ich auf den indonesischen Inseln Komodo und Rinca beobachten konnte, flüchten die Jungtiere sofort nach dem Schlüpfen auf die Bäume und leben dort ein bis zwei Jahre im Kronendach – in sicherem Abstand zu ihren schwergewichtigen Eltern und erwachsenen Artgenossen. Kriechtiere haben ein dreikammeriges Herz; Krokodile, die zu den höchstentwickelten Reptilien gehören, besitzen bereits ein Herz mit vier Kammern. Aber es mischt sich noch sauerstoffreiches mit sauerstoffarmem Blut. Erst die gleichwarmen Vögel erreichen die völlige Trennung von Lungenkreislauf und Körperkreislauf (GRZIMEK VI).

Vögel haben die Eigenwärme vollständig ausgebildet; sie verfügen über ein selbstständiges Wärmesystem (Homöothermie) und sind nicht mehr von der Sonnenwärme abhängig. Jederzeit ist Aktivität möglich. Diesem Unabhängigkeitsmoment dient auch die vorzügliche Sauerstoffversorgung, von der wir bereits im vorigen Kapitel gehört haben. Vögel können bei Gefahr einen schnellen Ortswechsel vornehmen. Sie sind fähig, im Herbst und Winter der Kälte und dem Nahrungsmangel zu entfliehen, um günstigere, wärmere Gebiete aufzusuchen. Die Entwicklung der Endothermie ist gegenüber den Reptilien ein bedeutsamer Evolutionsschritt. Ein beklagenswerter Umstand ist, dass bei der Betrachtung dieses Phänomens fast ausschließlich die besseren Überlebenschancen in den Vordergrund gestellt werden. Ist aber der Erwerb der Eigenwärme wirklich nur vorteilhaft? Da die konstante Körperwärme abhängig ist von der Ernährung, sind Vögel gezwungen, viel zu fressen, um ihren Energie- und damit Wärmehaushalt aufrechtzuerhalten. Eine kleine Blaumeise ist während der Brut den ganzen Tag emsig mit der Nahrungssuche beschäftigt, um die immer hungrigen Jungen zu füttern. Aber wieviel Energie muss sie allein für den Nahrungsflug aufwenden! Bei ca. 600-maliger Fütterung legt ein Blaumeisenpärchen täglich oft eine Strecke von etwa hundert Kilometern zurück. Reptilien können dagegen lange ohne Nahrung auskommen. Während sich beispielsweise die einheimische Zauneidechse im Spätherbst zum Winterschlaf zurückzieht, um im Frühjahr, wenn das Erdreich wieder erwärmt wird, zu neuem Leben zu erwachen, haben Singvögel im Winter bei −10° C Außentemperatur einen Temperaturunterschied von über 50° C auszugleichen. Die Todesrate, besonders bei den Jungvögeln, die noch nicht genügend Depotfettreserven gespeichert haben, ist entsprechend hoch. Auch bei der Bemerkung, dass die Vögel doch nach Afrika fliegen können, sollten wir daran denken, dass der Vogelzug ein nicht ungefährliches Abenteuer ist.

Es gibt einige Vögel, welche ihre Körpertemperatur stark herabsenken können, zum Beispiel einige in größerer Höhe lebende Kolibri-Arten um mehr als 20° C. Das gleiche Phänomen ist auch in Hungerzeiten von Mauerseglern, Nachtschwalben und afrikanischen Mausvögeln bekannt, die für mehrere Tage oder Wochen in eine Kältestarre (Topor) übergehen können. Singvögel dagegen vermögen ihre Körpertemperatur bei Kälte nur um wenige Grade zu verringern.

Höherentwicklung ist nicht nur identisch mit besseren Überlebensmöglichkeiten. «Das biologische Charakteristikum der ‹Höherentwicklung› ist eine fortschreitende Emanzipation des Organismus von äußeren Bindungen» (KIPP 1949a). Im selbstständigen Wärmesystem der Vögel zeigt sich Autonomiezunahme; es ist Grundlage für ein Unabhängigwerden von der Umwelt! Aber mit jedem großen Entwicklungsschritt, der mit dem Freierwerden von biologischen Notwendigkeiten und Zwängen zusammenhängt, werden auch biologische Qualitäten eingebüßt.

Das gilt im Besonderen für Singvögel, die im Reich der Vögel die Entwicklungsspitze bilden. Mauersegler, die nicht zu den Singvögeln, sondern zu den Rakenvögeln gehören, fliegen beispielsweise bei schlechtem Wetter weit fort und lassen, um anderswo nach Nahrung zu jagen, ihre Jungen ohne Probleme mehrere Tage ohne Nahrung zurück. Die Jungen einer Rauchschwalbe würden dagegen den zweiten Tag ohne Nahrung kaum überleben. Singvögel können schlecht hungern; auch ist ihre Lebensdauer meistens kürzer.

Der höheren Entwicklung der Organe entspricht eine Steigerung der inneren Fähigkeiten. So ist mit dem Auftreten der Eigenwärme auch das Phänomen der *seelischen Wärme* aufs engste verbunden. Auch wenn wir Brutpflege ansatzweise in den vorher besprochenen Tierklassen finden können, so hat bei den warmblütigen Vögeln alles, was mit Balz, Partnerverhalten, Nestbau, Brut und der oft gemeinsamen Sorge für die Nachkommen zusammenhängt, eine völlig neue Dimension. PORTMANN wies darauf hin, wie mit zunehmender Organisationshöhe ein reicheres seelisches Leben sich entfaltet und im gleichen Maße auch «Organe der Kundgabe» sich entfalten (SUCHANTKE 1983).

Das Verhalten der Partner wie auch das Werben umeinander nimmt an Innigkeit zu; bei einigen Arten gibt es sogar lebenslange Partnerschaften. Zahlreiche Vögel bauen teils kunstvolle Nester, und nahezu alle Arten bebrüten ihre Eier selbst. Besonders, wenn wir die intensive Fürsorge für die Jungvögel betrachten, sehen wir, dass es sich bei der Entwicklung der Eigenwärme nicht nur um biologische Wärme handelt, sondern dass sie bis ins Seelische wirkt. Es gibt hier nun bemerkenswerte Überschneidungen. Bei den Reptilien finden wir Arten, die Eier und schlüpfende Jungtiere verteidigen, während es einige wenige Vogelarten gibt, die ihre Jungen sich selbst überlassen.

Während sich Hühnervögel durch eine intensive Brutpflege auszeichnen, machen sich Großfußhühner zum Beispiel um ihren Nachwuchs keine Sorgen. Sie bebrüten ihr Gelege nicht selbst, kümmern sich jedoch auf sehr unterschiedliche Weise um die Brutwärme der Eier: Hammerhühner (*Macrocephalon maleo*), die ich auf der Insel Sulawesi beobachten konnte, scharren Mulden in den heißen schwarzen Sand des Strandes oder in von vulkanischen Kräften erwärmtes Erdreich, legen ihre Eier hinein und decken sie ab. Sie lassen ihre Eier von der Sonnen- oder Erdwärme «ausbrüten»; die später ausschlüpfenden Jungvögel sind ganz auf sich selbst gestellt. Das Männchen des in Australien lebenden Buschhuhns (*Alectura lathami*) baut aus Blatt- und Pflanzenteilen einen gewaltigen Bruthaufen. Erst wenn in diesem natürlichen Gärungsbackofen die richtige Temperatur erreicht ist, erlaubt der Hahn den Hennen, ihre Eier abzulegen. Etwa sieben bis zwölf Wochen sorgt der Hahn dann für gleichbleibende Wärme. Ähnlich ist das Brutverhalten der australischen Thermometerhühner (*Leipoa ocellata*). Unter ihrem Bruthaufen befindet sich aber eine tiefe Grube mit einer Kammer für das Gelege. Dieses Bruthaus errichtet der Hahn in etwa vier Monaten. Da nun die Entwicklung der Jungen im Bruthaufen (vom Ei bis zum Schlüpfen) mehrere Monate beansprucht und die Außentemperatur je nach Jahreszeit schwankt (GRZIMEK VII), ist der Hahn fast ganzjährig mit dem Bau und vor allem der Wärmeregulierung seines Bruthaufens beschäftigt. Diese spezielle Vogelgruppe betreibt also durchaus eine umfangreiche Brutfürsorge, aber nur *vor* dem Schlüpfen der Jungen!

Abgesehen von diesem ungewöhnlichen Verhalten der Großfußhühner kommt – im Vergleich zu den Reptilien – die Entwicklung der Brutfürsorge im Vogelreich zur vollen Entfaltung. Die Regel ist, dass Vögel ihre Eier mit der eigenen Körperwärme ausbrüten und die Aufzucht der Jungen sich wie in einer schützenden wärmenden Hülle vollzieht.

Einige Vogelfamilien, wie die Greifvögel, brüten bereits ab dem ersten Ei, sodass die Jungvögel in Tagesabständen nacheinander schlüpfen. Singvögel und Nestflüchter wie Hühner- und Entenvögel halten dagegen die täglich gelegten Eier nur etwas warm. Erst wenn das Gelege vollständig ist, beginnen sie mit dem Brüten. In jedem Falle haben die Vögel aber über einen längeren Zeitraum für eine gleichbleide Wärme zu sorgen, weil sich die Eier nur in engen Temperaturgrenzen entwickeln können. Die meisten Vögel haben zur Brutzeit einen Brutfleck. Diese freie, intensiv durchblutete Stelle an Brust und Bauch gewährleistet einen engen Kontakt zwischen Ei und Körper. Entenvögeln fehlt diese praktische Einrichtung. Deshalb schaffen sich Entenweibchen einen künstlichen Brutfleck, indem sie sich die Dunen ausrupfen.

Singvögel legen ca. 3–12 Eier und brüten durchschnittlich 12–16 Tage.

Die Brutdauer der Singvögel ist verhältnismäßig kurz. Die Bebrütungsdauer steigt bei den meisten Vogelarten ungefähr mit der Körpergröße. Aber es gibt Abweichungen. So brüten unsere kleinsten Singvögel, wie Goldhähnchen und Zaunkönig, länger als die wesentlich größeren Drosseln. Ringeltauben brüten im Verhältnis zu ihrer Größe nur sehr kurz. Eine erstaunliche Ausnahme macht vor allem der Kuckuck, der damit seine Anpassung als Brutschmarotzer demonstriert. Die Eier dieses recht großen Vogels sind sehr klein, oft in Größe, Farbe und Form den Eiern der Wirtseltern überraschend ähnlich, und die Bebrütungszeit von 12–14 Tagen liegt noch unter derjenigen der meisten Singvögel!

Die meisten Vögel bebrüten ihre Eier, wie wir gehört haben, mit der eigenen Körperwärme. In der Sahara kann «brüten» aber auch bedeuten, zeitweise mit ausgebreiteten Flügeln über dem Nest zu stehen, um das Gelege vor Überhitzung zu schützen. Auch decken bei extremer Sonneneinstrahlung bodenbrütende Wüstenvögel beim Verlassen des Nests häufig die Eier mit Sand zu, damit vor Feinden geschützt sind; es kann aber auch thermoregulatorische Bedeutung haben (BEZZEL/PRINZINGER 1990). Auch das Hudern, wenn Altvögel in gemäßigten Breiten mit gesträubtem Gefieder ihre wärmebedürftigen Jun-

Einige Bebrütungszeiten in Tagen:

Teichrohrsänger	11 – 12
Buchfink	12 – 13
Singdrossel	12 – 13
Haussperling	12 – 14
Baumpieper	12 – 14
Gartenrotschwanz	13 – 14
Zilzalp	13 – 14
Nachtigall	13 – 14
Blaumeise	13 – 15
Rotkehlchen	13 – 15
Sommergoldhähnchen	14 – 15
Pirol	14 – 15
Rauchschwalbe	14 – 16
Zaunkönig	14 – 16
Dohle	17 – 18
Rabenkrähe	18 – 20

Zum Vergleich einige Bebrütungszeiten von Nicht-Singvögeln (in Tagen):

Kuckuck	12 – 14
Ringeltaube	15 – 17
Mauersegler	18 – 20
Küstenseeschwalbe	20 – 21
Rebhuhn	24 – 25
Haubentaucher	25 – 29
Stockente	26 – 29
Graugans	28 – 29
Waldkauz	28 – 30
Kranich	28 – 30
Turmfalke	27 – 31
Mäusebussard	33 – 35
Höckerschwan	34 – 38
Strauß	40 – 43
Steinadler	43 – 45
Gänsegeier	47 – 54
Königspinguin	52
Königsalbatros	80

gen schützen, verwandelt sich in heißen Klimazonen in eine schattenspendende Gebärde.

Säugetiere, als die höchstentwickelten Tiere, verfügen über einen fast ausnahmslos selbstregulierten, eigenen Wärmeorganismus. Dass bei den Säugetieren die ganze Fortpflanzung in die Leibeshöhle verlegt wird, ist gleichzeitig auch Ausdruck eines gesteigerten Innenlebens. «Von einer *Biologie der Freiheit* erzählt uns das Leben, wenn wir auf seine Wärmebedürfnisse achten (SCHAD 1982).

Beim **Menschen** haben wir die Ausbildung des aufrechten Ganges, der Sprache und des Denkens. Während die Säugetiere durch ihre meist angepassten Gliedmaßen an einen bestimmten Lebensraum gebunden sind, hat sich der Mensch die Universalität der Hand erhalten und ist fähig, die gesamte Erde zu bewohnen. Beim Menschen geht es um das Freiwerden von Zwängen zur ökologischen Anpassung. Gesteigertes Innenleben zeigt sich nach FRIEDRICH A. KIPP (1991) vor allem in ausgeprägter Fürsorge und einer langen behüteten Kindheit. Schritt um Schritt werden in der Entwicklungsgeschichte neue Freiräume erworben; die Organismen sind immer weniger umweltverhaftet. Und je höher ein Wesen organisiert ist, umso bewusster wird es. Nach WALTHER BÜHLER (1993) ist der ganze Evolutionsprozess der Phylogenese des Tierreiches eine Steigerung des seelischen Lebens, des Innenlebens, ein Hinanführen zum bewusstesten Wesen der Schöpfung, zum Menschen, und parallel dazu nimmt, je höher organisiert, je bewusster die Lebewesen sind, die Regenerationskraft mehr und mehr ab. WOLFGANG SCHAD hat immer wieder auf die emanzipatorischen Vorgänge in der Natur aufmerksam gemacht, so bei den Säugetieren auf die «verinnerlichte Embryonalentwicklung» und beim Menschen auf das «verselbständigte Gliedmaßensystem». Und er weist darauf hin, dass biologische Emanzipation eine *Freiheit von* etwas sei und dass die menschliche Entwicklung darin bestehe, nicht nur frei zu sein *von* etwas, sondern frei zu werden *für* etwas (Vortrag vom 17. Oktober 1972, Stuttgart). Die organische Entwicklung verläuft bei Mensch und Säugetier sehr ähnlich, aber der Mensch benützt seinen Leib, insbesondere seine Gliedmaßen, anders.

Wenn wir die Entwicklungsreihe so betrachten, wird deutlich, dass wir es nicht nur mit einem Anpassen *an* die Umwelt zu tun haben, sondern dass wir vor allem dem Unabhängigwerden *von* der Umwelt mehr Beachtung schenken sollten. Die Entwicklung höherer Organe, ein eigener Wärmehaushalt und ein gesteigertes seelisches Empfinden gehören unmittelbar zusammen. Wir haben es mit dem Anwachsen von Innerlichkeit zu tun, was KIPP das *immer selbstständigere Hervortreten des Innenlebens gegenüber der Außenwelt* nannte. ANDREAS SUCHANTKE spricht von *Autonomie als Evolutionsmotiv*: So wie die Reptilien die Autonomie des Wasserhaushaltes erreicht haben, so Vögel und Säugetiere die Autonomie der Körperwärme. Und der nächsthöhere Entwicklungsschritt ist die Autonomie des Bewusstseins, des Seelischen – es ist die Evolutionsstufe des Menschen (SUCHANTKE 2003). Mit dem Verinnerlichungsprozess, der sich im Laufe der Evolution von Stufe zu Stufe deutlicher zeigt, wollen wir uns nun im Zusammenhang mit der Entwicklung der Stimme im Tierreich befassen. Wir werden so die Gesangsentfaltung bei den Singvögeln als herausragendes Ereignis der Höherentwicklung besser verstehen und würdigen können.

Formen der Lautbildung in der Wirbeltier-Evolution

Die Natur, um zum Menschen zu gelangen, führt ein langes Präludium auf von Wesen und Gestalten, denen noch gar sehr viel zum Menschen fehlt. In jedem aber ist eine Tendenz zu einem anderen, was über ihm ist, ersichtlich.
Johann Wolfgang von Goethe (RIEMER 1806)

Die Stimmen der Tiere sind für viele Menschen etwas Besonderes, seien es die Konzerte der Heuschrecken und Zikaden oder der Frösche. Auch die verschiedenen Laute der Säugetiere (Hunde, Katzen, Pferde, Kühe, Schafe, Affen u.a.) bewegen uns; die Stimmen der Wale und Delphine werden seit Jahrzehnten studiert. Vor allem aber hat der Gesang der Vögel die Menschen seit langem beglückt und interessiert. Nichts kommt unter den Lautäußerungen im Tierreich der Schönheit und Vollkommenheit des Vogelgesangs gleich. Erste Aufzeichnungen von Vogelstimmen in Form von Noten stammen von dem Minnesänger OSWALD VON WOLKENSTEIN (1376 – 1445), der sich von den gefiederten Sängern inspirieren ließ und kenntnisreich zahlreiche Vögel besungen hat (HAUBITZ 1985). Vogelhaltung in Vogelbauern oder Volieren ist in Deutschland seit dem Mittelalter bekannt. Gehalten wurden besonders Drosseln, Rotkehlchen, Grasmücken, Stieglitze, Buchfinken und Gimpel – nach allem was wir wissen, besonders der Gesänge wegen. Aber auch in römischer Zeit waren singende Nachtigallen sehr beliebt und begehrt. Seit der zweiten Hälfte des 19. Jahrhunderts begannen etliche Forscher sich intensiver mit dem Vogelgesang zu beschäftigen (Landois, Altum, Häcker, Hoffmann, Voigt). Und mit der Erfindung des Grammophons, später des Tonbands, nahm die Tierstimmenforschung einen gewaltigen Aufschwung; die ersten Vogelstimmen-Schallplatten erschienen 1910 im Handel. In den sechziger Jahren des 20. Jahrhunderts bildete sich sogar ein neuer Wissenszweig, die Bio-Akustik, aus.

Heute gibt es auf allen Kontinenten viele Menschen, die begeistert und gründlich die Vogelwelt und ihre Stimmen studieren. Es gibt wohl außer der Ornithologie keine andere Wissenschaft, in der Wissenschaftler und engagierte Vogelfreunde so intensiv und eng zusammen arbeiten. Da die meisten Singvögel sich aufgrund ihrer Gesänge gut unterscheiden lassen, ist die Kenntnis der Vogelstimmen häufig die Grundvoraussetzung für weitere Studien, ebenso für den Vogelschutz oder wenn wir verschiedene Gesänge miteinander vergleichen wollen.

Bevor wir uns aber mit der Frage des Reviergesanges näher befassen, wollen wir die Lautäußerungen der Wirbeltiere in einer Entwicklungsreihe betrachten, um so die besondere Stellung der Vogelstimmen deutlicher zu machen.

Die **Fische** sind mehr oder weniger stumm. Es gibt aber einige Arten, die deutliche Laute hervorbringen. Manche Fische erzeugen beispielsweise Geräusche durch Aneinanderreiben der Schlundzähne oder der Kiemendeckelknochen oder mit Hilfe der Rückenflosse. Vom scharlachroten Garibaldifisch an den Küsten Kaliforniens soll ein Knacken zu hören sein. Bei den Süßlippen (Raubfische der wärmeren Meere) werden mechanisch erzeugte Laute über die Schwimmblase verstärkt, sodass ein lautes «Grunzen» zu hören ist. Bei anderen Arten spielt die Schwimmblase eine bevorzugte Rolle. Die im Atlantik verbreiteten Knurrhähne besitzen ein für Fische hoch entwickeltes Lautinstrument. Durch Zusammenziehen spezieller, kräftiger Trommelmuskeln wird die Schwimmblase in Schwingung versetzt. Dadurch werden Töne hervorgebracht. Ähnliches ist vom Tigerbarsch im Pazifik und von Trommelfischen in amerikanischen Flüssen und in Küstengewässern des Westatlantiks bekannt. Viele Arten der in tropischen und gemäßigten Meeren verbreiteten stimmfreudigen Umberfische geben knarrende, brummende, grunzende, quakende oder trommelnde Laute von sich.

Unter dem Entwicklungsaspekt der Lautäußerungen, welche (von den Amphibien bis zu den Säugetieren und dem Menschen) mit Hilfe des Atemstroms erzeugt werden, können wir die Laute, welche einige Fische mittels Schwimmblase hervorbringen, als erste «Versuche» der Natur betrachten.

Jeder von uns kennt Stimmäußerungen aus der Tierklasse der **Amphibien**. Es sind vor allem die Frösche, die außerordentlich stimmfreudig sind und häufig in lautstarken Chören quaken; die Männchen sind in der Regel stimmgewaltiger. Meistens ist es so, dass wir entweder sehr viele oder keinen hören. Das Gleichgewichtsorgan der Fische wandelte sich bei den Amphibien in ein richtiges Gehörorgan um. Im Kehlkopf der Amphibien, mit dem die Laute erzeugt werden, finden wir die erste vollständige Ausbildung eines Stimmorgans, wie wir es später im Wirbeltierreich mit Ausnahme der Vögel immer wieder, wenn auch wesentlich differenzierter, antreffen (SPITZER 2002). Froschlurche (z.B. Frösche, Kröten, Laubfrösche, Unken) sind sehr artenreich. Mit Ausnahme der Antarktis sind sie auf allen Kontinenten verbreitet. Sie sind als erste Wirbeltiere mit einer Mittelohrhöhle und einem Trommelfell ausgestattet. Sie haben einen Kehlkopf und, im Gegensatz zu Molchen und Salamandern (Schwanzlurche) Stimmbänder, über die der Luftstrom aus den Lungen in die Mundhöhle und zurück streicht (GRZIMEK V). Durch starkes Blasen blähen sich die Stimmbänder auf wie Segel; sobald sich die Ränder berühren, geraten sie in Vibration. Das Maul ist geschlossen. Deshalb sind die Laute obertonarm. Durch vorhandene Schallblasen, die als Resonanzboden wirken, kann die Lautstärke beträchtlich vergrößert werden. «Einen Grasfrosch ohne äußere Schallblasen hört man kaum fünfzig Meter weit, einen Wasserfrosch mit äußeren Schallblasen dagegen kann man etwa fünfhundert Meter weit hören; der Paarungsruf eines Erdkrötenmännchens ohne Schallblase ist aus etwa hundertfünfzig Metern, der eines Kreuzkrötenmännchens mit Schallblase aus einem Kilometer Entfernung zu vernehmen» (GRZIMEK V). Es ist außerordentlich vergnüglich, den meist in Kolonien lebenden Wasserfröschen bei ihrem Gequarre auch zuzusehen: die beiden kirschgroßen Schallblasen werden seitlich des Maules immer stärker aufgebläht, während sich die ganze Wasserfroschversammlung mehr und mehr in ein verschiedenstimmiges lautes Konzert hinein steigert. Hören wir aber aus dem Teich oder See ein lautes «kekekeke», so ist es der größere Seefrosch. Auch die kleinen Geburtshelferkröten sind sehr stimmfreudig. «Beide Geschlechter können rufen; das laute, je nach Jahreszeit, Temperatur und Stimmung der Tiere vier- bis achtundsechzigmal in der Minute ertönende ‹Glockensignal› stammt von den Männchen» (GRZIMEK V). Von Laubfröschen, die über eine große Kehlblase verfügen, können wir manchmal einen Wechselgesang zweier Männchen vernehmen. Vor allem an feuchten warmen Abenden stimmen andere

Laubfrösche meist rasch mit ein und regen sich gegenseitig an. Dann geben bald alle einen lautstarken Chorgesang zum Besten.

Die Gelb- und Rotbauchunken mit ihren farbenprächtigen Unterseiten haben besonders klangvolle Stimmen. Bei Tag und bei Nacht sind die melodisch-flötenden Rufe zu hören. Berühmt sind die Lacomaer Teiche bei Cottbus mit einem Bestand von etwa 5000 Exemplaren der sonst seltenen Rotbauchunke. Im Gegensatz zu dieser laut rufenden Art besitzt die leise rufende Gelbbauchunke keine Schallblasen. Dafür ruft die Gelbbauchunke sehr viel häufiger. In der Regel sucht man sie in einem größeren Umkreis; doch die flötenden Rufe sind so leise, dass die kleine Gelbbauchunke sich meistens unmittelbar vor uns in einem Wasserloch befindet. «Dass die Unken gegenseitig auf ihre Rufe achten, können wir leicht feststellen, wenn wir die Laute einer allein rufenden Unke nachahmen. Die einzelne Gelbbauchunke ruft mit einer bestimmten, von der Temperatur abhängigen Häufigkeit, zum Beispiel achtzigmal in der Minute, wenn es zwanzig Grad Celsius warm ist; die Rotbauchunke dagegen ruft nur etwa achtzehnmal in der Minute. Schickt sich in der Nähe der ersten Unke eine zweite zu rufen an, ruft die erste nur noch halb so häufig, sodass immer zwischen zwei Töne der ersten Unke ein Ton der zweiten Unke fällt. Beide zusammen rufen dann mit der gleichen Häufigkeit wie eine allein. Dieses Gegenrufen (Antiphonieren) kann man auch mit der menschlichen Stimme auslösen, wenn man sich mit einem hohen Summton von passender Länge in der richtigen Häufigkeit in den Gesang einer einsamen Unke – zum Beispiel an einem Gartenweiher – einmischt» (Grzimek V). So ist auch die Hörfähigkeit der Froschlurche im Vergleich zu den (fast) stimmlosen Schwanzlurchen entsprechend gut ausgebildet.

Die meisten **Reptilien** sind verhältnismäßig schweigsam. Mit Ausnahme der recht stimmfreudigen Geckos hören wir hauptsächlich nur quäkende und bellende Laute, zischende Warnrufe oder rasselnde Instrumentallaute. Geckos sind die einzigen Kriechtiere, die stimmbegabt sind. Manche Mittelmeer-Reisende haben sicher schon das feine Zirpen und die abgehackten Rufreihen des Mauergeckos gehört. In der südafrikanischen Kalahari können sich am Nachmittag die Stimmen der Pfeifgeckos zu ohrenbetäubenden Pfeif- oder Zirpkonzerten steigern. Auf den indonesischen Inseln wurde ich nachts oft von den recht laut bellenden Rufen des männlichen Tokee geweckt, der seinen Namen von den ähnlich klingenden Rufen erhalten hat. Und nicht selten fand ich den bis zu 40 cm großen, rötlich gepunkteten Gecko an einem Deckenbalken meines Zimmers sitzen. Auf Neuseeland lebt der Grüne Baumgecko, dessen schnarrende Warnlaute einem Lachen ähnlich klingen. Im Gegensatz zu den Fröschen sind die Laute der Geckos reich an Obertönen, weil sie bei weit geöffnetem Maul hervorgestoßen werden.

Ansonsten aber halten sich die Kriechtiere mit ihren Stimmäußerungen sehr zurück. Selbst das den Schlangen zugeschriebene Zischen kommt nur bei einigen Arten vor. Kanarische Eidechsen geben quietschende Laute von sich. Kämpfende Warane drohen ihren Rivalen mit lautem Fauchen und Zischen. Junge Krokodile quäken leise, während erwachsene Krokodilmännchen zur Paarungszeit regelrecht brüllen können. Kaimane klappern mit Schwanz und Kinnladen. Von der Brückenechse, einem lebenden Fossil Neuseelands, sind quakende und bellende Laute bekannt. Geckos und vermutlich auch Krokodile verfügen über eine größere Hörempfindlichkeit als andere Reptilien.

Schildkröten sind verhältnismäßig stumm und hören nicht gut. Einige geben Reibegeräusche von sich; von Riesenschildkröten sind dunkle (tiefe) Laute bekannt (TEMBROCK 1982). Schlangen sind völlig taub; umso erstaunlicher ist, dass es einige Arten gibt, die rasselnde Geräusche hervorbringen, wie zum Beispiel die amerikanischen Klapperschlangen oder schuppenrasselnde Vertreter wie die Sandrasselotter und die in der Sahara verbreitete Hornviper. Die genannten Arten gehören zu den gefürchtetsten Giftschlangen der Erde. Warnen sie mit ihren durchdringenden Drohgeräuschen andere Tiere vor ihrem Gift oder wollen sie damit vermeiden, dass sie von größeren Tieren zertreten werden?

Auch bei **Vögeln** kennen wir eine Reihe mechanisch erzeugter Laute: das Trommeln der Spechte, das Klappern der Störche, das Schnabelknappen der Eulen, das Flügelklatschen der Tauben oder das «Meckern» der Bekassine, das im Flug durch Vibration der gespreizten Schwanzfedern hervorgebracht wird, daher der Name «Himmelsziege». Gegenüber diesen nichtvokalen Lautsignalen, die wir als Instrumentallaute bezeichnen, ist der Vokallaut, also der mit Hilfe des Atemstroms erzeugte Laut, lebendiger Ausdruck eines beseelten Wesens. Und die Vögel sind es, welche die Lungenlaute zur höchsten Entfaltung gebracht haben. Quer durch das Reich der Vogelwelt finden wir auch bei den Nichtsingvögeln ausgeprägte, zum Teil melodische Lautäußerungen. Es sind, um eine kleine Auswahl zu nennen, die Taucher (Zwergtaucher), Greifvögel (Schwarzer Milan und Zwergadler), Hühnervögel (Birkhuhn), Limikolen (Brachvogel und Uferschnepfe), Kuckuck und Eulen (Waldkauz). Bei den meisten Singvögeln erleben wir aber eine einzigartige Steigerung.

Mit Ausnahme der Fische ist das Stimmorgan der Wirbeltiere Teil der Luftröhre. Der Kehlkopf (Larynx) ist der erweiterte Bereich des oberen Teils der Luftröhre. Sobald die hier befestigten Stimmbänder durch die vorbeistreichende Atemluft in Schwingung versetzt werden, entstehen die Laute. Der Kehlkopf der Vögel besitzt allerdings keine Stimmbänder; er reguliert mehr den Luftstrom beim Atmen und wird nur selten für die Lautbildung (zum Beispiel zischende oder fauchende Laute der Gänse) benutzt.

Eine bedeutsame Rolle spielt bei einigen Vogelarten die Länge der Luftröhre, denn sie kann erheblich variieren: Die Zahl ihrer Stützelemente liegt zwischen 30 und 350. Bei einer sehr langen Luftröhre kommt es zur Bildung von Schlingen, die zum Teil innerhalb des Brustbeins verlaufen (etwa bei Schwänen und Kranichen) oder im Hals bzw. im vorderen Teil des Brustkorbs untergebracht sind. Häufig ändert sich auch der Durchmesser der Luftröhre. Als Resonanzräume kommen auch Erweiterungen der Speiseröhre, so bei Rohrdommeln und Tauben, oder der Kehlsack der männlichen Großtrappe, wie auch verschiedene Luftsäcke beim Birkhahn in Betracht (BEZZEL 1990). Sonderbildungen sind oft geschlechtsspezifisch.

Wenn der Vogel singt, dann *wirklich aus voller Brust*. Ganz andere Muskeln und andere Nerven als bei uns bauen das Stimmorgan auf. Es sind Muskeln, die denen unseres Zwerchfells entsprechen. Beide Organe werden im Embryo nahe dem Kopf angelegt, wo auch das Herz sich formt. Erst mit der Verlagerung des Herzens in die Brust wandern auch die Anlagen der Stimmmuskeln des Vogels brustwärts (PORTMANN 1984). Das Besondere der Singvogelgruppe liegt nicht in einem spezialisierten Verhältnis zur elementarischen Umwelt, sondern in der Vervollkommnung ihres Kehlorgans und ihrer Stimme (KIPP 1983a).

Bei den meisten Wirbeltieren «entstehen die Laute im Kehlkopf, die Vögel haben jedoch ein spezielles Stimmorgan im Brustraum entwickelt, die Syrinx. An der Stelle, wo sich die beiden von

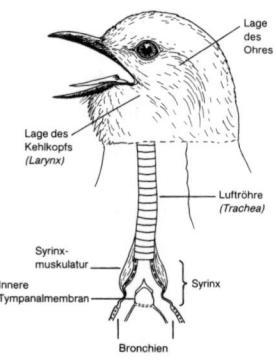

Abb. 91: Stimmorgan der Singvögel. Syrinx im Längsschnitt, etwa um 90° gedreht. Nach Bergmann u. Helb (1982)

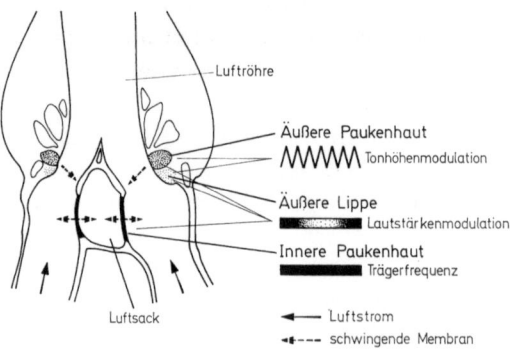

Abb. 92: Längsschnitt durch die Syrinx eines Singvogels, mit Angabe der Orte, wo wahrscheinlich Trägerfrequenz, Tonhöhenmodulationen und Lautstärkenmodulation erzeugt werden. Nach Thielcke (1970 b)

den Lungenflügeln kommenden Bronchien zur Luftröhre vereinigen, sind zwischen den Knorpelringen zwei membranartige Häutchen aufgespannt, die durch den vorbeistreichenden Strom der Atemluft in Schwingung versetzt werden. Bei den einzelnen Vogelgruppen ist die Ausprägung dieser schwingenden Häutchen (äußere und innere Paukenhaut oder Tympanalmembran) verschieden. Die Syrinxmuskulatur, die an den Membranen ansetzt, ist ebenfalls bei den einzelnen Vogelgruppen in unterschiedlicher Art und Weise ausgebildet. Die echten Singvögel sind dadurch charakterisiert, dass sie 4 bis 9 Paare dieser Syrinxmuskeln besitzen, während die übrigen Sperlingsvögel deren nur 3 Paare haben. Diese Muskulatur ist neben anderen Einflüssen für die große Variationsfähigkeit der Singvogelstimmen und damit für deren außer-gewöhnliche Gesangsleistungen verantwortlich» (Bezzel 2001).

Von besonderer Bedeutung für den Gesang sind vor allem die inneren Paukenhäute. Diese elastischen Syrinxmembranen sind die wichtigsten schwingenden Elemente der Lauterzeugung; sie werden durch die komplizierte Syrinxmuskulatur variiert. Die Atemluft versetzt die empfindlichen Häutchen in Vibration, wobei die äußeren Paukenhäute zur oft schnellen Änderung der Tonhöhe (Frequenzmodulation) beitragen. Eine Verkürzung der Luftröhre lässt die Tonhöhe ansteigen, während die Lautstärke vom Druck des Luftstroms abhängt. Die nicht miteinander verbundenen inneren Paukenhäute sind die Grundlage für ein Phänomen, das sicher jeder von uns schon wahrgenommen hat: Beim Gesang der Amsel beispielsweise hört es sich manchmal so an, als würde sie mehrere Töne zur gleichen Zeit erzeugen. Das hängt mit dem doppelten Atemstrom im Bereich der Syrinx zusammen. Offensichtlich können die beiden symmetrischen Hälften der Syrinx unabhängig voneinander schwingen, sodass zahlreiche Singvögel in der Tat verschiedene, sich überlappende Töne hervorbringen können. Buchfinken sind eingehend untersucht worden; sie sind in der Lage mit jeder Seite der Syrinx alle Modulationen, die im Artgesang auftreten, zu erzeugen; es werden aber beide Seiten benötigt, um zwei unabhängige modulierte Laute gleichzeitig zu erzeugen (Bezzel 1990). «Der Vogel kann also zweistimmig singen oder rufen! Meist verteilt er die Lautäußerung zu ungleichen Teilen auf die beiden Hälften. Die linke Hälfte der Syrinx dominiert dabei ebenso wie die entsprechenden Regionen im Gehirn. Auch bei der menschlichen Sprache dominiert die linke Hirnhälfte» (BERGMANN 1987). Wenn ein Roter Kardinal ein Glissando pfeift, werden die tieferen Töne vom Luftstrom einer der Bronchien erzeugt; dann erfolgt zu den höheren Tönen hin ein fließender, nicht wahrnehmbarer Wechsel zur anderen Bronchie. Die beiden separat erzeugten Laute können auch – mit überraschenden Ergebnissen – vermischt werden. Mit dieser Technik können manche Papageien und Mainas menschliche Stimmen sehr genau imitieren. Alles in allem kommt keine Stimmäußerung eines anderen Tieres an Dauer, Vielfalt oder Komplexität dem Vogelgesang gleich» (Attenborough 1999). Der Aufbau der Syrinx stimmt bei den verschiedenen Spezies ziemlich überein. Unterschiede ergeben sich, wie wir gesehen haben, hinsichtlich des Entwicklungsgrades und der Anzahl der Syringalmuskeln: «Während die meisten Gallinae (Hühnervögel) nur eines dieser Muskelpaare aufweisen, wurden bei der Amsel sieben festgestellt» (BORNEMISZA 1999). Nach EINHARD BEZZEL (1977) scheint die hochdifferenzierte Doppelstruktur der Syrinx das Erlernen und Einüben von Gesängen notwendig zu machen, um das komplizierte Spiel der Syrinxmuskulatur zu beherrschen.

Die größere Anzahl dieser komplizierten Muskeln zeichnet in der Regel die Syrinx der Singvögel als ein hochspezialisiertes Organ aus. Es gibt aber auch Singvögel, wie zum Beispiel den Graurücken-Leierschwanz oder den Waldtyrann, die beide nur je drei Singmuskelpaare besitzen und dennoch begabte und vorzügliche Sänger sind. «Das Instrument der Lauterzeugung ist eben nur ein Glied unter vielen, die am Vogelgesang, an der Stimmbegabung, mitwirken» (PORTMANN 1984). Das mahnt uns wieder daran, Regeln weder zu eng noch zu einseitig anzuschauen.

Die Dauer des Gesangs hängt damit zusammen, «wie rasch sich der Luftvorrat dabei verbraucht. Manche Vögel können lange Zeit kontinuierlich singen, der Feldschwirl z. B. offenbar ohne zu atmen bis zu 95 sec» (BEZZEL 1990). Das sind etwa 50 Doppellaute pro Sekunde. Laute werden in der Regel während des Ausatmens hervorgebracht, sozusagen *in einem Atemzug.* Zum Stimmorgan der Vögel gehören gewissermaßen auch die Luftsäcke, die ca. 28 % des Körpervolumens ausmachen. Aufgrund dieses gewaltigen Luftreservoirs und des äußerst wirksamen Atmungssystems (⇨ S. 91) können Kleinvögel «bis zu 20 Atemzüge in der Sekunde ausführen, sodass auch auf diese Weise ein zusammenhängender Gesang zustande kommen kann» (TEMBROCK 1982). Das wäre beispielsweise bei den langen Singflügen der Feldlerche zu vermuten. Wenn aber Vögel durch ihr besonderes Stimmorgan, wie wir oben gehört haben, mehrere Töne gleichzeitig, also in zwei getrennten Atemströmen, erzeugen können, so ist die Frage, ob sie während des Singens nicht auch einatmen können. Diese Frage beschäftigt Ornithologen seit Jahrzehnten. In seinem schönen Buch über «Das geheime Leben der Vögel» schreibt DAVID ATTENBOROUGH (1999): «Mit sehr kurzen, flachen Atemstößen, die zeitlich genau auf die Lautfolge seines Gesangs abgestimmt sind, kann ein Vogel ohne wahrnehmbare Unterbrechung minutenlang singen, viel länger als selbst der besttrainierte menschliche Sänger. Jeder der beiden Verschlussmechanismen in der Syrinx kann unabhängig von dem anderen einen eigenen Ton hervorbringen. Wenn Kanarienvögel ihren Triller hören lassen, erzeugen sie neunzig Prozent des Klangs mit dem Luftstrom der linken Bronchie, während sie die rechte in erster Linie zum Atmen benutzen.

Manche Vogelarten, vor allem Singvögel, erzeugen innerhalb kürzester Zeit so viele Töne, dass das menschliche Ohr sie nicht vollständig aufnehmen kann (⇨ S. 178); der Goldzeisig kann pro Sekunde 15 bis 17 unterschiedliche Laute hervorbringen, die Walddrossel wechselt pro Sekunde bis zu 200-mal die Frequenz (PERRIN 2002). Das Produzieren der Laute sowohl beim Ein- als auch beim Ausatmen ist bei der Schamadrossel wahrscheinlich; Ziegenmelker können auf diese Weise bis zu 8 Minuten ohne Unterbrechung singen (BEZZEL 1990). Generell gilt aber, dass alle Lautäußerungen der Singvögel mit der ausströmenden Atemluft erzeugt werden.

Die Syrinx ist ein außerordentlich kompliziertes und hochentwickeltes Stimmorgan, welches sich, entsprechend der Höherentwicklung musikalischer Fähigkeiten, immer feiner ausbildete. Und die Vervollkommnung dieses Singmuskelorgans lässt sich schrittweise durch die ganze Klasse der Vögel verfolgen.

Was wir bei den Lauten der **Säugetiere** deutlich erleben können, sind häufig durchdringende, beseelte Laute, die tief aus dem Innern der Tiere zu kommen scheinen. Innerlichkeit tut sich uns kund, wenn wir diese Laute wahrnehmen: das Wiehern eines Pferdes, das Bellen eines Hundes, das Miauen oder Schnurren einer Katze, das Muhen einer Kuh, das Brüllen des Löwen, das Trompeten eines Elefanten, das chorartige Heulen der Wölfe oder die Duette der Gibbons.

Häufig vernehmen wir warnende, aggressive, erschreckte oder auch freudig erregte Lautäußerungen, wie auch akustische Signale, durch welche territoriale Ansprüche angemeldet werden. Südamerikanische Brüllaffen, indonesische Gibbons führen regelrechte Konzerte auf. Das Stimmrepertoire der Menschenaffen wie auch der Elefanten und in besonderem Maße der Meeressäuger, wie Wale und Delphine, ist außerordentlich groß und vielseitig. Die Fähigkeit von Säugetieren, Lautäußerungen zu variieren und auch Stimmen anderer Arten zu imitieren, ist am besten an Delphinen untersucht. Erstaunliches gibt es aus der Familie der Wale (s. auch S. 179) zu berichten: Die bis zu 30 Minuten lang andauernden komplexen Gruppengesänge der Buckelwale ändern sich von Jahr zu Jahr etwas, die Gesangsthemen leben jedoch unterschiedlich lange (2–15 Jahre). Aber auch schon innerhalb der sechs Singe-Monate in jedem Jahr ändern sich die Gesänge etwas und fangen im nächsten Jahr fast genauso an, wie sie im Vorjahr aufhörten. Eine solche Fortentwicklung des Gesangs einer ganzen Population ist von keinem anderen Tier bekannt (WICKLER 1986). Insgesamt lässt sich aber doch sagen, dass die Stimmfreudigkeit der Säugetiere gegenüber der Vogelwelt recht bescheiden ist, vom musikalischen Variationsreichtum ganz zu schweigen.

Keine Tiergruppe ist zu einer solchen stimmlichen Leistung fähig wie die Singvögel, weder im Stimmumfang, in der Modulationsfähigkeit noch in der Reinheit der Töne.

Betrachten wir die Ausbildung der Lautäußerungen im Tierreich, so erkennen wir deutlich, dass die Entwicklung nicht, wie sonst im evolutionären Geschehen, in einer kontinuierlichen Steigerungsreihe darzustellen ist. Der Prozess der Stimmbildung scheint vielmehr – einem eigenen musikalischen Rhythmus folgend – in großen Schwingungen verlaufen zu sein. Es ist wie ein machtvolles Ein- und Ausatmen im Strome der Entwicklungsgeschichte, wie ein lebendiger Wechsel zwischen Evolution und Involution, zwischen fortschreitender und rückläufiger Entwicklung:

Bei den Fischen finden wir nur geringe Lautäußerungen. Dann erleben wir eine auffallende Stimmfreudigkeit bei den Amphibien, welche bei den Reptilien wieder stark zurückgeht, um in der Folge bei den Vögeln zur höchsten Entfaltung im Tierreich zu gelangen. Und wieder ist eine deutliche Abnahme der Stimmfreudigkeit wie auch der musikalischen Begabung bei den Säugetieren zu erleben. Es mutet uns an wie ein sich Zurücknehmen der Natur, die darauf in gesteigerter Qualität und größerer Fülle im Menschenreich Gesang und Sprache hervorbringt.

Es sei noch darauf hingewiesen, dass ein funktioneller Zusammenhang besteht zwischen der Ausbildung der Stimme und der Aufrichtungstendenz, also der Überwindung der Schwere, die sich bei den Wirbeltieren in der horizontalen oder schon mehr vertikalen Stellung der Wirbelsäule zeigt wie auch in der Benutzung der Gliedmaßen. ARMIN HUSEMANN nahm in einem Vortrag (3. März 2004) auf die oben beschriebene Schwingungslinie der Stimmentwicklung Bezug. Er wies darauf hin, dass ihr als gegenläufiges Phänomen die Ausbildung des Schwanzes in der Wirbeltier-Evolution korrespondiert:

Die zum größten Teil stummen Fische haben in der Regel gut ausgebildete Schwänze, die vor allem wichtige Fortbewegungsorgane sind.

Die stimmfreudigen Froschlurche sind sehr artenreich und schwanzlos (Frösche, Kröten, Laubfrösche, Unken); sie nehmen sitzend schon eine deutlich aufrechte Position ein. Die Schwanzlurche bestätigen als Ausnahme eindrucksvoll die Regel: an Land sind sie noch stark dem Boden verhaftet und bewegen sich durch Schieben der Hinterbeine voran, im Wasser durch Schlängeln des ganzen Körpers; sie sind fast stimmlos.

Im Reich der Kriechtiere bildet sich die Stimme fast völlig zurück. Entsprechend rückt die Ausbildung des Schwanzes wieder deutlich in den Vordergrund. In extremer Weise bei den Schlangen, die nur aus Kopf und Schwanz zu bestehen scheinen und durch Verlust der Gliedmaßen in besonderer Weise der Erdenschwere unterliegen. Sie sind mehr oder weniger stumm und taub. Bedeutsame Ausnahmen bilden die stimmfreudigen Geckos. Sie sind diejenigen Reptilien, welche die Schwerkraft am deutlichsten überwunden haben. Man beobachte sie nur, mit welcher Leichtigkeit sie stundenlang kopfüber an einer Zimmerdecke hängen. Zum anderen die Schildkröten: Sie haben nur einen kurzen Schwanz und so gut wie keine Stimme, sie demonstrieren ihre extreme Erdenlastigkeit durch einen mächtigen schweren Panzer.

Bei den stimmbegabten Vögeln nehmen wir zwar teils auffällige und farbige Schwänze wahr, aber der Vogelschwanz ist ein Federgebilde und nicht die knöcherne Fortsetzung der Wirbelsäule.

Entgegengesetzt verläuft die Entwicklung bei den Säugetieren: Der Gebrauch der Stimme ist bei den meisten Arten stark reduziert, Schwänze sind dagegen wieder ausgeprägt. Sonderentwicklungen in ganz verschiedene Richtungen scheinen einerseits bei den Fledermäusen vorzuliegen, die fliegend die Erdenschwere überwinden. Sie haben aber keine wohlklingenden Stimmen. Mit ihren im hohen Frequenzbereich ausgestoßenen Lauten (Echolot) orientieren sie sich im Raum bzw. orten ihre Beute, während andererseits die großen und schweren Meeressäugetiere (Delphine und Wale), welche die Schwerkraft durch den Auftrieb des Wassers ausschalten, ihr umfangreiches Stimmrepertoire teils virtuos einsetzen, um miteinander zu kommunizieren.

Der Mensch stellt sich aufrecht der Welt gegenüber. Er verfügt über den freien Stimmgebrauch und ist ein denkendes Wesen; die Schwanzbildung tritt völlig zurück. Das Sich-Aufrichten und das Überwinden der Schwere scheinen mit der Entfaltung der Stimme in einem engen Wechselspiel zu leben, wobei die unterschiedliche Ausbildung des Schwanzes als erstes, aber deutlich sichtbares Zeichen für eigene Studien betrachtet werden kann.

Über die Lautäußerungen der Singvögel

Man kann die Natur verschieden hören. Ich selbst habe eine Leidenschaft für die Ornithologie. So wie Bartók Ungarn durchstreifte, um Volkslieder zu sammeln, habe ich lange Jahre die Provinzen Frankreichs durchstreift, um den Gesang der Vögel aufzuschreiben. Das ist eine ungeheure und endlose Arbeit. Aber sie hat mir wieder Recht gegeben, Musiker zu sein.
Oliver Messiaen (1982)

Gesänge, Rufe und ihre sozialen Funktionen

Mit Ausnahme der mechanisch erzeugten Laute (Instrumentallaute ⇨ S. 109) werden alle Töne der Singvögel mit Hilfe des Atemstroms hervorgebracht. Diese Lautäußerungen unterteilen wir am einfachsten in Gesänge und Rufe. Gesänge sind meistens kompliziert aufgebaute Klanggebilde und müssen von den Singvögeln in der Regel erlernt werden. Ein Gesang besteht aus Strophen, die in Motive (wiedererkennbare Folgen) unterteilt werden. Übereinstimmend gesungene Strophen werden als Strophentyp bezeichnet. Kleinere Lauteinheiten sind Phrasen und Elemente. Je nach Sängerqualität sind einzelne Gesänge melodienreich und aus vielfältigen Motiven zusammengesetzt, andere besitzen nur einen einfachen Strophentyp. Gesänge, die wir uns auf den Vogelstimmenwanderungen vor allem in der Frühjahrszeit einprägen, sind die markanten Reviergesänge, die zur Verteidigung eines Reviers oder zum Anlocken der Weibchen eingesetzt werden. Zu den Gesängen zählen ferner der Jugendgesang, der Plaudergesang (oft im zeitigen Frühjahr), der Chorgesang, der Herbstgesang, wie auch die Wintergesänge einiger Arten, sei es in ihrem Brutgebiet oder im Winterquartier.

Während es bei den meisten Singvogelgruppen leicht gelingt, Gesang und Rufe scharf voneinander zu trennen, treten bei den Zeisigverwandten (Carduelidae) abgewandelte Rufe oft im Gesang wie auch Gesangsausschnitte während des Fluges auf, sodass zwischen Rufen und Gesängen bei diesen Arten fließende Übergänge zu beobachten sind (GÜTTINGER 1978). Rufe sind gegenüber Gesängen fast immer einfacher strukturiert, meist kurz und eindeutig. Das Stimmrepertoire der Vögel ist sehr umfangreich. Laute und durchdringende Rufe, die wir auf unseren Wanderungen oft hören, sind meistens Warn- und Erregungsrufe. Ferner gibt es Stimmfühlungslaute, Paarbindungslaute, Fütter- und Bettellaute, um die wichtigsten zu nennen. Am bekanntesten sind die Warnrufe. Bei Wahrnehmung eines Feindes kann es sich um Alarmrufe handeln, die sowohl den erwachsenen Artgenossen, wie auch zur Brutzeit den Nestlingen gelten können. Da die Alarmrufe meistens kurz und hart sind, ist es nicht immer leicht, einen Vogel daran sicher zu erkennen. Warnrufe von Rotkehlchen und Zaunkönig sind z.B. sehr ähnlich. Die Reaktionen auf Alarmsignale sind von Art zu Art verschieden. Jungtiere ducken sich in der Regel oder «erstarren». Manche Altvögel suchen unmittelbar Deckung, während Flugkünstler wie zum Beispiel Stare sofort Höhe gewinnen wollen. Bei gesellig brütenden Arten können Warnrufe die benachbarten Artgenossen alarmieren, zu gemeinsamen Angriffen führen oder zur rechtzeitigen Flucht verhelfen.

In der unmittelbaren Umgebung von Siedlungen und Parks hören wir häufig das scharfe «Tixen» der Amseln, die rauhen Rufreihen der Meisen, scharfe Rufe der Rotkehlchen, das kraftvolle «kix» des Buntspechts oder das warnende Rätschen des Eichelhähers. Es lohnt sich, die Warnrufe zu beachten, denn nicht selten sind wir die Auslöser für den Alarm, haben den Vogel somit meistens in der Nähe und können ihn beobachten. In Gärten oder auf regelmäßig begangenen Park- und Waldwegen ist wahrzunehmen, dass Warnrufe seltener oder leiser zu hören sind, weil die Fluchtdistanz der Vögel dort geringer ist. Die Kohlmeisen in meinem Garten begrüßen mich fast immer mit einem leisen «tsäderrettett». Das klingt wie ein sanfter Erregungsruf; ich fasse ihn als Erkennungs- oder Begrüßungslaut auf. Jedenfalls ist deutlich wahrzunehmen, dass sich die Meisen nicht gestört fühlen. Amseln können ebenfalls kurz und sanft warnen, so als ob sie nur den Familienmitgliedern kurz mitteilen möchten, es ist jemand da, aber keine Gefahr. Sie können aber auch ihre Warnrufe bei Erregung zu lang andauernden Alarmreihen steigern. Zu den Warnrufen zählen auch Angstrufe junger wie alter Vögel bei direkter Verfolgung. Warnrufe wie auch andere Rufe sind den meisten Singvögeln angeboren; die Reaktionen erfolgen sofort. Auch artfremde Signale werden beachtet, und es wird entsprechend darauf reagiert. Ob die Fähigkeit, Warnrufe fremder Arten als Alarmsignale zu erkennen, ebenfalls angeboren ist oder ob ein Lernvorgang vorausgeht, ist mir nicht bekannt. Flugrufe scheinen Erlenzeisige und Hänflinge an das Muster des Paarpartners angleichen zu können (GÜTTINGER 1978).

Vor allem aber sind die unterschiedlichen Kommunikationsmöglichkeiten für das soziale Miteinander von großer Bedeutung. Stimmfühlungslaute dienen zum Beispiel dem Zusammenhalt der Familie oder als Zeichen zum Abflug wie auch als akustisches Signal vieler im Schwarm fliegender Vögel. Dazu gehören auch die Flugrufe bei Nachtziehern.

Bei (blinden) Nesthockern – das gilt für alle Singvögel – hat der akustische Reiz bestimmter Fütterlaute der Altvögel die Wirkung, dass die Kleinen den Schnabel aufsperren (THIELCKE 1970a). Das Sperren, durch entsprechende Rufe unterstützt, animiert wiederum die Eltern verstärkt zu füttern. Auch scheinen sich die Geschwister durch Bettellaute gegenseitig zum Sperren zu stimulieren. Schon (fast) flügge Jungvögel, die sich in der näheren Umgebung aufhalten, haben je nach Art unterschiedliche Rufe, um Stimmkontakt mit den Eltern zu halten; diese wiederum besitzen arteigene Lockrufe. Jungen, anhaltend in ihrer Bruthöhle tickenden oder zirpenden Buntspechten genügt bereits die Erschütterung eines am Baumstamm landenden Altvogels, um das Geschrei zu verstärken. Das ist für jeden Naturfreund leicht zu beobachten. Stimmfühlungslaute sind zum Beispiel auch «Beschwichtigungslaute» der tagsüber rivalisierenden Gartenbaumläufer am gemeinsamen Schlafplatz. Während der Balz- und Brutzeit sind in der Regel sehr viel mehr Rufe zu hören. Je nach Funktion sind also Rufe und Laute nur zu bestimmten Zeiten oder ganzjährig zu hören. Zu erwähnen sind noch Imponierlaute wie auch Drohrufe, die bei aggressivem Verhalten gegenüber Artgenossen ausgestoßen werden; vom Gartenbaumläufer können wir zum Beispiel Drohtriller, von brütenden Kohlmeisen sogar Zischlaute hören. Abgesehen von den Warnlauten klingen auch die speziellen Stimmfühlungslaute der Singvogelarten oft sehr ähnlich, besonders innerhalb der Gattungen, zum Beispiel bei den Meisen, Drosseln oder Laubsängern. Außerdem sind viele dieser Laute auch noch recht leise, sodass sie hier nicht stärker berücksichtigt werden.

Um Gesänge und Rufe «sichtbar» zu machen, habe ich sie in diesem Buch sprachlich umschrieben. So finden Sie es auch in den meisten Bestimmungsbüchern. Das ist etwas subjektiv, weil sich die Gesänge je nach Empfindung lautmalerisch auch anders wiedergeben lassen. Außerdem variieren die Strophen häufig, und sie klingen auch, je nach Landschaft, Witterung und Entfernung unterschiedlich. Insgesamt halte ich aber die sprachliche Umschreibung für eine gute Gedächtnishilfe zum Kennenlernen der Vogelstimmen. Musiker ziehen manchmal die Notenschrift vor.

Um Gesänge exakt auswerten zu können, benutzen Ornithologen und Bioakustiker seit einigen Jahrzehnten den Klangspektrographen oder Sonagraphen («Schallschreiber»). Ich habe weitgehend darauf verzichtet, weil es mir vor allem um das lebendige Einhören vor Ort geht. Gesangsunterschiede lassen sich allerdings mit der Sonagraphie überzeugend veranschaulichen, was ich an einigen Singvogelarten kurz demonstrieren möchte.

Das Klangspektrogramm bzw. Sonagramm (Abb. 93) zeigt uns beim Girlitz einen kontinuierlichen Gesang und beim Buchfinken deutlich die zwei unterschiedlichen Gesangsteile. Wir erfahren auch, in welcher Tonhöhe der Gesang erklingt: Kleiber 2000 bis 3500 kHz, Rotkehlchen 3000 bis 8000 kHz. Wir können die vielfältigen Gesangselemente (Heckenbraunelle) oder Tonsprünge (Rotkehlchen) erkennen. Ferner lassen die einzelnen pro Sekunde vorgetragenen Elemente darauf schließen, wie schnell ein Gesang vorgetragen wird, zum Beispiel die rasche Wiederholung gleicher Elemente beim Feldschwirl und Kleiber oder verschiedene Elementgruppen in den längeren Gesängen von Feldlerche und Grünfink.

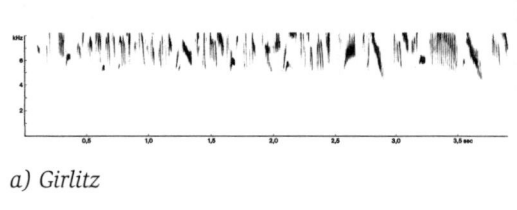

a) Girlitz

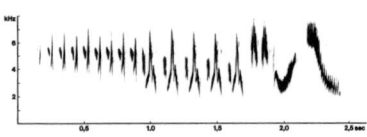

b) Buchfink

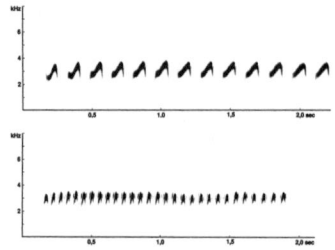

c) Zwei Rufreihen des Kleibers

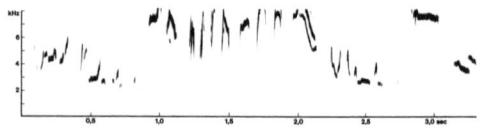

d) Rotkehlchen

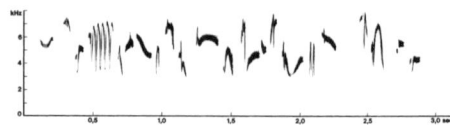

e) Heckenbraunelle

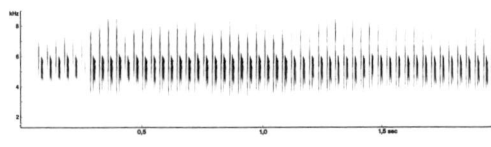

f) Feldschwirl

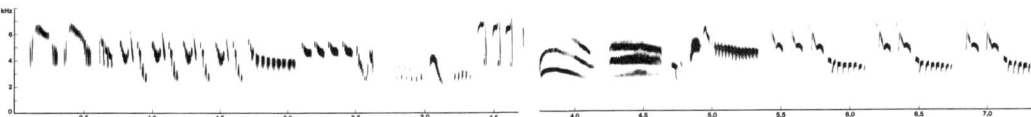

g) Feldlerche

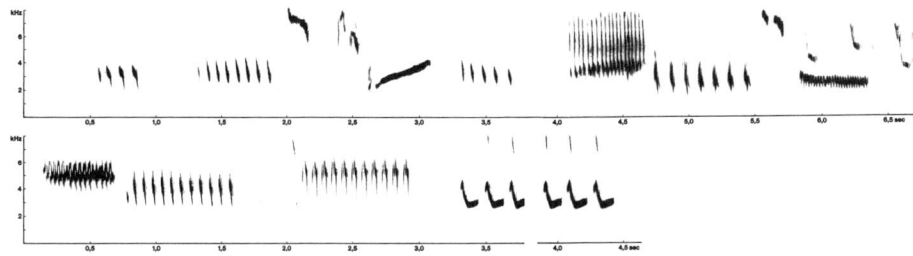

h) Grünfink

Abb. 93a–h: Verschiedene Singvogelgesänge
(Aufnahmen und Sonogramme v. E. Tretzel)

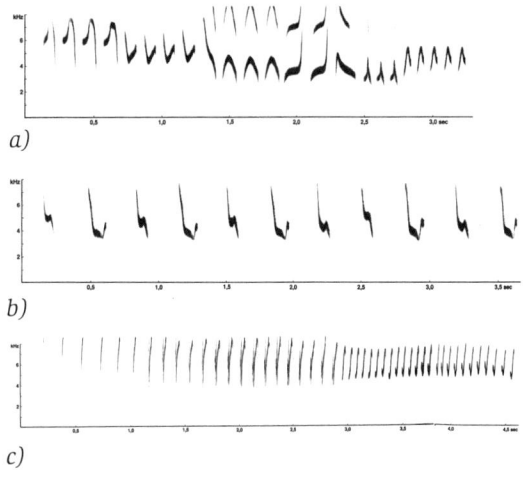

a)

b)

c)

Abb. 94a–c: Vergleich von drei Laubsängerarten
a) Fitis; b) Zilpzalp; c) Waldlaubsänger
(Aufnahmen und Sonagramme von E. Tretzel)

Abbildung 94 (a–c) zeigt uns die völlig verschiedenen Gesangstypen drei nah verwandter Laubsängerarten: Beim Fitis fällt der Wechsel der Tonhöhe auf wie auch eine zweistimmige Tonfolge; beim Zilpzalp sind die einzelnen kurzen Gesangsstrophen charakteristisch, während die Beschleunigung des Waldlaubsängergesanges deutlich auf dem Sonagramm zu erkennen ist.

Die 8 Klangspektrogramme auf der folgenden Seite (Abb. 95) stellen verschiedene zwei- bis viersilbige Gesänge eines Kohlmeisenmännchens dar und zeigen deutlich den Motivreichtum und die rhythmischen Wiederholungen. Die einzelnen Strophen sind oft nicht länger als eine halbe Sekunde, dargestellt in der Zeiteinteilung aller hier abgebildeten Sonagramme. Aufschlussreich sind Sonagramm-Vergleiche mit anderen Gesangsformen der Kohlmeise, zum Beispiel mit dem vielfältigen Plaudergesang eines jungen Männchens (⇨ S. 128) oder der Motivangleichung beim Kontersingen zweier Reviernachbarn (⇨ S. 158). Das Sonagramm ermöglicht nicht zuletzt auch deshalb eine genaue Analyse des Gesanges, weil das menschliche Ohr über ein weniger gutes zeitliches Auflösungsvermögen verfügt als das Vogelohr. Das, was unser Ohr nicht vermag, kann so sichtbar gemacht werden, beispielsweise die schnelle und differenzierte Folge des Feldlerchengesanges (Abb. 93g). Jeder, der sich intensiver mit diesem Thema befassen möchte, findet in dem Buch von BERGMANN/HELB (1982) einen vorzüglichen Führer. Das Einüben in die Sonagramme erfolgt am besten an bereits vertrauten Gesängen; dann können wir Bild und Ton leichter zusammenbringen. Umgekehrt ist es nicht möglich: nach Sonagrammen kann man keine Gesänge erlernen. Das möchte ich deutlich betonen. Und selbstverständlich erfahren wir auch so gut wie nichts über Klangfarbe und Klangschönheit der verschiedenen Gesänge.

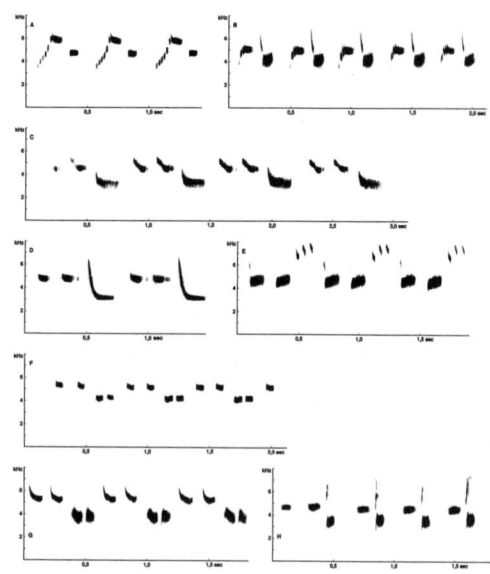

Abb. 95: Kohlmeise: Zwei- bis viersilbige Reviergesangsstrophen (Aufnahmen und Sonagramme von E. Tretzel)

Spielerischer Stimmgebrauch bei den Singvögeln

> *Klare, eindrucksstarke Erfahrung an einer großen Fülle der Außenwelt ist eine Vorbereitung für ein vertieftes Verstehen des unbewussten Lebens überhaupt.*
> Adolf Portmann (1956)

Ich bin ein Verehrer des englischen und in Südafrika aufgewachsenen Dichters Laurens van der Post (1906 – 1996). Seine Werke, vor allem über die Kultur und das Leben der Buschmänner, sind einzigartig und voller menschlicher Wärme. Er beschreibt einmal, wie sein alter Freund und Führer Ben Hatherall, der in der Kalahari-Wüste geboren und mit den Buschmännern zusammen aufgewachsen war, gefragt wurde, welches afrikanische Geschöpf den größten Eindruck auf ihn gemacht habe. Er antwortete, es müsse zur Gattung der Vögel gehören. Die Menschen waren erstaunt, hatten sie doch als Antwort kraftvolle und mächtige Tiere wie Elefanten, Löwen oder Büffel erwartet. «Er blieb aber bei seiner Meinung, dass es in Afrika nichts Wunderbareres gebe als die Vogelwelt … in erster Linie sei es deshalb, weil die Vögel flögen … zweitens deshalb, weil die Vögel sängen. Er persönlich liebe alle Geräusche der Natur im Busch und in der Wüste, aber er müsse gestehen, nichts komme den Vogelstimmen gleich. Es war, als ob der Himmel in ihren Kehlen musizierte.

Man konnte die Sonne aufgehen und wieder untergehen hören; man konnte hören, wie die Nacht sich herabsenkte und die ersten Sterne am Himmel erschienen. *Andere Tiere waren verurteilt, nur solche Geräusche von sich zu geben, wie sie notgedrungen mussten; aber Vögel schienen die Freiheit zu haben, Töne willkürlich zu äußern, sie nach ihrem Willen zu formen und neue zu erfinden*, um alle Gefühle jenes lebendigen Wesens zum Ausdruck zu bringen, das sich auf Flügeln, erlöst von seinem Eigengewicht, in die Lüfte emporschwingt. Er kenne nichts Schöneres als den Anblick eines Vogels, der völlig in seinem Gesang aufgeht; jedes Stückchen seines Seins ist der Musik hingegeben, die Spitze jeder zartesten Feder zittert wie eine zum Tönen angeschlagene Stimmgabel» (Post 1962). Mit dieser naturverbundenen Betrachtung eines schwarzen Afrikaners, dessen Einsicht Laurens van der Post in der Mitte des 20. Jahrhunderts in Südafrika zu würdigen wusste, wollen wir uns einstimmen und versuchen, das Freiheitselement im Gesang unserer Singvögel näher zu betrachten.

In den Kapiteln über die Entwicklung der Eigenwärme wie auch über die Formen der Lautbildung habe ich versucht zu zeigen, wie mit der Höherentwicklung der Organe auch die inneren seelischen Fähigkeiten zunehmen, wie Innenwelt gegenüber der Außenwelt kontinuierlich hervortritt und wie eine Steigerung der Innerlichkeit gerade mit dem Freiwerden von lebensnotwendigen Funktionen zusammenhängt: Autonomiezunahme. Diesem wesentlichen Phänomen wollen wir uns nun unter einem anderen Gesichtspunkt nähern, indem wir diejenigen Gesangsarten, die frei von biologischen Zwängen sind, näher betrachten.

Bei unseren Wanderungen durch die Natur, im Zusammenleben mit Haustieren wie auch auf größeren Reisen können wir den Eindruck gewinnen, dass die meisten Tierlaute affektgebunden sind. Auch die Lautäußerungen der insgesamt wenig stimmfreudigen Säugetiere sind meistens abhängig von äußeren oder inneren Reizen, auf die das Tierwesen reagiert. Das Knurren eines Hundes beispielsweise erfolgt in der Regel aufgrund eines äußeren Anlasses, ebenso wie eine freudige Erregung die Antwort auf einen äußeren Reiz ist. Das Schnurren einer Katze, die sich von uns kraulen lässt, kündet uns ihr Wohlbefinden an. Oder aber es sind Reaktionen auf innere Leibesfunktionen; so können Laute des Unwohlseins physiologisch bedingt sein, zum Beispiel durch Hunger oder Durst. Zahlreiche Laute erfüllen ganz bestimmte Funktionen wie Warnen, Begrüßen, Imponieren, Drohen, Beschwichtigen. Es ist leicht zu beobachten, dass viele Tiere bei Erschrecken, Schmerz und Angst mit oft festgelegten Stimmäußerungen reagieren. Darüber hinaus gibt es noch verschiedene Laute, welche zwischen Eltern und Jungtieren ausgetauscht werden oder der Kommunikation innerhalb der erwachsenen Artgenossen dienen. In der Regel haben wir es fast immer mit Reaktionen auf äußere oder innere Reize zu tun. Fast alle diese Laute haben akustischen Signalcharakter, sind angeboren, werden also nicht individuell erworben; Imitationen fremder Laute sind von Landsäugetieren bisher überhaupt nicht bekannt.

Die Lautäußerungen einiger Meeressäugetiere scheinen dagegen weit über das Gebundensein der Stimme hinauszugehen (COUSTEAU 1978). Die akustische Unterscheidungs- und Erinnerungsfähigkeit dieser intelligenten Tiere ist erstaunlich. Sie verfügen über ein außerordentlich umfangreiches Stimmrepertoire. Wie sie damit umzugehen verstehen, ist in der Beschreibung des Chorgesangs der Wale und der Imitationsfähigkeit der Delphine (⇨ S. 112) kurz angedeutet. Das ist aber nur ein kleiner Ausschnitt aus den vielseitigen Kommunikationsmöglichkeiten dieser sanften Riesen. Wir kommen nochmals unter einem anderen Aspekt darauf zurück (⇨ S. 179).

Elefanten verfügen ebenfalls über einen großen Stimmenschatz. Neben der lauten, trompetenden Stimme ermöglichen zahlreiche für den Menschen unhörbare Laute im Niederfrequenzbereich eine differenzierte Verständigung, zum Teil über mehrere Kilometer Entfernung.

Das Stimmrepertoire einiger Affenarten scheint auch über die affektgebundenen Laute hinauszugehen, zum Beispiel bei Gibbons und Brüllaffen. Insgesamt sollten wir aber die Lautäußerungen der Menschenaffen nicht überbewerten, obwohl gesagt werden muss, dass die Lernfähigkeit, besonders der vorpubertären Schimpansen, Gorillas und Orang-Utans, erstaunlich ist.

Generell kann gesagt werden, dass Tierlaute zum größten Teil affekt- oder leibgebunden sind. Auch die unterschiedlichen Rufe der Singvögel wie Warnlaute, Lockrufe, Stimmfühlungslaute oder Flugrufe sind, wie wir gehört haben, ebenfalls funktional oder affektartig; sie sind fast alle angeboren.

Demgegenüber finden wir Sprache im eigentlichen Sinne nur beim Menschen. In seiner Schrift «Die Evolution des Menschen» vergleicht FRIEDRICH A. KIPP (1991) in dem grundlegenden Kapitel *Stimme und Sprache* die Lautäußerungen der Säugetiere mit dem freien Stimmgebrauch des Menschen und weist außerdem anhand fossiler Schädel die Sprachfähigkeit menschlicher Vorfahren nach. Ferner beleuchtet er den menschlichen Evolutionsweg von verschiedenen Seiten und kennzeichnet ihn als Emanzipation von der Umwelt. Daraus wird deutlich, dass Sprache weit mehr ist als nur Information.

Für RAINER PATZLAFF, Leiter des Instituts für Pädagogik, Sinnes- und Medienökologie in Stuttgart (IPSUM), ist Sprache «zuallererst ein formschaffender Bewegungsprozess». Der Autor weist auf neuere Erkenntnisse hin, dass ein Hörer «auf die wahrgenommene Sprache mit eben denselben feinen Bewegungen antwortet, die der Sprecher unbewusst vollführt». Mit einer minimalen Zeitverzögerung von 40 bis 50 Millisekunden reagiert die Feinmuskulatur des Hörers vom Kopf bis zu den Füßen auf die lebendige Sprache, nicht aber auf ein elektronisches

Medium. Sprache ist also eindeutig weit mehr als nur Information. Der Entdecker WILLIAM S. CONDON beschreibt diese erstaunliche Synchronizität von Sprech- und Hörbewegungen mit den Worten: «Bildlich gesehen ist es, als ob der ganze Körper des Hörers in präziser und fließender Begleitung zur gesprochenen Sprache tanzte.» Die gehörte Sprache erfasst zuerst den unbewussten Bewegungsmenschen. Wie ein Tänzer stellt er sich mit seinem ganzen Leib hinein in das lebendig strömende, plastische Bewegungsgeschehen der Sprache, und zwar unmittelbar, ohne zuvor den Schall bewusst registriert, erlebt oder verarbeitet zu haben. Bei 0,04 Sekunden bleibt sowieso keine Zeit für gedankliche Reflexion und erst recht nicht für ein seelisches Erleben (PATZLAFF 2001).

Zwischen den affektgebundenen Lautäußerungen der meisten Tiere und der menschlichen Sprache gibt es nun Töne und Klänge, die mehr einen «freiheitlichen» oder spielerischen Stimmgebrauch repräsentieren. Und diese Art des Umgangs mit dem Ton können wir vor allem im Gesang zahlreicher Singvögel erleben.

Man möchte denken, dass bei der Betrachtung des Vogelgesanges zweckmäßigerweise mit den Reviergesängen anzufangen sei, weil sie am auffälligsten in Erscheinung treten, weil sie bevorzugte Studienobjekte der Ornithologen sind und weil sie uns während der Vogelstimmenwanderungen besonders interessieren. Es ist ja auch außer Frage, dass es eindeutige Revierverteidigung bei vielen unserer Singvögel gibt, denn um das Territorium zu schützen, werden meistens akustische Signale eingesetzt, denen häufig Auseinandersetzungen folgen, die allerdings auch auf der rein gesanglichen Ebene geregelt werden können. Da aber der Reviergesang in der Regel nur zweckgebunden, also unter den Aspekten des Selektionsvorteils, betrachtet wird, erscheinen andere Lautäußerungen, die oft als «funktionslos» gelten, lediglich als wenig bedeutsame Nebenprodukte und werden entsprechend häufig vernachlässigt. Gerade ihnen sollten wir aber unsere besondere Aufmerksamkeit zuwenden.

Bei dieser Herangehensweise werden wir das gesamte Gesangsphänomen berücksichtigen, es als Basis unserer Betrachtungen nehmen und später den Reviergesang als eine – durchaus wesentliche – Teilerscheinung in das Ganze einordnen. Wir wollen uns nicht vorrangig davon leiten lassen, was vorteilhaft oder nützlich ist! Aus diesem Grunde möchte ich mit dem spielerischen Umgang der Stimme beginnen, die dem Vogelgesang meines Erachtens zugrunde liegt. So wird deutlicher, dass die einseitige Charakterisierung des Reviergesangs als Kampf von Rivalen nicht berechtigt ist.

Schon nach wenigen Vogelstimmenexkursionen können wir deutlich wahrnehmen und erkennen, dass zahlreiche Singvögel ihre Strophen und Gesangsmotive häufig variieren, so, als würden sie mit den Tönen spielen. Manche lassen sich sogar von anderen Sängern inspirieren und übernehmen fremde Motive. Es ist aber in keiner Weise vorgegeben, wie zum Beispiel Nachahmungen in den eigenen Gesang eingebaut oder ob sie verändert werden. Hier haben wir es unmittelbar mit einem spielerischen Aspekt zu tun. Es ist vielleicht nicht jeder Forscher bereit, von einem freiheitlichen Aspekt zu sprechen. Dass aber zahlreiche Singvögel mit dem Ton in einer fast spielerischen Weise umzugehen verstehen, dürfte für jeden, der unvoreingenommen diesem Klangzauber lauscht, zur Gewissheit werden. Und von dieser Seite her wollen wir erkunden, welche Lautäußerungen sich unabhängig von Revierverteidigung entfalten und in welcher Weise sich so, besonders im Gesang unserer besten Sänger, ein Freiraum eröffnet. Wie wenig festgelegt die Gesänge sind, erkennen wir auch daran, dass fast alle Gesänge der einheimischen Singvögel nicht angeboren sind, sondern erlernt werden müssen (VON PERNAU 1786). In diesem spielerischen Element der Gesänge leuchtet etwas Freiheitliches auf. Die Singvögel vermitteln uns in ihren feinstrukturierten und melodiösen Liedern farbenprächtige Klangbilder ihrer Intelligenz. Deshalb möchte ich auf einige stimmliche Phänomene hinweisen, die fernab der Revierverteidigung liegen.

Es gibt manche Arten von **Singflug**, wie zum Beispiel bei der Dorngrasmücke, wo ein sonst eher verborgen lebender Vogel mit seinem im Flug vorgetragenen Gesang (kurzfristig) auf sich aufmerksam machen möchte. Bei Baumpieper und Waldlaubsänger ist das Verhalten viel auffälliger. Beide Arten exponieren sich nicht nur für kurze Zeit, sondern machen bald nach ihrer Ankunft im Brutrevier stunden- und tagelang sowohl akustisch wie auch optisch auf sich aufmerksam. Auch Girlitz und Grünfink sind häufig bei ihren Singflügen zu beobachten. Diese teils ausgedehnten Singflüge sind deutliche Schauflüge, haben aber bereits etwas Spielerisches. Sobald wir uns jedoch den herrlichen Singflügen von Heide- und Feldlerche widmen, rückt das rein Zweckmäßige noch weiter in den Hintergrund, auch wenn Steppenvögel gern durch Singflüge auf sich aufmerksam machen. Die Gesänge erfüllen durchaus auch biologische und soziale Funktionen, aber bei derart langen und musikalisch vielseitigen Singflügen ist der spielerische Charakter unverkennbar. Mir ist, als würden diese Wesen eine innige Beziehung zum Kosmischen pflegen. Eigentlich könnte man das von jedem Vogelgesang sagen, aber beim Gesang der Lerchen wird es deutlicher erlebbar. Ich bedaure es oft, dass ich bei Vogelstimmenwanderungen meinen Teilnehmern nicht die Möglichkeit bieten kann, dem Gesang der überaus seltenen Heidelerche zu lauschen. Wir müssen heute dankbar sein, wenn der Gesang der Feldlerche noch auf den stadtnahen Feldern erklingt. Die Feldlerche zieht so hoch ihre Kreise, dass sie mit bloßem Auge manchmal kaum wahrzunehmen ist. Lerchengesang ist wie ein Segen aus Gesangsperlen, der über den Feldern ausgebreitet wird. Die Feldlerche verströmt dabei ihren Gesang wie eine Vermittlerin zwischen Erde und Kosmos. Ein Feld im Frühjahr ohne Lerchengesang erscheint mir wie ein kranker Organismus.

Eine andere spielerische Art der Gesangsdarbietung ist der **Chorgesang**. Damit ist nicht der großartige Morgenchor im Frühjahr gemeint, wenn alle in einem Gebiet lebenden Vogelmännchen singen. Das ist eindeutig Reviergesang. Chorsingen bedeutet, dass mehrere Individuen einer Art zusammen singen oder sich zum gemeinschaftlichen Singen zusammenfinden, also gerade nicht gegeneinander singen. Bei einigen Singvogelarten kann Chorgesang auch als gemeinsamer Singflug beobachtet werden, zum Beispiel bei Rauchschwalben. Schwalben sind keine Gesangskünstler verglichen mit Amseln oder Nachtigallen, aber der manchmal frühmorgens stattfindende Singflug ist etwas Wundervolles. Dieses Chorsingen mag sicherlich dem gemeinsamen Zusammenhalt dienen, ebenso wie die Chorgesänge von Teichrohrsänger und Nachtigall soziale Funktionen der Kommunikation erfüllen. Es macht aber Mühe, diese spielerischen gemeinsamen Gesangsaktivitäten in zweckgebundene Verhaltensweisen einzwängen zu wollen.

Beim Girlitz steigert sich der rauhe und kratzige Jugend- oder Herbstgesang bisweilen zum Chorgesang, beispielsweise tagsüber an nahrungsreichen Plätzen oder am Spätnachmittag vor Bezug der Schlafplätze. Von Bergfinken ist im Winterhalbjahr in vielstimmigem Chor vorgetragener Plaudergesang zu hören (GLUTZ 14/II). Sobald bei Goldammern die Reviergründung durch tiefe Temperaturen verzögert wird, ist ausnahmsweise auch leiser plauderartiger Chorgesang zu hören. Die nord- und osteuropäische Waldammer beginnt bereits Mitte März in ihrem ostasiatischen Winterquartier zu singen, und zwar zu vielen aus dem Schwarm heraus. Gelegentlich handelt es sich dabei um halblauten Plaudergesang, oft aber um wohlklingenden Vollgesang, der bei Beteiligung vieler Vögel manchmal zu eindrucksvollem, weithin hörbarem Chorgesang werden kann (Glutz 14/III). Wenn im Sumpfmeisennest entspannte Atmosphäre herrscht, tragen die Nestgeschwister ihren leisen Jugendgesang meist im Chor vor (Glutz 13/I). Während der Eiablage und Bebrütung kommt es bei Sumpfrohrsängern häufig zu Chorsingen mehrerer benachbarter ♂ (2 bis 5 Teilnehmer). Sie singen dabei gleichzeitig ohne Zeichen von Aggressivität relativ nahe beieinander sitzend, meist an den Reviergrenzen und fast immer in der Mitte eines Busches versteckt; diese Chorgesänge dauern zwischen 5 und 20 Minuten und finden nur bei sonnigem Wetter in der Mittagszeit statt (Glutz 12/I). Bei den Erlenzeisigen beginnt die Gesangsperiode bereits im Januar. Zu dieser Zeit tragen die im Trupp umher ziehenden Zeisige ihre Strophen oft in vielstimmigen Chören vor (Bezzel 2001). Auch vom Seidenschwanz soll bei Schönwetter im Vorfrühling leiser rotdrosselartiger Chorgesang zu hören sein (Glutz 10/II). Der Chorgesang der Grauammer, der sich durch trillerartige Struktur hervorhebt, kann während des ganzen Jahres außerhalb der engeren Brutzeit (Mai – Juli) vernommen werden. An milden und sonnigen Herbst- und Wintertagen wird in der Nähe des Brutgeländes im Chor gesungen; im März und April können sogar am gleichen Tag Revier- und Chorgesang gehört werden (Glutz 14/III). Von den mehr in Nordeuropa brütenden Rotdrosseln sind Chorgesänge auch während des Zuges bekannt, manchmal in Gemeinschaft mit Wacholderdrosseln. Das gemeinschaftliche Singen der Stare morgens und abends an den Schlafplätzen gehört ebenso zu diesem Phänomen, wie wir auch gerechterweise das wenig klangvolle, aber gemeinschaftliche Tschilpen unserer Haus- und Feldsperlinge zum chorischen «Singen» zählen müssen.

Mit zu den besten Sängern Australiens gehören die mit den Rabenvögeln und Würgern verwandten Flötenvögel. John Gould, der große amerikanische Vogelmaler, der im Allgemeinen von den Stimmäußerungen australischer Vögel nicht beeindruckt wurde, schreibt zum Chorgesang der Schwarz- und Weißrücken-Flötenvögel (⇨ S. 125): Die Beschreibung der Laute dieser Vögel geht über die Kraft meiner Feder hinaus, und ich selbst bedaure es sehr, dass meine Leser ihnen nicht in der heimatlichen Wildnis des Flötenvogels lauschen können, wie ich es getan habe. Der weit hörbare Gesang von Hunderten männlicher Flötenvögel klingt wie ein einziger gemischter Chor (Grzimek IX).

Ein besonderes Phänomen, das den Charakter des Spielerischen hervorzuheben vermag, sind **Duette** oder Duettgesänge. Diese wunderbaren Klanggebilde sind in den Tropen wesentlich stärker verbreitet als bei uns. Ich werde nicht vergessen, als ich das erste Mal in Kenia im Jahre 1971 ein Pärchen des ostafrikanischen Boubouwürgers (*Laniarius aethiopicus*) im Duett singen hörte: Auf die reinen Glockentöne des ♂ rief das ♀ mit ebenso wohlklingender Stimme zurück, um wiederum vom ♂ mit glockenartigen Pfiffen Antwort zu erhalten. Ich bin mir nicht mehr sicher, ob beide Vögel während des Duettsingens auch leichte Verbeugungen machten. Das liebenswerte Hin und Her der Glockenmotive dauerte mehrere Minuten. Ich war wie verzaubert. Rolf Lachner (1969) beschreibt seine Begegnung mit diesen *Glockenvögeln* (im Volksmund «Bellbirds») in seiner bewundernswert lebendigen Art:

«Den nachhaltigsten Eindruck an diesem Morgen hinterlässt der überaus melodische Duettgesang des Boubouwürgers, eines Vogels, der fast nur paarweise zu beobachten ist und durch den Vortrag einer harmonisch sich ergänzenden Ruffolge der beiden Partner sogleich auf sich aufmerksam macht. Diese Zwiesprache wirkt wie ein in sich geschlossenes Ganzes. Wenn man das Duo zum ersten Mal hört, ordnet man es zunächst keinesfalls einem Vogel zu, schon gar nicht zwei (!) Vogelkehlen. Der in einer abfallenden reinen Quart vorgetragene Doppelpfiff des Boubouwürgers erinnert vielmehr an ein Blasinstrument». Seit jenem Erlebnis hat mich dieses freiheitliche, spielerische Singen, das meines Erachtens mehr mit *Vortragskunst* als mit biologischen Zwecken zu tun hat, sehr beschäftigt.

Natürlich dient der Duettgesang als reiner Paargesang der Verständigung und sicher auch dem Zusammenhalt der Paare, zumal Duettsingen (oder Duettieren, wie es die Ornithologen nennen) häufiger bei Arten auftritt, die länger als Paare zusammenleben. Da zahlreiche Duettsänger tropische Wald- oder Buschvögel sind, wird deshalb vermutet, dass auf diese Weise die Partner im dichten Blätterwerk leichter in Kontakt bleiben können. Das mag für bestimmte Arten zutreffen, ist aber nicht zu verallgemeinern, denn erstens würden Stimmfühlungslaute, wie bei anderen Arten, dazu völlig ausreichen, und zum anderen singen nicht wenige Arten, wie ich es bei den ostafrikanischen Flötenwürgern beobachten konnte, ganz nah beieinander im Duett. Auch die südamerikanischen Töpfervögel, welche nicht nur berühmte Nestbaumeister, sondern auch vorzügliche Duettsänger sind, stehen sich bei ihren Duetten generell mit gestrecktem Hals und gespreiztem Schwanz unmittelbar gegenüber; fast ganzjährig sind ihre glockenähnlichen Stimmen zu hören (GRZIMEK IX). Ebenso die afrikanischen Schmuckbartvögel, deren Strophen meisterlich aufeinander abgestimmt sind, sitzen, wie zahlreiche andere duettierende Bartvogelarten, stets dicht beieinander (ALBRECHT 1968). Der ebenfalls in Afrika lebende Waldweber lebt im Gegensatz zu anderen Webervögeln nicht gesellig, sondern in einzelnen Paaren in großen Dauerrevieren. Zu seinem ungewöhnlichen Gesang schreibt WICKLER (1986): «Es ist ein von den Paarpartnern gemeinsam vorgetragenes Duett, bei dem beide gleichzeitig dasselbe singen. Jedes Paar hat nur eine Strophe und ist wegen paartypischer Besonderheiten daran von jedem anderen Paar zu unterscheiden ... Wir sind sicher, dass die exakte Übereinstimmung der Paarpartner nur durch angleichendes Lernen zustande kommen kann ... Und wir haben daraus gefolgert, dass es für die Tiere vorteilhaft ist, in einer eingespielten Singpartnerschaft zu bleiben, statt nach einem Partnerwechsel erneut die Angleichungsprozedur auf sich zu nehmen».

Wenn man davon ausgeht, dass im Verhalten der Tiere immer alles vorteilhaft sein muss, dann mag eine solche Hypothese folgerichtig sein. Vor dem «Eifer, mit dem heute nach dem Selektionswert auch der feinsten Nuancen des Verhaltens gefahndet wird», hat aber PORTMANN (1953) eindringlich gewarnt. In der Tat scheinen einige Duette recht kompliziert zu sein, sodass es bis zum vollendeten Duettgesang wochenlanger Übung bedarf. Aber wollen wir allen Ernstes annehmen, dass für Singvögel das Erlernen von Gesängen oder Duetten eine «Prozedur» ist, deren Wiederholung die Tiere vermeiden möchten? Entweder ist eine Art unbegabt, dann hören wir auch nur einfache und bescheidene Lautäußerungen, oder aber sie vermag komplizierte Gesangsmuster und Duette vorzutragen, dann sollte es für dermaßen befähigte Vögel nicht schwierig sein, auch neue Strophen zu erlernen, sofern diese Art lebenslang lernfähig ist. Deshalb kann ich mir kaum vorstellen, dass auf der Gesangsebene ausgerechnet Bequemlichkeit der Grund sein sollte, seinem Partner lebenslang treu zu bleiben. Wohl aber vermag das ständige Eingestimmt-Sein auf den Partner, das ja Voraussetzung für erfolgreiches Duettsingen ist, die Bindung des Paares zu fördern. Insofern dürfen wir Duette als die «am höchsten entwickelte Form der Ehegesänge» betrachten (LINSENMAIR 1968). Hierzu einige Beispiele: Die Untersuchungen von GWINNER & KNEUTGEN (1962) an Kolkraben und Schamadrosseln ergaben, dass die Weibchen «das Repertoire des Partners sehr genau kennen und sogar zu imitieren verstehen, wenn sie vom Partner getrennt wurden. Das ist wohl der stärkste Hinweis für persönliches Gesangskennen zum Nutzen des Paarzusammenhaltes» (THIELCKE 1970a). Ein Pärchen der in Nordaustralien beheimateten Schwarzrücken-Flötenvögel, auch australische Elstern genannt, «gestaltete eine Melodie, die ihm auf der Flöte vorgespielt wurde, zu einem Wechselgesang. Jeder der beiden Partner sang stets nur seinen Teil. Als aber die eine Elster starb, begann die andere das vollständige Motiv zu singen» (LINSENMAIR 1968). Gibt es ein schöneres Zeichen dafür, dass das verbindende Element die Musik selbst ist? Wir werden später noch hören, wie eine musikalische Kommunikation selbst unterschiedliche Vogelarten einander näher bringen kann (⇨ S. 145). Ferner zeigen uns die australischen Elsterchen sehr schön, dass Duettsänger keine irgend geartete Abneigung vor einer sogenannten Angleichungsprozedur haben, sondern dass sie ohne Mühe zu der eigenen noch eine neue Melodie hinzulernen können und diese nach Duettsänger-Art aufteilen.

Ungewöhnlich scheint zu sein, wenn Duettsingen in Verbindung mit Revierverteidigung ertönt: Beim oben erwähnten Boubouwürger, dessen Duettgesang mich so begeistert hat, konnten Duett-Duelle an der Reviergrenze beobachtet werden, und zwar «wie die Tiere sowohl mit den paar-eigenen Motiven den Partner ansangen und zur Duettantwort brachten, als auch Motive des Rivalen aufgriffen und ihm entgegen sangen; sie redeten also in raschem Wechsel und mit verschiedenen Elementen den Paarpartner und den Rivalen an» (WICKLER 1986). Die nicht sehr lauten, aber wohl kompliziertesten aller bekannten Duette lassen die Paare der afrikanischen Trauerdrongos an der gemeinsamen Reviergrenze erklingen. Ostafrikanische Grassänger und andere Cisticola-Arten führen ebenfalls Duettgesänge auf, wobei jedes einzelne Paar mehrere verschiedene Duettmotive beherrscht. Die Paare duettieren auch mit ihren verpaarten Nachbarn, und aus einem daraus resultierenden Quartett kann sich ein so genanntes Konterduett entwickeln (TODT 1970). Nach Ansicht von WICKLER/SEIBT (1980) könnten solche Duett-Kämpfe aus folgendem Grund vorteilhaft sein: «Wenn beide Partner das Revier verteidigen, zeigen sie mit dem Duett eine stärkere Kampfkraft an als ein einzeln rufender Vogel. Den könnte ein reviersuchendes Paar mit Aussicht auf Erfolg angreifen». Es geht aber hier nicht um das gemeinsame Verjagen eines Feindes, sondern um eine Auseinandersetzung unter Artgenossen. Bei einer duettsingenden und gemeinsam ein Revier verteidigenden Art treffen Duett-Partner jedoch in der Regel auf duettsingende, also ebenfalls gemeinsam revierverteidigende Paare. Die «Kampfkraft» wird somit nicht durch Entwicklung von Duettgesängen bzw. Duett-Kämpfen verstärkt, denn das vermeintliche Kräfteverhältnis 2:1 existiert zumindest nicht bei Reviernachbarn. Ein anderer Gedanke der genannten Autoren ist, dass Duett-Sänger in jedem Falle anzeigen, dass sie verpaart sind. Wer also zugleich mit dem Partner ruft, erspart sich möglicherweise Konflikte mit interessierten Artgenossen.

Die Ursachen des Duettsingens sind weitgehend ungeklärt; diese besondere Gesangsform ist wohl nicht zur Revierverteidigung entwickelt worden, auch wenn, wie bei den geschilderten Arten, der Duett-Gesang zu diesem Zweck (ausnahmsweise) benutzt wird. Für mich haben diese melodischen, vollkommen aufeinander abgestimmten Duettgesänge vor allem etwas Freiheitliches, Spielerisches. Es sind bisher etwa 200 Vogelarten bekannt, die im Duett singen, sei es gleichzeitig (*unisono*) oder einander antwortend (*antiphon*). Immer aber sind beim Duettgesang die Laute so aufeinander abgestimmt, dass sie uns den Eindruck eines einheitlichen Gesanges vermitteln oder ein kontinuierliches Lied ergeben.

Der ostafrikanische Rotbauch- oder Scharlachwürger (*Laniarius erythrogaster*) duettiert in schöner Harmonie. Dem vollen, lauten flötenden Pfiff des ♂ folgt das Gurren des ♀. Die Vögel halten das Tempo so genau ein, als würden sie nach dem Schlag eines Dirigenten singen. Dabei ist die Abstimmung der Rhythmik und der Tonhöhen so exakt, dass man meint, nur einen Vogel singen zu hören, obwohl der Gesang vom ♂ und vom ♀ gemeinsam vorgetragen wird. Bei der Analyse einer Tonfilmaufnahme konnte entdeckt werden, dass das ♂ einen Bruchteil einer Sekunde vor dem ♀ angesetzt hatte. Sie reagierte blitzschnell, selbst wenn sie ihren Gefährten nicht sehen konnte. Ahantafrankoline duettieren gewöhnlich im Mondschein. Junge Paare, die sich erst gefunden haben, scheinen erhebliche Schwierigkeiten zu haben, ihre Rufe zu koordinieren, aber nach einiger Zeit des Zusammenlebens singen sie vollkommen synchron. Australische Drosselstelzen singen antiphon, tragen also abwechselnden Duettgesang vor. Dabei beginnt der eine mit «pee-o-wit», und der Gefährte setzt augenblicklich fort mit «te-he». Die Reihenfolge kann auch umgekehrt werden. Dieses Duett ist so gut synchronisiert, dass es kaum zu erkennen ist, ob ein Vogel oder ein Vogelpaar singt. (BORNEMISZA 1999). Vor allem aus den Familien der Würger, Drosseln, Grasmücken, Fasane und Rallen sind Duette bekannt.

Von den einheimischen Vögeln, die auch im Duett singen, sind Zwergtaucher und in gewisser Weise auch Pirole zu nennen. Bienenfresser, die wie Uferschwalben ihre Bruthöhlen in Sandwände graben, lassen während des etwa vierzehntägigen Höhlenbaus ein einfaches «Grabeduett» ertönen (HAHN 1982). Besonders zur Winterzeit hören wir die wechselnden Rufe der Gimpel. Diese wehmütigen einsilbigen Rufe klingen eher wie schlichte Stimmfühlungslaute, haben aber durchaus Duett-Charakter. Auch die so genannten Erregungs-Duette der Trauerschnäpper wie die duettartigen Rufkontakte der Kohlmeisen gehören dazu.

Wenn wir uns vergegenwärtigen, mit welcher Präzision viele Duette erklingen, so dürfen wir annehmen, dass alle Duettsänger auch die Strophen ihrer Partner genau kennen.

Der leise **Jugendgesang** einiger Singvogelarten ist häufig schon unmittelbar nach dem Flüggewerden oder einige Wochen später, zu hören, so zum Beispiel von Goldhähnchen, Gartenbaumläufer, Zaunkönig, Kleiber, Teichrohrsänger, Goldammer, Girlitz und Meisen (Sumpfmeise ⇨ S. 136). Auch von Drosseln ist Jugendgesang zu hören; der halblaute, abwechslungsreiche Jugendgesang der Amsel scheint angeboren zu sein. Bei manchen Vogelarten sind es noch einfache, nicht voll ausgebildete Gesangsstrukturen, die wir vernehmen können. Bei einigen Arten kündigt der Jugendgesang jedoch schon deutlich den kommenden *Meistersänger* an. Der Jugendgesang des Sumpfrohrsängers enthält etwa im Alter von vier Wochen noch keine Imitationen, erklingt aber ab August oft minutenlang. Ab Januar dagegen enthalten die Gesänge der jungen Sumpfrohrsänger bereits ein reiches

Repertoire von Imitationen (Lernprozess ⇨ S. 133). *Jugendgesänge können in ihrem Motivreichtum und ihrer noch universellen Variabilität bei einzelnen Arten sogar den späteren Vollgesang übertreffen,* allerdings nicht in Dynamik und Klangfülle. Gegenüber dem einfachen, stereotypen Reviergesang des Feldschwirls sind in seinem Jugendgesang «gelegentlich kurze girlitz-, heckenbraunellen- oder grauammerähnliche Klirrstrophen» (Glutz 12/I) zu hören. Auch der Jugendgesang der Buchfinken kann, im Gegensatz zum Reviergesang, Imitationen enthalten. Der Jugendgesang der Mönchsgrasmücke ist mit etwa einem Monat voll entwickelt und gilt als die «tonal reichste Gesangsform dieser Art»; sogar die ersten Überschläge treten schon auf. Bereits mit vier Wochen ist der Jugendgesang der Dorngrasmücke, ein leiser, fast pausenloser Vortrag des ungestört verborgen sitzenden ♂, voll entwickelt (Glutz 12/II).

Der von mir hoch geschätzte Baseler Zoologe Adolf Portmann (1897-1982) nimmt den Jugendgesang der **Dorngrasmücke** zum Anlass, diesen noch ungebundenen frühen Gesang mit dem funktionalen Reviergesang zu vergleichen: «Noch einen anderen Einblick bringt die Erforschung der Dorngrasmücken: der Artgesang ist kein Liebeslied … Der Jugendgesang ist der umfassendste, vollendetste Sang dieser Vogelart. Und dieser selbe Gesang, der lange vor der geschlechtlichen Reife ertönt, erscheint nach abgeklungenem Fortpflanzungstrieb im Nachsommer noch einmal … Die geschlechtliche Stimmung bricht nun geradezu in dieses Artgebilde ein, zerstückelt es und verwendet die Teile, zu lauten ‹Motiven› verkümmert, im Dienste der besonderen Funktionen, welche die Arterhaltung von allen Wesen fordert … Eines fesselt mich ganz besonders an diesem Jugendgesang: seine Funktionslosigkeit. Es lohnt sich, diese ein wenig näher anzusehen. Gemeint ist die Tatsache, dass der Jugendgesang in keine der arterhaltenden Rollen eingespannt ist, denen sich die Erforschung der Tiere seit langem mit Vorliebe zuwendet, weil sie uns unmittelbar als sinnvoll und lebenswichtig einleuchten. Der Jugend- und Herbstgesang dient ja in der Tat nicht dem Besetzen eines Reviers noch dem Erlangen eines Partners – weder dem Rivalenkampf noch der Brutpflege … Wird als Funktion nur anerkannt, was den Betrieb des Lebens unmittelbar erhält, dann ist dieses spielerisch gesungene Lied der Grasmücke in der Tat funktionslos» (Portmann 1957).

Vom Jugendgesang, der häufig noch sehr leise und nicht sehr differenziert ist, geht die Entwicklung meist kontinuierlich über in den vielseitigeren **Plaudergesang** (von den Ornithologen meist Subsong genannt), der aber nicht so kraftvoll vorgetragen wird wie der eigentliche Reviergesang und von diesem auch in der Struktur abweicht. Zu hören ist der Plaudergesang, der auch als *Plastischer Gesang* bezeichnet werden kann, oft im Spätwinter – bei Zugvögeln manchmal auch im Winterquartier oder auf dem Heimzug. Der Entwicklungsgrad dieser Gesangsart ist von Art zu Art verschieden. Beim Birkenzeisig ist der Plaudergesang noch unentwickelt, während bei vielen Arten bereits ein erstaunlicher Variationsreichtum zu hören ist. Der Jugendgesang einer etwa 24 Tage alten Klappergrasmücke zeigt beispielsweise schon typische Merkmale des Plaudergesangs adulter ♂ (Glutz 12/II). Motive sind im Plaudergesang in der Regel noch sehr veränderlich. Beim Fitis konnte festgestellt werden, dass die Variationsmöglichkeiten besonders groß sind und dass das Verhalten, zumal in bestimmten juvenilen Stadien, abwechslungsreich, locker, oft spielerisch und funktionslos erscheint … auch nähert sich der Gesang nach der Brutzeit wieder dem Plaudergesang an (Schubert 1967). Der häufig vernehmbare, aber leise Plaudergesang des Wintergold-

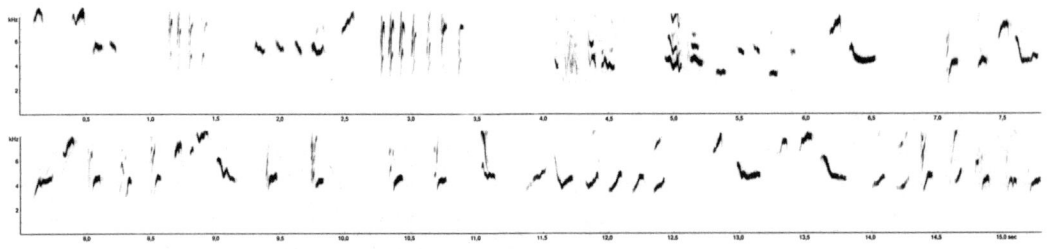

Abb. 96: Kohlmeise: Langer vielfältiger Plaudergesang eines jungen ♂ (E. Tretzel)

hähnchens entwickelt sich fließend aus dem Jugendgesang und ist vor allem während der Zug- und Überwinterungsperiode, gelegentlich auch während der Brutsaison zu hören. Gegenüber dem strophig gegliederten Reviergesang des Wintergoldhähnchens ist der *Plaudergesang ungemein variabel und «ästhetisch ansprechend»*, ein sehr leises, stark moduliertes und auch Fremdelemente enthaltendes, fortlaufendes Gezwitscher ... Imitationen, vor allem Erregungs- und Kontaktlaute von Buchfink und Meisen kommen besonders häufig im Subsong, aber auch im Schlussteil von Reviergesangsstrophen vor (GLUTZ 12/II).

Wie vielseitig und plastisch der Plaudergesang der Kohlmeise ist, kann uns das abgebildete Sonagramm des 15 Sekunden dauernden Plaudergesanges zeigen (Abb. 96), besonders, wenn wir es mit den nur 0,5 bis 1,0 Sekunden langen Motiven des Reviergesangs (⇨ S. 118) vergleichen. Dabei ist auch zu beachten, dass der Plaudergesang der Kohlmeise nicht in einzelne Strophen gegliedert ist, sondern vielmehr ein fortlaufendes *Vor-sich-Hinsingen* zu sein scheint. Zahlreiche Singvogelarten lassen auch Imitationen artfremder Stimmen in ihrem Plaudergesang hören, verwenden diese aber später nicht in ihrem vollen Artgesang. Wir haben es daher häufig mit einer tonal sehr variablen, noch universellen Gesangsart zu tun. Beim Plaudergesang handelt es sich also nicht generell um eine schlichte Vorstufe zum Reviergesang, sondern der Reviergesang scheint vielmehr, wie es PORTMANN oben andeutet, bei etlichen Arten unter dem Einfluss der Hormone seine Vielseitigkeit zu verlieren, um stattdessen in Lautstärke, Klangfülle und intensivem Vortrag zu erstrahlen.

Nach der Brutperiode und Mauser bzw. vor dem Wegzug einiger Singvögel ist zum Teil ausgeprägter und variationsreicher **Herbstgesang** zu hören, zum Beispiel von Feldlerche, Singdrossel, Zilpzalp, Fitis, Rotkehlchen, Hausrotschwanz, Girlitz, Hänfling, Goldammer, Kohl- und Blaumeise. Bei den Zugvögeln klingt der Herbstgesang fast wie ein Abschiedsgesang. In der Regel können wir dieses herbstliche Singen ab Mitte September hören. Wenn wir im September/Oktober recht ausdauernde Strophen hören, so kann es sich oft auch um den Gesang eines einjährigen ♂ handeln. Diese Gesänge dienen weder der Anlockung der ♀ noch der Verteidigung von Brutrevieren.

Das gilt auch für den **Wintergesang** von Rotkehlchen und Zaunkönig und für den Gesang einiger Zugvögel im Winterquartier wie beispielsweise Pirol, Fitis, Mönchsgrasmücke, Gartengrasmücke, Nachtigall, Sprosser und Schilfrohrsänger.

Die Begriffe Herbst- und Wintergesang werden

unterschiedlich benutzt. Einige Ornithologen verwenden diese Begriffe je nach der Jahreszeit, in welcher die Gesänge erklingen, andere betrachten den Wintergesang generell als die charakteristische Gesangsform außerhalb der Fortpflanzungszeit, während manche unter Wintergesang lediglich die Gesänge unserer Zugvögel im Winterquartier verstehen.

Manche Vogelarten singen auch während des *Heimzugs*, zum Beispiel verschiedene Rohrsänger, Schwirle, Grasmücken, Laubsänger und Goldhähnchen; auch Nachtigall, Blaukehlchen und Gelbspötter sind auf dem Frühjahrszug zu hören. Einige, wie beispielsweise Blaukehlchen, verhalten sich bereits während des Zuges territorial. Auf dem Heimzug, der ja schneller vonstattengeht als der Herbstzug, mag der Einfluss der Hormone bereits zu spüren sein; die Vögel drängt es an ihre Brutstätten. Wir können dieses Gesangsverhalten schon als Übergang vom rein spielerischen Stimmgebrauch zum funktionalen Reviergesang betrachten.

Was verteidigen die Vögel aber außerhalb der Brutzeit? Welchen Sinn oder gar arterhaltenden Zweck ergibt es, im Herbst oder Winter bzw. auf dem Heimzug einen bestimmten Raum zu verteidigen? Warum sind es vor allem singende Individuen, die außerhalb der Brutzeit zu ihren Artgenossen auf Distanz gehen? In einigen Fällen grenzen sich sogar singende ♂ von singenden ♀ ab (Rotkehlchen, Blaumerle, Schamadrossel). Und warum sind es vor allem ausdrucksvolle Sänger, die sich so verhalten? Nehmen sie sozusagen ihren Klangraum mit? Wir werden später hören (⇨ S. 187), ob es sich lediglich um Zufälle oder um bedeutungsvolle Zusammenhänge handelt.

Unter der Voraussetzung, dass die Gesänge der Vögel nur arterhaltenden Charakter haben, werden die oben beschriebenen Gesangsarten häufig von den Ornithologen als «funktionslos» bezeichnet, da man ja diese Gesangsbereiche nicht eindeutigen Zwecken zuordnen kann. Einen solchen Begriff sollten wir aber nicht mit «bedeutungslos» in Verbindung bringen. Im Gegenteil: die verschiedenen Varianten spielerischen Stimmgebrauchs, die wir im obigen Kapitel betrachtet haben, zeigen uns, dass es biologische Freiräume gibt. *Funktionslos* wollen wir in diesem Zusammenhang übersetzen mit: *frei von Zwängen*. Gerade hier tut sich das kund, was – unabhängig von notwendigen äußeren Faktoren – unmittelbar aus der Psyche des Vogels zu kommen scheint: Innerlichkeit.

Jeder von uns hat die Möglichkeit, die Unterschiede zwischen affektgebundenen Lauten und spielerischem Stimmgebrauch im Tierreich selbst herauszuhören. Einige Säugetiere haben ein umfangreiches Stimmrepertoire. Stellen wir uns aber einmal vor, Pferde, Kühe, Leoparden oder Mäuse würden beginnen, mit den Tönen zu modulieren. Sofort wird uns deutlich, wie sehr die Stimmen dieser Tiere leibgebunden sind. Weniger gebunden dagegen sind die Stimmen der Vögel. Und in besonderem Maße sind es die Gesänge zahlreicher Singvögel, die sich frei und spielerisch entfalten. Von daher hat es natürlich auch seinen besonderen Reiz zu beobachten, wie das Spielerische mit dem Lernprozess eng verwoben ist.

Schmitt und Stadler haben bei der Amsel förmliche Singstunden beobachtet. In musikalischer Spielfreude übt der Jungvogel, vom Vater unterwiesen, schon «früh seine Singmuskulatur und deren Fertigkeiten, in denen sich seine Vitalität, sein Betätigungsdrang, seine Daseinsfreude, sein Liebesverlangen und möglicherweise auch darüber hinaus seine Empfindungen mancher Art aussprechen werden. Wenn sich schon beim jungen Singvogel der *musikalische Spieltrieb* in solcher Weise regt und entwickelt, wird es verständlich, dass sich bei einzelnen hochstehenden Singvogelarten der Gesang oft genug von den realen Lebensverflechtungen zu lösen vermag und zur Freude am Schönen wird, zum Triebe ‹Schönes zu schaffen›, in welchem HOFFMANN die Ursache des Strebens zur musikalischen Vervollkommnung erblickt» (TIESSEN 1989). Als Kriterium für spielerischen Stimmgebrauch gilt natürlich in besonderem Maße die Fähigkeit, fremde Stimmen nachzuahmen. Diese erstaunliche Begabung haben wir z.B. bei Singdrossel und Star bereits kennengelernt. Weiter unten wollen wir uns noch eingehender mit diesem Phänomen befassen (➪ S. 140).

Lernprozesse, Lernphasen, Dialekte
(unter besonderer Berücksichtigung von Buchfink, Sumpfmeise und Sumpfrohrsänger)

Sobald wir uns dem Studium der Gesangsentwicklung widmen, wird uns die Frage beschäftigen, wie die Vögel den Gesang erwerben. Zahlreiche Vogelarten sind untersucht worden. Tauben, Spechte und Kuckucke beispielsweise haben angeborene Lautäußerungen. Fast alle Singvögel müssen aber, um ihren arttypischen Gesang zu entwickeln, von älteren Artgenossen lernen. In jedem Frühjahr haben wir Gelegenheit, etwas von diesen Lernprozessen unmittelbar mitzuerleben. Der **Buchfink** ist eine unserer häufigsten Vogelarten. Er singt im süddeutschen Raum schon Anfang Februar. Vier bis fünf Monate können wir täglich diesen einprägsamen Gesang hören. Wenn wir aufmerksam sind, hören wir ohne Mühe, dass er übt. Anfangs trägt er nur den ersten Teil des Gesangs vor. Diese schmetternde wohlklingende Strophe «djidjitdjitdjitdjit…» oder «zitzitzitzit…» ist uns sicher wohlbekannt, aber es fehlt noch der kraft- und ausdrucksvolle Schnörkel oder Überschlag am Schluss. Die Buchfinken beginnen immer wieder neu. Nach einer gewissen Zeit, es können Tage oder Wochen sein, gelingt es ihnen, auch den so charakteristischen Schnörkel anzuhängen. Es ist wirklich reizvoll, in diesen ersten Wochen bewusst zuzuhören und dann zu erleben, mit welcher Freude sie ihren vollständigen Gesang ununterbrochen hinausschmettern.

Es ist unterschiedlich, wie lange die einzelnen Individuen üben, bis sie ihre Strophe vollendet singen können. Bruterfahrene und gesangsgeübte ältere ♂ scheinen sich lediglich einige Tage einzusingen. Sie erinnern sich an ihre eigenen tausendfach wiederholten vorjährigen Gesangsstrophen, während sich ein einjähriges ♂ vor allem an den Gesang seines Vaters erinnert, seine Singmuskulatur erst noch trainieren muss und deshalb entsprechend länger übt. Die Entwicklung vom so genannten Plaudergesang (Subsong) bis zum Vollgesang kann etwa vier Wochen dauern. In dieser Zeit sind die Endschnörkel noch recht variabel. Die verschieden lange Dauer bis zum vollendeten Gesangsvortrag mag darüber hinaus auch mit unterschiedlich begabten Individuen zusammenhängen. Besonders, wenn sich mehrere ♂ gegenseitig zum Singen anregen, fördert und beschleunigt das die Ausbildung des Überschlags. Uns ist in diesem Zusammenhang wichtig, dass der erste Teil des Gesanges, der dem Herbstgesang der jungen ♂ entspricht, angeboren ist, während der zweite Teil, der Endschnörkel, erlernt werden muss. Daher das Üben.

Die Regel ist, dass schallisoliert aufgezogene Vögel keinen Vollgesang entwickeln können. In so genannten *Kaspar-Hauser-Versuchen* lässt sich nachweisen, ob oder welche Gesangsanteile angeboren sind. Isoliert aufgezogene Buchfinken sind intensiv untersucht worden. Und solche Kaspar-Hauser-Buchfinken, die keinen Artgesang hören konnten, entwickelten einen einfachen Motiv-Gesang, dessen Länge im Mittel mit der Strophe normal aufgewachsener Buchfinken übereinstimmt (etwa 2.2 sec), jedoch nicht die typische Unterteilung des Wildgesangs besitzt. Die Kaspar-Hauser-Strophe ist eine weitgehend monotone Reihung gleichartiger Laute mit schwachem Abfall der Tonhöhe am Schluss (GLUTZ 14/II). Ein junges Männchen lernt aber im Versuch leicht einen ganz fremden Gesang. Würde man später einem derart fremdgeprägten Männchen noch mehrere Gesangsstrophen anderer Arten (wie auch den Buchfinkengesang!) anbieten, so wird er den Buchfinkengesang vorziehen und erlernen, das heißt «er erkennt ihn, ehe er ihn kann» (WICKLER 1986). Die Ornithologen gehen deshalb davon aus, dass der Vogel eine angeborene Lernpräferenz für den arteigenen Gesang besitzt. Ein gewisses Grundmuster scheint bei etlichen Singvögeln angeboren zu sein; die Gesangsstrophen müssen aber erlernt werden, das heißt, ein junges ♂ muss zur vollen Entwicklung seines Gesanges eigene Artgenossen hören. In der Regel ist das der Vater, weil es dessen Stimme als Jungvogel ständig in der Nähe des Nestes hört. Lieder und Motive werden entlang der männlichen Linie tradiert. Bei dem vielfältigen Vogelkonzert im Walde dringen aber nun unterschiedlichste Gesänge und Motive an das Ohr eines jungen Vogelmännchens. Wird ein Jungvogel da nicht verwirrt? Offensichtlich nicht, denn aufgrund eines inneren Klangbildes, durch eine geheimnisvolle Lerndisposition für den arteigenen Gesang, bevorzugt der Jungvogel, ähnlich wie es beim Buchfink festgestellt wurde, den Gesang seiner Art.

Der berühmte Ornithologe OSKAR HEINROTH erhielt kurz nach Sommeranfang ein 4 Wochen junges Nachtigallmännchen, das keine Gelegenheit hatte, arteigenen Gesang zu hören. «Der Vogel hörte aber 10 Tage lang ein feurig schlagendes Mönchsgrasmückenmännchen. Als das Nachtigallmännchen im November des Geburtsjahres zu singen begann, zeigte sich, dass es innerhalb dieser 10 Tage, die ja viele Monate zurücklagen, den vollen Überschlag der Mönchsgrasmücke gelernt hatte: Der Gesang war von dem eines Schwarzplättchens (wie man die Mönchsgrasmücken auch nannte) nicht zu unterscheiden. Im Frühjahr holte HEINROTH dann einen gut singenden Nachtigallenmann ins Zimmer, und von ihm lernte der nunmehr einjährige Vogel in wenigen Tagen den vollen Artgesang hinzu – ohne indes seine anderen Strophen zu vergessen. Der Artgesang ist also bei der Nachtigall nicht angeboren, sondern er muss von einem Artgenossen ... erlernt werden. Aber noch etwas anderes zeigt uns dieses schöne Beispiel: Fehlt einem solchen lernbegierigen Jungvogel ein artgleicher Vorsänger, so wählt er sich irgendein anderes singendes Vogelmännchen als Vorbild und lernt dessen Strophen. Aber trotz seiner Unfähigkeit, ohne Lehrmeister den Artgesang zu singen, muss das junge ♂ doch eine recht genaue *Vorstellung* davon haben, wie er klingt. Denn sonst hätte unser Männchen nicht im fortgeschrittenen Alter die Nachtigallenstrophen noch so schnell hinzugelernt» (NICOLAI 1976).

Aber je nach Art gibt es große Unterschiede, sowohl in der Länge der frühen Lernperiode als auch darin, ob und wie eine Prägung auf artfremden Gesang stattfindet. Wenn Zebrafinken beispielsweise in ihrer sehr kurzen, sensiblen Phase den Gesang eines artfremden Ziehvaters lernen, so ist das unumkehrbar, und sie behalten dieses erlernte Gesangsmuster auch dann bei, wenn sie später mit arttypisch singenden Zebrafinken gehalten werden (BEZZEL 1990). Lernphasen scheinen bei Zebrafinken hormonell gesteuert zu sein. Es konnte nachgewiesen werden, «dass während der sensiblen Phase junger ♂ rund 18.000 neue Nervenzellen geboren werden» (NORDEEN 1988). Im Gegensatz zu Zebrafinken übernahmen junge Klappergrasmücken in einem ähnlichen Versuch den Leiergesang von Mönchsgrasmücken überhaupt nicht. Das zeigt uns, dass nicht jeder Vogel jedes beliebige Vorbild nachsingen kann (BERGMANN 1987).

Die Ornithologen nahmen früher verständlicherweise an, dass begabte Sänger wie Drosseln und Grasmücken ihre Gesänge lernen müssten, während die schlichten Gesänge von Feldschwirl oder Gartenbaumläufer angeboren seien. Inzwischen sind aber eine Reihe von Arten genauer untersucht worden, und es hat sich gezeigt, dass selbst so einfache Gesänge wie die der letztgenannten beiden Arten erlernt werden müssen. Grasmücken ist dagegen ein Großteil des Gesanges angeboren. Bei anderen Arten, wie beim Zilpzalp oder der Sumpfmeise, scheinen Vererbung und Tradition in der Entwicklung der Gesangsstrophen unterschiedlich ineinander verwoben zu sein (BECKER 1990). Auch Waldbaumläufern ist ein Teil ihres Gesanges angeboren, den anderen Teil ihrer Strophe müssen sie erlernen. Die «Kaspar-Hauser-Amsel kennt viele Einzelheiten ihres Motivgesangs, ihr fehlt jedoch die Fähigkeit, sie im richtigen Verhältnis anzuwenden. Um normalen Motivgesang der Wildvögel bringen zu können, muss die junge Amsel von Artgenossen lernen» (THIELCKE 1960). In den angeborenen Jugendgesang, der etwa in der dritten Lebenswoche beginnt, «werden Motive eines erwachsenen Vorsängers eingefügt. Die Tonhöhe wird ziemlich genau nachgeahmt, nicht aber der Rhythmus; das Ende des Gesanges wird durch eigene Variationen ersetzt. Die in den ersten Tagen nur 5 bis 10 Minuten, nach 3 bis 5 Tagen aber bereits mehr als eine halbe Stunde übende Jungamsel ist an der abgehackten Vortragsweise zu erkennen. Im nächsten Frühjahr bleibt davon nur das Motiv übrig, das durch Erlernen von Fremdmotiven und Hinzufügen von Eigenkompositionen binnen 2 bis 3 Wochen zu 5 bis 8 Melodien ausgeweitet wird» (GLUTZ 11/II). Manche Arten kommen auch ohne Vorbilder aus, aber sie müssen von wetteifernden Gesangskollegen gleichen Alters stimuliert werden, um manches zu entdecken, was in ihren Anlagen latent enthalten ist (BORNEMISZA 1999). Diese Beispiele mögen andeuten, dass es kaum möglich ist, allgemeine Regeln aufzustellen. Selbst das Erlernen des Gesangs vom Tonband ist verschieden: Während zum Beispiel Buchfinken und Amseln ihre Gesänge mit Hilfe dieses Geräts erlernen, benötigt der Gimpel zum Lernen die persönliche Beziehung (THIELCKE 1984).

Den meisten Ammern ist der Gesang angeboren; sie brauchen ihren Gesang nicht von einem Vorsänger zu erlernen. Der Gesang isoliert aufgezogener Kaspar-Hauser-Individuen erwies sich nach THORPE (1964) «als nicht von dem freilebender Vögel unterscheidbar» (GLUTZ 14/III). Das heißt aber nicht, dass sie nicht lernfähig wären. Benachbarte Goldammermännchen gleichen z.B. ihre unterschiedlichen Gesänge aneinander an (⇨ S. 158). Und selbst die Rohrammer mit ihren einfachen Gesangsstrophen versucht sich hin und wieder sogar in der Kunst der Imitation. Beim Bluthänfling ist es etwas komplizierter: Tonhöhe, Klangfarbe, die rauh klingenden Elemente und die Aggressionslaute sind wohl angeboren, aber Rhythmus und Modulationsart des Gesangs müssen erlernt werden.

So wie man früher dachte, dass nur gute Sänger ihre Gesänge erlernen und weniger begabten ihre Strophen angeboren sind, so möchte man auch denken, dass die Länge der Lernphasen mit der Gesangsbegabung der einzelnen Arten korrespondiert. Das trifft teilweise zu, wenn wir an die lange Lernphase bei der Amsel oder an die kurze beim Zebrafinken denken. Eine Regel ist es aber nicht, denn vorzüglichen Sängern wie den Grasmücken ist der Gesang angeboren. Bei Hänflingen dagegen, die im Vergleich mit Drosseln und Grasmücken eher bescheidene Musikanten sind, ist die Lernfähigkeit nicht auf das erste Lebensjahr beschränkt; sie bleiben lebenslang lernfähig: Hänflingmännchen können, wie auch die Finkenvögel aus der Carduelis-Gattung (Grünfink, Stieglitz, Erlenzeisig), «ihren Gesang von Jahr zu Jahr durch Hinzulernen neuer Gesangselemente erweitern und verändern bzw. ihr Repertoire jenem der Nachbarn angleichen» (Glutz 14/II).

Beim **Sumpfrohrsänger**, unserem wohl besten Spottsänger, sieht der Lernprozess wieder ganz anders aus: «Schon im Alter von vier Wochen kann Jugendgesang gehört werden, der jedoch noch frei von Imitationen ist. Jugendgesang wird ab August oft minutenlang vorgetragen. Erst ab Januar finden sich im Gesang diesjähriger (acht Monate alter) Sumpfrohrsänger Frequenzen reinen Jugendgesanges, die mit Imitationen europäischer und afrikanischer Spezies durchsetzt sind. Man muss wohl annehmen, dass Jungvögel bereits am Geburtsort, d.h. in den ersten 6-8 Lebenswochen, Stimmen fremder Arten in beträchtlicher Zahl in ihrem Gedächtnis speichern. Der Lernprozess hält während des Wegzugs, eines möglichen Zwischenaufenthaltes in Äthiopien und im südafrikanischen Winterquartier an. Obwohl ein großer Anteil des Repertoires schon zu dieser Zeit gespeichert ist, fehlen im Jugendgesang bis Dezember noch jegliche Imitationen … Adulte Männchen haben ein festes Repertoire, das auch in aufeinanderfolgenden Jahren quantitativ und qualitativ unverändert bleibt (einzelne Männchen lassen sich deshalb feldornithologisch unterscheiden). Sie haben offensichtlich die Fähigkeit verloren, neue Imitationen zu erlernen. Die Lernperiode endet also im Alter von 10-11 Monaten, bevor die fast einjährigen Rohrsänger das Brutgebiet erreichen» (Glutz 12/I). Vom Sumpfrohrsänger sind bisher über 200 Imitationen fremder Gesänge bekannt. Mit einer solchen Fülle von Imitationen gebührt ihm unter den europäischen Singvögeln der erste Rang. In seinem Repertoire hat er darüber hinaus als einzige europäische Vogelart auch zahlreiche afrikanische Gesangselemente, die er sich von seiner ersten Reise mitgebracht hat. Dieses Beispiel mag uns weiter verdeutlichen, wie vielschichtig die Lernprozesse der einzelnen Singvogelarten sind.

Für junge Buchfinken gibt es zwei sensible Lernphasen: die erste fällt in den ersten Sommer, die zweite in die Monate Februar bis April des folgenden Jahres. Lässt man nun einen jungen Kaspar-Hauser-Buchfinken in seiner zweiten Lernphase, also etwa im Februar des zweiten Kalenderjahres, einmal einen normal aufgewachsenen Buchfinken hören, «so ahmt er die Einzelheiten dieses ortsüblichen Schlages sehr genau nach und behält diese Schlagweise zeitlebens unverändert bei, gleich, was er sonst noch zu hören bekommt. So entstehen die berühmten *Buchfinkendialekte*; sie bleiben sich lange ortsfest gleich – einer nachweislich seit mehr als dreißig Jahren – und sind unseren eigenen Dialekten in vielem gut vergleichbar. Fehlt zur prägsamen Zeit ein solcher Vorsänger und hat der junge Buchfink stattdessen während seines Jugendgesanges zum Beispiel Baumpieper gehört, so behält er deren Strophe bei. Anfang des 18. Jahrhunderts siedelte F. A. von Pernau in einem Wäldchen seines Gutes Rosenau bei Coburg, wo Buchfinken fehlten, derart geprägte Buchfinken an; Jahr für Jahr sangen die Finkenkinder den Eltern das Baumpieperliedchen nach, ein schönes Beispiel echter Traditionsbildung» (Grzimek VIII). Zu Beginn des 19. Jahrhunderts hat Immanuel Kant bereits erkannt, dass Singvögel ihren Gesang erlernen und nicht aus Instinkt singen, wie auch, dass die Tradition des Gesanges wohl die treueste in der Welt sei (KANT 1803). Auch die so genannten «Regenrufe» der Buchfinken werden individuell erlernt und regional tradiert, ähnlich wie auch menschliche Dialekte gebietsmäßig weitergegeben werden. Als Dialekt können wir im Grunde alle Erscheinungen örtlicher Variationen von Gesängen und Rufen betrachten (BERGMANN 1987). Die Entstehung der Dialekte hängt bei zahlreichen Arten wahrscheinlich mit dem Grad der geographischen Inselbildung zusammen wie auch mit der Lernfähigkeit der Jungvögel, bestimmte Laute oder Strophen exakt von den adulten Vorbildern zu übernehmen (GLUTZ 14/III). Geographisch variierender Gesang ist bei 64 Arten in 18 Singvogel-Familien nachgewiesen; dem Erlernen und Tradieren des Gesangs wird dabei eine Schlüsselrolle zugewiesen und lässt diese Arten zu einem «Modellfall für den Schritt über die kulturell-genetische Evolutionsschwelle» werden (GLAUBRECHT 1989). In Europa sind die Gesangsdialekte von Goldammer, Ortolan, Mönchsgrasmücke, Gartenbaumläufer und anderen Arten gründlich untersucht worden. Die Auswirkungen der Dialektbildung sind bei den einzelnen Singvogelarten verschieden. Während Fitislaubsänger und Mönchsgrasmücken sich zum Beispiel ohne Schwierigkeiten von Spanien bis Skandinavien verständigen können, verstehen die dänischen Goldammern ihre deutschen Vettern schon nicht mehr. Auch wenn Dialekte verhältnismäßig stabil sind, so können sie sich verändern, indem beispielsweise von einer Population neue Gesangsmotive übernommen werden. Und manche Dialekte entstehen gar dadurch, «dass Jungvögel vor der endgültigen Gesangsausformung auswandern und dabei in Gebiete geraten, in denen es keine Artgenossen gibt, von denen sie weiter lernen könnten. So scheinen die *Gründer*-Dialekte des Gartenbaumläufers auf Cypern und in Nordafrika zustande gekommen zu sein» (WICKLER 1986).

Beim Wechselgesang zweier Reviernachbarn, dem so genannten Kontergesang (⇨ S. 156f) haben wir es mit einem weiteren Lernvorgang zu tun. «Bei dieser Gesangsart werden viele kleine Details und Einzelheiten des vollen Gesanges erlernt, oder es wird der Lernvorgang durch die alternierende und vergleichende Ausführung wesentlich beschleunigt ... Bei dieser Art des konkurrierenden Singens besteht die Tendenz, dem Rivalen mit demjenigen Lied aus dem eigenen Repertoire zu antworten, das seinem am ähnlichsten ist ... Aus dieser Tendenz resultiert, dass in einer Population ungebräuchliche Lieder oder Liedformen in Vergessenheit geraten, während andere bevorzugt verwendet werden und so im Repertoire erhalten bleiben ... Die beschriebenen Entwicklungen und Tendenzen führen durch die Dominanz bestimmter Lieder oder Motive in einzelnen Populationen in der Folge sogar zur Ausbildung eigener Dialekte» (BORNEMISZA 1999).

Wenn zum Beispiel benachbarte Artgenossen ein neues Motiv eines Amselmännchens gar nicht beachteten, dann könnte es sein, dass diese neuen Klänge nach einiger Zeit wieder verschwänden. Würden aber die anderen ♂ dieses neue Motiv in ihre eigenen Gesänge aufnehmen, sich gegenseitig dadurch anregen, so hätten wir möglicherweise in kurzer Zeit und innerhalb einer bestimmten Region eine Amselpopulation, deren Gesänge sich durch das neue Motiv auszeichneten. Wir hätten dann noch keinen Dialektgesang, weil Amseln in ihrer Vielfalt weniger zu Dialekten neigen. Aber mit etwas Übung können wir auf unseren Wanderungen eine ganze Population, die sich von einer anderen durch ein bestimmtes Klangmuster oder in der Gesangsqualität unterscheidet, ausfindig machen und vergleichen. Es gibt auch unter den musikalisch hochstehenden Drosseln unterschiedliche Begabungen, die entsprechend tradiert werden. In der Natur genügt manchmal ein fortschrittliches Vogelmännchen, um die Gesangsvielfalt innerhalb eines Gebietes zu steigern oder zu verändern. Ich werde nicht mein Erstaunen vergessen, als eines Tages eine Amsel in meinem Garten ihren Gesang mit einem neuen, auffallenden Motiv vortrug. Es war ein Schlagermotiv, das ich ein langes Wochenende zuvor immer wieder aus dem Recorder meiner Nachbarn hatte ertragen müssen. Es war eine recht einfache Melodie, die mir aufgrund der häufigen Wiederholungen auf die Nerven gegangen war, meiner Amsel aber offensichtlich gefallen hatte. Und nun hatte auch ich meine Freude an dieser kompositorischen Metamorphose. Amseln sind außerordentlich lernfähig; inzwischen flöten sie schon Handy-Melodien.

Es ist nicht schwierig, eine Amsel am Gesang zu erkennen, auch wenn «wir die gerade gesungenen Strophen noch nie gehört haben. Wir hören ja sowieso meist nicht genau hin, als dass wir bemerkten, welch verschiedene Strophen eigentlich vorgetragen werden. Das, woran wir die Amsel und andere Vogelarten beim Singen erkennen, ist ihre typische Klangfarbe und die Vortragsform, der Ablauf des gesamten Gesanges, die *Gesangsgestalt*» (GÜTTINGER 1977). An einer solchen Klanggestalt können wir auch menschliche Sprachen unterscheiden, ohne verstehen zu müssen, was gerade gesagt wird. Gute Imitatoren können aus lauter Unsinnslauten dennoch überzeugend verschiedene Sprachen vorführen. Das geht auch mit Dialekten und passiert unfreiwillig, wenn jemand Deutsch mit amerikanischem Akzent spricht oder Englisch mit schwäbischem Akzent. Was hier mit ‹Akzent› gemeint ist, sind vor allem Eigenheiten der Intonation. Solche Intonations- und Akzentprogramme sind bei Vögeln arttypisch und erlauben das Arterkennen selbst an unbekannten Gesangsstrophen; und zwar nicht nur für uns Menschen, sondern in vielen Fällen auch den Vögeln selbst» (WICKLER 1986).

Wie wir gesehen haben, ist das Lernvermögen von Art zu Art verschieden, und die sensiblen Phasen für das Gesangslernen der Nestlinge und Jungvögel sind unterschiedlich lang. Zahlreiche Vogelarten haben nur eine kurze, meist frühe Prägungsphase, so unmittelbar nach dem Ausschlüpfen bis kurz nach dem Ausfliegen. Bei Goldhähnchen beginnt die Lernphase ab dem achten Tag. Bei der Sumpfmeise ist die Zeit des Gesangslernens ab dem Ausfliegen etwa drei Wochen lang. Bei anderen erstreckt sich die sensible Phase vom 10. bis zum 70. Tag. Bei Sumpfrohrsängern ist es die sechste Lebenswoche; die Lernperiode endet dann mit etwa elf Monaten. Zahlreiche Spottsänger (⇨ S. 140), wie auch Amseln und Singdrosseln, sind vermutlich langjährig oder lebenslang lernfähig. Das gilt auch für Kanarengirlitze und, wie wir gehört haben, für Hänflinge, Zeisige, Stieglitze und verwandte Arten. So ist zum Beispiel der Grünfink im Gegensatz zum Buchfink auch nach Erreichen des 13. Lebensmonats noch lernfähig. «Bei vielen Singvögeln prägen sich Nestlinge den Gesang ihres Vaters schon kurze Zeit nach dem Schlüpfen ein, produzieren ihn aber erst viel später, vorbildgetreu, auch wenn sie ihn zwischendurch nicht mehr gehört haben ... Ebenso lernen nestjunge Singvogelweibchen den Gesang des Vaters kennen und wählen danach ihren späteren Partner, ohne dass sie selbst je singen» (WICKLER 1986).

Wenn wir im Frühjahr auf den Reviergesang achten, so bemerken wir rasch, dass unsere Singvogelarten recht unterschiedliche Gesangsaktivitäten haben:

1. Einige singen fast ganzjährig, z. B. Rotkehlchen, Zaunkönig;
2. andere singen von Februar bis Juli: Amsel, Buchfink, Grünfink;
3. fast alle Zugvögel beginnen meistens unmittelbar nach Ankunft im Brutgebiet zu singen;
4. einige von ihnen singen während der ganzen Brutperiode recht ausdauernd, wie z. B. die Mönchsgrasmücke;
5. manche singen bis nach dem Ausfliegen der Jungvögel;
6. wenige hören schon bald nach Beginn der Brut auf: Rohrsänger;
7. andere haben bis zur Eiablage des ♀ eine ausgeprägte Gesangsaktivität, werden dann stiller, um dann kurz nach dem Schlüpfen der Jungen eine zweite Singphase anzuschließen.

Diese wenigen Beispiele mögen zeigen, wie verschieden die intensiven Gesangszeiten unserer Singvögel sind. Stehen nun diese unterschiedlichen Gesangsphasen der Vogelväter während der Brutperiode mit den sensiblen Lernphasen der Jungvögel in einem ursächlichen Zusammenhang? Es ist mit ziemlicher Sicherheit anzunehmen. Für die Sumpfmeise möchte ich dazu ein anschauliches Beispiel aus der Doktorarbeit von R. ROST zitieren: Der leise, schwatzende Jugendgesang der **Sumpfmeise** «ist gekennzeichnet durch überlange Strophen, die aus vielen unterschiedlichen Elementtypen bestehen ... Er wird stets in entspannter Atmosphäre (von gesättigt ruhenden Jungvögeln) und meist im Chor von allen Nestgeschwistern vorgetragen ... Die sensible Phase der jungen Sumpfmeisen beginnt vermutlich am Tag des Ausfliegens und dauert nur etwa 19 Tage. Lernen ist nur für die aus einem Element bestehende, vermutlich genetisch weitergegebene *Klapperstrophe* von geringerer Bedeutung als für die aus verschiedenen Elementen zusammengesetzten, komplexeren Strophentypen, die bei schallisolierter Aufzucht nicht entwickelt werden ... Jugendgesang ist bereits am Tag nach dem Ausfliegen zu hören, 7-11 Tage später werden die Strophen kürzer und erste Element- und Silbentypen des späteren Motivgesangs werden erkennbar; einmal erlernte Phrasen verändern sich lebenslänglich nicht mehr und regionale Dialekte scheinen sich über Jahrzehnte zu halten ... Nach einer gesangsarmen Phase beginnt mit dem Erscheinen des ersten Jungvogels im Bruthöhleneingang eine 2-3 Tage dauernde Gesangsphase des Weibchens. Das (erwachsene) ♂ hält sich in den ersten Stunden nach dem Ausfliegen mit dem Gesang noch zurück und widmet sich hauptsächlich der Fütterung des Nachwuchses. Erst am Abend des betreffenden Tages oder am Folgetag wird das ♂ für etwa eine Woche gesanglich aktiver ... Ist die gesamte Brut ausgeflogen, und hat sich danach die erste Aufregung gelegt, singen ♂ und ♀ bei verschiedenen Gelegenheiten ... Sitzt der gesamte Nachwuchs (meist in Fütterungspausen, in der Mittagshitze oder am Abend) gesättigt und zum Teil mit Federkontakt in einer Gruppe zusammen, kann während der ersten 6-7 Tage nach dem Ausfliegen oft folgender Vorgang beobachtet werden: Das ♂ (und) oder das ♀ nähert sich der Gruppe, nimmt mit einer der Jungmeisen Federkontakt auf und beknabbert deren Gefieder und Schnabel. Danach beginnt der Elter zu singen, wobei alle Jungvögel aufmerksam zuzuhören scheinen. Dieses Vorsingen setzt sich so lange fort, bis eine der jungen Sumpfmeisen durch Betteln eine neue Fütterungsphase einleitet. Für das Gesangslernen scheint der persönliche Kontakt zwischen Lehrer und Schüler eine wesentliche Rolle zu spielen ... Dass die Jungen ihren Gesang von beiden Eltern lernen, konnte nachgewiesen werden. Die Nestgeschwister übernehmen nahezu das gesamte Gesangsrepertoire der Eltern» (ROST 1987).

Am Beispiel der Sumpfmeise wurde sozusagen exemplarisch gezeigt, wie das Gesangslernen vonstattengeht und wie die Lernphase der Jungvögel mit der Gesangsaktivität des Vaters übereinstimmt. Junge Schamadrosseln dagegen «beginnen, wenn sie selbständig sind, den normalerweise vom Vater erlernten Gesang zu verändern. Das Variieren geschieht ohne feste Regeln … Keine Schamadrossel behält das, was sie erlernt hat, unverändert bei» (KNEUTGEN 1969b). Auf das Erlernen ganzer Tonleitern einer bereits sieben Jahre alten stimmbegabten Schamadrossel wird noch vertieft eingegangen (⇨ S. 175).

Wenn wir uns die verschiedenen Lernprozesse im Gesangsleben unserer Singvögel bewusst machen, einschließlich der Duettgesänge, der Imitationskunst und dem Tradieren von Dialekten, so ergibt sich naturgegebener maßen, dass die Singvögel ein hoch entwickeltes Gehör besitzen müssen, was durch neuere Forschungen bestätigt wurde (WESTHEIDE 2004). Vögel sehen nicht nur gut, sondern hören auch vorzüglich. Der Hörbereich der Singvögel, also der Frequenzbereich derjenigen Schwingungen, die vom Vogelohr gehört werden, entspricht fast dem des Menschen. Auch das Richtungshören ist gut ausgebildet, am ausgeprägtesten bei den Eulen.

Die Ausbildung der Stimmwerkzeuge «folgt den großen Entwicklungslinien der Vögel. Primitive Vögel, vor allem See- und Wasservögel, verfügen nur über ein geringes Repertoire einfacher Rufe. Die Fähigkeit zur Lautbildung ist vor allem bei den Singvögeln entwickelt; Entwicklung und Gebrauch solcher Lautäußerungen bei Vögeln war nur bei einer gleichzeitigen Weiterentwicklung des entsprechenden Empfangsorgans möglich» (DORST 1972a). Im Vogelreich «scheint der Besitz eines absoluten Gehörs weit verbreitet zu sein, eine Erscheinung, die bei Menschen nur vereinzelt anzutreffen ist» (BORNEMISZA 1999). Menschen mit dieser Fähigkeit können «ohne jedes weitere Hilfsmittel die Höhe eines gehörten Tones mit Sicherheit angeben. Hier sind uns die Vögel weit überlegen, denn was bei uns als seltene Begabung gilt, ist ihnen angeboren.

Darüber hinaus haben viele Vögel aber auch ein ganz hervorragendes Gedächtnis für Töne und Klänge. Selbst kleine Tonunterschiede können sie monatelang behalten» (LINSENMAIR 1968). Die Ausbildung des Gehörsinnes steht in unmittelbarem Zusammenhang mit der Höherentwicklung der Stimmorgane und der Entfaltung der Tonqualitäten (⇨ S. 213), und wir können diese sich ergänzenden Fähigkeiten der Singvögel auf einem außerordentlich hohen musikalischen Niveau erleben.

Der Gesang der Mönchsgrasmücke

Die Mönchsgrasmücke möchte ich hier etwas ausführlicher behandeln, weil sie mir mit ihrem vielfältigen Gesang sehr geeignet erscheint, besonders vorgestellt zu werden. Außerdem ist sie eine sehr häufige Vogelart und dazu noch ein dauerhafter Sänger, dessen klangvolle Strophen wir bis Juli hören können. So ist es jedem ohne große Mühe möglich, diesen Gesang sicher zu erkennen, um ihn auch mit anderen artgenössischen Gesängen vergleichen zu können.

Der erste Teil des Gesangs (Vorgesang) ist abwechslungsreich, leise, imitationsreich, wenig festgelegt, plaudernd. Der zweite Teil (Überschlag) ist dagegen kraftvoll, klar, vollkommen und kann sowohl vom Klangvolumen als auch in seiner Reinheit mit Drosselgesängen wetteifern.

Aber nicht von allen Mönchsgrasmücken hören wir diesen klassischen zweiteiligen Gesang. Einige verkürzen den Vorgesang und modifizieren dafür den Schlussgesang, während andere die leiseren Vorstrophen vervollkommnen. Da ergibt sich nun etwas Besonderes: Individuen, die am zweiten, also vollendeten Teil weiter variieren, kommen stärker ins Leiern; sie lassen die erste Strophe manchmal ganz oder sogar regelmäßig aus, sodass wir einen Gesang hören, der sich dem der Zaun- oder Klappergrasmücke annähert, diesen aber an Lautstärke übertrifft. Andere Exemplare proben mehr am ersten Teil, der universeller und daher in einer ganz anderen Weise steigerungsfähig ist. Ich vergesse nicht, wie ich mit mehreren Ornithologen vor Jahren einem vielseitigen «Gartengrasmückengesang» lauschte. Oder war es doch Mönchsgrasmückengesang? Die Meinungen waren nicht so sehr verschieden, als dass sie ständig wechselten. Es waren lange gartengrasmückenähnliche Strophen zu hören, dann wieder singdrosselartige, aber ohne die typischen Wiederholungen. Wir waren begeistert und gleichzeitig auch hin- und hergerissen. Der Vogel sang etwas entfernt im tiefen Gebüsch, sodass wir ihn nicht sehen konnten. Wir mussten etwa fünf Minuten warten, bis dann endlich eine Gesangsstrophe erklang, die mit dem klassischen jubelnden Flötenschluss einer Mönchsgrasmücke endete! Zwischen diesen beiden Extremen gibt es natürlich alle Übergänge wie es auch typische Leier-Populationen gibt. Man könnte denken, der Gesang der Mönchsgrasmücke sei außerordentlich im Fluss. Das heißt aber noch nicht, dass sich auf diese Weise im Laufe der Zeit zwei völlig verschiedene Gesänge (und damit möglicherweise zwei Arten) ausbilden. Ich möchte nur vorsichtig andeuten, dass aber durch Gesangsmetamorphose Artbildung möglich ist. Und vielleicht können wir das, was wir gedanklich in die großen Zeiträume der Evolution versetzen, ansatzweise bei der Mönchsgrasmücke miterleben. Jedenfalls lohnt es sich, die unterschiedlichen Gesänge und Veränderungen zu beachten. Die Leier-Strophe kam Ende des 19. Jahrhunderts nach Deutschland, wurde erlernt wie andere Gesangsmotive und weiter tradiert, sodass schon damals Ornithologen Sorge hatten, «der normale vielgestaltige Mönchsgrasmückengesang könne ganz und gar durch das monotone Geleier ersetzt werden» (BERGMANN 1987). Dialekte bei der Mönchsgrasmücke sind aber mit Ausnahme des Leierns nicht deutlich ausgeprägt, «so dass der Gesang der Art von den Kapverdischen Inseln bis nach Skandinavien und von Irland bis Sibirien sehr einheitlich klingt und in allen Populationen sogleich als typischer Gesang der Art zu erkennen ist» (BERTHOLD 2002). Das gilt auch für zahlreiche leiernde Gesangsmotive. Darüber hinaus gibt es aber tradierte Leierstrophen, welche einen dialektartigen, je nach Region typischen, teils sogar festgelegten Charakter haben können. Über Bedeutung und Ursache des Leierns gibt es verschiedene Hypothesen: Es sei zum Beispiel eine modifizierte Imitation aus einem Heidelerchengesang. Oder es wird mehr nüchtern interpretiert: «Viel eher stellt das Leiern eine progressive Gesangsentwicklung dar in Richtung auf eine Gesangsvereinfachung mit höherer Signalwirkung» (MÖRIKE 1953). Es ist richtig, dass die Leierstrophen sehr weit und gut zu hören sind. Aber mit einer solchen zweckmäßigen Interpretation scheint lediglich die Revierverteidigung überzeugend erklärt werden zu können; der musikalische Gesamtaspekt wird nicht berücksichtigt. Wozu die Ausbildung hochkomplizierter, teils kompositorischer Gesänge, wenn monotone und laute Strophen nun als Kriterien für Fortschritt gelten sollen?

Wenn es beim Gesang nur um die Signalwirkung ginge, könnte in der Tat eine Vereinfachung des Gesanges als fortschrittliche Entwicklung betrachtet werden. Die musikalische Gesangsentfaltung dient aber, wie wir später noch eingehender betrachten wollen, nicht nur der Revierverteidigung im üblichen Sinne. Die Stimmen der Singvögel sind weniger leibgebunden als bei anderen Tieren. Der Gesang, der größtenteils erlernt wird, hat einen spielerischen, ja freiheitlichen Charakter. Beim Leiern der Mönchsgrasmücke erscheint mir deshalb eine andere Folgerung sinnvoll: Die flötende Schluss-Strophe hat bereits das musikalische Niveau der Drosseln erreicht; sie erscheint vollendet. Eine Steigerung ist kaum möglich. Sonst besteht die Gefahr – wie wir hören können –, ins Stereotype, Mechanische zu verfallen. So ist nach BERGMANN (1977) beim Leiergesang «die Vielgestaltigkeit des Überschlags ganz oder teilweise durch eine gleichförmige Folge von meist zwei alternierenden geflöteten Elementen unterschiedlicher Tonhöhe ersetzt». Durch das Üben am universellen und vielseitigen Vorgesang können sich dagegen echte Qualitätssteigerungen entwickeln, und der sonst leise, wenig beachtete Gesangsteil erreicht gelegentlich das melodische und kraftvolle Niveau der Gartengrasmücke.

Anzumerken ist allerdings, dass das Leiern, zumindest in Süddeutschland, von 1980 bis 2015 deutlich nachgelassen hat, ab 2017 jedoch wieder etwas zunimmt.

Das Besondere bei den Mönchsgrasmücken ist nun, wie auch bei anderen Grasmückenarten, dass ihnen der Gesang bereits ins Nest gelegt zu sein scheint. Sie benötigen keine Vorsänger, um den komplizierten Gesang zu erlernen. Jedes schall-isoliert aufgezogene Mönchsgrasmückenmännchen entwickelt den arttypischen Gesang, denn die Gesangsstruktur ist ihm angeboren.

So einleuchtend es ist, dass angeborene Lautäußerungen stärker festgelegt und wenig variabel sind, so gilt auch, dass alles, was erlernt, erworben werden muss, größere individuelle Spielräume offen lässt. Die Mönchsgrasmücke *fügt* sich aber dieser Regel nicht. Und es zeigt sich wieder einmal, dass «die Natur nicht so vereinfacht arbeitet, wie der Mensch auf der Suche nach Naturgesetzen es gern hätte» (GLAUBRECHT 2002). Bei einem derartigen musikalischen Gesangsniveau, wie wir es bei zahlreichen Grasmücken erleben können, ist es verwunderlich, dass der Gesang angeboren ist. Aber angeboren heißt hier nicht, dass der Gesang fixiert oder der Vogel wenig flexibel ist, sondern dass die Grasmücke selbst, also ohne arteigenen Vorsänger, zu ihrem Gesang finden kann. Wie wir unschwer hören können, sind die Gesänge der Mönchsgrasmücke, im Gegensatz zu angeborenen Warnrufen, alles andere als festgelegt. Nicht nur die Gesänge der verschiedenen Individuen sind unterschiedlich, sondern auch die Strophen eines Vogels wechseln ständig. Es mag eigenartig sein, dass ein Zilpzalp seinen außerordentlich schlichten Gesang von seinem Vater erlernen muss, erstaunlicher aber ist es, dass einer so vorzüglichen Sängerin wie der Mönchsgrasmücke ihr abwechslungsreicher Gesang von Natur mitgegeben wird. Sie muss den Gesang nicht erlernen, aber sie ist dennoch außerordentlich lernfähig! Mönchsgrasmücken können in ihrer Jugend Motive aufnehmen, die sie vielleicht lebenslang in ihrem Repertoire behalten bzw. verwandeln. Sie sind außerordentlich lernfähig und können echte Gesangstraditionen ausbilden (BERGMANN 1977b). Jeder, der dieselbe Mönchsgrasmücke über längere Zeit belauscht, kann es selbst wahrnehmen, wie dieser Vogel lernt, übt und unentwegt seine Strophen meisterhaft variiert.

Wir kommen auf die Besonderheit der Grasmücken später noch einmal zurück, denn sie zeigen auch in Bezug auf das Klangrevier ein abweichendes Verhalten, das sich dann aber harmonisch zu ergänze scheint (⇨ S. 206f).

Imitation als höhere Stufe der Lautäußerungen

> *Das Sprechen der ganzen Natur müssen wir wieder verstehen lernen.*
> Rudolf Steiner (1919)

Fähigkeiten, die nicht angeboren sind, sondern durch Lernen erworben werden müssen, fördern bei so intelligenten und hochentwickelten Vögeln, wie es die Singvögel sind, eine Entwicklung über das Artspezifische hinaus, sodass sich die einzelnen Vögel an individuell ausgebildeten Gesangsmerkmalen erkennen können (⇨ S. 156). Eine Steigerung dieser individuellen Besonderheit und damit auch des spielerischen Stimmgebrauchs finden wir bei etlichen unserer heimischen Singvogelarten, welche die Fähigkeit der Imitation besitzen. Genau genommen erfolgt jede Art von Gesangslernen durch Nachahmung. Ornithologen unterscheiden deshalb zwischen *Tradition* als Nachahmung eines arteigenen und *Fremdimitation* als Nachahmung eines artfremden Vorbildes (BERGMANN 1987). Kohlmeisen ahmen öfters andere Meisen nach. Eichelhäher imitieren gern und oft. Auch bei folgenden Arten können wir fremde Laute und Gesangselemente hören: Rotkehlchen, Baumpieper, Fichtenkreuzschnabel, Erlenzeisig, Heidelerche und Teichrohrsänger. Sobald wir beginnen, dieses Phänomen intensiver zu beachten, bemerken wir, dass die meisten Vogelarten nicht wahllos Töne nachahmen, sondern dass sie bevorzugt diejenigen Laute und Motive in ihr eigenes Stimmrepertoire übernehmen, die ihrer Stimme verwandt sind oder in ihrer Tonhöhe liegen. Und in der Tat wissen die Forscher von vielen Vogelarten zu berichten, «dass sie aus der Umgebung solche Laute aufgreifen, die ihren eigenen Gesängen entsprechen oder gut dazu passen» (WICKLER 1986).

Nun gibt es aber begabte Singvögel wie Sumpfrohrsänger, Singdrossel oder Gelbspötter, die völlig *frei* von einer solchen Regel zu sein scheinen. Sie ahmen eine solche Fülle von artfremden Motiven nach, dass es einen leichten, völlig spielerischen Eindruck macht. Singvögel, die viele artfremde Gesänge und Motive nachahmen und sie – teils komponierend – mit ihrem eigenen Gesang verschmelzen, bezeichnen wir als *Spottsänger*. Wir sprechen daher bei ihnen auch von *spotten*, «weil man früher der kindlichen Ansicht war, dass ein solches Tier seine Lehrmeister zum Besten haben wolle» (HEINROTH 1955). Sumpfrohrsänger gehören zu unseren besten Spottsängern (⇨ S. 133). Sie nehmen sogar im afrikanischen Winterquartier dortige Gesänge auf, tragen diese dann hier im Brutgebiet vor und ‹erzählen› dem Kundigen, mit wem sie im Winter zusammen waren, und daraus wiederum kann man schließen, wo die Tiere überwintert haben (DOWSETT-LEMAIRE 1979). Leider gehört der Sumpfrohrsänger nicht mehr in allen Regionen zu den verbreiteten Vogelarten. Wer aber diesen wunderbaren Sänger in der Nähe hat, sollte ab Mitte Mai besonders auf die zahlreichen imitierten Gesänge und Rufe achten.

Beim häufigen Star können wir mühelos die Kunst der Imitation bewundern. Wie sehr die Spottsänger Lautäußerungen aus ihrer Umgebung aufgreifen, wurde mir in besonderer Weise vor drei Jahrzehnten nach meinem Umzug von Münster nach Stuttgart bewusst. Die Stuttgarter Stare hören in der Regel keine Brachvögel, und so habe ich auch die Imitationen dieser schönen, trillernden Flötenstrophen im Großraum Stuttgart kaum gehört.

Vor allem sollte uns auch die Singdrossel häufig zum Verweilen und Lauschen einladen. Sie hat ein fast so ausgeprägtes Imitationstalent wie der Sumpfrohrsänger, und sie hat für uns einige Vorzüge: sie ist weit verbreitet, sie singt sehr ausdauernd, sie singt laut und kraftvoll, ihr Gesang ist sehr einprägsam, sie sitzt gern exponiert und lange auf der Spitze eines Baumes, ihr Gesang ist formenreich, sie kopiert fremde Gesänge oft mit einer erstaunlichen Genauigkeit, und sie wiederholt regelmäßig ihre Strophen mehrere Male, also auch fremde Strophen. Für jeden, der sich etwas intensiver mit der Kunst der Imitation beschäftigen möchte, ist die Singdrossel ein ideales Studienobjekt. Es ist in der Regel nicht schwierig, die Singdrossel über längere Zeit während ihres Gesanges zu beobachten, sodass wir ganz sicher sein können, dass diese vielfältigen Strophen auch alle von ihr kommen. Nur dann können wir der Singdrossel auch die zahlreichen, sehr leise vorgetragenen Motive zuordnen. Wir dürfen annehmen, dass die meisten Singvögel, die andere Stimmen nachahmen können, über ein vorzügliches Gehör und ein ausgezeichnetes Gedächtnis für Klänge und Motive verfügen. – Auf das Imitationstalent der Amsel wurde bereits hingewiesen (⇨ S. 17).

Die erstaunliche Fähigkeit, Gehörtes wiederzugeben, ist im Wesentlichen auf Singvögel, Papageien und Kolibris beschränkt. (Es scheint in der Familie der Kolibris zahlreiche Arten zu geben, die auch über einen ausgeprägten und melodiösen Gesang verfügen; ich habe aber noch keinen singenden oder gar imitierenden Kolibri gehört.) Auch das Nachahmen der menschlichen Stimme ist nur Vögeln möglich, vor allem jenen Arten, die zwar stimmfreudig sind, aber nicht zu den besonders gesangsbegabten Vogelfamilien zählen: Rabenvögel, Stare (einschließlich der nah verwandten Beos und Mainas) und Papageien. Ihr Nachahmungstalent und ihre Stimmbegabung zeigen Rabenvögel, Graupapagei und Wellensittiche, der Beo wie auch der Hirtenmaina (oder Hirtenstar) vor allem in Gefangenschaft; aus dem Freiland liegen nur wenige Beobachtungen vor. Wir haben es hier mit einem ähnlichen Phänomen zu tun, wie wir es vom Gimpel kennen, der in der Natur nur selten und leise singt, aber gezähmt vollständige Volkslieder in schöner Klangreinheit nachzupfeifen vermag. NICOLAI berichtet von einem Gimpelmännchen, welches seit seiner Jugend einen Kanarienhahn gehört und nachgeahmt hat: «Die Übereinstimmung ging soweit, dass nicht nur Tiefe und Klangfarbe der einzelnen Touren unterscheidbar waren, sondern auch deren Länge und Aufeinanderfolge» (LINSENMAIR 1968).

Wenn die sozial lebenden Rabenvögel und Papageien uns auch nicht durch wohlklingende Gesänge erfreuen, so scheinen sie doch über ein beachtliches Stimmrepertoire zu verfügen. «Ihr außerordentliches Imitationsvermögen lässt sich wahrscheinlich dadurch erklären, dass auch bei sozial lebenden Vögeln mit der morphologischen Höherentwicklung die Tendenz herrschte, die Individuen durch nur ihnen eigene Verhaltenselemente kenntlich zu machen. Wenn auf der einen Seite (bei zahlreichen Singvögeln) die Lautäußerungen individualisiert werden, um auch bei großer Entfernung den Partner nicht ‹aus den Augen› zu verlieren, so hier, um ihn aus einer großen Schar gleich aussehender Gestalten mühelos herausfinden zu können. Die Partner eines Paares können sich bei räumlicher Trennung zurückrufen, indem einer den Gesang des anderen vorträgt» (GWINNER 1964). «Das ist nur möglich bei solchen Vogelarten, die des individuellen Lernens komplexer Lautäußerungen fähig sind» (KNEUTGEN 1969a). Ein bemerkenswertes Verhalten, das ebenfalls den Aspekt der Individualisierung zeigt, ist beispielsweise auch von Amerikanerkrähen bekannt: In Gefangenschaft entwickeln Familien wie auch Kleingruppen von zwei bis vier Mitgliedern «gruppeneigene Gesänge durch gegenseitiges Imitieren; fügt man fremde Individuen hinzu, ändert sich der Gruppenruf. Beherrschen des Gruppenrufs scheint wichtig für die Teilnahme an anderen sozialen Aktivitäten» zu sein (WICKLER 1986).

Zu den besten Spottsängern Europas gehören: Sumpfrohrsänger (und der nah verwandte, vortrefflich singende Buschrohrsänger in Nordosteuropa), Singdrossel, Gelbspötter, Blaukehlchen, Neuntöter (und andere Würgerarten), Star, Schilfrohrsänger, Gartenrotschwanz, Braunkehlchen, Feld- und Haubenlerche, Kalander- und Stummellerche. Auch die Gartengrasmücke zählt dazu, obwohl wir nachgeahmte Strophen in ihrem Gesang kaum wahrnehmen können, denn sie verkürzt fremde Gesänge und webt sie dann in ihren Gesang ein! Mönchsgrasmücken nehmen nicht nur Fremdmotive in ihren eigenen Gesang auf, sondern sie sind «auch befähigt, diese abzuwandeln und durch Ergänzungen zu bereichern. Sie verfügen über die Fähigkeit zur Imitation, aber auch über diejenige zur Improvisation» (BERGMANN 1987). Dorngrasmücke und Schwarzkehlchen spotten im strophigen Vollgesang nur wenig, im kontinuierlichen Fluggesang aber sehr intensiv. Andere Arten zeigen ihr Imitationstalent weniger im normalen Gesang, als vielmehr im leise schwätzenden Plaudergesang, wie zum Beispiel Buchfink und Grauschnäpper.

Drei Beispiele ausländischer Spottvögel:
Die amerikanische **Spottdrossel** gehört zu den vielseitigsten Sängern. Ihr wissenschaftlicher Name *Mimus polyglottos* (die Vielzüngige) charakterisiert diese Gesangskünstlerin aufs Beste. «Der lang andauernde melodische Gesang besteht zum großen Teil aus Strophen, die vier- bis fünfmal wiederholt werden. Er enthält meist Nachahmungen anderer Vogellieder ... Als man in Florida einmal unsere europäischen Nachtigallen in einer Voliere hielt, ahmten die Spottdrosseln, die in dieser Gegend frei lebten, den Nachtigallengesang sehr bald nach, und zwar so oft und lange, dass die Nachtigallen das Singen aufgaben» (GRZIMEK IX). Je reichhaltiger das Repertoire, umso leichter wird es dem Vogel, seinen Gesang individuell zu gestalten. Von einer Spottdrossel wird berichtet, dass sie innerhalb einer Stunde 55 verschiedene Vogelarten nachahmte (LINSENMAIR 1968).

Blattvögel ernähren sich wie Kolibris von Nektar. In den tropischen Wäldern Malaysias gehören sie zu den wichtigsten Blumen- oder Blütenvögeln. Als Spötter «begnügen sie sich nicht mit ihren rauhen, teilweise auch musikalisch klingenden Tönen; sie ahmen darüber hinaus nahezu vollkommen die Rufe vieler anderer Vögel nach. Solche ‹Spottstrophen› folgen einander ohne Unterbrechung; der Zuhörer gewinnt dadurch den Eindruck, als finde eine ‹Vollsitzung der Vereinten Nationen in der Vogelwelt› statt» (GRZIMEK IX).

Der prachtvolle, beim Balzritual fantastisch ausgebreitete, kunstvolle Schwanz hat dem australischen **Graurücken-Leierschwanz** (*Menura novaehollandiae*) seinen Namen gegeben. Der männliche Leierschwanz singt etwa neun Monate des Jahres. Früh setzt «eine der ausgeprägtesten Besonderheiten ein, für die Menura berühmt geworden ist: das Nachahmen von Lauten aller Art, von solchen der menschlichen Umgebung wie auch von anderen Vogelstimmen, die er vermischt mit seinem schönen arteigenen Gesang hören lässt ... Alle Beobachter sind sich darüber einig, dass kaum ein anderer Vogel diese Breite der Nachahmung besitzt, der fast keine Lautbildung unmöglich zu sein scheint. Gebell von Hunden, Miauen der Katze, Kreischen von Sägen wird ebenso täuschend imitiert wie das Geräusch eines fliegenden Papageienschwarms, das Lärmen sperrender Jungvögel – aber auch Autohupen, automatische Bohrer und neben solchem Lärm wieder das zarteste Zwitschern von kleinen Nektarvögeln im feinsten Pianissimo.

Menura führt uns Komplikationen des arttypischen Gesangs vor, die deutlich zeigen, dass nicht ein ökonomisches Prinzip am Werke ist, sondern dass Äußerungen der Innerlichkeit von einer ganz andern, ‹unwirtschaftlichen› Wertigkeit vorliegen ... [Es wird berichtet, dass der Leierschwanz] Jahr für Jahr sein Programm durch neue Nummern erweitert ... Wir können das Erstaunliche dieser akustischen Produktion nicht genug bedenken ... Die ♂ hören sich, und es ist anzunehmen, dass Nachahmer von der Fertigkeit der Leierschwänze auch aufmerksame Hörer für Artgenossen seien. Brauchte es eines Beweises, so finden wir ihn in der Tatsache, dass zuweilen Duette vorkommen, aufeinander abgestimmtes Singen zweier ♂, wobei sie sich etwa auch ergänzen und dann unisono singen. Auch beim Singen von Nachahmungen soll das Einstimmen eines zweiten Vogels vorkommen, wobei der eine Vogel pausierend auf den anderen horcht und dann mit in den Gesang einfällt» (PORTMANN 1953). Nach ATTENBOROUGH (1999), der diesen wundervollen Vogel ebenso rühmt, singt der Leierschwanz «eines der längsten, melodiösesten und kompliziertesten aller Lieder in der Vogelwelt. In die Kaskaden von Trillern, Tremoli und Pfeiftönen werden die Lieder fast aller Vögel seiner Nachbarschaft eingeflochten».

Nachahmung ist bei Vögeln im Allgemeinen «kein unmittelbar ablaufender Vorgang, wie wenn ein Mensch ein einmal vorgepfiffenes Motiv sofort nachpfeift. Der Vogel wählt ein Vorbild aus und nimmt dessen Gesang in sein Gedächtnis auf ... Der oft viel später anschließende Lernvorgang geht durch *Übung* vor sich ... Die Klappergrasmücke kann z.B. nicht jedes beliebige Vorbild nachsingen. Sie hat eine begrenzte Lerndisposition für ihren Motivgesang. Sie kann nur Vorbilder nachsingen, die ungefähr der arttypischen Norm entsprechen. Lerndisposition bedeutet ein vorhandenes Lernvermögen ... Doch kann sich das Lernvermögen im Laufe des Lebens ändern. Die Lerndisposition ist eine dynamische Eigenschaft» (BERGMANN 1987). Sie ist bei den Vogelarten ungleich verteilt, und es scheint auch unter den Individuen reich und weniger begabte Sänger zu geben.

Spottsänger verfügen über hoch entwickelte musikalische Fähigkeiten. Sie besitzen ein ausgezeichnetes Gedächtnis für Rhythmus, Motive und Tonhöhenverschiebungen, um Gehörtes exakt wiedergeben zu können. Was reizt aber eigentlich diese Vögel, artfremde Gesänge oder Rufe und sogar technisch erzeugte Geräusche nachzuahmen? Vermutlich hängt es mit dem ausgeprägten Neugierverhalten und mit der großen Lernbegierde im Bereich der Töne zusammen. Auf jeden Fall sollten wir musikalisch so hoch begabten Wesen ein allgemeines Interesse für alles, was sie hören, zugestehen. Vermutlich motivieren sie sich selbst.

Der Bioakustiker TEMBROCK spricht von *Lernen durch Einsicht*. Dieser Definition zufolge wird das Ergebnis des eigenen Verhaltens in den Lernvorgang selbst mit eingeschlossen. Wir dürfen also sowohl ein Interesse an akustischen Phänomenen wie auch ein Einsichtlernen bei den stimmbegabten Singvögeln voraussetzen (BORNEMISZA 1999). Durch Nachahmungen «greifen die Vögel nicht in das Kommunikationssystem anderer Arten ein, demonstrieren aber als Qualitätsmerkmal ihre eigene Lernkapazität» (WESTHEIDE 2004); sie können jedoch, wie beim Leierschwanz, einen benachbarten Vogel zum Wechselgesang animieren.

Was ist nun die besondere Bedeutung des Nachahmens oder Spottens? Schaut man sich in der Literatur um, so interessiert die Forscher vor allem, welchen Vorteil die Spottsänger von ihrer Imitationskunst wohl haben mögen. Einige Hypothesen gehen davon aus, dass die Ursache für das Nachahmen bei den ♀ zu suchen sei: Bei der amerikanischen Spottdrossel wurde festgestellt, dass die ♂ mit dem umfangreichsten Repertoire sich am frühesten im Jahr verpaaren und die besten Reviere besetzen. ♀ des Schilfrohrsängers reagieren etwa stärker auf formenreichen als auf ärmeren Gesang, und beim Kanarengirlitz reagieren die ♀ auf ein umfangreiches Repertoire im Männchengesang, indem sie schneller ihre Nester bauen und mehr Eier legen (BERGMANN 1987). Dazu ist zu sagen, dass umfangreiche und formenreiche Gesänge auch ohne Imitationen ihre Wirkung zeigen. Und jedes ♀ eines Sperlings oder Zilpzalps lässt sich selbst von der schlichten Strophe des eigenen ♂ anregen, wenn es nur fleißig singt. Eine befriedigende Antwort für die Bedeutung des Imitierens liegt damit nicht vor.

Andere Ornithologen fragen sich, ob die Spottsänger etwas vortäuschen möchten. So weist DOBKIN darauf hin, dass spottende Vogelarten mit fremden Einzelrufen, Gesängen und Intonationsformen den menschlichen Zuhörer komplett täuschen können; ob sie aber auch die Vorbildsarten selbst täuschen und welchen Vorteil das Spotten bringen mag, ist seiner Meinung nach umstritten (WICKLER 1986). Nach FRANZ HUBER (Max-Planck-Institut, Seewiesen) haben manche ♂ von Singvogelarten «die Fertigkeit entwickelt, die geringfügig verschiedenen Gesänge ihrer art- und populationsgleichen Reviernachbarn zu imitieren, womit sie einem Fremden fälschlich anzeigen, dass hier mehrere Reviere besetzt sind» (HUBER 1991). Auch bei den wechselnden Strophenformen der Kohlmeise wird angenommen, der Vogel könne «möglicherweise auch anderen, nach einem Revier suchenden Männchen vortäuschen, das Gebiet sei bereits überfüllt» (Burton 1985). Ob sich die Meister der Imitationskunst, die sich doch alle individuell an ihren Gesängen erkennen können, auf diese Weise in die Irre führen lassen? Ein Verhalten bzw. eine bestimmte Erscheinung ist nicht damit erklärt, «wenn deren Selektionswert im Sozialleben einer Art nachgewiesen» (PORTMANN 1953) oder vermutet wird. HEINRICH FRIELING (1937a) sagt zu diesen so genannten «Täuschungsmanövern» denn auch zu Recht, «dass ja auch der Ornithologe trotz des Spottens den Spötter erkennt, denn die *Art, wie er spottet*, ist auch *Artkriterium*»!

Lassen wir die Frage nach der Bedeutung des Nachahmens offen. Rein zweckmäßige Hypothesen führen hier in eine Sackgasse und bringen uns auch das Besondere dieser einzigartigen Begabung nicht näher. Betrachten wir das Imitationstalent als Steigerung des spielerischen, freiheitlichen Umgangs der Singvögel mit der Stimme. Wir haben auf der einen Seite das Lernen artspezifischer Gesänge. Auf der anderen Seite erleben wir in der Nachahmung artfremder Gesänge und Rufe eine Steigerung der Lernfähigkeit: Die Kunst der Imitation stellt nach KIPP (1991) «eine höhere Stufe auf dem Gebiet der Lautäußerungen dar». Für WERNER SCHULZE, Professor für Harmonikale Forschung, legen Vögel im Umgang mit Tönen ein Verhalten an den Tag, das dem Variieren, Improvisieren und Komponieren menschlicher Musik vergleichbar ist (SCHULZE 1999). Hier ist vor allem auch die **Schamadrossel** zu nennen, über deren außergewöhnliche musikalische Begabung, einschließlich der Imitationskunst, wir noch sprechen werden (⇨ S. 159, 175). Nach dem Ornithologen J. KNEUTGEN (1969b) sind bei diesen *Meistersängern* die bis in Einzelheiten gehenden formalen Übereinstimmungen mit menschlicher Musik vergleichbar: Im Revier- und Kampfgesang ahmen sich Schamadrosseln nicht nur unter Ausschmückung ihres Gesanges nach, sondern sie passen ihren Gesang auch der Klangfarbe, Lautstärke und dem Gesangstempo des fremden Gesanges an. Eine

Anpassung des Gesangs an Musikstücke, zuerst an den musikalischen Rhythmus, danach an Dynamik und Klangfarbe konnte beobachtet werden.

Mit der stammesgeschichtlichen Höherentwicklung der Singvögel erfolgt nach J. KNEUTGEN eine immer stärkere Auflösung der angeborenen Bestandteile des Gesangs durch erlernte Teile, bis hin zu Vögeln, die ihre Gesänge fast nur noch erlernen. Je größer die Lernfähigkeit, umso stärker individualisieren sich die Artgenossen, die sich gleichwohl an der Klangfarbe des Gesangs als Artgenossen erkennen. Die individuellen Teile der Gesänge, die sich unter anderem aus der Nachahmung anderer Vogelstimmen ergeben, dienen dem persönlichen Erkennen. Während die eigentlichen Gesänge nur der innerartlichen Verständigung dienen, können die Warnrufe gegen Tagraubvögel auch der interspezifischen Kommunikation dienen, wenn verschiedene, nicht näher miteinander verwandte Arten den gleichen Ruf verwenden. Unter künstlichen Bedingungen ist es sogar nicht ungewöhnlich, dass die Bewohner eines Gesellschaftskäfigs sich gegenseitig *verstehen*.

So verbrachte ein Hänfling den Sommer in einer Freivoliere, in der er den Lockruf und den Gesang eines Gimpels übernahm. Beide lässt er in einem Käfig (in dem sich auch Rotkehlchen, Mönchsgrasmücke und andere Singvögel befanden) fleißig hören. Das Rotkehlchen, ein erst vor kurzem gefangener Wildvogel, beherrscht ebenfalls Lockruf und Gesang eines Gimpels, die es gleichfalls in seinem Gesang vorträgt. Seit einiger Zeit bringen beide die Lautäußerungen auch isoliert vom arteigenen Gesang: Bringt der Hänfling den Lockruf des Gimpels, so antwortet das Rotkehlchen mit dem gleichen Laut und umgekehrt. Beide Vögel sitzen seither häufig zusammen und schlafen meist dicht nebeneinander. Hin und wieder krault der Hänfling das Gefieder des Rotkehlchens, welches dann ruhig sitzen bleibt. Häufig sitzen die Vögel nebeneinander und bringen den Gimpelgesang gleichzeitig. Während das Rotkehlchen sich den übrigen Käfiggenossen gegenüber hin und wieder aggressiv verhält, erfolgen gegen den Hänfling keine aggressiven Handlungen. – Offensichtlich benutzen beide Vögel zur interspezifischen Kommunikation die Lautäußerungen eines dritten Vogels, die von ihren eigenen Lautäußerungen sehr verschieden sind. Sie verständigen sich gewissermaßen in einer *Fremdsprache* (KNEUTGEN 1969a). Wer Rotkehlchen kennt, mag sich über dieses Annäherungsverhalten zu einem Hänfling, auch wenn es in einer Voliere erfolgte, wundern, sind doch diese liebenswerten Vögel ausgesprochene Solisten; selbst ♂ und ♀ achten auf Distanz. Dieses Phänomen zeigt uns aber, wie die musikalische *Verständigung* auch zwei unterschiedliche Vögel miteinander verbinden kann, ähnlich wie es bei den Duettsängern (⇨ S. 125), bei denen ♂ und ♀ ganzjährig miteinander singen, zu erleben ist.

Eine besondere Art des Lernens durch Nachahmung können wir bei so genannten *Mischsängern* beobachten. Mischsänger sind Vögel, die neben ihrem arteigenen Gesang in der Regel den Gesang einer nah verwandten, also morphologisch äußerst ähnlichen Art (Zwillingsart) vortragen. Es können Teile des anderen Gesanges übernommen werden oder beide Gesänge werden zu einer Mischform neu kombiniert (WASSMANN 1999). Mischsänger der Baumläufer sind fast immer Waldbaumläufer (THIELCKE 1972). Bei vorzüglichen Sängern wie Nachtigall und Sprosser ist zu beobachten, dass neben den arteigenen Gesangsstrophen der Gesang der Zwillingsart dem Vorbild sehr ähnlich gesungen wird (LILLE 1988). Auch unter Laubsängern finden wir Mischsänger. Darüber hinaus gibt es Mischsänger, die nicht miteinander verwandt sind, zum

Beispiel Buchfink und Grünfink oder Buchfink und Baumpieper. Jeder Sänger trägt Strophen oder Elemente aus dem fremden Gesang vor. Voraussetzung ist aber immer die Fähigkeit, sich gegenseitig imitieren zu können.

Es ist anregend, sich die Singvogelarten einmal unter dem Aspekt des Imitationstalents in einer Steigerungsreihe vorzustellen: Manche Vogelarten imitieren gar nicht, andere nur selten, einige regelmäßig, wenige sind begabte Imitationskünstler. In Steigerungsreihen zu denken heißt nicht, sich oder die einzelnen Sänger festzulegen, sondern in seinem Denken beweglich zu sein. Sobald wir damit beginnen, werden wir bald bemerken, um wie viel aufmerksamer wir sind. Oder wenn wir – ganz offenlassend – die unterschiedlich verteilten Fähigkeiten zur Imitation mit den unterschiedlich langen Lernphasen vergleichen. Oder wir können uns fragen, wie unterschiedlich groß die Anteile der angeborenen und der erlernten Gesänge sind und was uns dann eine solche Steigerungsreihe sagt?

Lebendige Naturvorgänge wahrzunehmen, miteinander zu vergleichen, sie in Steigerungsreihen zu bewegen bedeutet innerlich aktiv zu sein, aber auch, sich dem Sinn- und Wesenhaften zu nähern. Wir könnten allerdings versucht sein, vorschnell Verallgemeinerungen und Regeln aufzustellen, aber dann würden wir der Natur unsere eigenen Ideen aufdrängen statt hingebungsvoll und gewissenhaft zu lauschen.

Das Ergebnis solcher Bemühungen entspricht nicht immer dem, was wir vielleicht erwartet haben. Aber es ist stets lehrreich und belebend; wir bleiben innerlich beweglich und wandlungsfähig. Und wir werden geduldig, bis die Natur sich uns in bildhaften Ideen mitteilt oder uns eines ihrer Geheimnisse zuraunt. Vögel und Menschen können Gehörtes nachahmen. Haben nicht auch wir manchmal den Wunsch, Gesänge der Vögel nachzuahmen? Oder wenigstens die Gesänge in uns nachklingen zu lassen? Ist zum Beispiel der Koloraturgesang nicht eine Art künstlerisches Spiegelbild dieser Naturmusik? Lebt nicht in uns der Wunsch, die Sprache der Vögel zu verstehen – wie einst der Sagenheld Siegfried?

Im Hinblick auf die innere Haltung und die Methode, sich der Welt der Töne zuzuwenden, macht RUDOLF STEINER (1904) auf den Unterschied aufmerksam zwischen dem Ton, der durch das so genannte Leblose (eine Glocke oder ein Musikinstrument) hervorgebracht wird, und dem, welcher von Lebendigem stammt. «Wer eine Glocke hört, wird den Ton wahrnehmen und ein angenehmes Gefühl daran knüpfen; wer den Schrei eines Tieres hört, wird außer diesem Gefühl in dem Tone noch die Offenbarung eines inneren Erlebnisses des Tieres, Lust oder Schmerz, verspüren». Bei der letzteren Art von Tönen sollen wir beginnen und unsere ganze Aufmerksamkeit darauf lenken, dass der Ton uns etwas verkündet, was außer der eigenen Seele liegt. Der Mensch soll sich versenken in dieses Fremde. «Er soll sein Gefühl innig verbinden mit dem Schmerz oder der Lust, die ihm durch den Ton verkündet werden. Er soll darüber hinweg sich setzen, was *für ihn* der Ton ist, ob er ihm angenehm oder unangenehm ist, wohlbehaglich oder missfällig; nur das soll seine Seele erfüllen, was in dem Wesen vorgeht, von dem der Ton kommt». Wir sollen in dieser Art «der *ganzen Natur*» gegenüber empfinden lernen, damit das, was anfangs für unsere Seele nur unverständlicher Schall war, «sinnvolle *Sprache der Natur*» wird. Es geht darum, zu lernen, «mit der *Seele zu hören*» (STEINER 1904). Und jeder von uns ist begabt und fähig, sich in die einzigartige, farbige und vielfältige Klanglandschaft mehr und mehr einzuleben und sich selbst durchklingen zu lassen.

Gesang und Revier

*Wenn wir wenigstens einige Vogelstimmen voneinander
unterscheiden können, füllt sich jeder einfache Garten,
jeder Wald und jeder See oder Sumpf sogleich mit Leben.*
Philippe Barbeau (Perrin 2002)

Reviergesang und Revierverteidigung

Bei vielen Tierarten kämpfen die Männchen, besonders zur Paarungszeit, um die Rangordnung (und damit meistens auch um die Weibchen) oder es wird um Jagd- beziehungsweise Nahrungsreviere gestritten. Bei einzeln jagenden Tieren, wie den meisten Raubkatzen, grenzen ♂ und ♀ ihre Jagdreviere sogar gegeneinander ab. Auch im Vogelreich werden Reviere teils heftig verteidigt (Höckerschwan, Wanderfalke, Kranich, Blässhuhn, Buntspecht u.a.). Die meisten Tiere beanspruchen einen ihrer Art entsprechend großen Raum, um sich und ihre Nachkommen zu ernähren. Insofern ist die verbreitete Meinung, auch Singvögel würden neben den Brutrevieren vor allem Nahrungsreviere verteidigen, verständlich. Diese Verallgemeinerung hängt aber, wie wir sehen werden, damit zusammen, dass die musikalische Begabung der Singvögel in ihrem Einfluss auf das Revierverhalten bisher nicht genügend berücksichtigt wurde. Im Frühjahr, wenn die ♂ der höhlenbrütenden Kohl- und Blaumeisen voll im Gesang sind, ist es nicht schwierig festzustellen, dass sie ein Revier besitzen und es durch Gesang verteidigen. Bei Höhlenbrütern ist es am einfachsten, ein bestimmtes Revier zu erkunden, denn das Nest ist Zentrum des Reviers, und in der Nähe des Nestes, also hier der Höhle, wird oft und fleißig gesungen. Wenn wir auch auf die antwortenden Männchen achten, erhalten wir schon nach kurzer Zeit einen ersten Eindruck von der Ausdehnung des Reviers und der Nachbarreviere. Auch bei einem eifrig singenden Buchfinken ist es ohne weiteres möglich, wenn wir ebenfalls seine stets antwortenden Reviernachbarn beachten, den von ihm eingenommenen Raum einigermaßen genau festzustellen. Ein Gebiet, in dem der Vogel seine Nahrung erwirbt, sich fortpflanzt, sein Nest baut, seine Brut aufzieht und das durch Gesang markiert und gegen Mitbewerber der eigenen Art verteidigt wird, nennen wir Revier.

Bereits Aristoteles berichtet, dass Vögel ein Revier haben und es verteidigen. Den engen Zusammenhang von Gesang und Revier entdeckte A. F. v. Pernau zu Beginn des 18. Jahrhunderts. Etwa 150 Jahre später (1868) war es dann Bernard Altum, der die Grundlage für die heutige Anschauung formulierte, dass nämlich «jedes Vogelpaar sein eigenes Brutrevier haben muss, dessen Größe sich nach den Lebensverhältnissen und der spezifischen Nahrung der betreffenden Art richtet. Jeder Vogelgesang ist erstens Paarungsruf: er leitet das Fortpflanzungsgeschäft ein und dient dem Anlocken eines Weibchens; zweitens dient er dem Sänger als Revierverkündigung an männliche Artgenossen; drittens dient er, wie die Färbung, als Artsignal» (Altum 1937).

Wenn heute in der ornithologischen Wissenschaft von der Funktion des Reviergesanges gesprochen wird, so bezieht sich das hauptsächlich auf: Reviermarkierung, Revierverteidigung, benachbarte Männchen auf Distanz halten, Anlocken der ♀, Zusammenhalt der Paare wie auch gesangliche Stimulation der Jungvögel. Je nach Art markieren die ♂ bereits ab Februar/März mit ihrem Gesang die Reviere, grenzen diese gegenüber anderen Rivalen ab und signalisieren so, dass die besungenen Reviere bereits besetzt sind. Um die besten Reviere wird häufig gekämpft. Erst nach Besetzung der Territorien beginnt bei vielen Singvögeln die Paarbildung. Die Bündnisse zahlreicher Singvögel sind recht locker und werden häufig nur für eine Brutperiode geschlossen. Wenn sich ein ♂ in seinem dritten Lebensjahr mit demselben ♀ paart wie im Vorjahr, so vor allem deshalb, weil vielen Singvögeln eine gewisse Ortstreue eigen ist. Die meisten kehren dorthin zurück, wo sie selbst gebrütet haben. So finden sich dann mitunter auch die Brutpartner des letzten Jahres zusammen, wie etwa beim Buchfinken. Brutort und Geburtsort sind aber häufig nicht identisch, weil Jungvögel durchaus die Tendenz haben, etwas herumzuvagabundieren und sich irgendwo neu anzusiedeln. Falls sie in dasselbe Gebiet zurückfliegen, sind die Reviere meistens schon von erfahrenen Männchen besetzt. Es gibt nur wenige Arten, die es speziell an ihren Geburtsort zieht. Im Gegensatz zu den dauerhaften Lebensgemeinschaften von Weißstorch, Kranich, Höckerschwan, Graugans, Kondor, Basstölpel, Albatros u.a. geht bei zahlreichen Singvögeln *Ortstreue vor Gattentreue!* Von einigen Singvögeln ist aber bekannt, dass sie lebenslang (Rabenvögel) oder doch über mehrere Jahre (Sperlinge, Dompfaff, Kernbeißer) zusammenleben. Auch bei nichtziehenden Höhlenbrütern scheint die Partnerschaft von größerer Dauer zu sein. Die Paarbildung findet bei Kohl- und Blaumeisen beispielsweise bereits nach Auflösung der Winterschwärme im Januar/Februar statt.

Darüber hinaus gibt es Vogelarten, bei denen ♂ mehrere ♀ haben können, z.B. Trauer- und Halsbandschnäpper, Zaunkönig, Alpenbraunelle, Beutelmeise, Waldlaubsänger. Umgekehrt ist es auch möglich, dass sich ♀ von Grauammer und Heckenbraunelle mit mehreren ♂ paaren.

Es sind fast ausnahmslos die ♂, welche den oft lauten und intensiven Vollgesang vortragen, nicht selten von so genannten Singwarten, also exponierten Stellen aus. Deshalb nahm man an, dass der Gesang auch der Partnerwerbung dient. Das zeigt sich zum Beispiel daran, dass bei vielen Zugvogelarten die ♂ ein bis zwei Wochen vor den ♀ im Brutgebiet ankommen. Sie tun ihre individuelle Anwesenheit und ihren Revierbesitz durch laute Gesänge kund. Die später heimkehrenden ♀ werden so über akustische Signale davon unterrichtet, wo sich potentielle Brutpartner aufhalten. Bei manchen Arten (Fitis) erreicht die Gesangsrate mit Ankunft der ♀ ihren Höhepunkt. Für die Theorie, der Gesang diene auch dem Anlocken der ♀, spricht ebenfalls, dass unverpaarte Sänger in der Regel sehr viel länger und ausdauernder singen als verpaarte ♂.

Zur Zeit der Balz, das ist in Mitteleuropa das Frühjahr, wird durch zunehmende Lichteinwirkung der Hormonhaushalt der ♂ aktiviert. Bei zahlreichen Vogelarten der Welt, wie auch bei einigen einheimischen Singvögeln fallen die ♂ gegenüber den ♀ durch prachtvolleres Gefieder auf (⇨ S. 97), aber Singvogelmännchen tun sich vor allem durch Gesang hervor. Bei äußerlich so ähnlichen Arten wie Zilpzalp und Fitis ist der Gesang – auch für die Vögel – ein wesentliches Unterscheidungsmerkmal.

Die Balz findet meistens im Zentrum des Reviers statt. Die ♂ präsentieren ihre Territorien, und die ♀ prüfen diese Gebiete genau. Reichlich Nahrung sollte in einem Revier zu finden sein;

gute Fluchtwege, ein sicherer Schlafplatz und ein geschützter Aufenthaltsort bei schlechter Witterung sind ebenfalls von Vorteil, so wie auch ungefährdete Trink- und Bademöglichkeiten willkommen sind. Vor allem aber halten die ♀ Ausschau nach guten und versteckten Nistmöglichkeiten, denn häufig sind es die ♀, welche die Nester bauen (⇨ Tabelle s. unten). Es gibt allerdings einige Arten, bei denen die ♂ im voraus mehrere halbfertige Wahlnester bauen (Zaunkönig, verschiedene Grasmücken) oder Nisthöhlen belegen (Trauerschnäpper). Da kommt es dann, wie auch bei Sperlingen, Waldbaumläufern, Cistensängern und den meisten einheimischen Meisenarten, zum auffälligen «Nest- oder Höhlezeigen», bei dem die ♂ den ♀

Bei den einheimischen Singvögeln sind es häufig die ♀, welche die Nester bauen und mit wenigen Ausnahmen (z.B. Pirol, Sumpfrohrsänger, Ringdrossel, Amsel, Feldschwirl, Grasmücken und Schwalben) auch allein brüten. An der Fütterung beteiligen sich fast immer beide Partner. Hier einige Abweichungen von der Regel (Auswahl):

♂ und ♀ bauen Nest, ♂ und ♀ brüten	♂ und ♀ bauen Nest, ♀ brütet allein	♂ bauen Wahlnest(er)* ♀ vollenden Nestbau, vor allem innen ♂ und ♀ brüten	♂ bauen Nest bzw. belegen Nisthöhle, ♀ vollenden Nestbau ♀ brütet allein
Mehlschwalbe Uferschwalbe Rauchschwalbe (♂ brütet selten) Bartmeise Tannenhäher	Wintergoldhähnchen Rohrschwirl Wasseramsel Kernbeißer Neuntöter Weidenmeise Rabenvögel (Kolkrabe, ♂ baut nicht, bringt aber Nistmaterial)	Mönchsgrasmücke Gartengrasmücke Dorngrasmücke Klappergrasmücke	Zaunkönig* Beutelmeise Weidensperling Cistensänger Höhlenbrüter: Trauerschnäpper Feldsperling (♂ brütet auch) Gartenrotschwanz Waldbaumläufer
		* meist unfertige Rohnester	* mehrere halbfertige Nester

Das ♀ des Dompfaffs beginnt schon oft mit der zweiten Brut, wenn das ♂ noch die erste Brut versorgt. Trauer- und Halsbandschnäpper-♂, die nicht selten mit zwei ♀ verpaart sind, füttern häufig die Nestlinge beider Bruten. ♀ der Heckenbraunelle haben häufig zwei ♂, die beide zusammen die Nestlinge füttern.

Bei folgenden Vogelarten ist es üblich, dass ♂ ihre allein brütenden ♀ füttern: Meisen, Wiesenpieper, Rabenvögel, Zeisigverwandte, Girlitz, Dompfaff, Fichtenkreuzschnabel. Teilweise bzw. gelegentlich füttern auch die ♂ von Nachtigall, Gelbspötter und Trauerschnäpper.

ihre bevorzugten Nistplätze anpreisen. Wenn wir diesem Treiben genauer zuschauen, so wird deutlich, dass sich die ♀ vor allem für ein «gutes» Revier entscheiden. Indirekt bevorzugen sie damit auch ein tüchtiges ♂, denn es sind meistens die erfahrenen ♂, welche die besten Reviere besetzen. Wir sollten uns aber bewusst machen, dass die ♀ nicht generell, wie oft angenommen wird, nach den schönsten, also farbenprächtigsten ♂ Ausschau halten! Der Gesang scheint da schon eher eine über die Arterkennung hinausgehende Wirkung auszuüben. Dass sich Vogelweibchen durch den Gesang der ♂ in gewisser Weise stimulieren lassen, haben wir im letzten Kapitel bereits gehört. Sie betreiben beispielsweise mit Gesang ihren Nestbau intensiver als ohne die männliche Begleitmusik.

Sobald wir regelmäßig in einem Gebiet unterwegs sind, können wir uns nach und nach die einzelnen Reviergrenzen recht deutlich vorstellen. Wir bemerken, dass die Angriffslust sich vor allem gegen Artgenossen richtet; fremde Vogelarten werden meistens geduldet. Ausnahmen gibt es natürlich, so vertreiben beispielsweise Sumpf- und Schilfrohrsänger den Teichrohrsänger aus ihrem Revier, während der Drosselrohrsänger gar keine anderen Rohrsänger duldet; fremde Rohrsänger werden manchmal sogar heftiger attackiert als Artgenossen. Auch Amseln können gegenüber Singdrosseln aggressiv sein, wie auch Sperbergrasmücken gegenüber anderen Grasmücken. Vom Rotkehlchen werden zum Beispiel Heckenbraunelle, Buchfink, Grünfink, Meisen, Zilpzalp angegriffen und teils auch vertrieben. Der Neuntöter duldet den nah verwandten Rotkopfwürger nicht in seinem Revier; auch von häufigen Auseinandersetzungen mit der Goldammer ist zu lesen. Hier muss ich allerdings sagen, dass ich dergleichen nur sehr selten erlebt habe, obwohl ich häufiger Neuntöter und Goldammern nah beieinander brütend beobachten konnte.

Hin und wieder wird aber auch die Nähe einer anderen Art gezielt aufgesucht: «Wegen der Wehrhaftigkeit der Wacholderdrossel suchen andere Brutvögel (Würger, Buchfink, Bergfink, Kernbeißer, frühbrütende Haussperlinge, Gelbspötter oder Pirol) gerne Anschluss an deren Nistplätze» (GLUTZ 11/II). Nistende Buchfinken suchen häufig die Nähe brütender Singdrosseln oder Amseln (GLUTZ 14/II). Ein besonderes Verhältnis scheint die Sperbergrasmücke zum Neuntöter zu haben. Die häufige unmittelbare Nachbarschaft dieser beiden Arten scheint nicht zufällig zu sein; nach F. NEUSCHULZ (1988) führt die Sperbergrasmücke die Nähe zum Neuntöter offenbar aktiv herbei (GLUTZ 12/II). Im Mittelmeergebiet sind es Rotkopfwürger und Orpheusgrasmücke, die nicht selten sehr nah beieinander brüten (BEZZEL 2001). Und natürlich sind, weil wir es gut beobachten können, auch die Haussperlinge als fast regelmäßige Untermieter im Storchennest zu nennen, zu denen sich auch Feldsperlinge, Bachstelzen oder Stare gesellen können.

In der Regel durchdringen oder überlappen sich Reviere verschiedener Arten. Das gilt auch für Arten, die ähnliche Nahrungsansprüche haben, wie zum Beispiel Kohl- und Blaumeisen. Im Revier einer Singdrossel darf ein Fitis, ein Buchfink oder auch ein Zaunkönig brüten. Aber jede andere Singdrossel hat Abstand zu halten, sonst kommt es zu teils heftigen Auseinandersetzungen. Diese Regel gilt für zahlreiche unserer Singvögel, besonders auch für Rotkehlchen. Wir kennen diese liebenswerten und «sanften» Vögel kaum wieder, wenn plötzlich ein Nebenbuhler aufdringlich wird.

Sobald ein Rivale sehr nah an der Reviergrenze singt, steigert sich der Gesang des Revierbesitzers, wird oft härter und kürzer, bei manchen

Arten (Heckenbraunelle) auch hastiger und leiser. Aber fast immer ist eine Veränderung des Vortrags wahrzunehmen. Oft genügt das schon, um den Rivalen zu vertreiben. Sonst schließen sich bei zahlreichen Arten Droh- und Imponiergebärden an oder auch, wie zum Beispiel bei Feldlerche, Baumpieper und Nachtigall, wilde Verfolgungsjagden; allerdings scheinen «Hetzjagden» bei manchen Arten auch aus reinem Übermut oder Spieltrieb stattzufinden. Pirole legen, bevor sie drohen, ihr Gefieder ganz eng an. Letztlich kann es bei ihnen wie auch bei Drosseln und anderen Arten zu Kämpfen mit Schnabelhacken kommen. Vögel, die sich regelrechte Luftkämpfe liefern und sich dabei ineinander verkrallen, können sich manchmal auch verletzen. Auf das differenzierte Revier- und Sozialverhalten verschiedener Singvogelarten im Zusammenhang mit der gesanglichen Begabung kommen wir im Kapitel über das Klangrevier (⇨ S. 187) in einer vergleichenden Betrachtung zurück. Hier nun zwei Beispiele von Revierkämpfen unserer besten Sänger, welche nicht nur zur Brutzeit erstaunlich aggressiv sein können.

Amseln sind ausgesprochen territoriale Vögel, die ihr Revier heftig verteidigen. Allerdings unterscheiden territoriale Männchen zwischen potentiellen Rivalen und Artgenossen, die ihnen das Revier nicht streitig machen. Beginnt aber ein Rivale an der Reviergrenze zu singen, wird er sofort vertrieben. An den Reviergrenzen kommt es häufig zu Auseinandersetzungen, wobei das ♀ das ♂ beim Angriff auf fremde ♂ energisch unterstützen kann. Es kommt zu Imponierritualen, die sich täglich an derselben Stelle wiederholen können. Geht ein Rivale zum Angriff über, können die Vögel einander picken oder Brust an Brust bis drei Meter hoch senkrecht in die Luft steigen, wobei jeder der beiden Kontrahenten versucht, über den anderen zu gelangen. Ernsthafte Luft- und Bodenkämpfe können bis zwanzig Minuten dauern und über Tage immer wieder neu entflammen. Schließlich flüchtet der Unterlegene (fast immer der Eindringling), vom Sieger verfolgt, in sein Territorium. Zur Zeit der Revierstreitigkeiten bekämpfen Amseln gelegentlich ihr eigenes Spiegelbild (GLUTZ 11/II).

Rotkehlchen sind ebenfalls recht aggressiv, wenn es um ihr Revier geht. Dringt ein Rotkehlchen in das Revier eines Artgenossen ein, beginnt dieser von einer Warte aus zu singen und fliegt zum Eindringling, welcher (vom Revierinhaber oft verfolgt) meist sofort flieht. Tut er das nicht, setzt sich der Revierinhaber in seine unmittelbare Nähe und zeigt möglichst viel Orangerot von Kehle und Brust. Der imponierende Vogel kann auch zum Drohsingen übergehen, wobei das Brustgefieder abgespreizt und der Schnabel nach oben oder sogar rückwärts gerichtet ist. Der drohsingende Vogel kann sich hin- und herdrehen, den Eindringling rasch umkreisen, die Flügel ruckartig anheben oder den Schwanz aufrichten. Angriffe sind sehr heftig; sie führen nicht nur in Gefangenschaft, sondern auch bei freilebenden Rotkehlchen gelegentlich zum Tode des schwächeren Vogels, allerdings gemessen an der Häufigkeit der Kämpfe relativ selten. Im Revier werden auch fremde Arten angegriffen und verjagt! Auch das eigene Spiegelbild wird ausdauernd bekämpft (GLUTZ 11/I).

Bei Rotkehlchen genügt bereits ein roter Ball oder orangeroter Federbüschel, um aggressives Verhalten auszulösen. Wir können hier ein eigenartig starres Verhalten beobachten, was im Widerspruch zu stehen scheint zu der in diesem Buch vertretenen Steigerung der Innerlichkeit, auf die unter verschiedenen Gesichtspunkten mehrfach aufmerksam gemacht wurde. *Zunahme von Autonomie zeigt sich nicht nur in Selektionsvorteilen wie Anpassung und Spezialisierung, sondern vor allem im Unabhängigwerden von der Umwelt, im Freiwerden von biologischen Zwängen und Notwendigkeiten.* Auch wenn gerade die sachlichsten, exaktesten Forscher aus Furcht vor Vermenschlichung die Erwähnung einer Innenwelt des Tieres sorgsam vermeiden (PORTMANN 1956), wollen wir diesen zentralen Evolutionsaspekt bevorzugt am Beispiel der Gesangsentwicklung unserer Singvögel weiter verfolgen. Wie passt nun das oben beschriebene, starre Verhalten des Rotkehlchens dazu? Dieses aggressive, nur auf einen roten Latz fixierte Verhalten ist eine angeborene Reaktionsweise. Warnrufe sind ebenfalls genetisch festgelegt und lösen entsprechend vorhersehbare Reaktionen bei den Vögeln aus; es ist notwendig, unmittelbar zu reagieren: «Ein schnellfliegendes Lebewesen ... muss bei plötzlich auftauchenden Hindernissen und Gefahren auch in der Lage sein, blitzschnell genau das Richtige zu tun. Bewusstes Überlegen würde in den meisten Fällen viel zu viel Zeit erfordern ... Während innerhalb der Säugetier-Evolution die Lernfähigkeit von Stufe zu Stufe weiter vervollkommnet wurde und im gleichen Maße die starre angeborene Reizbeantwortung abgebaut werden musste, haben die Vögel gerade die Fähigkeit, blitzschnell auf festgelegte, einfache Reize mit biologisch sinnvollem Handeln zu antworten, zur höchsten Vollendung gesteigert» (GRZIMEK VII). Aufgrund dessen sind Vögel leicht zu «durchschauen», was sie zu bevorzugten Objekten für die Verhaltensforschung werden ließ.

Während sich die Säugetiere mit der Höherentwicklung des Gehirns stärker von festgelegten Verhaltensweisen lösten, ist bei den außerordentlich beweglichen Vögeln die umgekehrte Tendenz festzustellen. Vergleichen wir aber die Stimmen der Säugetiere mit den mannigfaltigen Gesängen der Vögel, so ist eine entgegengesetzte Entwicklung offenbar: Fast alle Landsäugetiere besitzen ein festgelegtes Stimmrepertoire, das angeboren ist. Im Bereich der Stimmbildung ging die Höherentwicklung der Singvögel einen anderen Weg. Wenn wir neben den ausgeprägten Reviergesängen auch die Vielfalt spielerischen Stimmgebrauchs berücksichtigen, so ist deutlich, dass die Singvögel gerade hier nicht festgelegt sind, sondern sich im Bereich der Gesangsentfaltung einen Freiraum erobert haben, was wir als Autonomie bzw. – in Anlehnung an den Schweizer Biologen ADOLF PORTMANN (1956) – als *gesteigerte Innerlichkeit* bezeichnen. Das hängt eng damit zusammen, dass die meisten Gesänge, auch die einfachen, erlernt werden müssen, wobei sich die Singvögel auf musikalischem Gebiet als außerordentlich lernfähig erwiesen haben. Individuelles Lernen bringt nun einmal individuelle Freiräume mit sich, wie jeder Beobachter bzw. Zuhörer beim Vergleichen der verschiedenen Gesänge, vor allem auch innerhalb einer Art, wahrnehmen kann. So haben wir bei den Vögeln einerseits angeborene, festgelegte Reaktionsweisen und im Gegensatz dazu das Spielerische, Freiheitliche im Bereich der Stimme, was uns in einer so melodiösen und variationsreichen Klangfülle als Vogellied erfreut und begeistert. Allerdings reagieren nicht alle Singvögel mit hochentwickeltem Gesang so heftig auf stumme Artgenossen wie die farblich auffälligen Rotkehlchen. Bei Amseln konnte zum Beispiel keine Reaktion auf ausgestopfte Artgenossen ausgelöst werden (PETERS 1962).

Zurück zur Revierverteidigung: Zu Auseinandersetzungen kommt es auch sehr rasch, wenn später eintreffende ♂ in bereits besetzte Gebiete einfallen und laut singend ihre Ansprüche anmelden. Einjährige, noch brutunerfahrene ♂ kehren in der Regel nicht an ihren Geburtsort zurück, aber sie suchen einen Lebensraum auf, der demjenigen adäquat ist, in dem sie aufgewachsen sind und ihre ersten Lebenserfahrungen gemacht haben. Diese jungen ♂ siedeln meistens an den

Rändern einer Population. Wir können beobachten, dass es an den Reviergrenzen nicht selten zu teils heftigen Streitigkeiten kommt. Es ist in der Tat ein Wettstreit; denn hat man einen günstigen Platz gefunden, so verteidigt man diesen Ort auch heftig gegen Artgenossen. Aber die Reviergesänge bereits eingetroffener Sänger üben auch auf Neuankömmlinge (wie bei Dorngrasmücke und Neuntöter) eine gewisse Anziehungskraft aus. Es wird sogar vermutet, dass beispielsweise Trauerschnäppergesang nicht nur ♀, sondern auch andere ♂ anlockt, die dadurch auf geeignete Brutplätze aufmerksam werden und sich – großräumig gesehen – gruppenweise ansiedeln können (GLUTZ 13/I). Auch neu ankommende Teichrohrsänger- und Rohrammermännchen versuchen ihre Reviere gewöhnlich in der Nähe von bereits singenden ♂ zu errichten, auch wenn in größerem Abstand noch genügend freier und gleichwertiger Brutraum vorhanden sein sollte. In der Regel rauft man sich, und wie wir an den Beispielen von Amsel und Rotkehlchen sehen konnten, manchmal auch sehr heftig. Das gilt besonders zu Beginn der Brutperiode, solange die Verteilung der Reviere noch nicht abgeschlossen ist. In dieser Zeit lässt sich aber auch beobachten, dass nicht selten Singvogelmännchen mitten in bereits bestehende Reviere ihrer Artgenossen einfallen und dort anfänglich für einige Unruhe sorgen. Die beherrschenden ♂ zahlreicher Singvogelarten machen den neu eintreffenden ♂ jedoch häufig Platz und scheinen es nach einigen Auseinandersetzungen zu akzeptieren, dass ihre anfänglich oft viel größeren Reviere sich damit verkleinern; die Vögel arrangieren sich. Offensichtlich geben die Revierbesitzer den neu ankommenden Artgenossen, wenn auch nicht ganz freiwillig, mehr und mehr Raum. Verschiebungen der Reviergrenzen können aber auch von den ♀ einiger Arten (z.B. Laubsänger oder Schilfrohrsänger) ausgelöst werden, wenn diese sich nicht an die Reviergrenzen halten und im Nachbarrevier ihr Nest bauen; dann muss das ♂ versuchen, diesen Bereich seinem Revier einzuverleiben (⇨ S. 196). Oder wenn Sumpfmeisen keine passende Höhle finden: Dann «durchstreift das Paar die Nachbargebiete; werden sie dort fündig, erweitern oder verlegen sie ihr Revier entsprechend und verteidigen das neue Gebiet heftig» (BEZZEL 2001). Auch während der Brutzeit können sich die Reviergrenzen noch etwas verändern. Da sich aber die ♂ während des eifrigen Singens, wie wir weiter unten sehen werden, individuell am Gesang erkennen, kommt es kaum noch zu Auseinandersetzungen. Die Dauer der Revierverteidigung ist bei den einzelnen Arten unterschiedlich ausgeprägt. Rotkehlchen und Sumpfmeisen verteidigen ihre Reviere fast ganzjährig, zahlreiche Arten bis zum Flüggewerden der Jungvögel, Rohrsänger dagegen nur bis zum Beginn der Brut. In der Intensität, mit der Reviere verteidigt werden, spiegelt sich das territoriale Verhalten der einzelnen Arten, und zwar deutlicher als in der Reviergröße.

Die Größe eines Reviers ist von Art zu Art verschieden und auch abhängig vom Biotop, vom Nahrungsangebot und von der Bestandsdichte. Viele Kleinvögel haben Reviere von etwa 0.5 bis 1.0 ha Größe. In günstigen Gebieten mit hoher Individuenzahl können die Reviere auch kleiner sein: In geeigneten gebüschreichen Zonen betragen die Nestabstände der Nachtigallen oder Rotkehlchen manchmal nur 30 bis 50 Meter. Auch Singdrosselnester sind hin und wieder in Abständen von nur 20 Metern zu finden. Im städtischen Milieu verringert sich die Reviergröße der Amseln im Vergleich zu den waldbrütenden Artgenossen deutlich; dann sind auch Nistabstände von lediglich zehn Metern zu beobachten. Die Reviergrößen nah verwandter Arten können sehr verschieden sein: Während Gartenbaumläufer zum Beispiel Reviere von durchschnittlich 1–3 ha Größe haben und somit auch in kleineren Parks vorkommen, benötigen Waldlaubsänger dagegen Reviergrößen von 5-10 ha. Auch Misteldrosseln und Pirole bevorzugen in der Regel größere Reviere.

Natürlich sind artspezifische Besonderheiten zu berücksichtigen; so hängt die Größe des Reviers bei Höhlenbrütern, wie zum Beispiel beim Trauerschnäpper oder Gartenrotschwanz, vor allem von dem Angebot an geeigneten Neststandorten ab. Die Aussage des kürzlich verstorbenen Altmeisters der Ornithologie WILHELM MEISE (1901-2002) hat, besonders für Insektenfresser, selbstverständlich Gültigkeit: «Die Zeit der Brut wird grundsätzlich dadurch bestimmt, dass während des Wachstums der Jungen genügend Futter vorhanden sein muss» (GRZIMEK VII).

Wir können beobachten, dass die Reviere mancher Arten in günstigen Biotopen kleiner sind als in weniger günstigen. Oder dass sich die Lage der Reviere verändert: Im Schlossgarten zu Münster schien es zum Beispiel so, als wollten alle dort lebenden Zaunkönige sich einen Zugang zu dem Wassergraben, der das baum- und buschreiche Gelände umschließt, erobern. Die Folge war, dass die Reviere zwar recht groß waren, aber sich in Form lang ausgedehnter Rechtecke erstreckten mit schmalem Zugang zum Wasser und dem dort dichten Strauchwerk. Die angenehme Folge für den Beobachter war, dass bei einem Rundgang etwa alle zwanzig Meter ein neues Zaunkönigrevier begann. Die unterschiedliche Reviergröße hängt selbstverständlich auch mit dem Nahrungsangebot zusammen. Wird aber mit dem Reviergesang deshalb (oder vor allem) ein Nahrungsrevier verteidigt? Ist diese immer noch weit verbreitete Vorstellung, dass der Revierbesitzer den Eindringling vor allem aus Futterneid vertreiben wolle, wirklich haltbar? Unabhängig davon, dass Brut- und Nahrungsrevier nicht deckungsgleich sein müssen, kann der aufmerksame Beobachter im Laufe der Zeit feststellen, dass Konflikte an den Reviergrenzen primär während des Singens und weniger bei der Nahrungssuche entstehen. Und ebenso ist wahrzunehmen, dass selbst territoriale Arten sich häufig in fremden Revieren aufhalten und dass sie dort nach Nahrung suchen.

Ich erinnere mich noch gut an heftige Diskussionen zu diesem Thema in den 1960er Jahren. Ich hatte zahlreiche eigene Beobachtungen gemacht und habe auch später als glücklicher Gartenbesitzer über Jahre besonders sorgfältig die Kohlmeisen beobachtet. Im Nachbargarten stand ein großer alter Apfelbaum, der zum Revier einer anderen Kohlmeise gehörte. Sobald «meine» Kohlmeise zwischen die anstrengende Nahrungssuche für ihre Brut eine kleine Singphase einlegte, wurde ihr Gesang sofort von der Nachbarmeise beantwortet. Nicht erregt, doch deutlich mitteilend: «Ich bin hier»! Als aber einige Male meine Kohlmeise im Nachbarrevier oder unmittelbar an der Grenze zu singen wagte, legte der Revierinhaber sofort seine Scheitelfedern flach an und reckte in Imponierhaltung drohend den Kopf hoch. Das genügte meistens. Selten kam es zu richtigen Kämpfen mit Körperkontakt. Ein kraftvoller Wechselgesang folgte in der Regel. Aber fast die Hälfte ihrer täglichen Nahrungsflüge hat meine Kohlmeise in das Revier der fremden Kohlmeise unternommen, ohne Streitigkeiten zu provozieren. Es war offensichtlich, dass sie geduldet wurde, solange sie schwieg. Und wir sollten nicht denken, dass sie vielleicht vom Revierinhaber übersehen wurde. Vögel nehmen ihre Umwelt sehr genau wahr. Außerdem habe ich mehrfach mit einer gewissen Anspannung beobachtet, wie die Kopffedern der Nachbarmeise sich flach legten, also eine gewisse Erregung zeigten. Auch vom höher gelegenen Garten kam häufig eine andere Kohlmeise heruntergeflogen und hat mitgeholfen, den alten Baum von seinen Raupen zu befreien. Es kam durchaus vor, dass sie kurzfristig verjagt wurde, aber solange sie nicht sang, konnte auch sie in diesem für sie fremden Revier nach Nahrung suchen. Singdrosseln durchfliegen nicht selten Nachbarreviere; Artgenossen werden von Misteldrosseln im Revier geduldet (GLUTZ 11/II). Auch Zaunkönige, Buchfinken, Rotkehlchen und Bachstelzen, deren Nester ich kannte, habe ich auf dem Flug in Nachbarreviere beobachten können. Einige Rohrsänger- und Grasmückenarten unternehmen ebenfalls Erkundungsflüge über die Reviergrenzen hinaus. Zilpzalpe scheinen wenig Nahrungskonkurrenz zu zeigen. Und Buchfinken nutzen beispielsweise zum Nahrungserwerb «nicht nur von Artgenossen nicht beanspruchtes Zwischengelände, sondern regelmäßig auch Nachbarterritorien, wo sie vom Reviereigner toleriert werden, solange sie stumm bleiben» (HANSKI/HAILA 1988). In den 1990er Jahren konnte denn auch nachgewiesen werden, dass Buchfinken, die zur Brutzeit «ausgesprochen territoriale Vögel» sind, nicht selten ihr Revier verlassen, um sich in fremden Revieren «vorwiegend mit Nahrungssuche» zu beschäftigen (30–54 % des Tages); Strophen wurden jenseits der Reviergrenzen nur in seltenen Fällen gesungen (MACIEJOK 1995). Ebenso suchen Goldammern, Ortolane und andere Ammerarten auch weit außerhalb ihrer Reviere, teils in so genannten «neutralen Gebieten», nach Nahrung. Das spricht «gegen die Annahme, dass die unterschiedlichen Bruthabitate die Folge der Nutzung ähnlicher Nahrungsressourcen sind» (DALE 2003).

Das Wesentliche bei diesen Beobachtungen ist, dass verschiedene Singvogelarten in fremden Revieren auf Nahrungssuche gehen dürfen, *weil sie nicht singen! Vor allem Singen ist in fremden Revieren nicht erlaubt!* Das sollte in allen Schulbüchern stehen! Ich vermute, dass sich noch mehr Vogelarten ähnlich verhalten; es ist nur zu wenig bekannt. Der wissenschaftliche Forschungseifer des letzten Jahrhunderts hat sich ja auch nicht vorrangig auf dieses Arbeitsfeld gestürzt. Allerdings ist schon seit längerem bekannt, dass die Vögel nicht selten ihre Reviere verlassen (HANSKI 1993). Gesicherte Daten darüber zu erlangen ist für den Laien nicht leicht, weil Kleinvögel, die nicht singen, häufig (besonders im belaubten Wald) unbeachtet bleiben, abgesehen davon, dass zahlreiche Singvögel, die keinen Gesang vortragen, im Freiland schwierig oder gar nicht zu bestimmen sind. Das gilt in gesteigertem Maße für nahrungssuchende Singvögel, die sich in fremden Revieren meist still und unauffällig bewegen und sich in der Regel auch nur für kurze Zeit dort aufhalten. Aber bei allen Arten, die wir gut kennen und die wir in unserer Nähe häufig und regelmäßig beobachten können, lohnt es sich, darauf zu achten.

Es ist nun recht verschieden, wie wir solche Phänomene bewerten und welche Schlüsse wir daraus ziehen. Ich möchte das am Beispiel des Reviergesangs darstellen:

Die ♀ zahlreicher Singvogelarten treffen erst nach den ♂ im Brutgebiet ein. Es spricht dafür, dass der Gesang der ♂ die ♀ anlockt (⇨ S. 148). Dass die ♂ aus diesem Grunde singen, lässt sich jedoch nicht beobachtend in Erfahrung bringen. Diese Aussage ist eine einsichtige Folgerung, die wir aufgrund von verschiedenen Beobachtungen berechtigterweise machen können. Den kausalen Zusammenhang zwischen Gesang und Anlocken der ♀ stellen wir mit unserem Denken her. Das Ergebnis hängt aber nun davon ab, wie unser Denken geprägt ist.

1. Wir beobachten: Männchen besetzen Reviere und singen; die Weibchen kommen später, lassen sich dort nieder, prüfen und wählen die Reviere aus.

2. Wir beobachten ferner, dass sich dort, wo revierbesitzende Männchen singen, auch andere Männchen der betreffenden Art niederlassen

und dass sich die Revierbesitzer nach kurzer Zeit mit den Neuankömmlingen arrangieren.

Im ersten Fall scheint es klar und überzeugend zu sein, dass der Gesang dem Anlocken der Weibchen dient. Im zweiten Fall sprechen wir aber ungern von der Funktion des Gesanges, auch fremde männliche Artgenossen anzulocken. Klänge es nicht absurd, zu behaupten, Vogelmännchen wollten potenzielle Rivalen auf gute Reviere aufmerksam machen?

Die unterschiedliche Argumentation hängt vor allem mit unseren Denkgewohnheiten zusammen, zum Beispiel damit, ob wir revierbesitzende Singvögel als Rivalen oder als Gesangsnachbarn betrachten. Wenn männliche Singvögel vor allem Klang- und weniger Nahrungsräume verteidigen, so könnte man so genannte Rivalen durchaus anders betrachten. Dann ließe es sich leichter denken und nachvollziehen, dass der Reviergesang auch auf eintreffende Männchen, wie es von Trauerschnäppern und Rohrammern berichtet wurde (⇨ S. 153), eine große Anziehungskraft ausübt. Möchte man nicht auch miteinander singen? Ich habe in den letzten vierzig Jahren den Eindruck gewonnen, dass Revierinhaber ihre Nachbarn häufig nicht (nur) als Störenfriede betrachten, besonders wenn diese sich *schweigend* dem fremden Territorium nähern.

Der Reviergesang erscheint in seiner Intensität, Lautstärke und dem dauerhaften Vortrag als der Gipfel der Stimmäußerungen. Betrachten wir aber die anderen stimmlichen Spielarten der Singvögel, die nicht der Revierverteidigung dienen, wie Duettsingen, Chorgesang, Jugendgesang, Plaudergesang, Herbst- und Wintergesang, so kann uns die Frage beschäftigen, ob nicht auch der Reviergesang selbst, über die geschilderten zweckmäßigen Funktionen hinaus, noch stärker vom musikalischen Aspekt her betrachtet werden sollte. Deshalb wollen wir uns im Folgenden weiter mit den musikalischen Eigenschaften und Qualitäten der Singvögel befassen, zum Beispiel, ob beim so genannten Kontergesang tatsächlich nur gegeneinander gesungen wird.

Wechselgesang und individuelles Erkennen

Der Ornithologe Hans-Heiner Bergmann (1987) schreibt über das Verhalten der weiblichen Ringeltaube: «Wenn der männliche Partner oben im Baumgipfel seine Gesangsstrophe erklingen lässt, ruft das ♀ vorübergehend schneller hintereinander, um dann wieder zum alten Rhythmus zurückzukehren. Diese Verhaltensänderung zeigt, dass Kommunikation zwischen beiden stattgefunden hat. Singt ein Nachbar eine Strophe, so reagiert die Täubin nicht in dieser spezifischen Weise. Das legt nahe, dass sie den Partnergesang auch individuell erkannt hat». Welche Möglichkeiten haben wir, uns selbst davon zu überzeugen, dass sich auch Singvögel individuell am Gesang oder an ihren Rufen erkennen können?

Hören wir im zeitigen Frühjahr einmal genauer auf den Gesang eines Buchfinken und den seines Artgenossen in der unmittelbaren Umgebung. Wir nehmen bald wahr, dass die Reviergesänge der beiden «Rivalen» nicht völlig durcheinander fließen, sondern dass ein gewisser Rhythmus eingehalten wird: sobald der erste seine Strophe beendet hat, folgt in kurzem Zeitabstand die Strophe des zweiten und so fort. Jeder beantwortet den Gesang des anderen, ja, scheint auf dessen Strophe zu warten, um sich wieder mit eigenen Klängen anzuschließen. Jeder regt den anderen zum Singen an und tut dem anderen gleichzeitig kund, dass das besungene Revier bereits besetzt ist. Wir sprechen von konkurrierendem Singen oder Kontergesang. Häufig wird diese Gesangsform auch als Kampfgesang bezeichnet; mir scheint aber «Wechselgesang» angemessener zu sein. Rasch ist zu bemerken, dass sich die Gesänge der beiden Kontrahenten meistens nicht völlig gleichen. Und wir können sicher sein, dass die Buchfinken ebenfalls diese Unterschiede deutlich wahrnehmen und somit auch ihre Nachbarn individuell erkennen. Vielleicht lernen sie auf diese Weise auch ihre Rivalen richtig einzuschätzen.

Wenn wir innerhalb eines bestimmten Lebensraumes Lage und Größe einzelner Reviere genauer kennen, werden auch wir mit etwas Geduld die individuellen Gesangsmerkmale der einzelnen Revierinhaber wahrnehmen, denn Kontergesang ist während des Frühjahrs von vielen Vogelarten zu hören. Bei sehr stimmfreudigen Sängern wie Buchfink und Kohlmeise, die auch laute charakteristische Strophen singen, können wir das Phänomen gut beobachten. Bei Gesangsduellen der Tannenmeise, die auf kurzer Distanz ausgetragen werden können, sitzen sich die Rivalen sogar auf einem Ast gegenüber und singen alternierend (GOLLER 1987). Die Revierinhaber erkennen ihre Nachbarn an ihren Strophen und verhalten sich verhältnismäßig ruhig. Aufregend kann es werden, wenn ein fremdes ♂ plötzlich in einem besetzten Reviergebiet auftaucht: Fremde Artgenossen werden nämlich wesentlich heftiger angegriffen als die bekannten oder «vertrauten» Nachbarn. Dass die Aggressionstendenz gegen fremde Vögel im Allgemeinen größer ist als gegen bekannte, ist ein deutliches Zeichen gegenseitigen Kennens. WOLFGANG WICKLER (1986) erklärt in seiner Bernhard-Rensch-Vorlesung an der Universität Münster, dass in wohl allen arttypischen Vogelrufen und Vogelgesängen, welche auf individuelle Gesangs- oder Laut-Eigentümlichkeiten untersucht wurden, individuentypische Nuancen enthalten sind und dass die Vögel ihre Artgenossen an solchen Nuancen rein akustisch unterscheiden und bestimmte Individuen wiedererkennen. Als individuelles Erkennungszeichen dient beispielsweise beim Wintergoldhähnchen der Endschnörkel des Gesangs, während sich der Sumpfrohrsänger an einer persönlichen Umformung seines gesanglichen Vorbildes individuell zu erkennen gibt. Dass ein so hoch musikalisches Wesen wie ein Singvogel seine unmittelbaren Nachbarn ohne Mühe am individuellen Gesang erkennen kann, ist nach allem, was wir von ihnen erfahren haben, mehr als einleuchtend. Das gilt besonders, wenn wir das hochempfindliche Gehör, die teils erstaunliche Wahrnehmungsgenauigkeit verschiedener Arten und die im Tierreich fast einzigartige Fähigkeit zur Imitation berücksichtigen.

Der Ornithologe DAVID ATTENBOROUGH (1999), bekannt durch seine berühmten Tierfilme, schreibt dazu: «Ebenso wie die optischen Signale verraten Rufe und Gesänge der Vögel nicht nur deren Artzugehörigkeit, sondern auch ihre individuelle Identität. Die meisten englischen Rotkehlchen bleiben das ganze Jahr über in ihren Revieren (die mitteleuropäischen nur teilweise und nicht in höheren Lagen), und sowohl das Männchen als auch das Weibchen singen. Das Männchen – in geringerem Ausmaß auch das Weibchen – unternimmt regelmäßige Inspektionen seines Reviers und singt dabei von seinen bevorzugten Warten aus. Wenn es sein Lied gesungen hat, hält es seinen Kopf schräg und lauscht. Gewöhnlich erhält es Antwort aus dem jeweils angrenzenden Nachbarrevier. Es kennt alle seine Nachbarn persönlich und erkennt sie an ihren Liedern. Kommt die Antwort von einer ihm wohlbekannten Stimme, setzt es unbesorgt seine Runde fort. Spielt man ihm aber die Gesangsaufnahme eines völlig fremden Männchens vor, wird es sein eigenes Lied mit größerer Heftigkeit wiederholen und sein rotes Brustgefieder aggressiv aufplustern» und sich so auf die territoriale Auseinandersetzung mit dem Fremdling vorbereiten.

Die Reviernachbarn lernen sich durch das Kontersingen sehr genau kennen. Eine Steigerung dieses Wechselgesangs ist nun, wenn Gesangsnachbarn ihre Motive allmählich aufeinander abstimmen und einander angleichen, wie wir es zum Beispiel bei Nachtigallen (⇨ S. 61), Gartenrotschwänzen, Dorngrasmücken, einigen Meisenarten, Goldammern, Buchfinken, Kleibern, Hänflingen, Grünfinken und anderen Arten beobachten können. Bei dieser Art des Wechselgesanges versucht ein ♂ die Strophe eines Nachbarn mit einem möglichst ähnlichen oder gar gleichen Lied zu beantworten (⇨ S. 134). Sobald wir das wahrnehmen, gewinnen wir allerdings den Eindruck, dass nicht mehr nur gegeneinander, sondern auch miteinander gesungen wird. Beim etwa 10 bis 35 Minuten dauernden Wechselgesang revierbesitzender Sumpfmeisenmännchen «liegen die Singplätze so, dass möglichst viele ♂ einander gleichzeitig hören können» (GLUTZ 13/I). Sumpfmeisengesänge unterscheiden sich in der Regel voneinander; beim Wechselgesang zweier benachbarter ♂ sind aber häufig dieselben Motive zu hören. Benachbarte Goldammermännchen «können beim Kontersingen ihre Strophen so in die Strophenintervalle des Rivalen einschieben, dass zwischen den beiden Gesängen eine hohe Synchronisation zustande kommt» (GLUTZ 14/III). Das Gleiche gilt auch für Kohlmeisen: Während die Strophen des Reviergesangs durch Rhythmusänderung vielfältig variiert werden, gleichen sich die Motive beim Wechselgesang einander an.

Die Sonagramme zweier Kohlmeisenmännchen (Abb. 97) zeigen uns die Übereinstimmung recht deutlich. Nur im Fall des Kontersingens können wir zu Recht sagen, dass zwei verschiedene ♂ gleich singen, ansonsten haben fast alle ♂ ihre individuell gefärbte Gesangsstruktur und ihre eigenen Motive.

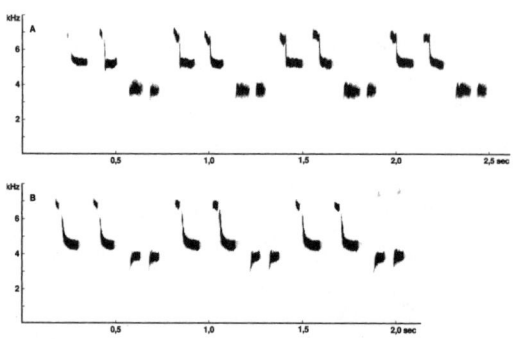

Abb. 97: Kohlmeise: Motivangleichung beim Kontersingen zweier ♂ (E. Tretzel)

Wechselseitiges Angleichen der Gesänge kommt schon bei Jungvögeln vor und scheint über viele Arten verbreitet zu sein (WICKLER 1986). Beim Alternieren der Nachtigall reagiert das antwortende ♂ auf den Gesang des Nachbarn mit einer Verzögerung von etwa einer Sekunde «und platziert seine eigenen Strophen dadurch in dessen Zwischenstrophenpausen» (GLUTZ 11/I). Auch Feldschwirle mit ihren sehr einfach strukturierten Schwirrstrophen stimmen sich aufeinander ein: «Nur wenige Meter voneinander entfernte Sänger singen besonders kurz nach der Ankunft mitunter so synchron (gleiche Strophenlänge) und in sehr ähnlicher Tonhöhe, dass sie nur aus der Nähe zu unterscheiden sind (GLUTZ 12/I). Und bei Grenzdisputen der außerordentlich gesangsbegabten Sumpfrohrsängermännchen «kommt es häufig zu kanonartigem Singen, wobei ein Sänger das Motiv wiederholt, das von seinem Kontrahenten kurz zuvor vorgetragen» worden ist (GLUTZ 12/I). Leider ist der Ortolan mit seiner wohlklingenden Stimme bei uns selten: «Während der Revierbesetzung kommt es häufig zu Wechselgesang mit meist streng alternierendem Ansingen. In stark aggressiver Stimmung kommt auch (auf Nahdistanz) Überlappung oder sogar Kongruenz der Strophen rivalisierender ♂ vor» (Glutz 14/III). Gelegentlich kann es auch zu Wechselgesang zwischen ♂ verschiedener Arten kommen: «Zippammergesang wirkt auf Heckenbraunellen (oder umgekehrt) bisweilen so stimulierend, dass es zu eifrigem Kontergesang kommen kann»; das gilt auch für Buchfink und Zaungrasmücke. Beim Hören mancher Wechselgesänge mögen wir an die beschriebenen Duett-Sänger denken. Echte Duett-Sänger sind aber immer Partner, während Wechselgesang von benachbarten Männchen vorgetragen wird. Aber auch bei den Duett-Sängern wurde deutlich (⇨ S. 126), dass sich die Partner individuell am Gesang erkennen.

Eine Besonderheit ist von der bereits erwähnten asiatischen **Schamadrossel** (⇨ S. 144) zu berichten. Es ist das Verdienst des Ornithologen Johannes Kneutgen, diese außerordentlich gesangsbegabten Vögel über viele Jahre erforscht zu haben. Von besonders bevorzugten Singwarten schmettern die Schamadrosseln ihre melodiösen und weit tragenden Motive. Die Grenzen der Brutreviere werden wie bei vielen territorialen Vögeln akustisch festgelegt und heftig verteidigt. Die Vögel beantworten in der Regel die Gesangsstrophen ihrer Nachbarn, indem «einer die Motive des anderen nachahmt und durch Vor- und Nachschläge bereichert. Sind die Vögel weit voneinander entfernt, dann enden diese Schimpfduelle meist, wenn einer der Rivalen nicht mehr antwortet. Häufig aber nähern sich die Gegner während des Singens der gemeinsamen Reviergrenze und gehen zum Kampfgesang über. – Käfig- und Volierenvögel äußern ihn nur bei höchstens 25 cm Abstand. Der geringen Lautstärke wegen eignet sich dieser Gesang ohnehin nur für den Nahkampf» (Kneutgen 1969b).

Schamadrosseln gehören zu den gesangsbegabtesten Singvögeln der Erde, die sehr auf Distanz zu Artgenossen achten. Wenn diese Vögel sich gegen die Regel singend annähern, so muss das nicht unbedingt «Nahkampf» bedeuten. Der Kontergesang ähnelt sehr dem lauten, vielfältigen und melodiösen Reviergesang, wird aber erstaunlicherweise stets sehr leise vorgetragen. Ich vermute, weil derart gesangsbegabte und territoriale Vögel ihren sonst lautstarken und kraftvollen Gesang auf so kurze Distanz nicht ertragen würden. Nun weiter der Bericht des Forschers: «Wie beim Reviergesang ahmt auch hier einer den anderen unter Variationen nach. Der Kampfgesang dauert meist nicht länger als vier Minuten ... Es bekämpfen sich nicht allein die ♂, sondern auch die ♀... *Die tätliche Auseinandersetzung beginnt erst viel später, wenn der Gegner sich beim Kampfgesang auf reine Nachahmung beschränkt und nicht, wie zwischen Schamas üblich, die Strophen des anderen verziert.* Auf diese Weise dauert der Kampfgesang mindestens acht Minuten» (Kneutgen 1969b). Während also die meisten Singvogelarten im Wechselgesang ihre Gesangsstrophen in den Motiven, im Rhythmus wie auch in der Tonhöhe aneinander angleichen, wird der Kontergesang bei der Schamadrossel «immer komplizierter, weil die Gegner andauernd versuchen, einander zu übertreffen ... *Es scheint eine ‹Anstandsregel› beim Kampfgesang zu sein, dass man erst antwortet, wenn der Gegner seine Strophe zu Ende gesungen hat.* Ich habe nie gehört, dass einer dem anderen ‹ins Wort› fiel, es sei denn, der Gegner machte in einer Strophe eine längere Pause. Dann konnte es geschehen, dass der andere ‹aus Versehen› zu früh einfiel, aber sofort verstummte, wenn der Gegner weitersang. Ein derartiges ‹Versehen› löste einige kräftige Schnabelhiebe aus: dann ging der Kampfgesang weiter ... Im Revier- und Kampfgesang überbieten sich die Rivalen, indem sie einander nachahmen und immer neue Varianten bringen. Dadurch werden Kämpfe häufig entschieden, ohne dass es zum Beschädigungskampf kommt» (Kneutgen 1969b). Das Männchen einer Schamadrossel reagiert also nicht aggressiv, wenn ein Mitstreiter es gesanglich zu übertrumpfen versucht. Im Gegenteil: es hackt den so genannten Rivalen vor allem dann, wenn dieser aufhört, neue Variationen zu erfinden oder es im Gesang unterbricht! Wenn es unter so außerordentlich gesangsbegabten und lernbegierigen Sängern deshalb zu Schnabelhieben kommt, weil einer von ihnen die musikalischen Spielregeln nicht einhält, so scheint es sich doch mehr um ein spielerisches Gesangsduell als um einen Nahkampf zu handeln. Außerdem zeigt uns dieses Verhalten deutlich, wie sich die Vögel in ihrer Gesangsqualität und -vielfalt gegenseitig fördern. Wie umfangreich und vielseitig muss das Gesangsrepertoire dieser Vögel sein, wenn sie die ständig durch neue Verzierungen gesteigerten Gesangsstrophen ihrer Gesangsnachbarn immer wieder zu übertreffen versuchen? Selbst Tonleitern erlernen und erweitern sie selbstständig (⇨ S. 175). Und in einer wohl einzigartigen Weise sind Schamadrosseln empfänglich für klassische Musik, insbesondere für Mozart: «So wie an Klangfarbe, Tempo und Dynamik passen Schamadrosseln ihren Gesang auch an Melodie und Rhythmus künstlicher akustischer Reize an. Auch andere Besitzer von Schamadrosseln bestätigen, dass ihre Vögel zu Mozartscher Musik besonders ausgiebig singen. Mit Mozartscher Musik konnte ich meine Vögel mitten in der Nacht zum Singen anregen, was mit anderer Musik nur ausnahmsweise gelang ... Um eine mögliche Anpassung zu untersuchen wählte ich Mozarts Violinkonzert in A-Dur, KV 219. In diesem Konzert lässt sich der Melodiegang gut verfolgen. Um das Musikstück möglichst leise und den leisen Gesang der Schamadrossel möglichst laut auf Band zu bekommen, hängte ich über eine Sitzstange im Käfig in Kopfhöhe des Vogels einen Kopfhörer, aus dem die Musik ertönte. Als die Musik das erste Mal erklang, hüpfte der Vogel erregt hin und her und setzte sich schließlich zwischen die Schenkel des Kopfhörers, plusterte sich auf und sang mit. Dies wurde bei 2 Vögeln in 30 Versuchen regelmäßig beobachtet.

Im Laufe der Versuche kam es zu einer immer besseren rhythmischen, dynamischen, klangfarblichen und melodischen Anpassung an die Musik: Gleich beim ersten Versuch passte sich der Gesang des Vogels dem musikalischen Rhythmus an. Dann folgten die Anpassungen an Dynamik und Klangfarbe ... [und] an den melodischen Ablauf des Musikstücks. Bei weiteren Versuchen kam es immer wieder vor, dass die Vögel Melodieteile ein bis zwei Takte früher sangen, ehe sie in der Musik erschienen. Kam die Stelle im Musikstück, so wurde sie nicht mitgesungen. Die Vögel saßen dann mit schräggehaltenen Köpfen und lauschten. War die Stelle vorbei, sangen sie weiter» (KNEUTGEN 1969b). Hier wird deutlich, zu welchen musikalischen Höhen sich ein Vogel aufzuschwingen vermag und dass die Singvögel, besonders die *Meistersänger*, in einer anderen, uns normalerweise nicht zugänglichen, Klangsphäre leben.

Die musikalischen Leistungen wie auch das Verhalten der Schamadrossel sind zugegebenermaßen außergewöhnlich. Die Höchstleistungen innerhalb einer Tiergruppe können aber ein erhellendes Licht auf bescheidenere Entwicklungsstufen werfen, um diese besser verstehen zu lernen. So mag durch dieses Beispiel noch deutlicher und einsichtiger werden, dass sich auch die einheimischen begabten Singvögel gegenseitig auf vielfältige Weise gesanglich fördern. Und ergänzend zu dem, was wir im vorigen Kapitel über Reviergesang und Revierverteidigung feststellen konnten, wollte ich hier auch auf die häufig genutzte Möglichkeit der Singvögel hinweisen, *Streitigkeiten durch Gesang zu schlichten*. Diese biologisch-soziale Funktion des Gesanges kann meines Erachtens nicht genug betont werden.

Gesang, Bewegung und Landschaft

Wohl jeder Naturfreund verbindet mit bestimmten Vogelgesängen häufig auch typische Landschaften und Lebensräume und erinnert sich so an den erzählenden Gesang der Singdrossel in einem Baumwipfel, an die klangvollen Strophen der Nachtigall in einem Auwald oder an den dahin perlenden Lerchengesang über einem Feld. Die «Stimme der Landschaft» ist ein Phänomen, das uns innerlich bewegt und anspricht. Aber es entzieht sich uns gleichermaßen schnell, wenn wir es rational erfassen wollen. Dazu kommt, dass sich zahlreiche Singvögel in ihren Gesängen einen freiheitlichen Raum erworben haben. Dadurch sind sie in ihrer Stimmentfaltung weniger gebunden als andere Tiere. Und gerade die Vielfalt der teils individuellen Strophen macht es anfangs so schwierig, Singvögel nach ökologischen Aspekten einzuordnen. Vielleicht geht es aber gar nicht so sehr um begriffliche Ordnung und Gliederung, als mehr darum, ein lebendiges Verständnis für die Beziehung von Gesangsqualität und Lebensraum zu entwickeln. Der Biologe HEINRICH FRIELING (1937b) war der Ansicht, dass «Vögel, die gleiches Gebiet bewohnen, den gleichen Gesangsstil» haben. Das spricht uns empfindungsmäßig unmittelbar an. Aber für den aufmerksamen Vogelfreund ist das gar nicht so ohne weiteres nachzuvollziehen, denn er kann in fast jeder Landschaft recht verschiedene Klänge hören und sowohl *einfache* wie *gute* Singvögel beobachten, so, wie es auch innerhalb verschiedener Vogelfamilien und sogar nah verwandter Arten unterschiedlich begabte Sänger gibt. Schenken wir diesem Phänomen größere Aufmerksamkeit, um den vermeintlichen Widerspruch zu lösen.

Wenn wir annehmen, dass der Vogel im Einklang mit der Landschaft lebt, so entstehen eine Reihe von Fragen: Wie mögen Gesangsentfaltung und Lebensraum zueinander in Beziehung stehen? Übt der Landschaftstypus auf die Ausbildung der unterschiedlichen Gesänge gestaltenden Einfluss aus? Gleicht sich der Gesang des Vogels dem Charakter seiner Umwelt an? Oder «verinnerlichen die Vögel in ihren Gesängen den durchseelten Umkreis» (SUCHANTKE 2002)?

Sobald wir Vogelstimmen miteinander vergleichen, haben wir zu Recht den Eindruck, dass im Wald mehr weiche, variationsreiche und melodiöse Strophen, an der Meeresküste aber scharfe und rauhe Töne zu hören sind. Wir nähern uns dem Phänomen aber noch nicht in der rechten Weise, wenn wir Gesänge der waldbewohnenden Singvögel mit Rufen von Möwen oder Seeschwalben am Meeresstrand vergleichen. Weder Möwen noch Seeschwalben haben Gesänge entwickelt. Und welche Singvögel brüten am Meeresstrand? Außerdem erschallen im Wald nicht selten die scharfen Stimmen der Spechte und die rauhen Töne der Eichelhäher, wie auch die lauten und wenig melodiösen Warnrufe unserer Singvögel.

Zum lauten, rauschenden Gebirgsbach gehören beispielsweise die scharfen Stimmen von Wasseramsel und Gebirgsstelze. Spiegelt sich darin der Charakter der Landschaft? Oder sind die durchdringenden Rufe lediglich an akustische Bedingungen angepasste Lautäußerungen? Es handelt sich hier um (angeborene) Rufe, und zwar um solche, welche mehr die Geräuschkulisse durchdringen sollen, als dass wir sie im Einklang mit der Landschaft empfinden. Diese meist zweckgebundenen Laute, wie auch fast alle Warnrufe, sind (in den unterschiedlichen Biotopen) laut, hart und scharf, wie es ihrer aufweckenden Funktion entspricht. Sie sind am wenigsten geeignet, unsere Fragen zu beantworten. Befassen wir uns also vornehmlich mit den Gesängen unserer Singvögel.

Den Gesang der Wasseramsel können wir zum

Beispiel sofort im Einklang mit einem munter fließenden Bach empfinden. Vielleicht auch die schlichten Strophen der Gebirgsstelze. Dem idealen Charakter eines murmelnden Baches würde aber eigentlich der dahin sprudelnde Gesang der Gartengrasmücke voll entsprechen. Diese ausdauernde Sängerin bevorzugt jedoch dichte, gebüschreiche Wald- und Parklandschaft. Die Üppigkeit ihrer Lebenswelt ist es, welche in den wundervollen Liedern widerhallt. Wir wollen deshalb versuchen, nicht nur die äußerliche Gleichartigkeit von Gesang und Lebensraum zu beachten, sondern verstärkt die innere, verwandte Übereinstimmung zu erspüren.

Bei Vogelstimmenwanderungen werden häufig Fragen gestellt, die mit der Wechselbeziehung von Gesang und Landschaft zu tun haben, zum Beispiel:

1. Haben sich die melodisch reichsten Gesänge stärker im Gebüsch oder in freien Baumkronen entwickelt?
2. Leben in der stacheligen mediterranen Macchie vor allem Vögel mit kratzenden Gesängen?
3. Hören wir in Heiden, Steppen oder Wüsten besonders eintönige Gesänge?
4. Hat die Art der Bewegung einen Einfluss auf die Gesangsbildung?
5. Sind die Gesänge der nachts singenden Arten besonders vollkommen und schön?
6. Finden wir in der Gleichförmigkeit großer Schilfbestände besonders stereotype Sänger?
7. Sind die Gesänge im Laubwald vielfältiger und ausdrucksstärker als jene im Nadelwald?

Sobald wir beginnen, einige konkrete Beispiele zu untersuchen, werden wir bemerken, wie mannigfaltig und teilweise auch verwirrend sich die Natur uns gegenüber ausspricht. Etwas verführerisch könnte sein, sehr bald Regeln aufstellen zu wollen. So werden wir nicht selten geneigt sein, die unterschiedliche Gesangsentfaltung rasch mit bestimmten Ideen (ursächlich) in Verbindung zu bringen und die Phänomene entweder auf den Aspekt der Anpassung zu reduzieren oder sie idealistisch zu gliedern und zu erweitern. Geduldiges, aufmerksames Hinhören scheint der beste Lehrmeister zu sein!

Nicht alle oben gestellten Fragen lassen sich eindeutig beantworten. Es gibt zwar deutliche Zusammenhänge von Gesang und Landschaft, sie sind aber teilweise recht subtil. Auch haben wir es mit einem bisher noch wenig beachteten Forschungsgebiet zu tun. Je sicherer wir die Arten einer Vogelgattung an ihren Gesängen bestimmen können, je vertrauter uns ihr Verhalten und ihre Lebensräume werden, umso intensiver leben wir uns in diesen Zusammenklang von Landschaft und Vogelgesang ein.

Befassen wir uns zuerst einmal mit den oben gestellten Fragen.

1. Wer mit wachen Sinnen die Natur erlebt, wird vom niedrigen Gebüsch über dichte und lockere Sträucher bis hinauf in die freien Baumkronen verschiedene Singvögel mit kunstvollen Gesängen hören. So leben in der Reihenfolge der entsprechenden Zonen: Nachtigall, Garten- und Mönchsgrasmücke, Heckenbraunelle, Rotkehlchen, Amsel, Fitis, Trauerschnäpper, Pirol und Singdrossel. Es sind jedoch in diesen verschiedenen Vegetationsetagen gleichfalls auch einfache Lieder zu vernehmen, beispielsweise Klappergrasmücke, Feldsperling, Dompfaff, Zilpzalp, Wacholderdrossel und Kernbeißer, sodass eindeutige Zuweisungen etwas schwierig sind. Bedeutsam für uns ist, dass wir in vielfältigen und vegetationsreichen Lebensräumen die große Fülle vorzüglicher und lernfähiger Sänger hören können.

2. In der meist niedrigen, teils undurchdringlichen Macchie Südeuropas hören wir häufig kurze kratzende Gesänge der verschiedenen Grasmücken. Wir können hier deutlich den Ein-

druck gewinnen, dass Landschaft und Gesangsform eng miteinander verwoben sind. Ich denke besonders an die meist gedrängten, kratzenden Gesänge von Provence-, Brillen- und Weißbartgrasmücke. Demgegenüber hören wir auch wohlklingendere Gesänge von Samtkopf- und Orpheusgrasmücke; allerdings bevorzugen die letztgenannten Arten schon mehr unterwuchsreiche Wälder und Olivenhaine.

3. Sind die Gesänge umso eintöniger, je dürrer, steppen- und wüstenartiger die Landschaft ist? Oder ist es umgekehrt: Je öder und vegetationsärmer ein Landschaftstyp ist, desto melodiöser und vollendeter sind die Gesangsstrophen? Für beide Ansichten könnte ich anerkannte Autoren zitieren. Doch suchen wir die Antwort in der Natur: In Europa sind Felder, Heiden und steppenartige Gebiete, Wiesen, Tundren, Hochgebirge und Gesteinswüsten diejenigen Lebensräume, welche in unterschiedlicher Ausbildung vegetationsärmeren Biotopen entsprechen. Etwa in der genannten Reihenfolge können wir in diesen Lebensräumen jeweils einige gute Sänger hören: Heidelerche, Feldlerche, Haubenlerche, Wiesenpieper, Braunkehlchen, Isabellsteinschmätzer, Alpenbraunelle, Steinrötel, Blaumerle. Aber ebenso gibt es in den entsprechenden Ökosystemen sehr schlichte Sänger wie Brachpieper, Schneefink, Steinsperling oder Wüstengimpel. Selbst in einer so extremen Zone wie der Sahara finden wir ebenfalls unterschiedlich begabte Sänger. Ich erlebte den ausdrucksvollen Gesang der Wüstenläuferlerche im Gegensatz zu den schlichten Strophen der Sandlerche. Und während der Saharasteinschmätzer einen recht wohlklingenden und vielseitigen, teils flötenden Gesang hat, ist vom Wüstensteinschmätzer lediglich ein leises monotones Pfeifen zu hören. Selbstverständlich müssten die einzelnen Biotope auf mögliche Unterschiede genauer untersucht werden, um exakte Vergleiche anstellen zu können (so sind zum Beispiel die Lebensräume unserer heimischen Lerchen in der Regel vielschichtiger als diejenigen der Gebirgsbewohner). Die Fülle unserer *Meistersänger* ist jedenfalls nicht in vegetationsarmen oder vegetationslosen Gebieten zu finden.

4. In welcher Form hängt die Fortbewegung des Vogels mit seinem Gesang oder seinem Lebensraum zusammen? Das Tirilieren der Lerchen erklingt so ganz im Einklang mit ihrem flatternden Singflug. «Gesang und Flügelschlag von steigenden Feldlerchen wurden simultan aufgezeichnet. Anhand der Sonagramme ließ sich gelegentlich eine Synchronisation zwischen Gesang und Flügelschlag feststellen» (Csicsáky 1978). Auch die Singflüge von Baumpieper und Waldlaubsänger scheinen jeweils eine dynamische Einheit von Gesang und Verhalten zu bilden. Betrachten wir aber die verschiedenen Drosseln, so ist kaum eine Korrelation zwischen der unterschiedlichen Gesangsbegabung von Amsel und Wacholderdrossel und deren Flugverhalten zu erkennen, auch wenn die Wacholderdrossel insgesamt in ihren Bewegungen etwas unruhiger erscheint. Auch Fitis und Zilpzalp sind nicht gleichermaßen musikalisch begabt. Das normale, für uns beobachtbare Bewegungsmuster bzw. Flugverhalten ist bei beiden Arten aber sehr ähnlich; deshalb ist es auch so schwierig, sie ohne Gesangsäußerung auseinander zu halten. Der Fitis hat zwar als Langstreckenzieher etwas spitzere Flügel, aber schneller und weiter fliegende Arten singen nicht unbedingt besser, wie uns ein Vergleich zwischen der fernziehenden Dorngrasmücke mit der viel gesangsbegabteren, aber nicht so weit ziehenden Mönchsgrasmücke zeigt. Wasserpieper vollführen einen schönen Wellenflug mit lautem, melodischem Gesang. Ein ganz ähnliches Flugverhalten können wir auch beim Kanarenpieper beobachten; zu hören ist aber bei diesem Inselbewohner nur ein

monoton wiederholtes «zipp» oder «tsilie». Der Musiker BERNHARD HOFFMANN (1908), einer der besten Vogelstimmenkenner zu Beginn des 20. Jahrhunderts, kam nach eingehenden Untersuchungen und Vergleichen zu dem Ergebnis, «dass zwischen Flug und Rhythmus des Gesanges kein Zusammenhang besteht» Mit Ausnahme der Vogelarten, die Singflüge ausüben, stimme ich dem zu.

Und es gibt auch Hinweise darauf, dass sich bestimmte Bewegungsarten im Einklang mit der Umwelt entwickelt haben. «Nur sollten wir dabei nicht an irgendwelche Nutzeffekte, sondern mehr an eine Harmoniebeziehung zwischen dem Tier und seiner Umgebung denken» (KIPP 1983b). In seinem 1941 erschienenen Beitrag über die «Pfahlstellung der Rohrdommel» zeigt KIPP, dass die Reckgebärde der Rohrdommel nicht nur eine «Schutzstellung» im neodarwinistischen Sinne ist, weil dieser große Vogel aus der Reiherfamilie so gut wie keine Feinde hat. Das «Erstarren», das dieses Tier im Schilfgewirr fast unsichtbar macht, beruht nicht auf äußerlichen Ursachen, sondern hat einerseits zu tun mit dem «schlanken Baustil» der Reiher, und andererseits muss diese Gebärde aus dem psychischen Verhältnis des Vogels zu seinem Lebensbereich verstanden werden: Rohrdommeln in der Pfahlstellung fügen sich völlig in ihren Lebensraum, die schilfbestandene Sumpflandschaft, hinein. Nicht äußere Bedingungen haben den Rohrdommeln die Pfahlstellung aufgeprägt; sondern aus der psychischen Affinität der Tierart zu ihrem Lebensbereich kann dieses Angleichen an das Röhricht verstanden werden (KIPP 1983b).

Was KIPP unter harmonischer Beziehung versteht, sei hier wegen seiner Bedeutsamkeit angeführt: «Viele Vögel führen bei Erregung ruckende oder zuckende Bewegungen mit dem Schwanz oder auch mit den Flügeln aus. Bei Amseln, Rotschwänzen, Elstern, Kuckuck und vielen anderen kann man diese Gebärden, die zum alltäglichen Ausdrucksinventar gehören, häufig beobachten.

Auch bei Vögeln, die an Gewässern leben, findet man solche Erregungs- oder Ausdrucksbewegungen, jedoch in einer interessanten Abwandlung. Dem Schwanzwippen der Bachstelzen, das diese fast unentwegt bei all ihrem Tun ausführen, fehlt alles Ruckartige. Es ist eine wunderbar weiche, wiegende Bewegung, die den Körper des Vogels gleichsam wellenartig durchpulst und am langen Schwanz am deutlichsten hervortritt. Die Beziehung zum wässrigen Element, mit dem die Stelzen verbunden sind, ist offensichtlich. Von den drei Stelzenarten, die bei uns vorkommen, zeigt die Schafstelze als Bewohner von feuchtem Wiesengelände und Teichrändern die Wippbewegungen am schwächsten, wogegen die mehr an fließenden Gewässern lebenden Arten (Weiße Bachstelze und Gebirgsbachstelze) die wiegend-wippenden Bewegungen mit außerordentlicher Intensität zur Schau tragen.

Die Wasseramsel, ebenfalls ein Vogel der Bergbäche, hat einen rundlichen Körper mit kurzem Schwanz; aber auch sie hat als häufige Gebärde ein weiches wiegendes Knicksen. Wellenartige Ausdrucksbewegungen finden wir auch – weitab von den Singvögeln – bei einigen Watvögeln, dem Flussuferläufer und dem Flussregenpfeifer. Dieses weiche Wiegen und Wippen, das der Dynamik des Wassers entspricht, ist für die am fließenden Wasser wohnenden Kleinvögel typisch, während es den Arten anderer Lebensräume fehlt … Es genügt nicht, zur Erklärung der Eigenschaften eines Tieres nur auf die äußeren Gegebenheiten zu schauen. Es wird heute zu wenig berücksichtigt, dass in dem Verhältnis des Tieres zu seiner Umwelt die Aktivität zweifellos auf Seiten des Tieres liegt. Es hat Bedürfnisse und Ansprüche, die es in seiner Umgebung zu befriedigen sucht. Unter den verschiedenen Möglichkeiten, die die Umwelt bietet, wählt das Tier das aus, was zu seinen eigenen inneren Ansprüchen am besten passt» (KIPP 1983b). So sind mancherlei Zusammenhänge zwischen der Bewegungsweise der Vögel und ihrer Umwelt zu entdecken. Eine Wechselbeziehung zwischen Bewegung und Gesang ergibt sich daraus jedoch nicht.

5. Nun zu den Tag- und Nachtsängern: Es gibt einige Singvögel mit kunstvollen Strophen, die (auch) in der Stille der Nacht ihre Lieder erklingen lassen, zum Beispiel Nachtigall, Sumpfrohrsänger und Heidelerche. Aber ebenso sind nachts die einfachen Gesänge des Teichrohrsängers zu hören wie das stereotype heuschreckenartige Schwirren des Feldschwirls und das monotone «Wetzen» des Schlagschwirls. Und in der musikalischen Begabung stehen Tagsänger wie Amsel, Singdrossel, Rotkehlchen oder Mönchs- und Gartengrasmücke den oben genannten Nachtsängern in nichts nach. Natürlich wirkt nächtlicher Vogelgesang auf den empfindenden Menschen tiefer. Aber sobald wir uns eine Stunde lang den vielfältigen Amselstrophen widmen, dem Motivreichtum eines Singdrosselgesangs oder den nicht enden wollenden musikalischen Variationen eines Rotkehlchens, so können wir ähnliche Erlebnisse haben und unschwer wahrnehmen, dass etliche unserer Tagsänger musikalisch ebenso hoch begabt sind wie die berühmten Nachtsänger.

6. Sobald wir Rohrsänger in ihren Lebensbereichen beobachten und ihren unterschiedlichen Gesängen lauschen, gewinnen wir bald den Eindruck, dass Melodik und stimmlicher Variationsreichtum in dem Maße zunehmen, wie der Lebensraum der Arten vom eintönigen Schilfröhricht zur vielseitigen Strauchvegetation wechselt. Der Drosselrohrsänger bewohnt meist die Wasserseite des raschelnden Schilfbestandes (⇨ S. 67), gefolgt vom Teichrohrsänger, während der Schilfrohrsänger in der Regel die stärker verlandeten Vegetationszonen bewohnt. Sumpfrohrsänger finden wir bereits in der artenreichen Ufervegetation, im Weidengebüsch, in Getreidefeldern und Brennnesseldickicht, während der nah verwandte Gelbspötter schon ein echter Baumbewohner ist (FRIELING 1937a).

Die Gesangsqualität der Rohrsänger steigert sich also mit zunehmender Vegetationsvielfalt: Im eintönigen Schilfbestand hören wir mehr stereotype Stimmen, während die reichste Gesangsentfaltung in der üppigen Ufervegetation wahrzunehmen ist. Unsere Beobachtungen im Röhricht werden noch durch die monotonen Gesangsreihen des Feldschwirls und die schlichten Strophen der Rohrammer unterstützt. Im Röhricht ist allerdings auch der vielfältige und wohlklingende Gesang des seltenen Blaukehlchens zu hören. Dieser liebenswerte und gesangsbegabte Vogel zeigt aber ähnlich wie Schilf- und Sumpfrohrsänger eine deutliche Neigung zur vegetationsreicheren Ufervegetation und ist auch in verschilften Weidengebüschen oder versumpften Auwäldern anzutreffen.

7. Deutliche Qualitätsunterschiede werden wir ebenfalls wahrnehmen, sobald wir die Gesänge in Laubwäldern mit den Stimmen in Nadelwäldern vergleichen. Im vielfältigen, meist sonnendurchfluteten Laub- oder Mischwald erklingen melodiösere, differenziertere und motivreichere Gesänge als im artenarmen, häufig dunkleren Nadelwald. Vergleichen Sie einmal die Gesänge einiger typischer Vertreter dieser beiden unterschiedlichen Lebensräume, zum Beispiel Kohl- und Haubenmeise, Schwarz- und Misteldrossel oder auch Eichel- und Tannenhäher. Das Phänomen rückt so unmittelbar in den eigenen Wahrnehmungsbereich.

Welcher Gesang drückt nun den Charakter der Waldlandschaft aus? Wenn wir die beglückende Vielfalt der im Mischwald lebenden Arten beobachten und den recht unterschiedlichen Gesängen lauschen, so fällt die Antwort nicht leicht. Sind es die melodiösen Kompositionen der Amsel, die kraftvollen, vielfältigen Lieder der Singdrossel oder der melancholische Gesang des Rotkehlchens? Sind es die dynamischen Strophen von Buchfink und Zaunkönig, die so ganz anders klingen, aber doch wesentlich zum Element des Waldes dazugehören? Oder sind es vielmehr die rhythmischen Weisen von Kohl- und Blaumeise?

Vielleicht geht es gar nicht so sehr um den Gesang einer bestimmten Vogelart. Vermutlich verinnerlichen und spiegeln die Waldvögel den Charakter ihres Lebensbereiches jeweils auf arteigene Weise, sodass es gerade die Mannigfaltigkeit der Gesänge ist, welche die Seele des Waldes zum Klingen bringt.

Schon nach wenigen Vogelstimmenwanderungen wird jedem Vogelfreund auffallen, dass die vielfältigsten, motivreichsten und melodischsten Gesänge besonders in waldnaher Landschaft zu hören sind. Neben dem eigentlichen artenreichen Laub- und Mischwald mit reichlich Altholz, gebüschreichem Unterwuchs, mit Lichtungen, Jungforsten und einer vielfältigen Randzone gehören noch die Auwälder, Feldgehölze und Hecken dazu, wie auch die üppige Flussufervegetation.

«Reichste und vielfältigste Entfaltung der Pflanzenwelt wie der Gesänge» ist nach ANDREAS SUCHANTKE eng miteinander verbunden. Und diese Landschaftsform mit ihrer artenreichen, feuchten, durchwärmten Vegetation ist derjenige Lebensraum, wo jeder von uns das Vogelkonzert in seiner ausgeprägtesten Weise erleben kann! Bei einem morgendlichen «Waldkonzert» können wir so den Eindruck gewinnen, als habe sich dort der größte Teil unserer besten Sänger versammelt.

Manche Leser mögen sich nun fragen, ob es die einem Biotop zugehörige Gesangsform gibt. Die oft angewandte Methode, Gesänge einiger Vogelarten in einem bestimmten Lebensraum miteinander zu vergleichen, reicht häufig nicht aus. Wir sollten alle in einer Landschaft vorkommenden Arten betrachten. Vor allem aber wäre es aufschlussreich, wenn wir ein und dieselbe Art (oder auch nahe verwandte Arten) aus verschiedenen Lebensräumen erfassen.

Die Kohlmeise beispielsweise «singt, gleichgültig ob in Norwegen oder im Iran, in offenem Habitat schneller aufeinanderfolgende Noten aus einem weit größeren Frequenzbereich als in dichtem Waldgelände. Die Meisen aus einem offenen Parkgelände in Südengland singen sehr ähnlich wie die in einem Park 5000 km entfernt im Iran, aber ganz verschieden von denen in einem nur 100 km entfernten dichten Wald in England» (HUNTER 1979). Wenn Misteldrosseln mit ihrem wehmütigen Gesang den Landschaftstyp des Nadelwaldes widerspiegeln, gleichen dann die im Laubwald brütenden Artgenossen im Laufe der Zeit ihre Gesänge dem anderen Lebensraum an? Aufschlussreich wäre es, zu untersuchen, ob und in welcher Weise die seit Jahrzehnten in der Stadt lebenden Amseln ihre Gesänge gegenüber den im Wald beheimateten Artgenossen verändert haben. Vielleicht genügen den anpassungsfähigen Amseln aber auch die vielfältigen städtischen Park-, Strauch- und Kleingartenzonen als Waldersatz.

Den Zusammenhang von Landschaftstyp und Gesangsentfaltung genauer zu studieren, ist eine reizvolle Tätigkeit. Nicht selten finden wir jedoch, dass sich die Gesänge innerhalb einer Landschaft, sowohl in Melodiebildung und Motivreichtum, wie auch in Klangfarbe und Klangfülle, sehr unterscheiden. Das ist bei der musikalischen Begabung zahlreicher Singvogelarten nicht verwunderlich. Aber für uns ist es nicht immer leicht, einen objektiven Eindruck zu gewinnen. Dazu kommt, dass bestimmte Gesänge recht unterschiedliche Gefühle bei uns auszulösen vermögen, so wie auch eine Landschaft unterschiedlich auf uns wirken kann. Einige von uns favorisieren beispielsweise Nachtigall, Amsel und Singdrossel als die besten einheimischen Sänger, andere hingegen empfinden den Gesang des Rotkehlchens und der Mönchsgrasmücke als ausdrucksstärker. Und einer erlebt die Wüste als einen der trostlosesten Orte der Erde, während ein anderer zutiefst begeistert ist und intensiver zu leben beginnt.

Wenn wir nicht immer sofort den Eindruck gewinnen können, dass die in einem Gebiet zusammen lebenden Vögel auch einen verwandten Gesangsstil haben, so muss das nicht unbedingt ein Widerspruch sein. Manche «Unstimmigkeiten» hängen im Besonderen damit zusammen, dass wir meistens großflächige Landschaftsräume mit den dort erklingenden Gesängen vergleichen und die kleineren Landschaftsräume vernachlässigen. Förderlich ist deshalb, den direkten Lebensraum einer Vogelart, sein Revier, stärker zu beachten, denn «auch Landschaften selbst kleineren Umfanges sind in sich erheblich differenziert». Diesen für mich bedeutsamen Hinweis verdanke ich Andreas Suchantke. So, wie ein aufmerksamer Gartenbesitzer sich schon nach kurzer Zeit einen lebendigen Eindruck von den verschiedenen kleinklimatischen Verhältnissen in seinem Garten erwirbt, scheint es nötig zu sein, innerhalb eines Ökosystems auch die vielfältigen Kleinbiotope mit ihren typischen Vogelgesängen stärker zu beachten. Ein wertvolles Betätigungsfeld für jeden Ornithologen und Vogelfreund!

Vergleichen wir die verschiedenen einheimischen Grasmücken-Gesänge miteinander, so können wir bemerken, dass sie umso melodiöser und motivreicher erklingen, je baum- und strauchreicher die Reviere sind. Auch scheinen die Gesänge umso länger zu sein, je dichter und höher die bewohnte, gut deckende Strauchschicht ist (Glutz 12/II). Das ist sehr schön bei Garten- und Mönchsgrasmücken zu beobachten. Klappergrasmücken benötigen weniger das Dickicht ausgedehnter Sträucher, und Dorngrasmücken genügen bereits einige Rosen- oder Ginsterbüsche an Bahndämmen und Feldwegen als Lebensraum. Ihre Lieder aber ertönen so ganz im Einklang mit ihren unterschiedlichen, wenn auch manchmal sehr kleinen, differenzierten Lebensräumen.

Die Gesänge der Grasmücken, wie auch der Rohrsänger, vermitteln uns ausdrucksvoll die wunderbare Beziehung dieser Vögel zu ihren typischen Lebensbereichen. Die Gesänge von Feldlerche, Goldammer oder Wasseramsel spiegeln in harmonischer Weise den Charakter der entsprechenden Biotope. Für andere Landschaftsräume wie den Nadelwald oder die Macchie ergeben sich möglicherweise ähnliche Zusammenhänge. Weitere Vogelarten und Lebensräume warten darauf, in ihrem klangvollen Zusammenspiel entdeckt und untersucht zu werden. Es lohnt, sich der lebendigen Wechselwirkung von Landschaft und Gesang intensiver zu widmen, um deutlicher wahrzunehmen, in welcher Weise ein Singvogel die Stimmung seines Lebensraums in seinen Liedern wiedergibt.

Wenn ich in diesem Kapitel vielleicht mehr Fragen aufgeworfen als Antworten gegeben habe, so sollte das die Begeisterung für den Vogelgesang nicht mindern. Im Gegenteil: ich möchte genauere Studien und Wahrnehmungen gerade auf diesem reizvollen Gebiet anregen, um den Sinn für Landschaftsklänge und -stimmungen stärker zu entwickeln.

Helfer-Arten

(Kooperative Brutpflege – zugleich eine Hommage an Johann Peter Eckermann)

> *Das Schöne ist eine Manifestation geheimer Naturgesetze,*
> *die uns ohne dessen Erscheinen ewig wären verborgen geblieben.*
> *Johann Wolfgang von Goethe (Maximen und Reflexionen)*

Goethes Vertrauter und Mitarbeiter JOHANN PETER ECKERMANN (1792–1854) war ein großer Vogelkenner und liebevoller Vogelfreund. Er war innig mit Goethe und dessen Geistesrichtung verbunden, und Goethe wusste seine Arbeit und den Umgang mit ihm sehr zu schätzen. In seinem Buch «Gespräche mit Goethe» – für Nietzsche «das beste deutsche Buch, das es gibt» – erfahren wir auch einiges Lesenswerte über die Vogelwelt. Allerdings belehrt Eckermann auf diesem Felde nun seinen Meister, denn Eckermann hatte die heimische Vogelwelt studiert. Dieser junge Mann aus der Lüneburger Heide war ein ausgezeichneter Vogelkenner, der nicht nur häufig in seinem Hause Jungvögel großzog, sondern der «das Fach von Jugend auf mit Liebe getrieben» hat, der die einzelnen Vogelarten aufgrund eigener Beobachtungen gut kannte und auch ihre Lebensweisen intensiv studierte. Das war damals nicht gerade üblich; selbst Goethe hat sich wenig mit lebenden Tieren und deren Verhalten befasst. Und ich glaube, dass der Dichter und Naturforscher besonders auch diese Erfahrungen und Kenntnisse seines hingebungsvollen Helfers zu würdigen wusste. So konnte es zum Beispiel vorkommen, dass Goethe bei einem gemeinsamen Spaziergang Lerchen mit Sperlingen verwechselte. Dazu Eckermann: «Du Großer und Lieber, dachte ich, der Du die ganze Natur wie wenig Andere durchforschet hast, in der Ornithologie scheinst du ein Kind zu seyn» (ECKERMANN 1848). Man kannte Eckermann in Weimar, und es war nicht ungewöhnlich, dass man ihm verletzte Vögel oder verlassene Jungvögel brachte, die er dann mit Liebe und Sachverstand pflegte.

Nachdem er am 8. Oktober des Jahres 1827 in Jena ausführlich Goethes Fragen hinsichtlich des sonderbaren Verhaltens des Kuckucks beantwortet hatte, berichtete er Goethe, wie er eines Tages eine graue Grasmücke [Gartengrasmücke] mit drei Jungen erhielt, sie alle zusammen in einen großen Käfig tat, wo die Alte die Jungvögel dann fütterte. Eckermann erzählt in dem Gespräch: «Am andern Tage brachte man mir zwei bereits ausgeflogene junge Nachtigallen, die ich auch zu der Grasemücke that und die von ihr gleichfalls adoptiert und gefüttert wurden. Darauf nach einigen Tagen setzte ich noch ein Nest mit beinahe flüggen jungen Müllerchen [Klappergrasmücke] hinein, und ferner noch ein Nest mit fünf jungen Plattmönchen [Mönchsgrasmücke]. Diese alle nahm die Grasemücke an und fütterte sie und sorgte für sie alle als treue Mutter. Sie hatte immer den Schnabel voll Ameiseneier und war bald in der einen Ecke des geräumigen Käfigs und bald in der andern, und wo nur immer eine hungrige Kehle sich öffnete, da war sie da. – Ja noch mehr! – Auch das eine indeß herangewachsene Junge der Grasemücke fing an, einige der Kleineren zu füttern, zwar noch spielend und etwas kinderhaft, aber doch schon mit entschiedenem Triebe, es der trefflichen Mutter nachzuthun ... ‹Da stehen wir allerdings vor etwas Göttlichem›, sagte Goethe, ‹das mich in ein freudiges Erstaunen setzt. Wäre es wirklich, dass *dieses Füttern eines Fremden als etwas Allgemein-Gesetzliches durch die Natur ginge*, so wäre damit manches Räthsel gelöst, und man könnte mit Ueberzeugung sagen: dass Gott sich der verwaisten jungen Raben erbarme, die ihn anrufen.› Etwas Allgemein-Gesetzliches, erwiederte ich, scheint es allerdings zu seyn; denn ich habe auch im wilden Zustande dieses hülfreiche Füttern und dieses Erbarmen gegen Verlassene beobachtet.

Ich hatte im vorigen Sommer in der Nähe von Tiefurt zwei junge Zaunkönige gefangen, die wahrscheinlich erst ganz kürzlich ihr Nest verlassen hatten; denn sie saßen in einem Busch auf einem Zweig nebst sieben Geschwistern in einer Reihe und ließen sich von ihren Alten füttern. Ich nahm die jungen Vögel in mein seidenes Taschentuch und ging in der Richtung nach Weimar ... in das kleine Gehölz. Hier, dachte ich, hast du Ruhe, um einmal nach deinen Zaunkönigen zu sehen. Als ich aber das Tuch öffnete, entschlüpften sie mir beide und waren sogleich im Gebüsch und Grase verschwunden, so daß mein Suchen nach ihnen vergebens war. Am dritten Tag kam ich zufällig wieder an dieselbige Stelle, und da ich die Locktöne eines Rothkehlchens hörte, so vermuthete ich ein Nest in der Nähe, welches ich nach einigem Umherspähen auch wirklich fand. Wie groß war aber mein Erstaunen, als ich in diesem Nest, neben beinahe flüggen jungen Rothkehlchen, auch meine beiden jungen Zaunkönige fand, die sich hier ganz gemüthlich untergethan hatten und sich von den alten Rothkehlchen füttern ließen. Ich war im hohen Grade glücklich über diesen höchst merkwürdigen Fund. Da ihr so klug seyd, dachte ich bei mir selber, und euch so hübsch habt zu helfen gewußt, und da auch die guten Rothkehlchen sich eurer so hülfreich angenommen, so bin ich weit entfernt so gastfreundliche Verhältnisse zu stören, im Gegentheil wünsche ich euch das allerbeste Gedeihen.

‹Das ist eine der besten ornithologischen Geschichten, die mir je zu Ohren gekommen›, sagte Goethe. ‹Stoßen Sie an, Sie sollen leben, und ihre glücklichen Beobachtungen mit! – Wer das hört und nicht an Gott glaubt, dem helfen nicht Moses und die Propheten. Das ist es nun, was ich die Allgegenwart Gottes nenne, der einen Theil seiner unendlichen Liebe überall verbreitet und eingepflanzt hat, und schon im Thiere dasjenige als Knospe andeutet, was im edlen Menschen zur schönsten Blüthe kommt. Fahren Sie ja in Ihren Studien und Ihren Beobachtungen fort! Sie scheinen darin ein besonderes Glück zu haben und können noch ferner zu ganz unschätzbaren Resultaten› kommen» (ECKERMANN 1848).

Man könnte leicht geneigt sein, diese rührende Darstellung als fantasievolle Schilderung einer poetischen Zeit abzutun, denn es lässt sich heute nicht feststellen, dass *dieses Füttern eines Fremden als etwas Allgemein-Gesetzliches durch die Natur* geht. Aber es ist auch nicht so, als gäbe es dergleichen im Vogelreich gar nicht. Es liegen inzwischen zahlreiche Beobachtungen über Adoption und (vorübergehende) Fütterung artfremder Vogelkinder vor. Blaumeisen wurden beispielsweise beobachtet bei der Fütterung junger Amseln, Wiedehopfe, Kohlmeisen, Trauerschnäpper, Rotkehlchen und Wacholderdrosseln. In einem besonderen Fall fütterte ein Blaumeisenpaar «solange der eigene Nistkasten mit Jungen zur Beringung abgehängt war, junge Gartenrotschwänze in einem Meter Entfernung» (GLUTZ 13/I). Auch von anderen Arten liegen Beispiele vor: Haussperlinge beteiligten sich an der

Fütterung nestjunger Mehlschwalben, Amselmännchen wurden beim Füttern von Blaumeisen-Nestlingen beobachtet. Auch Rotkehlchen, Halsbandschnäpper, Zaunkönige betätigten sich als Adoptiveltern. Über sechzig so genannter «interspezifischer Helferarten» sind inzwischen bekannt (WIMMER 1996 / SKUTCH 1986). Hin und wieder mag der Verlust der eigenen Brut Ursache für soziale Brutfürsorge sein; sie kann auch durch Sperren und Bettelrufe von Jungvögeln ausgelöst werden.

Eine verwandte aber häufigere Erscheinung dieser kooperativen Brutpflege ist, wenn sich nicht brütende Individuen an der Brutpflege ihrer Artgenossen beteiligen. Von diesen «intraspezifischen», also innerartlichen Helfern sind inzwischen mehr als 300 Arten bekannt. Typische Helferarten sind keine Langstreckenzieher; die meisten leben in warmen Gebieten (BEZZEL 1990). Ich möchte aus dem Buch über den Pirol von EINHARD BEZZEL zitieren, in dem der Verfasser auf dieses Phänomen eingeht. Es sei daran erinnert, dass Pirolmännchen im zweiten Jahr noch kein Prachtkleid besitzen und auch noch keine Reviere besetzen; sie drängeln sich aber als *Zigeuner* in fremde Reviere hinein und sorgen so für einige Unruhe. «Doch sind diese Zigeuner wirklich so unerwünscht? Wir müssen davon ausgehen, dass die Interpretation vieler Beobachtungen nicht immer so ganz einfach ist, auch wenn nach gesundem Menschenverstand alles ganz eindeutig zu sein scheint. Manche Beobachtungen deuten nämlich darauf hin, dass jugendliche Eindringliche von einem Brutpaar durchaus in der Nähe geduldet werden. Und man hat auch schon gesehen, dass nicht voll ausgefärbte Pirole, also Jungvögel, plötzlich an einem Nest erschienen und sich neben den ‹zuständigen› Altvögeln an der Fütterung der Nestlinge beteiligten, mindestens einmal auch, als bei einem Brutpaar das Männchen abhanden kam. Diese letztere Beobachtung deutet darauf hin, dass zigeunernde Jungvögel vielleicht öfters als bisher bemerkt als Nothelfer einspringen. So hätte dann auch bei Ausfall eines Elternvogels die Brut noch Chancen hochzukommen. Eine weitere Möglichkeit zeigen viele neuere, zum Teil ganz sensationelle Untersuchungsergebnisse: Bei erstaunlich vielen Vögeln, vor allem solchen, deren Junge nicht gleich in dem auf die Geburt folgenden Kalenderjahr zur Fortpflanzung kommen, gibt es mehr oder minder regelmäßig Helfer, die zusammen mit einem Brutpaar Junge füttern oder sich an anderen Arbeiten der Brutfürsorge beteiligen. Mittlerweile sind dicke Bücher solcher Helfersysteme bei Vögeln erschienen und fast jedes Jahr werden neue Arten entdeckt, bei denen zumindest in Einzelfällen verwickelte Familienverhältnisse bekannt werden» (BEZZEL 1989). EINHARD BEZZEL, langjähriger Leiter der staatlichen Vogelschutzwarte Garmisch-Partenkirchen, dem ich wichtige Literaturangaben zu diesem Thema verdanke, fragt denn auch zu Recht, welchen Vorteil diese Helfer bei ihrem Einsatz wohl haben mögen: «Man kann z.B. vermuten, dass die einjährigen Helfer durch ihre Beteiligung Erfahrungen sammeln, die ihnen dann später bei der Aufzucht eigener Jungen zugute kommen. Außerdem erhöht sich für sie vielleicht die Chance, im nächsten Jahr leichter ein eigenes Revier» zu gründen (BEZZEL 1989). Individuelle Erfahrung kann von großem Wert sein. Das können wir auch am Beispiel einiger tropischer Vogelarten sehen, bei denen junge ♂ zwar nicht als Bruthelfer akzeptiert, aber von erwachsenen ♂ sozusagen als «Schüler» geduldet oder als «Lehrlinge» angenommen werden, damit sie Erfahrungen sammeln können:

Die etwa grasmückengroßen und recht farbenprächtigen Schnurrvögel, Pipras oder Manakins Süd- und Mittelamerikas werden zu Recht «Tanzvögel» genannt. Besonders die kollektive Balz der

Pipras, an denen weibchenfarbige ♂ beteiligt sind, ist recht verwickelt. Einige ♂ der Blaubrustpipra (*Chiroxiphia caudata*) versammeln sich zum Beispiel in der Nähe eines ♀ auf einem kahlen Zweig eines Urwaldbaumes. Dicht nebeneinander sitzend vollführen sie einen schnurrenden Chorgesang. Dann erhebt sich das erste ♂ in die Höhe, ruft, rüttelt, lässt sich fallen und landet am anderen Ende der Gruppe, die inzwischen zur Seite getrippelt ist, sodass der erste genau auf dem Platz des letzten landet. Exakt in diesem Moment startet der zweite. Und so geht es bei den Chorpipras in strengem kreisenden Rhythmus fort. Das Ganze macht den Eindruck wie einstudiert. Auch die Langschwanzpipras Costa Ricas vollführen choreographische Meisterleistungen, bei denen die völlige Gleichzeitigkeit der Bewegungen beeindruckt. Jedes ♂ will dem schlicht gefärbten ♀ imponieren. Ich habe diese faszinierenden Flugtänze bisher leider nur in einem Dokumentarfilm über Costa Rica gesehen. Erstaunlicherweise werden nun bei den Tanzduellen der dominanten ♂ auch junge ♂ geduldet, die sich auffallend zurückhaltend, geradezu weibchenartig verhalten Der berühmte brasilianische Ornithologe HELMUT SICK schreibt dazu: «Wenn kein ♀ zur Stelle ist, wird sein Platz von einem jungen, noch grün gefärbten, also dem ♀ ähnlichen ♂ eingenommen ... Ein junges grünes ♂ kann sogar regelrecht ‹abgeordnet› werden, die Weibchenrolle zu spielen.» (SICK 1959/1980, HAFFER 1988). Es wird angenommen, dass die jungen Männchen, die erst ab dem dritten/vierten Jahr ihr Prachtkleid ausbilden, auf diese Weise Gelegenheit erhalten, den recht komplizierten Ablauf dieses gemeinschaftlichen Balztanzes zu erlernen.

Zum Schluss noch einige Beobachtungen aus dem Leben der Schwanzmeisen: «An sechs von zehn untersuchten Bruten waren Helfer tätig. Während sich diese in der Regel erst nach dem Schlüpfen der Jungen einstellen und nach deren Ausfliegen nicht mehr festgestellt werden, waren vier Schwanzmeisen, alle mit Federn im Schnabel, an einem noch nicht fertigen Nest beschäftigt; in mehreren Fällen waren drei oder vier Vögel am oder im Nest, solange sich noch Eier darin befanden, und bereits flügge Junge wurden ebenfalls noch von Helfern mit gefüttert. Bis zu vier Altvögel hielten sich gleichzeitig im Nest auf, ein Brutpaar fütterte neben den eigenen Jungen auch die des Nachbarpaares, und zwei Paare fütterten gemeinsam an beiden Nestern ... Allgemein wird davon ausgegangen, dass Helfer zum Schwarm des Brutpaares gehören ... Der Grund für das bei der Schwanzmeise häufige Auftreten von Helfern ist noch nicht klar ... In seiner Bedeutung ebenfalls noch nicht geklärt ist ein auffälliger, meist mit dem Einsatz von Helfern zusammenhängender Schwirrflug in der näheren Umgebung des Nestes, der sich deutlich vom unauffälligen Rüttelflug beim Insektenfang unterscheidet» (GLUTZ 13/I). Aus evolutionsbiologischer Sicht ergeben sich für gesellig lebende Vogelarten durch kooperative Brutpflege verschiedene Vorteile: Erhöhung der indirekten Fitness für nichtbrütende verwandte Helfer, Erhöhung der Vitalität der Jungvögel, Vergrößerung der Gruppe. Erhöhte Wachsamkeit in der Gruppe führt zu höherer jährlicher Überlebensrate der Helfer. Übung in der Praxis des Nestbaus und der Jungenfütterung erhöht die Wahrscheinlichkeit für eine bessere eigene Nachwuchsrate (BEZZEL 1990). Darüber hinaus haben wir es mit einer besonders schönen Form sozialer Brutpflege zu tun.

Eingehend hat sich der englische Ornithologe JAMES DAVID LIGON (1999) mit dem Thema «cooperative breeding» vom Standpunkt der Evolutionsbiologie befasst. Auch die Arbeit des Verfassers über «Familiensinn der Rotschnabel-Baumhopfe als Überlebensstrategie» wie der Beitrag über «Brutgemeinschaften der Eichelspechte» (STACEY/KOENIG 1988) zeigen, wie häufig Formen des kooperativen Brütens sind, aber auch, wie «verwickelt die Beziehungen zwischen den Mitgliedern einer sozialen Gruppe von Vögeln sein können» (Ligon 1988). Wir wissen heute, dass nichtbrütende Helfer bei zahlreichen Vogelarten auftreten. In Europa zum Beispiel bei: Rotkehlchen, Trauerschnäpper, Rauchschwalbe, Mehlschwalbe, Bartmeise, Schwanzmeise, Heckenbraunelle, Alpenbraunelle, Haussperling, Pirol, Küstenseeschwalbe, Bienenfresser, Fischadler, Teichhuhn, Blässhuhn, Purpurhuhn. Einjährige Halsbandschnäpper-Männchen «adoptieren mitunter fremde Junge» (Bezzel 2001). Bei den Alpenbraunellen baut das ♀ das Nest zwar allein und übernimmt auch die Bebrütung der Eier, aber bei der Fütterung der Nestlinge helfen bis zu vier ♂ mit» (Heer 1996). Jeder von uns kann soziale Brutpflege leicht bei Teich- und Blässhühnern beobachten, wenn ausgewachsene Jungvögel sich beim Füttern jüngerer Geschwister beteiligen. Bedeutsam ist aber vor allem, dass Helferarten nicht nur bei gesellig lebenden Arten auftreten, wie zum Beispiel bei Haussperling oder Schwanzmeise, sondern auch bei territorialen Arten wie Pirol, Heckenbraunelle und Rotkehlchen. Wir empfinden es als bewundernswert, wenn fremde Vogelarten sich als Helfer erweisen. Nicht minder erstaunlich ist aber, dass Artgenossen, die sich während der Brutzeit normalerweise auf Distanz halten, von den Eltern im Nestbereich geduldet werden!

Zu den außereuropäischen Helferarten, die in Langzeitstudien untersucht wurden gehören beispielsweise Graudrossling, Pantherzaunkönig, Weißstirnspint, Graufischer, Florida- und Graubrusthäher, Galapagos-Bussard und Galapagos-Spottdrossel, Riefenschnabel-Ani, Hoatzin, Nacktschnabelhäher (Stacey/Koenig 1990). Ferner sind noch zu nennen der Boubouwürger, die Baumhopfe, Maus- und Bartvögel wie auch einige Kardinäle und Prachtfinken.

Die Darstellungen Johann Peter Eckermanns vor fast 200 Jahren über *gegenseitige Hilfe* in der Vogelwelt wurden lange belächelt, bis sich im letzten Drittel des 20. Jahrhunderts unter der Bezeichnung *Kooperative Brutpflege* ein neuer Wissenszweig in der Ornithologie auszubilden begann. Im Jahre 1935 hatte der amerikanische Ornithologe A. F. Skutch bereits von zehn Helferarten berichtet. Damals hielten jedoch «die meisten Wissenschaftler solche *Helfer* für Artefakte, selbst dann noch, als Skutch (1961) die Liste auf gut 130 Arten erweiterte» (Reyer 1988). Heute ist das Thema der Helferarten wichtiger Bestandteil der ornithologischen Forschung.

^Zwar ist das «Füttern eines Fremden», wie Goethe es formulierte, nicht die Regel; es kommt aber häufiger vor, als allgemein bekannt ist. Und es zeigt uns, dass in der Natur nicht nur gegeneinander gekämpft wird, sondern auch das Prinzip der *gegenseitigen Hilfe* zu beobachten ist (Kropotkin 1910). Es können beispielsweise verletzte Bergfinken, die nicht fähig sind, sich selbstständig zu ernähren und deshalb Artgenossen anbetteln, wochenlang gefüttert werden (Glutz 14/II). So bestätigen die Erkenntnisse der letzten Jahrzehnte die Schilderungen des Goethefreundes Eckermann. Auch über den Vogelzug und die Mauser der Vögel finden wir in «Eckermann's Gesprächen mit Goethe» genauere Angaben. – Das anfangs erwähnte Gespräch vom 8. Oktober 1827 ist nicht nur deshalb so ergreifend, weil Eckermann alle Fragen Goethes hinsichtlich des Kuckucks beantworten konnte, sondern weil sich das lange Gespräch in einem großen Bogen vom Parasitismus im Vogelreich bis zu den Helferarten bewegte. Ob Goethe ahnte, dass diese Entwicklungsreihe von kooperativ brütenden bis hin zu parasitär lebenden Arten in der weltweit verbreiteten Kuckucksfamilie selbst realisiert wurde?

Musikalische Qualitäten der Vogelstimmen

Mir träumte von Vögeln,
die Träger unsterblich bleibender Sprachen in dieser Welt.
Theodor Däubler (1921)

Für jeden, der gewohnt ist, aufmerksam den Gesängen unserer Singvögel zu lauschen, ist es immer wieder erstaunlich, die Sangesleistungen einzelner Sänger wahrzunehmen, und es bedarf eigentlich keiner besonderen Erklärung, dass diese begabten Tiere über erstaunliche musikalische Fähigkeiten verfügen. Die Quelle der mannigfaltigen, teils komplizierten und klangvollen Strophen ist nun aber nicht allein, wie häufig angenommen, in Vererbung, Mutation, Anpassung oder Selektionsdruck zu suchen, sondern in besonderer Weise in der Musikalität der Singvögel. Deshalb möchte ich die vielseitige musikalische Begabung der Singvögel besonders hervorheben.

Wer sich oft im Freien bewegt, merkt sehr rasch, dass die Stimmen der Vogelgattungen, z.B. Meisen, Drosseln, Lerchen oder Grasmücken, jeweils etwas gemeinsam haben. Diese Gemeinsamkeit hängt mit der *Klangfarbe* zusammen. Wenn wir sie stärker beachten und nachempfinden, werden wir uns beim Erlernen der Vogelstimmen vor allem das Charakteristische einer Vogelart bzw. -gattung einprägen. «Die Klangfarbe eines Vogellautes wird durch die helleren Obertöne hervorgerufen, die in einem ganz bestimmten Verhältnis zu dem tieferen Grundton stehen. Wie jede Menschenstimme und jedes Musikinstrument eine eigene Klangfarbe hat, so auch das Flöten des Kleibers, der Schlag des Buchfinken, der Triller des Zaunkönigs. Diese Klangfarbe ist unverwechselbar, und wenn man sie einmal bewusst in sich aufgenommen hat, erkennt man einen rufenden Vogel der gleichen Art schon von weitem» (GERLACH 1960). Wir können ferner beobachten, dass zahlreiche Singvögel ihre Strophen oft in der gleichen Tonhöhe anstimmen. Sie sind aber nicht auf bestimmte Frequenzen festgelegt, sondern die begabten Arten können während des Singens von einer Tonart in eine andere wechseln; sie *modulieren* gewissermaßen. Veränderte Tonhöhen können über längere Zeit konstant eingehalten werden. Nach THORPE (1961) ist es sicher, «dass die Fähigkeit zur Tonhöhenunterscheidung bei Vögeln ebenso gut ausgeprägt ist, wie die der Menschen». Aber nicht nur die «Höhenlage der verschiedenen Vogelstimmen und -rufe ist bei den verschiedenen Vögeln verschieden und bei demselben Individuum oft wechselnd, sondern auch die Zahl der Töne, über welche die Vögel verfügen, schwankt außerordentlich» (HOFFMANN 1908). Für W. CRAIG (1943) besitzen Vogelgesänge in der Dimension der Zeit und der Tonhöhe musikalische Strukturen. Und «bedingt durch die höhere Wahrnehmungsleistung erfolgt die Verarbeitung von Rhythmen bei Vögeln genauer als beim Menschen» (BORNEMISZA 1999).

Achten Sie einmal bei unseren Meisen auf *Intonation* und zeitliche Gliederung. Die Kohlmeise wechselt zum Beispiel häufig die Tonhöhe, indem sie ihre Strophen einen halben Ton höher oder tiefer beginnt. Andererseits variiert sie ihre Strophen, indem sie den *Rhythmus* verändert. Bei der Blaumeise ist Ähnliches wahrzunehmen. Die Gesänge entfalten sich ganz aus dem rhythmischen Element heraus. Dieser regelmäßige, formbildende Wechsel von betonten und unbetonten Gesangselementen, von Wiederholungen und Pausen verleiht den Strophen unserer Sänger Leben und Ausdruckskraft. Rhythmische Strukturen finden wir auch in den Gesängen von Goldammer und Baumpieper oder bei Rohrsängern, Rotschwänzen und Laubsängern. Rhythmus in Verbindung mit Trillern erleben wir in besonders schöner Weise bei Zaunkönig, Heidelerche, Waldlaubsänger und Klappergrasmücke. Entwicklung und Entfaltung des Rhythmus hat bei vielen Singvögeln eine hohe Stufe erreicht. Ganz einfache rhythmisch gegliederte Gesänge besitzen Zilpzalp und Kuckuck im Gegensatz zu den Gesängen von Amsel und Singdrossel, denen neben dem kraftvoll Melodischen auch ein vollendeter Rhythmus, verbunden mit Tonsprüngen, eigen ist. Das gilt auch für Rhythmusgenauigkeit. Dass sie bei einigen Singvögeln nicht nur auf den subjektiven Eindrücken der Beobachter beruht, zeigen die Messergebnisse von MESSMER (1956). Danach können Amseln zum Beispiel über viele Jahre (besonders eindrucksvolle) Motive nicht nur frequenz-, sondern auch rhythmusgetreu vortragen. BERNHARD HOFFMANN ist davon überzeugt, dass alle Einzelerscheinungen, die beim Rhythmus in unserer menschlichen musikalischen Kunst in Betracht kommen und von Bedeutung sind, auch in der Musik der Vögel angetroffen werden und in reichem Maße ausdrucks- und wirkungsvoll Anwendung finden, besonders wenn wir den hoch entwickelten Rhythmus der Amselmotive betrachten (HOFFMANN 1908).

Bei der Amsel, und in etwas abgeschwächter Form bei der Singdrossel, dringt aber das Melodische stärker in den Vordergrund. Sobald wir verschiedene Singdrossel- oder Amselgesänge miteinander vergleichen, so entdecken wir, dass die meisten Individuen bevorzugte *Motive* haben, die sie über längere Zeit ständig wiederholen können. Wenn sogar ein Vogel, wie es zum Beispiel bei der Amsel der Fall ist, «ein besonderes Lieblingsmotiv, das in jeder Beziehung schön genannt werden muss, mit auffallender Vorliebe oft tage- und wochenlang festhält, um erst später wieder ein neues Motiv an seine Stelle treten zu lassen – dann dürfen wir nicht mehr von Zufälligkeiten reden, sondern es steckt ein Etwas im Vogel, das ihn jene Motive mit der erstaunlichen Klarheit der Intervalle und der Feinheit der Rhythmik» bilden lässt (HOFFMANN 1908). Und im Amselgesang finden wir einen reichen Schatz an *Melodien*. Zahlreiche unserer «guten» Sänger haben eine ausgeprägte melodische Komponente wie Rotkehlchen, Mönchs- und Gartengrasmücke, Fitis, Baumpieper, Gartenrotschwanz, Trauerschnäpper oder Pirol.

Sie können teilweise auch ganze Tonfolgen in andere Tonlagen übertragen. Diese Fähigkeit zum *Transponieren* besitzen beispielsweise Amsel, Singdrossel, Nachtigall und natürlich die Spottsänger wie Sumpfrohrsänger, Gelbspötter oder die Würgerarten, die häufig fremde Gesänge oder Laute in einer ihnen gemäßen Tonlage vortragen oder ihrem eigenen Gesang einweben. Als man zum Beispiel bei einer Nachtigall Töne ihres Vortrags in einer anderen Tonhöhe imitierte, unterbrach sie ihr Lied und setzte es auf der der Imitation entsprechenden Tonhöhe fort. «Ein Musterbeispiel für Transpositionsfähigkeit ist der afrikanische Orangebrustwürger. Für diese Spezies ist charakteristisch, dass das Individuum sein Motiv anhaltend und unverändert in einer hohen Tonlage singt, dann die Wiederholung seines Motivs eine große Sekunde tiefer fortsetzt und nach einiger Zeit in eine um eine kleine Terz tiefer gelegene Tonlage wechselt» (BORNEMISZA 1999).

Um aber entsprechende Gesangsmotive in einer anderen Tonart wieder hervorzubringen, müssen Singvögel die einzelnen Töne ihrer Motive zueinander in Beziehung setzen können, das heißt, sie verfügen über einen musikalischen Sinn für *Intervalle*. Zahlreiche Gesänge unserer Singvögel enthalten (wenn auch nicht immer reine) Terzen, Quarten, Quinten und Oktaven. Es kann also gesagt werden, dass «Vogellieder, im Blick auf die verwendeten Tonhöhen, häufig eine im menschlichen Sinn musikalische Struktur aufweisen» (BORNEMISZA 1999). Hier nehmen in Bezug auf Reinheit und Klarheit der Intervalle wieder Amsel und Singdrossel den obersten Platz ein. Ihre Gesangsfolgen von drei bis fünf auf- und absteigenden Tönen sind mit Motiven menschlicher Musik vergleichbar. Mehr oder weniger reine Intervalle sind auch in zwei bis vier Tonstufen von Kohlmeise, Misteldrossel, Pirol oder Hänfling zu hören. Einige ausländische Singvögel sind im Umgang mit klaren Tonschritten geradezu Meister. Von den reinen Intervallen der Wüstenläuferlerche habe ich bereits ausführlich berichtet. Im Zoo zu Münster/Westf. gab es einen berühmten Beo, der Tonleitern sauber nachahmen konnte und sie auch variierte. Zahlreiche Duettsänger, wie beispielsweise der Flötenwürger, singen saubere Intervalle. Nordamerikanische Walddrosseln eröffnen ihre Lieder oft mit einem Dur-Dreiklang; die ebenfalls in Nordamerika beheimateten Einsiedlerdrosseln verwenden perfekt intonierte große und kleine Terzen sowie Oktaven ... Auch der gut untersuchte amerikanische Waldtyrann neigt dazu, präzise Intervalle zu singen, die den in der menschlichen Musik verwendeten an Genauigkeit um nichts nachstehen (BORNEMISZA 1999). Zu diesem Schluss können wir auch kommen, wenn wir uns den tonreinen Motiven der Singdrossel zuwenden. Die außerordentliche Verwandtschaft der Intervalle mit den unsrigen ist «umso bemerkenswerter, als sie sich vielfach auf einer sehr einfachen harmonischen Basis aufzubauen scheinen und in ihrer Aufeinanderfolge gewissen, meist sehr einfachen und allgemein üblichen Akkordfolgen entsprechen ... Der Sumpfrohrsänger plaudert dagegen zuweilen munter darauf los, als gäbe es überhaupt keine Regeln der Tonkunst ... In diesen kleinen Motiven hören wir festere und deutlich ausgeprägte Intervalle, die vielleicht nur deswegen an ihrer Reinheit etwas einbüßen, weil die Motive in sehr raschem Tempo vorgetragen werden» (HOFFMANN 1908).

Mit einer bereits sieben Jahre alten, ausnehmend lernbegabten männlichen Schamadrossel, die auch die Fähigkeit zu einer ganz ungewöhnlichen Rhythmusangleichung ihres Gesanges an vorgespielte Musik besaß, hat der Bioakustiker ERWIN TRETZEL Tonleiterstudien gemacht. Der Vogel lernte bald die vorgespielten 10-stufigen Tonleitern. Im Verlauf von sechs Jahren konnten 885 Tonleitern aufgenommen werden, die Mehrzahl von echter «Studioqualität». Eine Frequenzanalyse von fast 10.000 Einzeltönen ergab, dass der Vogel nicht genau die vorgespielten Frequenzen sang, sondern offensichtlich bestrebt war, den vorgegebenen Tonraum gleichmäßig zu unterteilen. Er hat die Grenzfrequenzen etwas höher gelegt und die Tonleitern nach oben erweitert. Die Hauptcharakteristika des Vorspiels wurden also richtig erfasst, aber teilweise – gleichsam parodistisch – übertrieben. Bei Störungen von außen hat der Vogel Anfangs- und Schlussteil seines Tonleiter-«Satzes» nicht selten abgebrochen, eine begonnene Tonleiter aber wenigstens 8-tönig durchgesungen und sie als Einheit behandelt. Anfang und Ende der Tonleiter sang der Vogel leiser als den Mittelteil. Das Besondere an dieser Imitation ist aber nicht nur das schnelle Erlernen und die gute Wiedergabe der Tonleitern, sondern vor allem deren Umrahmung mit vorbereitenden und ausklingenden Lautgruppen, wodurch ein gefälliger musikalischer «Satz» entstand, der auf ein besonderes Formgefühl und kompositorische Fähigkeiten schließen lässt. Das musikalisch Wirkungsvolle sind die Kontraste: anfangs das drängend Vorwärts- und Hochstürmende, dann ein weich ausklingender Teil und die Gegenbewegungen im Tonhöhenverlauf mit der wirkungsvollen Umkehr im Mittelteil. Jeder, der geschult und gewohnt ist, Ton- und Formbeziehungen in Motiven und Satzteilen unserer Kunstmusik zu erkennen, kann diesen Tonleiter-Satz, dieses Arrangement nicht für eine beziehungslose Aneinanderreihung beliebiger Lautmuster halten. Man mag nun fragen, ob ein Vogel überhaupt in der Lage ist, sich die Anzahl der Töne und ihre Intervalle bei der Geschwindigkeit des Vorspiels zu merken. Das ist anzunehmen, da beispielsweise ein Buchfink schon Strophen lernt, die in derselben Zeit viel mehr und viel kompliziertere Elemente enthalten. Zwei junge Schamas, denen die Tonleiter nicht vorgespielt wurde, haben diese vom älteren begabten Vogel übernommen. Beide Jungvögel haben sie später noch um ungefähr eine Quinte transponiert, schneller vorgetragen und in verschiedener Weise variiert. Das schnelle Lernen einer Tonleiter, das Erfassen ihrer Motivgestalt, ihre Transposition und Variation lassen bei diesen drei Schamadrosseln auf eine beachtliche Vorstufe von Musikalität schließen (TRETZEL 1997).

Zahlreiche Singvögel können, wie wir gehört haben, im Duett singen oder *antiphonieren* und verfügen über die Kunst der *Imitation*. Einigen Arten ist es sogar möglich, verschiedene Töne zur gleichen Zeit erklingen zu lassen (⇨ S. 111). Diese Fähigkeit finden wir bei der Amsel, beim Buchfinken, beim Stieglitz wie auch bei anderen Singvogelarten. So wie es auf den unteren Sprossen einer Stufenleiter Singvögel gibt, die mehr oder weniger stereotyp ihre Strophen wiederholen, wie Zilpzalp, Gartenbaumläufer, Haussperling oder Zebrafink, scheinen am oberen Ende einer musikalischen Rangordnung einige unserer begabten Sänger die Fähigkeit zu *Variation* und *Improvisation* zu besitzen, ja auch die Kunst der «*Komposition*» zu beherrschen. «Viel plausibler als die Erklärung, die veränderten Töne seien dem Zufall anheim gestellt worden, erscheint die Annahme, dass Vögel variieren oder improvisieren» (BORNEMISZA 1999). Wir können bei Amseln erleben, wie sie Melodien frei erfinden, sie neu zusammenstellen oder fremde Motive in ihre charakteristischen und unverkennbaren Strophen übernehmen, um sie dann wiederum – teilweise stundenlang übend – zu neuen Melodien umzuschmelzen. Amseln bevorzugen und wiederholen häufig Lieblingsmotive, beweisen ihre Phantasie aber vor allem in fortgesetzten Neuschöpfungen reizvoller, melodiöser Motive und Themen. Ihre besondere Eigenart scheint in der Darbietung länger ausgesponnener musikalischer Gedanken zu bestehen, wobei dann eine gleichmäßige Takteinteilung entfällt. So finden wir bei den Singvögeln Leistungen, die schon dem Gebiete höherer musikalischer Kunst angehören, wie das Variieren von Themen, welches eine Grundregel aller höheren menschlichen Tonkunst darstellt, und musikalisch gesehen könnte man zum Beispiel den Feldlerchengesang als «höchste Form des künstlerischen Schaffens der Vögel auf dem Gebiet der eigentlichen Formen- bzw. Kompositionslehre» bezeichnen (HOFFMANN 1908). Erstaunlich ist die Polarität «zwischen den beiden Spitzenleistungen der Singvögel: die Gesangskunst der vortragsbegabten *Nachtigall* und die Erfindungsgabe der komponierenden *Amsel* ... In der Musikkammer der

Vögel gehört die Nachtigall zur Fachgruppe der Gesangssolisten, die Amsel vor allem auch zu den Komponisten» (TIESSEN 1989). Es ist anregend, sowohl die Fülle der Motive wahrzunehmen, wie auch der Variation eines Themas zu folgen. Drosseln, Sumpfrohrsänger, Nachtigall, Rotkehlchen, Feldlerche, Mönchsgrasmücke und Gartengrasmücke eignen sich gut zu derartigen Studien, aber auch die variationsreichen Zwitscherstrophen der Rauchschwalbe.

Beachtenswert ist auch die unterschiedliche *Tonstärke.* Häufig werde ich gefragt, ob die Lautstärke oder Klangfülle des Gesanges von der Größe des Vogels abhängt. Dann müssten die kleinsten Vögel «die zartesten Stimmen, die größten Vögel dagegen die kräftigsten Stimmen haben. Doch stimmt dies nur teilweise, ja, uns scheint, als lägen die Verhältnisse eher umgekehrt, dass nämlich die kleineren Vögel oft relativ stärkere Stimmen haben als die großen» (HOFFMANN 1908). Im Verhältnis zur Körpergröße besitzen vor allem Zaunkönig, Buchfink, Kohlmeise, Amsel, Singdrossel, Nachtigall, Mönchsgrasmücke, Baumpieper und Kleiber recht kraftvolle Stimmen. Sehr zart und leise singen Goldhähnchen. Die Tonstärke wird mitunter individuell variiert. Darüber hinaus kann der Gesang auch in einem Crescendo ansteigen, wie bei Nachtigall und Sommergoldhähnchen, oder, wie wir es vom Fitislaubsänger kennen, in einem Decrescendo absinken.

Nach Messungen der letzten Jahre singen zahlreiche Singvögel im Stadtbereich zunehmend lauter als auf dem Land. Wie unsere Stubenvögel beim Einsatz von Radio und Haushaltsgeräten ihre Lautstärke erhöhen, so singen zahlreiche Großstadtvögel mit lauteren Stimmen gegen die zunehmende Geräuschkulisse an.

Nur wenige Arten haben lang anhaltende Gesänge, wie beispielsweise Feldlerche, Sumpfrohrsänger, Feldschwirl, Gartengrasmücke, Zaunkönig, Waldlaubsänger oder auch Baumpieper. Bei den meisten Gesängen erleben wir eine für unser Empfinden bedauerliche Besonderheit: Sie sind meistens schnell zu Ende, sei es, dass sie sehr kurz sind wie beim Gartenbaumläufer oder dass sie eilig vorgetragen werden wie von der Heckenbraunelle. Wir haben häufig nur eine kurze Zeitspanne des Hörens. Es reicht kaum, um sich richtig auf den Gesangsablauf konzentrieren zu können. HARTSHORNE schreibt zu den Vogelgesängen: «Ihr einziger großer Mangel ist nur ihre Über-Einfachheit, wie sie vor allem in den extrem kurzen Zeitspannen der Motive oder der musikalischen Einheiten aufscheint» (BORNEMISZA 1999). Langsame Gesänge sind verhältnismäßig selten. Das *Tempo*, mit dem die Gesänge vorgetragen werden, ist unterschiedlich schnell. Vergleichen wir etwa die Strophen von Amsel, Goldammer, Fitis, Kohlmeise, Buchfink, Gelbspötter, Teichrohrsänger und Feldschwirl, so steigt das Gesangstempo von Adagio, Andante über Moderato, Allegro zu Vivace und Presto an. Außerdem kann das Tempo der Strophen auch je nach Stimmung eines Individuums wechseln, wie es unschwer bei Kleiber, Kohlmeise und Goldammer zu beobachten ist, je nachdem, ob der Vogel vor sich hin plaudert oder ob er erregt ist. Bei der Blaumeise können wir diesen Tempowechsel ebenfalls gut hören, besonders dann, wenn sie ihren Endtriller geruhsam in einzelnen Elementen rhythmisch vorträgt. Andere Gesänge beginnen dagegen langsam und beschleunigen sich zum Schluss hin, wie es uns der Waldlaubsänger in einem klassischen Accelerando vorführt, oder der Gesang wird, wie beim Fitis, zum Schluss zunehmend langsamer (Ritardando). Eine Ausnahmestellung nimmt einer unserer besten Sänger ein: Die Nachtigall verfügt nicht nur über eine bewundernswerte Klangfülle und Vortragskunst. Sie versteht es auch, sämtliche Tempi einzusetzen und ausdrucksstark zur Geltung zu bringen wie auch zwischen piano und forte dynamisch zu wechseln. In einem plaudernden Moderato bis hin zum Allegro, gleich einem unentwegt dahinplätschernden Bache, erklingt der Gesang der Gartengrasmücke. Die innere Zeitstruktur des Vogels scheint aber anderen Gesetzen zu gehorchen (⇨ S. 73). Denn sobald wir diese Gesänge genauer analysieren, kommt uns eine kaum vorstellbare Fülle an Motiven und Imitationen entgegen, deren Reichtum menschliche Ohren nicht völlig aufzulösen vermögen. Singvögel scheinen in Bezug auf ihre Musikalität und ihren Gesangsvortrag in einem anders ablaufenden «inneren» Zeitstrom zu leben.

Geschwindigkeit ist sehr relativ. Das Leben der einzelnen Organismen unterliegt unterschiedlichen Gesetzen. Was ist aber das einem Wesen adäquate Tempo? So wie für die Erde Jahrmillionen eine kurze Frist bedeuten mögen, so erfüllt sich das Leben einiger Insekten innerhalb weniger Stunden oder Tage. Und so «leben Vögel in einem schnelleren Tempo als wir, sodass *kurz* für uns wahrscheinlich nicht ganz das gleiche bedeutet wie für sie. Neben der Tendenz zu hohen Tönen, verglichen mit menschlichen Musikern, besitzen Vögel die Neigung Noten zeitlich sehr kurz zu halten. Die obere Hörgrenze der kleinen Singvögel scheint um einiges höher zu liegen als die des Menschen, und folglich ist das, was für uns extrem schrill klingt, für die Vögel wahrscheinlich etwas Normales oder Gemäßigtes, ein *zarter* Ton» (HARTSHORNE 1958). In seiner großartigen und hervorragend gestalteten Monographie über die «Metamorphose. Kunstgriff der Evolution» geht ANDREAS SUCHANTKE in einem anderen Zusammenhang auf das hitzige Temperament der blütenbesuchenden Kolibris ein und ihren ungewöhnlich schnellen Flügelschlag: «Ein Leben derart auf Hochtouren ist nur möglich bei einer unerhörten Wachheit und Präsenz der Sinne ... Hier liegt eine uns unbekannte und nicht nachvollziehbare Überwachheit der Sinne vor, die bewirkt, dass in einer extrem kurzen Zeitspanne, die uns völlig ereignislos vorkommt, von anderen Wesen ungeheuer viel erlebt wird durch ein uns unbekanntes Auflösungsvermögen für die Zeit» (SUCHANTKE 2002).

Vögel sehen nicht nur viel rascher, sondern hören auch umfassender und scheinen somit über eine wesentlich größere *Wahrnehmungsgenauigkeit* als der Mensch zu verfügen. Bei Untersuchungen über Struktur und Aufbau der Vogellieder wurden einige der Gesänge «mit der Methode der Klangmikroskopie aufbereitet ... Diese durch künstliche Hilfsmittel erreichte erhöhte Erfassungsgenauigkeit und Trennschärfe entspricht der Normalleistung des Vogelohres: der Vogel kann also diese mikroskopischen Feinstrukturen wahrnehmen und verarbeiten, was auf ein Hörorgan schließen lässt, das über eine weit höhere Auffassungskapazität verfügt als das menschliche ... Die weitgehende Übereinstimmung von Gelehrtem und Gelerntem beweist, dass der Vogel das gegebene Tonmuster nicht nur in seinen Hauptstrukturen wahrnimmt und diese zu einem Lied verarbeitet, sondern das Gehörte in allen Einzelheiten erkennt und wiedergibt. Das bedeutet, dass die bei verlangsamtem Abspielen von Tonäußerungen zu Tage tretenden Feinstrukturen eine *für uns verborgene*, wegen der Geschwindigkeit unzugängliche Realität der Lebens- und Wahrnehmungswelt des jeweiligen Vogels darstellen. Man entdeckte in den Vogelliedern eine ungeahnte Feinstruktur, welche auf eine ungleich höhere Wahrnehmungsleistung und Wahrnehmungsgeschwindigkeit schließen lässt. Wo wir Menschen der hohen Geschwindigkeit wegen nur ein zusammenfließendes Gezwitscher hören, nehmen Vögel die tatsächliche Gestalt des Gesangs ihrer Artgenossen adäquat wahr» (BORNEMISZA 1999).

Während einer Afghanistan-Reise konnte G.

Thielcke zwischen der Tannenmeise und der nahe verwandten Schwarzschopfmeise keine gesanglichen Unterschiede feststellen. Das bedeutet, dass der Prozess der Auseinanderentwicklung beider Arten den Gesang nicht oder höchstens unwesentlich erfasst hat. Offensichtlich ist das nicht erforderlich, denn «*Vögel unterscheiden für uns sehr ähnliche Gesänge*: Unsere Tannenmeisen unterscheiden afghanischen Kohlmeisengesang anscheinend mühelos von arteigenem, obwohl beide für uns sehr ähnlich sind … Wir sehen an unserer Tannenmeise, dass wir die Leistungsfähigkeit der Sinnesorgane und des Gehirns unserer Vögel unterschätzen, wenn wir starken gesanglichen Kontrast als Notwendigkeit zur Nichtbeachtung (oder zum persönlichen Erkennen) fordern» (Thielcke 1969). Die hochentwickelte Wahrnehmungsfähigkeit der Singvögel wird auch an diesem Beispiel bestätigt. Wichtiger ist uns aber die Erkenntnis des bekannten Ornithologen, dass auffällige gesangliche Differenzierungen zum Erkennen der einzelnen Arten biologisch nicht zwingend notwendig sind. Die außerordentliche Gesangsvielfalt unserer Singvögel ist ein Zeichen ihrer musikalischen Fähigkeiten.

Nach Werner Schulze (Universität für Musik und darstellende Kunst in Wien) stellt die Möglichkeit der Ton-Mikroskopie, also der Tonfolgen-Verlangsamung, «eine Transposition von Tonhöhe und Geschwindigkeit dar, und diese Transposition in den Frequenz- und Tempo-Wahrnehmungsbereich des Menschen ermöglicht, die Intervallik und Rhythmik der Vogelgesänge zu analysieren … Eine solche Analyse der Vogellieder leitet, im Blick auf die Lautäußerungen in der belebten Natur, über zu einer vergleichbaren Erscheinung im unteren Frequenzbereich: den Gesängen der Wale. (Mehrere Forschungsinstitute beteiligen sich seit 1964 an der Erforschung der Walgesänge) … Bei Erforschung der Musik-Sprache der Wale entdeckte man, dass immer wiederkehrende Phrasen sich zu langen, komplexen Klangsequenzen fügen. Diese zeitlich groß-‹räumigen› und – aufgrund beachtlicher Lautstärke – räumlich weit ausstrahlenden Gesänge symbolisieren die Größe und Majestät dieser Tiere. Die Laute sind konstant für alle Wale einer Gegend in einem Jahr; aus dieser ‹Gültigkeit› der musiko-sprachlichen Formen kann mit hoher Wahrscheinlichkeit auf eine ‹Verstehbarkeit›, auf eine erfolgende ‹Verständigung› innerhalb des Walrudels geschlossen werden. Mindestens über sechs Monate werden musiko-sprachliche Modelle gespeichert, was eine erstaunliche Gedächtnisleistung darstellt. Diese Modelle werden dann Grundlage für neue ‹Improvisationen› … Was ist vom musikalischen Standpunkt zu den Walgesängen zu sagen? Neben Schnatter-, Grunz- und Röhrgeräuschen kommen klangschöne Glissandi in Auf- und Abwärtsbewegung vor, wir begegnen einer Diatonik mit Tonleiterformen unter Anvisieren des Oktavrahmens, wir finden Motivbildungen und Dreiklangsbrechungen; Tongebilde also, die auf ähnliche Bausteine zurückgreifen wie die Musik des Menschen …

Somit besteht eine Analogie derart, dass die *Sprache der Wale* als der *langsamste* Gesang in der Natur eine große Ähnlichkeit zum *Gesang der Vögel*, dem vermutlich *schnellsten* Gesang, aufweist. Walgesänge mit mehrfach oktavierter Geschwindigkeit klingen wie Vogelgezwitscher. Lässt man, wie zuvor beschrieben, Vogellieder mit einem Viertel oder Achtel der Originalgeschwindigkeit ablaufen, wird die Analogie zum Tonvorrat des Menschen offenbar. Es zeigt sich eine umfassende harmonikale Analogie der Melodiebildung bei Wal, Mensch und Vogel, und es ist nicht unberechtigt, von einem *Universalgesang* der Natur zu sprechen» (Schulze 1999). Wale, Delphine und Vögel haben eine besondere

Gemeinsamkeit. Sie besitzen die im Tierreich ansonsten nicht vorkommende Fähigkeit zum einseitigen Schlaf: Die Tiere können mit einem offenen Auge und mit einer wachen Hirnhälfte schlafen; das andere Auge ist also geschlossen, und die korrespondierende Hirnhälfte schläft (SPITZER 2002).

In seiner überarbeiteten Magisterarbeit über die «Musik der Vögel» kommt C. BORNEMISZA (Musikhochschule Wien) zu folgenden Erkenntnissen:

1. Sowohl durch das menschliche Gehör als auch durch physikalische Messungen wurden viele der von Vögeln erzeugten Schallwellen als periodische, (quasi-) harmonische Schwingungen bestätigt. Sie sind also von Geräuschen und Klanggemischen unterschieden und werden berechtigterweise *Töne* genannt.
2. Vögel *intonieren*, das heißt, sie steuern kontrolliert bestimmte Frequenzen an ...
3. Viele Spezies besitzen die Fähigkeit zu *transponieren* ...
4. Bedingt durch die höhere Wahrnehmungsleistung erfolgt die Verarbeitung von *Rhythmen* bei Vögeln genauer als beim Menschen ...
5. Änderungen in der *Dynamik* und im *Tempo* sind im Vogelgesang nachweisbar ...
6. Vogellieder gliedern sich in Motive und Phrasen, haben einen festgesetzten Bauplan. Die Tonäußerungen der Vögel besitzen eine *musikalische Form*.
7. Manchmal wird ein Tongebilde abwechselnd (antiphon) oder zugleich (unisono) von zwei Individuen erzeugt. Beides wird von Ornithologen unter dem Begriff *Duettieren* zusammengefasst.
8. Viele Vögel können *zwei oder mehr Töne simultan* erzeugen, diese bilden oft musikalische *Intervalle*.
9. Manche Vogellieder lassen, zumindest ansatzweise, *harmonische Beziehungen* zwischen einzelnen Tönen erkennen (BORNEMISZA 1999).

Vogellieder sind, verglichen mit den akustischen Signalen anderer Tiere, überaus hochstehend und weisen im Vergleich mit der menschlichen Musik ein ästhetisches Erscheinungsbild und musikalischen Gehalt auf. Tonhöhen, Rhythmen und Motive der Vogelgesänge werden von Menschen erkannt, aufgenommen und verarbeitet – in vielen Kompositionen von Vivaldi über Beethoven bis Messiaen – und umgekehrt werden Motive, Melodien der Menschen von Vögeln aufgenommen und verwendet. Aufbau, Gliederung und Strukturierung machen auch schon das einmalige Zustandekommen solch eines Liedes derart unwahrscheinlich, dass das mehrmalige, dauernde Entstehen eines solchen in zahllosen Individuen vieler Spezies aus Zufall wohl jeglicher Wahrscheinlichkeit entbehrt. HARTSHORNE (1958) betont, dass wir es bei den Lautäußerungen der Vogelwelt und der menschlichen Musik nicht nur mit Ähnlichkeiten zu tun haben, sondern mit regelrechter *Übereinstimmung*. Wir können also in einem gewissen Sinne von Kunst im Vogelgesang sprechen: «Die Vögel erreichen in ihren Leistungen nicht nur auf dem Gebiet der Intervallbildung, der Rhythmik, Metrik, Dynamik usw. eine teilweise erstaunlich hohe Stufe, sondern auch auf dem Gebiete der Motiv- bzw. Themenbildung, sowie vor allem auf demjenigen einer höheren Kunstbetätigung, die schon dem Bereiche der Komposition angehört, bringen die Vögel teilweise ganz Hervorragendes zustande» (HOFFMANN 1908).

Andere Musiker billigen den Vögeln keine musikalischen Töne oder Rhythmen zu. So hat für IGOR STRAWINSKY der Vogelgesang nichts mit Kunst zu tun: «Diese tönenden Erscheinungen gemahnen uns an Musik, aber sie sind keine Musik ... Das, was uns mit dem Vogelgesang vom Himmel fällt ist keine Kunst; aber die einfachste Modulation, richtig gesetzt, ist unbestreitbar Kunst» (TIESSEN 1989). Auch EDUARD HANSLICK teilt diese

Ansicht: «Melodie und Harmonie, die zwei Hauptfaktoren der Tonkunst, finden sich in der Natur nicht vor, sie sind Schöpfungen des Menschengeistes ... Selbst die reinste Erscheinung des natürlichen Tonlebens, der Vogelgesang, steht zur menschlichen Musik in keinem Bezug, da er unserer Skala nicht angepasst werden kann» (HANSLICK 1978).

Der Ornithologe W. CRAIG beschreibt Vogellieder dagegen als echte Musik, als ästhetische Kunst, und für OLIVIER MESSIAEN sind Vogelgesänge «schließlich das Musikalischste, das uns Nächste» (BORNEMISZA 1999). Ob sich der Musikkritiker HANSLICK intensiv mit Vogelstimmen beschäftigt hat, ist mir nicht bekannt, aber der berühmte Musiker und Komponist MESSIAEN hat über Jahre die Gesänge der Singvögel in freier Natur studiert und sich von ihnen in seinem schöpferischen Tun inspirieren lassen, zum Beispiel in seinen Werken Quatuor pour la fin du temps (1941), Réveil des oiseaux (1953), Oiseaux exotiques (1956), Catalogue d'oiseaux 1958, Des Canyons aux étoiles (1974), Saint François d'Assise (1979).

OLIVIER MESSIAEN (1908 – 1992) hat weite Reisen unternommen, um Menschen, Musik, Landschaften und Vögel zu studieren. «Für Messiaen blieb der Ferne Osten, vor allem Japan mit seinen kulturellen und landschaftlichen Schönheiten, immer ein ganz besonderer Anziehungspunkt, und die Japaner selbst antworteten mit großer Liebe und viel Verständnis auf seine Musik» (HIRSBRUNNER `1999). In den entlegensten Ländern hat er Vogelgesänge gesammelt, sodass auch eine Fülle exotischer Stimmen in seinem Werk zu hören ist. Zu seinem Klavierzyklus «Catalogue d'oiseaux», der bestimmten Vögeln gewidmet ist, hat der Komponist skizzenhafte Beschreibungen verfasst; lassen wir hier den Künstler und Vogelkenner zum zweiten Stück «Le Loriot» zu Wort kommen: «Der Pirol, der schöne goldgelbe Vogel mit den schwarzen Flügeln, pfeift in den Eichen. Sein fließender, goldener Gesang, wie das Lachen eines fremdländischen Prinzen, evoziert Afrika und Asien oder irgendeinen unbekannten Planeten voll von Licht und Regenbögen, voll von Lächeln in der Art des Leonardo da Vinci. In den Gärten, in den Wäldern andere Vögel: die schnelle und bestimmte Strophe des Zaunkönigs, die vertrauliche Liebkosung des Rotkehlchens, den Brio der Amsel, den rhythmisch in sich rückläufigen Ruf des Rotschwänzchens, die beschwörenden Wiederholungen der Singdrossel. Lange, ohne Unterlass lassen die Gartengrasmücken ihre sanfte Virtuosität wirken. Der Zilpzalp fügt seine springenden Wassertropfen bei. Nonchalanter Zurückruf, Erinnerung aus Gold und Regenbogen: die Sonne scheint die goldene Emanation des Gesangs des Pirols zu sein» (HIRSBRUNNER 1999).

MESSIAEN hatte eine tief religiöse Verbindung zur Natur. Er war erfüllt von Ehrfurcht vor und Liebe zur Natur und in besonderer Weise gegenüber den Vogelgesängen. Seine einzige Oper ist jenem Heiligen gewidmet, der den Vögeln predigte: Franz von Assisi. Auch zog Messiaen den Aufenthalt in der Natur dem Stadtleben vor. Für den Musiker gab es in der Natur «keine Geschmacklosigkeiten, man findet dort keinen Fehler in der Beleuchtung oder einen Fehler in der Farbgebung und in den Vogelgesängen auch nicht einen rhythmischen, melodischen oder kontrapunktischen Fehler ... Ich bewundere tief die Natur. Ich denke, dass uns die Natur unendlich übertrifft, und ich bin bei ihr immer in die Schule gegangen; meine Vorliebe galt den Vögeln, ich habe deshalb ganz besonders den Gesang der Vögel befragt: Ich habe Ornithologie studiert» (HIRSBRUNNER 1999).

MESSIAEN hat tatsächlich nicht nur Kurse für Komposition, Orchestration, griechische und indische Musik gehalten, sondern auch über Ornithologie.

Das Urteil eines Mannes, der die Gesänge der einzelnen Arten genau kannte und selber kompositorisch tätig war, hat großes Gewicht. Vor allem sollten wir uns darauf verlassen, was wir selbst wahrnehmen können. Selbstverständlich ist die Komposition eines Musikers etwas anderes als der Gesang eines Singvogels. Auch ist richtig, dass hormonelle und neurophysiologische Prozesse für das Singen eine bedeutsame Grundlage bilden (⇨ S. 89). Aber so, wie man das Leben nicht in einzelne Organe, Zellen und Atome aufspalten kann, lässt sich auch musikalische Schönheit nicht auf Chromosomen reduzieren. Meines Erachtens verfügen die meisten unserer Singvögel über eindeutige musikalische Qualitäten. Und wie diese musikalischen Eigenschaften mit dem Verhalten der Singvögel, zum Beispiel der Revierverteidigung, zusammenklingen, wollen wir im Folgenden betrachten, ebenso in welcher Weise eine musikalische Rangordnung damit zu tun haben mag.

Es ist unschwer wahrzunehmen, dass nicht alle einheimischen Singvögel in gleichem Maße über sämtliche der dargestellten musikalischen Qualitäten verfügen. Sobald wir die Gesänge genauer prüfen und miteinander vergleichen, so liegt nahe, dass Amsel und Nachtigall zu jenen Vogelarten gehören, die über fast alle genannten Vorzüge verfügen.

Damit würden sie in einer möglichen Stufenleiter an erster Stelle stehen. Mir ist bewusst, dass eine Steigerungsreihe nach musikalischen Qualitätsmerkmalen als willkürlich empfunden werden kann. Jeder hat aber Gelegenheit, sobald er genügende Kenntnis der verschiedenen Gesänge erworben hat, sich selber von den unterschiedlichen musikalischen Fähigkeiten und Eigenschaften unserer Singvögel zu überzeugen.

Vom «Dichten der Nachtigall»

*Der Gesang einer Singdrossel oder Amsel, die an einem schönen Abend
auf dem äußersten Dachfirst oder der höchsten Baumspitze sitzt
und nun ihre tiefe, ruhige und doch so freudig klingende Stimme erschallen lässt,
ist vielleicht das ästhetisch Wirkungsvollste,
was überhaupt in der Welt der gefiederten Sänger zu finden ist.*
Karl Groos (1907)

Revierverteidigung und damit verbundene Rivalenkämpfe scheinen eine rein zweckmäßige Funktion zu erfüllen. Eine Kernfrage des Buches ist, ob der Reviergesang nicht sehr einseitig interpretiert wird. Hätten sich die teils hochmusikalischen Klanggebilde im Laufe der Evolution vor allem zum Zwecke der Revierverteidigung herausgebildet, so müsste sich eigentlich die ganze Vielfalt der Gesangskunst gerade dann entfalten, wenn die aktuelle biologische Notwendigkeit der Revierverteidigung gegeben ist. Das ist jedoch nicht wahrzunehmen. Im Gegenteil: Sobald zwei benachbarte ♂ sich kräftig singend der Reviergrenze nähern, verliert ihr Gesang eher an Variabilität und Klangschönheit.

Wenn aber das Spielerische und die Entwicklung zu mehr Autonomie den Grundakkord für die gesamte Gesangsaktivität bilden, so ist es nicht verwunderlich, in verschiedenen Erregungsphasen der Vogelmännchen auch deutlich wahrnehmbare Unterschiede der gesanglichen Qualitäten vorzufinden. So kann jeder beobachten, wie verschieden sich die Gesänge entfalten, je nachdem ob ein Vogelmännchen sie in einem aufgeregten Zustand oder in einer entspannten Atmosphäre erzeugt.

Im Jahre 1969 erschien von dem Freiburger Zoologen Bernhard Hassenstein ein lesenswerter Aufsatz mit dem Thema «Aspekte der *Freiheit* im Verhalten der Tiere». Die vier wesentlichen Aspekte sind: a) das Leben niedrig organisierter Tiere spielt sich in voller Instinktgebundenheit ab; b) der erste Schritt aus dieser ursprünglichen Gebundenheit heraus ist denjenigen Tieren gelungen, welche durch äußere Erfahrung neue Verhaltensweisen erlernen können; c) das Spielen der Tiere ist mit dem Erkunden eng verwandt. Erkundungsverhalten und Spiel entsprechen einem zweiten Schritt der Befreiung des Verhaltens von seiner ursprünglichen Gebundenheit; d) Befreitsein von biologischen Notwendigkeiten.

Zum letzten Punkt führt Hassenstein Folgendes aus: «Es gehört nun zum Eindrucksvollsten, was ein Naturbetrachter erleben kann, wenn er feststellt: Der Gesang ist am lautesten und kämpferischsten, wenn er seinen biologischen Sinn erfüllt, einen Rivalen zu bekämpfen. Aber er ist am vielfältigsten und für unser Ohr am schönsten, wenn *kein* Rivale zugegen ist, wenn also der Gesang seinen biologischen Sinn gerade *nicht* erfüllt. Dann erst scheint der Vogel in einer genügend entspannten Situation zu sein, um seine ganze musikalische Erfindungsgabe zu entfalten. Von einem Vogel in dieser Stimmung pflegt man zu sagen: Er dichtet. Die reichste Vielfalt in der musikalischen Erfindung der Nachtigall tritt also, ähnlich wie das Spielen der Tiere, beim Fehlen gegenwärtiger triebbedingter Ziele, im entspannten Feld zutage … Hier ist also im Verhalten von Tieren bewiesenermaßen ein Befreitsein von biologischen Notwendigkeiten erreicht worden, wie es vollkommener nicht denkbar ist» (HASSENSTEIN 1969).

In ähnlicher Weise hat sich KONRAD LORENZ einige Jahrzehnte zuvor geäußert. Er bekennt in diesem Zusammenhang, dass ihn der Gesang der Vögel immer wieder zu intensivstem philosophischen Nachdenken und Verwundern anregte. Über das Vogellied heißt es: «Wir wissen wohl, dass ihm eine arterhaltende Leistung bei der Revierabgrenzung, der Anlockung des Weibchens, der Einschüchterung von Nebenbuhlern zukommt. Wir wissen aber auch, dass das Vogellied seine höchste Vollendung, seine reichste Differenzierung dort erreicht, wo es diese Funktionen gerade nicht hat. Ein Blaukehlchen, eine Schama, eine Amsel singen ihre kunstvollsten und für unser Empfinden schönsten, objektiv gesehen am kompliziertesten gebauten Lieder dann, wenn sie in ganz mäßiger Erregung *dichtend* vor sich hinsingen. Wenn das Lied funktionell wird, wenn der Vogel einen Gegner ansingt oder vor dem ♀ balzt, gehen alle höheren Feinheiten verloren; man hört nur eintönige Wiederholungen der lautesten Strophen, wobei bei sonst spottenden Arten wie dem Blaukehlchen die schönsten Nachahmungen völlig verschwinden und der kennzeichnende, aber unschön schnarrende angeborene Teil des Liedes stark vorherrscht. Es hat mich immer wieder geradezu erschüttert, dass der singende Vogel haargenau in derselben biologischen Situation und in eben der Stimmungslage seine künstlerische Höchstleistung erreicht wie der Mensch, dann nämlich, wenn er in einer gewissen Gleichgewichtslage, vom Ernst des Lebens gleichsam abgerückt, in rein spielerischer Weise produziert» (LORENZ 1935).

Auch der Ornithologe MICHAEL SCHUBERT (1967) kommt bei seiner Arbeit über die Gesangsaktivität des Fitis zu dem Ergebnis, dass «in einem entspannten, störungsarmen Umfeld das Spektrum von Variationsmöglichkeiten besonders groß ist». Auf *spielerische* Weise und in einem *entspannten* Feld entfaltet sich der ganze Reichtum der Musikalität unserer besten Singvögel. Und das gelingt am schönsten und vielfältigsten besonders dann, wenn kein Rivale zugegen ist oder wenn ein solcher in genügendem Abstand singt. Denn ganz ohne einen singenden Artgenossen im näheren Umkreis erscheint mir auch nicht die rechte entspannte Atmosphäre bzw. die produktive Gleichgewichtslage entstehen zu können. Es kommt wohl, ähnlich wie beim Menschen, auf die rechte Balance zwischen Nähe und Distanz an. Oder sollen wir ernsthaft annehmen, der Gesang diene vornehmlich dazu, sämtliche Rivalen aus der Umgebung zu vertreiben?

Es ist immer wieder schön zu beobachten und zu erleben, wie sich Artgenossen (bei genügender Distanz) gegenseitig anregen und gesanglich fördern. Unsere Empfindung ist berechtigt, dass Gesänge hoch entwickelter Singvögel auf benachbarte Individuen kompositorisch wirken. Es erschiene mir wenig vorteilhaft und lebensfördernd zu sein, wenn eine Nachtigall beispielsweise alle singenden Artgenossen in der Nähe vertreiben würde. Sie hätte dann zwar keinen Konkurrenten mehr neben sich, aber sie hörte auch keinen mehr! Wir wissen jedoch, wie folgenreich die akustische Anregung für unsere *Meistersänger* bei der Entfaltung des eigenen Gesanges ist. Und denken wir daran, dass sich zahlreiche Singvögel individuell an ihren Gesängen erkennen können und wie sie durch Wechselgesänge miteinander verbunden zu sein scheinen. Wer Nachtigall-Auen kennt, weiß, wie großartig und eindrucksvoll der nächtliche Gesang von Hunderten von Nachtigallen ist. Das sind unvergessliche Erlebnisse. Und ich bin überzeugt, dass eine einsam singende Nachtigall sich wenigstens einen musikalischen Gegner wünschen würde. Und einen solchen Kontrahenten sollten wir besser einen anregenden Reviernachbarn nennen. Denn so, wie sich unsere hoch begabten Singvögel im musikalischen Wettbewerb gegenseitig fördern, ihre Gesangsintensität steigern und ihre Gesänge auf diese Weise vervollkommnen, muss dann nicht auch, sobald diese so genannten Rivalen fehlen und damit jegliche Resonanz ausbleibt, wieder etwas von dieser überragenden musikalischen Begabung verkümmern?

Wir können selbst mannigfaltige Wahrnehmungen machen. Hier nur einige Beispiele: Isoliert brütende Rohrammern singen deutlich weniger als ihre gesellig brütenden Artgenossen, die sich gegenseitig gesanglich anregen. Sangesfreudige und ungestörte Pirolmännchen variieren aufeinander folgende Strophen oft, während gereizte und aggressiv gestimmte ♂ gelegentlich stark verkürzte Strophen äußern (GLUTZ 13/II). Kohl- und Sumpfmeisen reduzieren im aggressiv vorgetragenen Reviergesang ihre vielfältigen Variationen auf wenige Motive. Rivalisierende Zilpzalpe beginnen arhythmisch zu singen (GLUTZ 12/II). Erregte Männchen der Heckenbraunelle singen leiser und hastiger als sonst. Mit wenigen Ausnahmen finden wir die Regel bestätigt, dass die meisten Singvogelarten, wie auch die gut singenden Waldlaubsänger, ihre Gesangsstrophen bei territorialen Auseinandersetzungen lauter, härter und kürzer vortragen, weil der Gesang dann stärker den Zwängen der Revierverteidigung unterliegt. Zu beobachten ist auch, dass beim «entspannten» Reviergesang ein Singvogelmännchen seine Gesangsstrophen häufig ungerichtet vorträgt, während der «erregte» Reviergesang deutlicher in Richtung des singenden Kontrahenten gesungen wird. Diese klare Signalwirkung erfüllt bei den Reviernachbarn in der Regel auch immer ihren Zweck. Der vollendete Gesang entfaltet sich aber erst wieder in seinem ganzen Zauber, wenn gerade die Funktion der Verteidigung nicht mehr gegeben ist. Das lässt sich eindrucksvoll an den abendlichen formschönen Gesängen erleben, wenn zum Beispiel Amseln – in einer entspannten Ruhe – besonders kreativ zu werden scheinen.

In der musikalischen Vielfalt und Feinheit der Gesänge, die in einer entspannten Atmosphäre erklingen, zeigt sich die Steigerung in Richtung eines freiheitlichen Stimmgebrauchs. Beim erregt vorgetragenen Reviergesang dagegen fallen die Singvögel sozusagen in alte, im Laufe der Evolution überwundene Reaktionsmuster zurück; die Reizbeantwortung, von der sich die Singvögel auf der Gesangsebene «befreit» haben (⇨ S. 152), tritt dann wieder hervor. Dieses Phänomen weist deutlich darauf hin, dass sich der Gesang weit über die biologischen Notwendigkeiten hinaus entwickelt hat.

Ausgehend von der Entdeckung des Barons A. F. VON PERNAU (1786), dass Singvögel Reviere besetzen, erkannte der Münsteraner Ornithologe BERNARD ALTUM als erster den Zusammenhang von «Gesang und Geselligkeit der Vögel». Das hat mich außerordentlich beschäftigt:

«Der Grad der Vollkommenheit des Gesanges steht mit dem Grade der Geselligkeit des Vogels im umgekehrten Verhältnis. Nur Vögel, die während der Brut- und Gesangsperiode vereinzelt in ‹Brutrevieren› leben, singen gut. Welch einen verworrenen Eindruck würde es machen, wenn etwa ein halbes Dutzend Nachtigallen zusammen in einem Strauche oder in mehreren benachbarten Sträuchern sitzend ihr herrliches Lied vortragen wollten! *Alle guten Sänger leben einsam ...* Leben aber sehr stimmbegabte Sänger mehr oder weniger gesellig, so bleibt ihr Gesang nur ein Gezwitscher» (ALTUM 1898).

Ich habe dem Zoologen und Ornithologen Friedrich A. Kipp (1908 – 1997) sehr viel zu verdanken: zahlreiche gemeinsame ornithologische Exkursionen, mehrere größere Reisen, viele anregende und bereichernde Gespräche wie auch unterschiedlich heftige Diskussionen. Vor allem seine Gedanken über das akustische Revier haben mich im Zusammenhang mit den obigen Darstellungen von Altum (1898), Lorenz (1935) und Hassenstein (1969) außerordentlich angeregt, sodass ich mich fast fünf Jahrzehnte intensiv mit dieser Frage beschäftigt habe. Die Idee von Kipp, dass musikalisch «begabtere» Singvögel solitär und aggressiv, «schwächere» Sänger dagegen gesellig und sozial seien, hat mich begeistert, dennoch waren wir in zahlreichen Details unterschiedlicher Meinung. Das Kernproblem war die Tatsache, dass es zur Brutzeit, mit Ausnahme der gesellig brütenden Arten, kaum wirklich friedliche Vögel gibt. Und so haben wir oft darum gerungen, wie man dieses Phänomen angemessen darstellen könne. Friedrich A. Kipp hat sich nicht entscheiden können, seine diesbezüglichen Gedanken niederzuschreiben. Er hat aber innerhalb der Ornithologischen Arbeitsgemeinschaft in Stuttgart (19. Februar 1971) darüber vorgetragen. Und mich hat stets beeindruckt, mit welcher Redlichkeit er es vermied, zu verallgemeinern oder vorschnell zu gliedern beziehungsweise Regeln aufzustellen. Das hinderte ihn aber nicht, seine eigenen Ansichten vehement zu verteidigen. Meines Wissens ist Kipp der erste Ornithologe, der den Begriff des *akustischen Reviers* geprägt hat. Das möchte ich in diesem Zusammenhang besonders betonen und im Folgenden versuchen, seine Idee vom «Klangrevier»* in modifizierter Form darzustellen.

---

* Eine ergänzende Darstellung zum Klangrevier, zur Differenzierung des Reviergesangs, zum akustischen Spielverhalten und zur Autonomie im Gesangsverhalten der Singvögel wie auch umfangreiche Betrachtungen zum Imitationsgesang finden sich in meinem Buch: *Klangsphären. Motive der Autonomie im Gesang der Vögel*. Verlag Freies Geistesleben, Stuttgart 2009.

Betrachtungen zum Klangrevier

> *Wir haben uns, wenn wir einigermaßen zum lebendigen Anschaun der Natur gelangen wollen, selbst so beweglich und bildsam zu erhalten, nach dem Beispiele mit dem sie uns vorgeht.*
> Johann Wolfgang von Goethe (Morphologische Schriften)

Die Gesangsaktivität unserer Singvögel steigert sich in Mitteleuropa im Spätwinter und Frühjahr mit zunehmender Tageslänge. Wie bereits angedeutet, wird unter steigender Lichteinwirkung die Hormonproduktion bei den Vogelmännchen gefördert. Während der Fortpflanzungszeit unterliegen die Vögel offensichtlich hormonellen Einflüssen, sie sind erregt, und es wird teilweise heftig um die Reviere gekämpft. Jeder von uns kann diesem intensiven Treiben zusehen. Es ist also nicht verwunderlich, dass Hormone und Gesang in einen ursächlichen Zusammenhang gebracht werden. Vielfältige Gesangsformen wie Chorgesang, Duettsingen, Jugendgesang, Plaudergesang bis hin zum Herbst- und Wintergesang entfalten sich aber weitgehend unabhängig von einer hormonellen Steuerung. Der Reviergesang als Werbe- und Verteidigungsgesang mag in dieser «Form der Lautäußerung weitgehend mit dem hormonalen Status gekoppelt» sein (TEMBROCK 1982), aber eine Vielfalt von Gesängen lässt sich so nicht begründen, und der Reviergesang der Rotkehlchen-Männchen scheint völlig *unabhängig* vom Hormonhaushalt zu erklingen (BORNEMISZA 1999).

Sind es nun die Hormone, die den Reviergesang bewirken? Oder fördern und steigern Hormone während der Brutzeit lediglich vorhandene Stimmungen? In diesem Falle müssten wir von einem inneren Gestimmtsein der Singvogelpsyche ausgehen. In der Regel wird von Motivation gesprochen, aber es gibt durchaus Ornithologen, welche den Singvögeln Empfindungen, Stimmungen bzw. Emotionen zubilligen. Dem Bioakustiker G. TEMBROCK erscheint es vernünftig, von einer «hohen emotionellen Komponente» im Vogelgesang zu sprechen (BORNEMISZA 1999). Zu der von ihm geschätzten Amsel schreibt H. TIESSEN (1989): «Arbeitet doch das Männchen musikalischer Singvogelarten, zum Beispiel der Amsel, fortgesetzt an der Verschönerung seiner Gesangsleistungen auch noch lange nach erfolgter Paarung. Da das Gefühlsleben der Vögel eine verhältnismäßig hohe Stufe der Entwicklung erreicht hat und da sie nur in Tönen ausdrücken, was sie bewegt, können die Triebfedern ihres Singens nicht zu einseitig veranschlagt werden». Andere, wie SIGRID KNECHT, betonen, dass die stimmlichen Leistungen der Singvögel nicht die bloße Mechanik einer physiologisch bedingten Sinnesfunktion sein können. Denn bei allen Singvögeln ist das Stimm- und Gehörorgan anatomisch nahezu gleich gebaut, und trotzdem singen die einzelnen Arten ganz verschieden und weisen in ihrer musikalischen Auffassungsgabe verschiedene Leistungen auf. Außer der physiologischen Voraussetzung eines hochentwickelten Gehörorgans ist also auch eine *seelische Verarbeitung* nötig, eine Art musikalischen Gefühls (TIESSEN 1989, eine *Stimmung*.

Manchmal können wir den Eindruck gewinnen, dass ein Vogel völlig ungestört, rein spielerisch «nur so vor sich hinsingt». Das wird heute auch in wissenschaftlichen Kreisen anerkannt, aber selbst ein solches, meist leises Singen ohne Zweck wird vom Zweckmäßigen her begrifflich erfasst; denn ein Gesang, der sich an keinen Empfänger richtet, wird als «potentielle Kommunikation» bezeichnet (BERGMANN 1987). Das Gesangsphänomen an sich wird nicht durch Hormone bewirkt, wohl aber wird durch hormonale Steuerung die Gesangstätigkeit im Frühjahr deutlich gesteigert, wie wir an den Reviergesängen in eindrucksvoller Weise erleben können. Ich halte dafür, dass die Singvögel aus einer bestimmten Gefühlslage heraus singen. Ihre musikalische Begabung lässt sie ihre Lieder anstimmen und befähigt sie zu erstaunlichen Leistungen. Und man kann durchaus die Empfindung haben, dass nicht die einzelnen Individuen singen, sondern dass *es* aus ihnen singt.

Wenn wir uns im Frühjahr aufmerksam dem Verhalten der einzelnen Vogelarten zuwenden, so bemerken wir, dass fast alle Vogelmännchen zur Brutzeit eine gewisse Erregung zeigen, die sich in Aggression und kämpferischer Auseinandersetzung ausdrücken kann. Es geht, wie wir gehört haben, vor allem um das Revier. Gleich möchte man an ein genügend großes Nahrungsrevier für den Revierinhaber und die Vogelfamilie denken. Wenn Singvögel jedoch in fremden Revieren fressen, aber nicht singen dürfen, so sollte der gesangliche Aspekt bei der Revierverteidigung stärker beachtet werden.

Gute Sänger mit teils vollendet ausgebildeten und vielfältigen Strophen, melodisch-rhythmischen und teils komplizierten Strukturen, großer Klangfülle oder kraftvollem Gesang, sind meistens stark territorial. Zu diesen Arten gehören z.B. Amsel, Singdrossel, Nachtigall, Rotkehlchen, Gartenrotschwanz und Pirol. Diese begabten Sänger verhalten sich zu singenden Artgenossen meistens recht aggressiv und beanspruchen in der Regel auch einen größeren Klangraum als Singvögel mit einfachem, schlichtem Gesang, vor allem aber verteidigen sie diesen Raum sehr viel intensiver. Aber selbst bei so friedlichen Vögeln, wie es unsere Schwalben sind, können wir manchmal Auseinandersetzungen bis hin zu Luftkämpfen beobachten. Es ist von Art zu Art verschieden, wie viel Revierraum beansprucht wird, und auch, wie heftig oder wie ausdauernd dieser Raum verteidigt wird. Die unterschiedliche Inanspruchnahme eines «eigenen» Raumes durch unsere Singvögel, unabhängig vom Nahrungsrevier, hängt eng mit der Qualität des Gesanges und mit dem Gesangsvortrag zusammen.

Einfache Sänger wie Schwalben, Sperlinge, Wacholderdrosseln, Bartmeisen, Schwanzmeisen oder Hänflinge leben häufig gesellig und tragen ihre einfachen Gesänge ohne große Distanz zu den Artgenossen vor. Der Star, dessen Gesang ein einfaches Schnalzen ist, kennt kaum Revierverteidigung; Artgenossen brüten und singen in der Nähe. Er ist ein geselliger Vogel. Er imitiert zwar gerne, hat aber keine eigene charakteristische Strophe entwickelt. Der Dompfaff ist ein stimmbegabter Finkenvogel, aber er lebt seine musikalische Begabung in der Natur kaum durch den Vortrag eines volltönenden Gesanges aus. Es mag sein, dass diese «Genügsamkeit» ihn zu seiner Kunst befähigt, ganze Lieder nachsingen zu können. Zebrafinken haben sehr schlichte, monotone Strophen; sie leben gesellig.

Der bekannte Ornithologe und Bioakustiker GERHARD THIELCKE, dessen vorzügliches Buch über «Vogelstimmen» mich begeistert und angeregt hat, schreibt zu den letztgenannten Vogelarten: «Auffallenderweise dient der Gesang sowohl Gimpeln wie Zebrafinken vor allem zur Stimulierung ihrer Weibchen, nicht aber zur Markierung eines Reviers» (THIELCKE 1970b). Dieses Phänomen unterstützt in schöner Weise unsere

Beobachtung, dass die meisten Singvögel ohne deutlich ausgebildeten Gesang nur geringe oder keine Revierverteidigung pflegen. Dass aber gesellig lebende Vögel in der Regel nur wenig ausgeprägte Strophen entwickelt haben, zeigt uns, dass hier noch verborgene Zusammenhänge vorliegen. Ferner ist zu beachten, dass nah verwandte Arten in ihren musikalischen Leistungen auf sehr verschieden hoher Stufe stehen, wie wir beim Vergleich von Sumpf- und Teichrohrsänger, Zilpzalp und Waldlaubsänger, Sing- und Wacholderdrossel oder Buch- und Bergfink leicht feststellen können.

Nachdem wir uns mit den erstaunlichen musikalischen Fähigkeiten der Singvögel beschäftigt und eine musikalische Rangordnung angedeutet haben, wird immer deutlicher, dass die Ausbildung des Reviergesanges nicht allein mit Zweckfunktion erklärt werden kann. Die Frage ist nun: In welchem Zusammenhang steht die musikalische Begabung zur Revierverteidigung? Das Phänomen wird deutlich, wenn wir Gesang und Verhalten zum Beispiel innerhalb einer Vogelgattung vergleichen. Beginnen wir mit besonders stimmbegabten Singvögeln, den **Drosseln**:

Der Gesang der Amsel erscheint vollendet. Auch die Singdrossel gehört zu unseren begabtesten Sängern; das Kompositorische ist aber weniger ausgebildet.

Die Strophen der Misteldrossel sind ebenfalls volltönend, jedoch kürzer, und sie besitzen nicht den Variationsreichtum der vorgenannten Arten; der Gesang klingt einförmiger.

Ringdrossel: Einfacher amselähnlicher Gesang mit schnarrenden Lauten und teils singdrosselartigen Motiven, aber weniger klangvoll als Singdrossel.

Die kurzen flötenden Strophen der Rotdrossel klingen weit ins Land und enden meistens in einem schnarrenden, kratzenden Zwitschern. «Der Strophenanfang des einzelnen Individuums bleibt während der ganzen Brutperiode recht konstant. Nur wenige ♂ bringen selten ein zweites Anfangsmotiv» (Glutz 11/II).

Ein häufig zu hörender Ruf der Wacholderdrossel ist ein rauhes «tschack, tschack, tschack». Diese Laute erinnern mehr an die Rufe junger Drosseln; wohlklingende Töne sind selten zu hören. Der eigentliche «Gesang» ist eine während des Fluges zusammengequetschte Folge hoher Töne.

Betrachten wir nun analog zu den beschriebenen Gesängen das innerartliche Verhalten der Drosseln:

Amseln sind ausgesprochen territorial, Singdrosseln etwas weniger. Beide Arten verteidigen heftig ihre Reviere. In den Städten können Amselreviere sehr viel kleiner sein als im Wald; in unmittelbarer Nähe sind dann nahrungssuchende Amseln anzutreffen, aber niemals singende Männchen. Die Brutreviere der Singdrossel überlappen sich stärker als die einander meist ausschließenden Territorien der Amsel. Singdrosseln suchen auch gelegentlich Fremdreviere auf.

Auch Misteldrosseln sind territorial und haben in der Regel recht große Reviere. Artgenossen werden aber häufiger im Revier geduldet als bei der Singdrossel. Hin und wieder brüten mehrere Paare nah beieinander. In Dänemark nisten sogar mehr als 30 % der Misteldrosseln kolonieartig in Abständen von oft nur wenigen Metern (Glutz 11/II).

Die Ringdrossel gilt auch noch als territorial, es werden aber keine Territorien mit festen Grenzen verteidigt, und der Nestbezirk kann von fremden Artgenossen ungehindert überflogen oder zum Nahrungserwerb genutzt werden. Loser Zusammenschluss mehrerer Paare auf relativ engem Raum kommt häufiger vor (Glutz 11/II).

Die Rotdrossel verteidigt in der Regel nur die nähere Nestumgebung. Lokal kann es, im Anschluss an Wacholderdrosselkolonien, zu beachtlichen Konzentrationen von brütenden Rotdrosseln kommen. Beim Nahrungserwerb, der teils auch in fremden Territorien stattfindet, können Artgenossen angegriffen werden. «Eine in ein fremdes Revier eingedrungene Rotdrossel zieht sich in der Regel sofort zurück, wenn der Reviereigner sich singend nähert. Kämpfe sind im Brutgebiet selten» (GLUTZ 11/II).

<u>Wacholderdrossel:</u> «Die in Ansätzen hin und wieder bei der Misteldrossel und mehr oder weniger regelmäßig bei der Ringdrossel vorkommenden lokalen Anhäufungen von Brutpaaren steigern sich bei der Wacholderdrossel bis zur Bildung mehr oder weniger geschlossener Kolonien» (GLUTZ 11/II). Meistens finden wir Wacholderdrosseln gesellig brütend. Es gibt aber auch solitär brütende Paare, bei denen zu Beginn der Brutperiode territoriales Verhalten zu beobachten ist; später dürfen sich aber auch hier weitere Paare in der Nähe niederlassen.

Die musikalische Rangordnung (A) in der Tabelle zeigt die unterschiedliche Gesangsbegabung einiger Drosselarten. Die Anordnung des territorialen Verhaltens (B) spiegelt, ebenfalls in abnehmender Reihenfolge, das unterschiedliche innerartliche Revierverhalten wider, wie sich die Vögel ihren Artgenossen, also ihren Reviernachbarn gegenüber verhalten. Wir sehen deutlich, wie mit nachlassender musikalischer Gesangsqualität auch das Territorialverhalten abnimmt. Sobald wir aber das interspezifische Verhalten der Drosseln beobachten, also das Verhalten gegenüber fremden Drosselarten, so ergibt sich eine Rangordnung (D), die mehr der Größe und Kraft der einzelnen Arten entspricht: «In der Dominanzreihenfolge Misteldrossel, Wacholderdrossel, Amsel, Ringdrossel, Rotdrossel steht die Singdrossel an letzter Stelle; Mistel- und Wacholderdrossel greifen einander nicht an; Rotdrosseln verstehen Amseln besser auszuweichen als Singdrosseln, die von Amseln häufiger angegriffen werden» (GLUTZ 11/II).

Auf die «Zusammenhänge zwischen Gesang und Reviergröße nordischer Drossel-Arten hat schon SIIVONEN (1939) hingewiesen: Während die soziale Wacholderdrossel nur Rudimente eines Gesanges zeigt, haben Amsel, Singdrossel und Misteldrossel große Reviere und wohlentwickelte Gesänge; die Rotdrossel nimmt in beiderlei Beziehung eine Zwischenstellung ein» (GLUTZ 11/II). Hervorzuheben ist, dass trotz der Wehrhaftigkeit der Wacholderdrossel (⇨ S. 150), die mit der Misteldrossel die Dominanzreihenfolge anführt, ihr territoriales Verhalten gegenüber Art-

A. Musikalische Rangordnung (abnehmend)	B. Territoriales Verhalten	C. Zugverhalten	D. Dominanzverhalten
Amsel	Amsel	Amsel	Misteldrossel
Singdrossel	Singdrossel	Singdrossel	Wacholderdrossel
Misteldrossel	Misteldrossel	Ringdrossel	Amsel
Ringdrossel	Ringdrossel	Misteldrossel	Ringdrossel
Rotdrossel	Rotdrossel	Rotdrossel	Rotdrossel
Wacholderdrossel	Wacholderdrossel	Wacholderdrossel	Singdrossel

genossen nur gering ausgebildet ist. Ihr Revierverhalten steht somit in Einklang mit der schwachen Gesangsbegabung und zeigt uns, wie stark das Revierverhalten vom Musikalischen her beeinflusst wird.

Im Zugverhalten dieser Drosselarten (C) zeigen sich ebenfalls deutliche Unterschiede: Singdrossel und Amsel wandern trotz ihrer Häufigkeit größtenteils als Einzelvögel oder in kleinen, lockeren Gemeinschaften, und sie sind auch stärkere Nachtzieher als die anderen beschriebenen Drosselarten. Sie geben sozusagen als Klangsolisten auch während der Zeit der Migration, wo sich der größte Teil der Vögel durch geselliges Zusammenschließen auszeichnet und sich zu Schwärmen vergesellschaftet, ihre autonome Stellung nicht auf. Auch Ringdrosseln treten während des Zuges zumeist einzeln auf (BUSCHE 1993). Größere Trupp- und Schwarmbildung ist vor allem bei Arten anzutreffen, deren innerartliche Aggressivität geringer ist, und so bilden Misteldrosseln, besonders aber Rotdrosseln und Wacholderdrosseln während des Zuges nicht zufällig große bis sehr große Trupps.

Auch Steinrötel (*Monticola saxatilis*) und Blaumerle (*Monticola solitarius*), zur Drosselfamilie gehörende und mit den Steinschmätzern nah verwandte Arten, bestätigen die Regel. Diese vor allem in Südeuropa lebenden Arten tragen von wechselnden Warten und im Singflug ausdrucksvollen und melodiös-flötenden Gesang vor, häufig reich an Imitationen. Beide Arten sind Einzelgänger und sowohl im Brutgebiet wie auch im Winterquartier territorial. Die ♀ der Blaumerle singen ebenfalls und verteidigen bald nach Aufzucht der Jungvögel ihr eigenes Territorium (GLUTZ 11/I). Nehmen wir ergänzend noch zwei ausländische Vertreter der Drosselfamilie dazu:

Die Einsiedlerdrossel (*Catharus guttatus*) ist mit ihrem vollkommenen Gesang in Nordamerika das, was bei uns Amsel oder Nachtigall verkörpern. Sie scheint von der musikalischen Form ihrer Äußerungen her zu den am höchsten entwickelten Spezies zu gehören (BORNEMISZA 1999). Sie ist zur Brutzeit sehr territorial, und jeder Artgenosse wird vertrieben. Selbst ♀ werden anfangs verfolgt.

Auch die schon erwähnten *Schamadrosseln* sind als besonders stimmbegabte Sänger extreme Individualisten und sehr aggressive, territoriale Vögel. «Das ganze Jahr über greifen sie jeden Artgenossen an. Nur während der Brutzeit dulden sich die Partner eines Paares im gemeinsamen Brutrevier» (KNEUTGEN 1969b). Beide Partner singen. Und selbst das singende ♀ grenzt sich gegenüber dem eigenen ♂ außerhalb der Brutperiode durch ein Revier ab!

Wir können somit bei den Drosselarten einen direkten Zusammenhang zwischen Gesangsausbildung, Revierverteidigung und Zugverhalten erkennen. Von der Amsel bis zur Wacholderdrossel ist eine nachlassende musikalische Begabung wahrzunehmen und parallel dazu auch eine abnehmende Territorialität. Das heißt nicht, dass bei weniger gesangsbegabten Drosseln keine Auseinandersetzungen zu beobachten wären. Auch Wacholderdrosseln können sich streiten, wenn der von ihnen beanspruchte Raum nicht respektiert wird. Nur im Vergleich zu Amseln und Singdrosseln sind sie nicht so dauerhaft aggressiv zu männlichen Artgenossen und sie beanspruchen auch wesentlich weniger Raum; manchmal wird lediglich die nähere Umgebung des Nestes verteidigt. Blicken wir nur auf die Revierstreitigkeiten, ohne die verursachenden Zusammenhänge zu kennen, so bleibt uns Wesentliches verborgen.

Wenn wir beispielsweise in einem menschlichen Wohnbereich verschiedene sich beschimpfende Nachbarn beobachten, so können wir sie als Streithähne abtun. Wir können aber auch das unterschiedliche Niveau der streitenden Parteien beachten. Vor allem aber sollten wir die Ursache des Streites kennen, wenn wir uns ein Urteil bilden wollen, wie streitsüchtig die Einzelnen sind. Es ist doch ein Unterschied, ob die Kinder des Nachbarn etwas laut spielen oder ob jemand bevorzugt zur Mittagszeit durch Rasenmäher oder Radio den Lärmpegel höher schraubt, ob er den Garten des Nachbarn als Liegewiese benutzt oder ob jemand das Haus seines Nachbarn während dessen Abwesenheit als Festplatz für sich und seine Gäste okkupiert. In jedem Fall kann sich ein Nachbar belästigt, bedrängt fühlen, und es kann zu Auseinandersetzungen kommen. Aber die Reizschwelle, um Ärger und Streit auszulösen, ist bei jedem verschieden hoch. Dem einen schwillt schon bei ein wenig freudigem Kindergeschrei auf der Straße der Kamm zum Streite. Ein anderer dagegen stellt gern einen Teil seines Gartens für Nachbarskinder zum Spielen zur Verfügung, wird aber ärgerlich, wenn die fröhliche Kinderschar bei einsetzendem Regen plötzlich mit dreckigen Schuhen in seinem Wohnzimmer erscheint. Der eine versucht auf friedlichem Wege Unstimmigkeiten zu schlichten, der andere ist gleich bereit zum Kampf und pocht auf sein Recht.

Auch bei Singvögeln ist die Reizschwelle, welche innerartliche Aggression mit nachfolgenden Kämpfen auslöst, unterschiedlich hoch und korreliert sehr häufig mit den musikalischen Qualitäten der jeweiligen Art. Gesangsbegabte Singvögel verteidigen in der Regel einen größeren Raum als schwächere Sänger. Mit abnehmender Gesangsqualität ist eine Tendenz zur Verträglichkeit und Geselligkeit wahrzunehmen. Aber auch bei sozial lebenden Arten sind psychische Barrieren zu beobachten. Wird beispielsweise ein gewisser Mindestabstand (Individualdistanz) nicht respektiert, so können sich auch «friedliche» Vögel, wie wir noch sehen werden, teils recht heftig attackieren. Deshalb reicht es nicht, territoriale Arten von geselligen (verträglichen) Arten allein aufgrund der Häufigkeit oder der Heftigkeit ihrer Auseinandersetzungen voneinander zu unterscheiden. Eine zunehmende Verträglichkeit bis hin zu ausgeprägter Geselligkeit zeigt sich vor allem in einer geringer werdenden Distanz zu brütenden Artgenossen.

Es gibt nun, wie bereits beschrieben, einige heimische Singvögel, die außerhalb der Brutperiode, also im Herbst, auf dem Zug oder im Winterquartier nicht nur singen, sondern parallel zu diesen ungewöhnlichen Gesangszeiten sich auch erstaunlicherweise territorial verhalten. Was für eine Art von Revier wird da verteidigt? Der Fitis singt auch nach der Sommermauser, und es ist «wiederum ein kurzes ausgeprägtes Revierverhalten zu beobachten» (SCHUBERT 1967). Nachtigallen singen im afrikanischen Winterquartier und sind entsprechend territorial, Zaunkönige singen im Winter und verteidigen ein Revier, und singende Blaukehlchen verteidigen auf dem Zug ein so genanntes «Rastrevier» (GLUTZ 11/I). Rotkehlchen singen fast ganzjährig und verhalten sich auch das ganze Jahr über territorial.

Diese durchweg guten Sänger zeigen also auch außerhalb der Brutzeit ein territoriales Verhalten. Aber sie verteidigen dann weder ein Nahrungs- noch ein Brutrevier. Es scheint vielmehr ein *Klangrevier* zu sein, das sie beanspruchen. Ein begabter Sänger nimmt sozusagen den eigenen Klangraum mit und verhält sich dann, unabhängig wann und wo er singt, territorial. Es ist ein eigener Klangraum, den die «guten» Sänger verteidigen, und zwar unabhängig von Brutzeit und Nahrungsreserven.

Bei territorialen Singvögeln findet sich «im Laufe der stammesgeschichtlichen Entwicklung eine zunehmende Auflockerung der angeborenen Bestandteile des Gesangs durch erlernte Teile, bis hin zu Vögeln, deren Gesang fast nur noch erlernt wird … Das bringt eine immer stärkere stimmliche Individualisierung mit sich» (KNEUTGEN 1969b). Oder umgekehrt: Die gesangsbegabteren Vogelarten haben sich im Laufe der Evolution von angeborenen Lautäußerungen durch individuelles Lernen gelöst und beanspruchen zunehmend für ihre komplizierteren und teils volltönenden Strophen einen eigenen Klangraum. Das macht sie zu territorialen Arten.

Da Klang- und Brutrevier häufig deckungsgleich sind und die Interpretation der Verhaltensweisen in der Regel vom Zweckmäßigen her erfolgt, ist der Blick immer noch vorrangig auf die Verteidigung des Brut- und Nahrungsreviers gerichtet. Selbstverständlich setzen die Singvögel ihre musikalischen Begabungen auch funktionell sinnvoll ein. Wir sollten jedoch nicht einseitig folgern, dass der Motivreichtum und die Klangreinheit zahlreicher Vogelstimmen wie auch die teils recht komplizierten Strukturen der Gesänge sich allein um eines biologischen Vorteils willen entwickelt hätten.

Deshalb war es mir ein Anliegen im Kapitel «Spielerischer Stimmgebrauch» zu zeigen, dass es zahlreiche Gesangsformen gibt, welche, bis auf ihren kommunikativen Charakter, keine bestimmten bzw. notwendigen Funktionen erfüllen. Mit der Anerkennung eines Klangreviers gewinnen alle Gesangsformen an Bedeutung, und die abgestuften gesanglichen Fähigkeiten ergeben mit den in der Regel entsprechenden Reizschwellen einen sinnvollen Zusammenhang. Reviergesänge erfüllen durchaus biologische Funktionen. Aber nach allem, was wir über den spielerischen Stimmgebrauch und das Klangrevier wissen, dürfte es einsichtig sein, dass die gesangliche Vielfalt der Singvögel sich nicht in biologischen Funktionen erschöpft. Und deshalb sollten wir die «Musik der Natur» nicht darauf reduzieren.

Durch das Klangrevier wird erst verständlich, warum in einigen Fällen auch singende ♀ zu ihren singenden Partnern auf Distanz gehen. Bei Rotkehlchen, Blaumerle und Schamadrossel singen beide Geschlechter, und sowohl ♂ als auch ♀ nehmen ein Herbst- und Winterrevier ein. Die singenden ♀ beanspruchen ebenfalls einen Klangraum für sich. Vielleicht ist ein Vergleich mit der menschlichen Musikalität berechtigt. Können wir uns drei Amseln oder Nachtigallen jeweils auf einem Zweig singend vorstellen? Für ausgeprägte gute Singvögel scheint das ebenso unerträglich zu sein wie für unser musikalisches Empfinden. Vielstimmiger zwitschernder Schwalbengesang klingt genauso «verträglich», wie es die Schwalben in der Regel sind; kraftvolle Sänger dagegen halten beim Singen auf Distanz. Wenn wir an den auf kurze Distanz erklingenden Wechselgesang der Schamadrosseln denken (⇨ S. 159), so wird unter diesem Gesichtspunkt noch deutlicher, warum die Vögel dabei sehr leise singen. Die unmittelbare Nähe eines kraftvoll singenden Artgenossen würde keine Schamadrossel ertragen.

Wir sollten uns frei machen von alten Vorstellungen, dass mit dem Gesang nur ein Brut- und Nahrungsrevier verteidigt wird. Von der Musikalität der Singvögel ausgehend ergeben sich vielmehr die Fragen: «Welchen Klangraum beanspruchen die einzelnen Arten?» und «Wie nah erträgt ein Singvogel einen singenden Artgenossen?»

Am Beispiel der Drosseln haben wir versucht, Antworten zu finden. Ähnlich ist es auch bei anderen Vogelgattungen. Einige Arten beanspruchen ein ausgedehntes Revier, anderen reicht ein Mindestabstand von mehreren Metern zum nächsten Nest, und manche wahren lediglich einen Individualabstand.

Einfache Sänger, also weniger gesangsbegabte oder gesangsfreudige Sänger begnügen sich häufig mit kleineren Räumen und sind gesellig. Ich denke oft daran, wie Chorsänger in einem großen Konzert nah beieinander gemeinsam singen; der einzelne nimmt sich zurück. Die Solisten dagegen treten vor und nehmen mehr Raum für sich in Anspruch.

Gute Sänger zeichnen sich, wie wir gehört haben, durch herausragende musikalische Fähigkeiten aus: Klangreinheit, klare musikalische Gesangsformen, großer Variationsreichtum (oft in Verbindung mit Imitationen), Improvisation der Motive und teilweise kompositorische Begabung. Begabte Sänger grenzen sich von ihren singenden Artgenossen stärker ab. Sie sind echte Gesangssolisten. Sie sind autonomer als ihre anderen gefiederten Verwandten. Sie erfüllen einen bestimmten Klangraum mit ihrem Gesang und verteidigen ihn entsprechend. Der Individualitätsprozess zeigt sich auch häufig im Zugverhalten: Zahlreiche unserer gesangsbegabten Singvögel unternehmen den weiten Flug nach Afrika einzeln (teilweise nachts) oder in kleinen, meist arteigenen Trupps. Buchfinken, einige Lerchen und Meisen neigen hingegen nach der Brut, wie auch die meisten schlichteren Sänger, mehr zu Geselligkeit; sie ziehen tagsüber, bilden größere Schwärme oder vergesellschaften sich mit anderen Arten.

Nach F. A. Kipp (1983a) nehmen die Singvögel generell eine Sonderstellung ein. Sie gehen nicht

Territoriale Arten (Solisten)	**Gesellige Arten**
Häufig gute bis vorzügliche Sänger	Meistens einfache Sänger
Aggressiv	Verträglich, teilweise sozial
In der Regel wird ein großes Revier beansprucht und dieses auch ernsthaft verteidigt (Verfolgungsjagden, Kämpfe)	Häufig wird nur die nähere Umgebung des Nestes verteidigt; manchmal genügt Individualdistanz
Artgenossen werden aus dem eigenen Revier vertrieben	Artgenossen werden häufig in der Nähe geduldet
Einzeln brütende Paare	Gesellig brütende Vögel; Abstand zwischen den Nestern teilweise nur wenige Meter
Viele Arten bleiben auch nach der Brut solitär	Nach der Brut in der Regel noch größere Neigung zu Schwarmbildung
Zug häufig nachts und allein oder in kleineren Trupps	Zug meistens tagsüber und durchweg in größeren Trupps oder Schwärmen
Einige verhalten sich sogar nach der Brut oder im Winterquartier territorial	Nach der Brut erlischt die ohnehin geringe Aggressivität ganz

so einseitige Bindungen und Beziehungen zu den Elementen ein wie andere Vogelgruppen (Hühnervögel – Erde, Entenvögel – Wasser, Segler – Luft), sondern bewahren ein ausgeglichenes Verhältnis. Die Tendenz eines ausgeprägteren Unabhängigseins scheint also bei allen Singvögeln veranlagt zu sein, hat sich aber bei unseren *Meistersängern* vor allem auf der musikalischen Ebene ausgebildet. – Zu unseren ausdrucksstarken Sängern zählen vor allem Amsel, Singdrossel, Misteldrossel, Nachtigall, Sprosser, Blaukehlchen, Rotkehlchen, Pirol, Sumpfrohrsänger, Gelbspötter, Heidelerche, Feldlerche, Gartenrotschwanz, Trauer- und Zwergschnäpper, Baumpieper, Waldlaubsänger, Fitis, Buchfink, Zaunkönig, Kleiber, Kohl- und Blaumeise, Heckenbraunelle, Grünfink, Braunkehlchen. Alle verhalten sich ausgesprochen territorial.

Da wir bei den meisten Singvogelgattungen, ähnlich wie bei den Drosseln, eine abgestufte innerartliche Aggressivität in Verbindung mit der Gesangsqualität feststellen können, möchte ich im Folgenden jeweils einige verwandte Arten in Bezug auf Gesang und Revierverhalten in einer musikalischen Rangordnung vergleichend betrachten. Wir werden sehen, ob und in welcher Weise die geschilderten Phänomene für ein Klangrevier sprechen. Die weiteren Betrachtungen können darüber hinaus auch als wichtige Ergänzung zu den Beschreibungen unserer Singvogel-Porträts gelesen werden. Es handelt sich fast ausschließlich um Vergleiche zwischen Revier- und Gesangsverhalten der einzelnen Arten, sodass das Lesen der folgenden Seiten vielleicht etwas Mühe machen könnte.

Mit Ausnahme der Rohrsänger beginnen wir bei den einzelnen Gattungen jeweils mit der gesangsbegabtesten Art.

Beide heimischen **Rotschwänze** sind sehr gesangsfreudig, und beide sind auch territoriale Arten, die ihre Reviere heftig verteidigen und jeden Artgenossen vertreiben; fremde Arten werden meistens geduldet.

Der gesangsbegabtere Gartenrotschwanz ist nicht erkennbar aggressiver, zeigt aber zum Beispiel auf dem Zug deutlichere solitäre Merkmale: es gibt viele Einzelzieher mit ausgeprägtem Nachtzug.

Der Hausrotschwanz zieht teilweise auch nachts, aber mit deutlichem Tagzuganteil. Auf dem Zug kann es bei beiden Arten zu kleinen Truppbildungen kommen. Während aber beim Gartenrotschwanz unter den ♂ aggressives Verhalten häufig ist, suchen Hausrotschwänze auf der Zugrast «gerne die Nachbarschaft von Artgenossen» auf (Glutz 12/I).

Unsere **Laubsänger** sind gute oder eifrige Sänger, und alle zeigen auch territoriales Verhalten. Bis auf den Zilpzalp ziehen die meisten Arten überwiegend nachts.

Auffällig und weittönend ist der Gesang des Waldlaubsängers. Diese Art ist sehr territorial und «auch auf dem Zug weniger (art-)gesellig als andere Laubsänger» (Glutz 12/II). Unmittelbar nach Ankunft der ♂ werden die Reviere durch intensiven Gesang markiert. Der Waldlaubsänger ist abweichend von Fitis und Zilpzalp «gegenüber anderen Arten auch auf dem Höhepunkt der Brutperiode tolerant. Oft sitzen Halsbandschnäpper, Buchfink und Rotkehlchen in unmittelbarer Nestnähe, ohne angegriffen zu werden» (Glutz 12/II). Wird das Revier verteidigt, werden die Strophen des Waldlaubsängers deutlich lauter und kürzer, und manchmal ist sogar Schnabelknacken zu hören. Zwischen Artgenossen kann es zu heftigen Luftkämpfen kommen. Ähnlich wie bei mehreren anderen Singvogelarten können wir beobachten, dass unverpaarte ♂ länger singen als brütende Artgenossen; sie verteidigen dann auch ihre Reviere länger.

Der Fitis ist eine der stimmbegabtesten Laubsängerarten. Er ist zur Brutzeit sehr aggressiv bis hin zu Verfolgungsjagden und Schnabelhacken; das territoriale Verhalten tritt aber im Laufe der Brutzeit zurück, um dann nach der Mauser noch einmal aufzuflammen. Nach der Brutzeit ist der Fitis artgesellig; es kann aber zu heftigen Auseinandersetzungen mit anderen Laubsängerarten kommen, die territorialen Charakter zeigen. Der Fitis singt bis zur Ankunft im Winterquartier wie auch auf dem Heimzug.

Neben dem Fitis gehört der in Osteuropa lebende Grünlaubsänger zu den Laubsängerarten mit dem größten Repertoire an Elementtypen. Die eilig und rhythmisch vorgetragenen Strophen sind weit hörbar. «Zur Brutzeit territorial, danach und während der Zugzeit beschränkt artgesellig und öfters in Gruppen oder in kleinen Trupps; im Winterquartier dann aber wieder territorial, wobei alle Individuen eigene Reviere besetzen» (Glutz 12/II).

Auch der Berglaubsänger mit seinem einfachen, aber variationsreichen Gesang ist eine territoriale Art, schließt sich aber nach der Brut zu kleinen Trupps zusammen. Streitigkeiten der ♂ werden, wie beim Fitis, vor allem durch das besondere Verhalten der ♀ verursacht: Diese halten sich bei der Nistplatzsuche nicht an die Reviergrenzen! Da die ♂ ihnen aber zu folgen versuchen, sind häufige Revierkämpfe und Grenzverschiebungen vor Beginn der Brutperiode die Regel. Nach dem Ausfliegen der Jungvögel werden aber keine Reviere mehr verteidigt. Die Familien bilden gemeinsame Trupps und vergesellschaften sich ab August häufig mit Meisen und Goldhähnchen (Glutz 12/II).

Recht monoton klingen die Strophen vom Zilpzalp. Es geht aber in diesem Zusammenhang vorrangig nicht darum, ob der Gesang eines Vogels nach unserem Empfinden als schön zu bezeichnen ist, sondern wie klangvoll und vielfältig er ist, oder, wie in diesem Falle, welchen Klangraum der Gesang ausfüllt. Und der Zilpzalp singt laut und kräftig, und er ist auch sehr stimmfreudig. Er ist ebenfalls territorial, Luftkämpfe sind aber eher selten. Nahrungsquellen werden teilweise gemeinsam genutzt. Neststandorte werden oft in relativer Grenznähe gewählt; einzelne Nester können sogar außerhalb des eigenen Territoriums, im Extremfall zwischen den Singwarten zweier benachbarter ♂ gebaut werden (Glutz 12/II).

Fliegenschnäpper sind zur Brutzeit territorial. Häufige Auseinandersetzungen kurz nach Ankunft der ♂ hängen eng mit dem meist knappen Angebot an Bruthöhlen zusammen. Im Laufe der Brutperiode nehmen Gesang wie auch Revierverteidigung gleichermaßen kontinuierlich ab. Schnäpper ziehen vorwiegend nachts und allein.

Trauerschnäpper haben einen sehr vielseitigen, teils volltönenden Gesang. Sie sind «zwischen Ankunft und Jungenaufzucht gegen Artgenossen und andere Vogelarten sehr angriffslustig … Zuweilen sitzen rivalisierende ♂ aufgeplustert minutenlang einander gegenüber» (Glutz 13/I). Als drohender Instrumentallaut ist bei Auseinandersetzungen manchmal Schnabelknacken zu hören. Es kommt häufig zu Imponier- und Verfolgungsflügen, selten jedoch zu Beschädigungskämpfen.

Der einem Rotkehlchen ähnliche Zwergschnäpper ist auch ein guter Sänger. Das Revierverhalten ist dem des Trauerschnäppers ähnlich. Die rivalisierenden ♂ sitzen «einander unter lebhaftem Singen, Flügel- und Schwanzzucken gegenüber, singen und stürzen aufeinander los, doch bleibt es bei Erregungsgesten und Verfolgungsjagden» (Glutz 13/I).

Halsbandschnäpper tragen schlichtere Gesangsstrophen vor mit weniger klangvollen Tonfolgen. Kurz nach Ankunft besetzt und verteidigt das ♂ in der Regel ein recht großes Revier, das aber zunehmend eingeengt wird und «schließlich auf eine Bruthöhle und wenige umgebende Bäume oder sogar einen einzigen größeren Baum beschränkt sein» kann (G<small>LUTZ</small> 13/I).

Der Grauschnäpper singt recht unauffällig. Er ist territorial und verteidigt seine Vorzugswarten gegen Artgenossen. Die Reviere sind in der Regel nicht sehr groß. An der Reviergrenze können Gesangswarten mit den Nachbarn geteilt werden. Und bei diesem sehr schlichten Sänger kommt es außerdem vor, dass Paare im Abstand von nur wenigen Metern brüten (G<small>LUTZ</small> 13/I).

Die Gesänge der **Baumläufer** sind verhältnismäßig leise und tragen nicht weit.

Die Gesangsstrophe des Waldbaumläufers ist zwei- bis dreimal länger als die des Gartenbaumläufers und ist auch im Tonhöhenumfang größer. Waldbaumläufer sind am Brutplatz territorial und drohen mit aufgesperrtem Schnabel oder aufgestellten Flügeln, ♂ bekämpfen Rivalen mit Anflug, Gesang und Drohtriller (G<small>LUTZ</small> 13/II). Außerhalb der Brutzeit sind sie ungesellig, und sie schlafen in der Regel auch immer einzeln.

Gartenbaumläufer haben einen so kurzen Gesang, dass er meistens überhört wird. Auch diese Art ist territorial. Die Aggressivität gegen Reviernachbarn ist jedoch geringer als beim Waldlaubsänger, auch kann es zu Überschneidungen von Nachbarrevieren kommen (G<small>LUTZ</small> 13/II). Außerdem übernachten Gartenbaumläufer im Gegensatz zu ihren Vettern gerne gesellig.

Sehr feine und hohe Gesänge sind von den **Goldhähnchen** zu hören.

Das Wintergoldhähnchen ist in seinem Gesang nicht nur vielseitiger als das Sommergoldhähnchen mit seinem kurzen Crescendo, sondern es zeigt seine etwas höhere musikalische Begabung auch in dem mit Imitationen versetzten variablen, sehr melodiösen Plaudergesang. Dafür ist der Gesang des Sommergoldhähnchens lauter und markanter. Beide Arten sind territorial; Imponierhandlungen werden vom Wintergoldhähnchen «regelrecht provoziert» (G<small>LUTZ</small> 12/II). Verfolgungsjagden sind häufig; ernsthafte Kämpfe scheinen beim Sommergoldhähnchen seltener zu sein. Außerhalb der Brutzeit ist auch das territoriale Verhalten der Wintergoldhähnchen stärker als bei den Sommergoldhähnchen. Letztere zeigen allerdings im Gegensatz zu Wintergoldhähnchen «im Herbst/Winter keine erkennbaren bzw. dauerhaften Vergesellschaftungen mit Meisen und Baumläufern, auch kaum solche während der Zugperiode, obgleich das Sommergoldhähnchen aufgrund seines rascheren Vorrückens sich den Meisen eher angleichen könnte» (G<small>LUTZ</small> 12/II). Obwohl sich die Reviere beider Arten teilweise überlagern, treten selten zwischenartliche Aggressionen auf; dennoch kann es wie bei anderen Zwillingsarten zu Auseinandersetzungen kommen (B<small>ECKER</small> 1977b).

Betrachten wir im Folgenden unsere heimischen Meisen. Die **Meisen** der Gattung Parus sind territorial, neigen aber außerhalb der Brutzeit zu Geselligkeit und Schwarmbildung, sodass wir besonders in den Wintermonaten häufig arteigene oder gemischte Vogeltrupps (mit anderen Meisenarten, Goldhähnchen, Baumläufer, Kleiber, Buchfink) beobachten können. Die musikalische Rangordnung wird angeführt von Kohl- und Blaumeise. Es folgen Sumpf- und Weidenmeise, Tannenmeise, Haubenmeise. Ferner wollen wir auch noch in diesem Zusammenhang die meisenverwandten oder meisenähnlichen Arten betrachten: Beutelmeise, Schwanzmeise, Bartmeise.

Kohlmeisen verteidigen gegenüber Artgenossen ein erworbenes Territorium während des ganzen Jahres oder sogar lebenslang. Innerhalb der Art scheint es so etwas wie eine soziale Rangordnung zu geben. Dominante Individuen gewinnen bei Auseinandersetzungen sozusagen immer; sie singen auch häufiger. Da sich die Vögel individuell am Gesang erkennen, ist das Ergebnis eines möglichen Streites häufig vorhersehbar; das führt dazu, dass viele Streitigkeiten durch Gesangsstrophen und Wechselgesang ersetzt werden (Glutz 13/I). Nur die dominanten Kohlmeisen besetzen Reviere und sind den nicht territorialen Artgenossen immer überlegen. Streitigkeiten, die wir beobachten können, werden fast immer von Reviernachbarn ausgeführt. «Schwächster Ausdruck aggressiver Stimmung ist das flache Anlegen des Kopfgefieders; bei Erschrecken oder Unterordnung werden die Scheitelfedern hingegen aufgerichtet» (Glutz 13/I). Es folgen verschiedene Drohgebärden, besonders das Sich-Aufstellen mit aufgerichtetem Kopf und gespreizten Flügeln. Im Verlauf kann es zu Verfolgungsjagden kommen. Luftkämpfe können am Boden fortgesetzt werden; die Vögel schlagen hoch aufgerichtet und mit eng angelegten Kopffedern mit den Flügeln, hacken mit dem Schnabel aufeinander ein und verkrallen sich mit den Füßen ineinander. Tätliche Auseinandersetzungen sind bei keiner anderen Parus-Art so heftig wie bei der Kohlmeise (Glutz 13/I).

Gemessen «an ihrer Größe ist die Blaumeise einer der aggressivsten Kleinvögel. Rangpositionen werden augenblicklich erkannt. Ein Despot kann eine ganze Schar von Artgenossen, auch die größere Kohlmeise, vom Futter fernhalten oder vertreiben» (Glutz 13/I). Während der ganzen Brutsaison verhalten sich Blaumeisen sehr territorial. Artgenossen werden aber geduldet, wenn sie keine Revieransprüche anmelden. Ansonsten kann es, ähnlich wie bei der Kohlmeise, zu Drohgebärden mit Flügelheben, Verfolgungsjagden und ernsthaften Kämpfen kommen. Blaumeisen und Kohlmeisen legen keine Nahrungsverstecke an, rauben aber häufig diejenigen anderer Meisenarten aus (Glutz 13/I). Eine besondere Eigenschaft haben wir bereits erwähnt: Blaumeisen neigen dazu, sich hin und wieder an der Nestlingsaufzucht fremder Jungvögel zu beteiligen.

Sumpfmeisen sind sehr ortstreue Standvögel und verhältnismäßig aggressiv. Ähnlich wie bei den genannten Meisenarten wird eine Rangordnung der ♂ schon in den Jungvogeltrupps geklärt. Es ist das «Erlangen eines hohen sozialen Status noch entscheidender als bei Kohl- und Blaumeise. Entsprechend scheinen diesjährige Sumpfmeisen auch aggressiver zu sein als gleichaltrige Kohl- oder Blaumeisen» (Glutz 13/I). Sumpfmeisen tragen ihren recht variablen Gesang fast ganzjährig vor und zeigen auch über das ganze Jahr hin territoriales Verhalten. Nicht territoriale Artgenossen werden aber geduldet. Während die Kohlmeise beim ersten Drohen den Kopf hoch aufrichtet, zeigt die Sumpfmeise mit nach unten gerichtetem Kopf ihre schwarze Kopfplatte. Es folgen weitere Drohgebärden bis zum Aufplustern. «Zu Revierkämpfen kommt es, wenn Revierinhaber durch Gesang, Kontaktrufe oder Sichtkontakt bei der Nahrungssuche aufeinander aufmerksam werden, oder auf Provokation hin … Der eigentliche Kampf geht mit der für Meisen typischen Hektik in großer Schnelligkeit vor sich. Die Kämpfenden verfolgen einander dichtauf in wilden Zickzackflügen; Verfolger und Verfolgter scheinen häufig zu wechseln» (Glutz 13/I). Beim Wechselgesang können aber auch wieder mehrere ♂ in größerer Nähe zusammen singen.

Die Weidenmeise verhält sich ähnlich wie die Sumpfmeise. Beide Arten brüten manchmal in geringem Abstand voneinander.

Tannenmeisen sind ebenfalls territorial. Häufig sind die Wechselgesänge der ♂ meist oben in den Fichten und Tannen zu hören. «Der Gesang hat, solange eine Paarbildung nicht stattgefunden hat, revieranzeigende und werbende Funktion» (Glutz 13/I). Auch bei Tannenmeisen sind Verfolgungsflüge zu beobachten; es kommt aber selten zu heftigen Kämpfen. «Auseinandersetzungen an der Reviergrenze oder beim Eindringen in ein fremdes Territorium (etwa bei der Suche von Polstermaterial) beschränken sich meist auf Gesangsduelle, bei denen die Rivalen einander auf kurze Distanz gegenübersitzen und alternierend (bei großer Erregung auch überlappend) singen» (Goller 1987). Bei der Konkurrenz um Nisthöhlen wie auch an Futterplätzen sind Tannenmeisen anderen Meisenarten fast immer unterlegen.

Benachbarte Haubenmeisen führen an der Reviergrenze häufig lang andauernde Wechselgesänge auf. Das Revier wird verteidigt und in der Regel nicht verlassen. Rangniedrigere Jungvögel werden im Brutrevier geduldet. «Beim Reviergesang ist die Haube meist hoch aufgerichtet, bei angreifenden ♂ jedoch flach niedergelegt» (Glutz 13/I). Unter Rivalen kann es zu ernsthaften Kämpfen kommen. Da aber bei der lockeren Besiedlung manchmal die Grenzen nicht klar festgelegt sind, wird ein Revierbesitzer, wenn er plötzlich in einem Außenbezirk Gesang eines Artgenossen hört, nicht immer zum Angriff gereizt: Er verzichtet zwar nicht auf den Gesang, zieht sich aber zurück und vergrößert die Distanz zum Rivalen (Glutz 13/I).

Die folgenden drei Arten gehören nicht zur Gattung Parus, sind also nicht unmittelbar mit den anderen Meisen zu vergleichen. Sie unterstützen aber in ihrem Verhältnis von Gesang und Revierverhalten sehr schön unsere bisherigen Darstellungen:

Der leise sumpfmeisenähnliche Gesang der Beutelmeise ist selten zu hören. Meistens entdecken wir diesen bei uns seltenen Nestbaukünstler durch lang gezogene «siiiieh»-Laute. «Ein eigentliches Revier gibt es nicht, gesungen wird fast ausschließlich in unmittelbarer Nestnähe. Nur der engste Nestbereich wird gegen Eindringlinge verteidigt, die in wilden Verfolgungsjagden vertrieben werden ... ♂ können sich Brust an Brust Luftkämpfe liefern. Zu Kämpfen und Verfolgungsjagden kommt es regelmäßig, wenn fremde Männchen vom Nesteigentümer beim Nistmaterialdiebstahl überrascht werden. Außerhalb der Brutzeit gesellig, oft in Trupps und manchmal in Schwärmen von mehr als 100 Individuen, nur selten einzeln anzutreffen. Schon Familienverbände können sich zusammenschließen, gemeinsam in einem Nest übernachten oder sogar fremde Nester zum Nächtigen aufsuchen» (Glutz 13/II).

Schwanzmeisen leben ausgesprochen gesellig, ohne Individualdistanz gegenüber Artgenossen. Sie sind akustisch wenig auffällig; lauter Reviergesang fehlt ganz. Auseinandersetzungen sind äußerst selten, auch nicht an Futterplätzen. Lediglich wenn sich zwei Schwärme begegnen, ist so etwas wie Revierverteidigung zu beobachten, da jeder Trupp ein gemeinsames Revier besitzt. Andere Vogelarten werden aus der näheren Nestumgebung vertrieben. Die soziale Organisation der Schwanzmeise ist gekennzeichnet durch das Leben im Schwarm, häufiges Auftreten von Bruthelfern (⇨ S. 171) und außerhalb der Brutzeit auch gemeinsames Kontaktschlafen (Glutz 13/I). Schwanzmeisen brüten in geringem Abstand bis hin zu kolonieartiger Ansammlung. Rolf Lachner (1956) berichtet von über 40 jungen Schwanzmeisen, die aus vier Nestern gleichzeitig ausgeflogen waren, gleich einem schwärmenden Bienenvolk in einem Holundergebüsch, mit fünf fütternden Altvögeln in der Nähe.

Lautäußerungen der Bartmeise sind sehr bescheiden. Das Sozialverhalten ist sehr ausgeprägt, wohl am stärksten von allen europäischen Singvögeln. Bartmeisen sind «sehr gesellig und treten häufig paarweise oder in Trupps von 6 bis 20 Individuen auf. Sie brüten in vorzugsweise lockeren Kolonien, schlafen auf Federfühlung und verteidigen weder ein Nist- noch ein Nahrungsrevier» (Glutz 13/I). Gelege werden verteidigt, vor allem von den ♀; Verfolgungsflüge sind selten. Ähnlich wie bei den sozialen Schwanzmeisen wurden auch bei Bartmeisen Artgenossen beobachtet, die beim Füttern der Brut mithalfen.

Als Gegensatz sei hier noch der Kleiber erwähnt, dessen laute und kräftige Stimme, häufig zu Trillern gesteigert, im Frühjahr durch den Wald schallt. Dieser kleine, auch Spechtmeise genannte Singvogel ist entfernt mit den Meisen verwandt. Die stimmbegabten Kleiber sind nicht nur (wie Spechte) sehr ungesellig, sondern gelten auch als recht unsozial. «Der Kleiber ist ein kämpferischer Vogel; jedes Zusammentreffen mit einem Artgenossen kann zu aggressiver Auseinandersetzung führen» (Glutz 13/II). Das Revier wird das ganze Jahr über heftig verteidigt. Drohgebärden, Angriffe und lang andauernde Kämpfe wechseln einander ab.

Unsere heimischen **Lerchen** sind vorzügliche, stimmfreudige Gesangskünstler, die oft ausdauernde Singflüge vollführen; sie sind sehr territorial, und es kann sowohl bei Heidelerche und Feldlerche wie auch bei der Haubenlerche zu heftigen Auseinandersetzungen in Form von Drohgebärden, Verfolgungsflügen und Luftkämpfen kommen. Außerhalb der Brutzeit werden alle drei Arten gesellig und schließen sich im Winter zu größeren Schwärmen zusammen. Bei der Heidelerche scheint es auch noch in den Herbstschwärmen kämpferische Auseinandersetzungen zu geben. Insgesamt aber ist das Verhalten recht ähnlich, wie ja auch die musikalischen Leistungen aller drei Arten sehr hoch anzusetzen sind. Ähnliches gilt auch für die im Mittelmeergebiet lebende Kalanderlerche und für die nordafrikanische Wüstenläuferlerche.

Kurz seien noch zwei kleinere sandfarbene Wüstenlerchen erwähnt, die ich häufiger in Südmarokko und Algerien beobachten konnte.

Die Sandlerche (*Ammomanes cincturus*) lebt in kleineren Trupps in meist flachen Sandwüsten. Ihr Gesang ist sehr schlicht.

Die Steinlerche (*Ammomanes deserti*) habe ich häufiger in Halbwüsten und felsigen Schluchten angetroffen, aber nicht in Trupps, sondern einzeln oder in wenigen Exemplaren. Der melancholisch-plaudernde Gesang wird im Singflug vorgetragen.

Bei diesen nah verwandten Arten könnten wir von einer Beziehung von schlichtem Gesang und Geselligkeit wie auch von musikalischer Begabung und stärkerem Einzelgängertum sprechen. Über das Territorialverhalten dieser beiden Arten liegen mir allerdings keine genauen Beobachtungen vor; die unterschiedlichen Verhaltensmuster dürften sich aber aus der größeren Geselligkeit der Sandlerche ergeben.

Die Leser mögen sich vielleicht wundern, wenn wir uns auch den Gesängen der einheimischen **Schwalben** widmen. Denn es ist ja weit bekannt, dass Schwalben friedlich zusammen brüten, gemeinsam nach Nahrung fliegen, gesellig im Schilf nächtigen und im September in großen Schwärmen auf Leitungsdrähten beisammensitzen können. Deshalb zählen wir Schwalben zu Recht zu den in hohem Maße geselligen Vogelarten. Ihre Gesänge sind im Vergleich zu Drosseln sehr einfach und schlicht, was unseren Gedanken vom Klangrevier entspricht.

Wenn wir auch diese verhältnismäßig einfachen Lautäußerungen in einer gesanglichen Stufenleiter betrachten wollen, so müssen wir mit der Rauchschwalbe beginnen. Ihre zwitschernden Strophen sind recht melodisch und variationsreich. Mehlschwalben sind zwar auch sehr stimmfreudig, aber der weich zwitschernde Gesang ist einfacher strukturiert. Der Gesang von Uferschwalben ist schlicht; er besteht aus langen, rauh zwitschernden Rufreihen. Selbst bei diesen nicht territorialen Arten können wir aber den Gesängen adäquate Verhaltensmuster finden. Wir hatten ja bereits erwähnt, dass es auch bei «friedlichen» Vögeln zu Streitigkeiten kommen kann. Bei den meisten einfachen Sängern und geselligen Vögeln ist die Reizschwelle jedoch nicht sehr hoch.

Rauchschwalben brüten meistens zu mehreren Paaren in größeren Kuhställen; sie verteidigen in der Regel nur die unmittelbare Nestumgebung. Anfangs kann es jedoch zu heftigen Auseinandersetzungen kommen: «Revierbesitzer und Eindringlinge liefern einander oft stunden- bis tagelange Verfolgungsjagden und Luftkämpfe» (GLUTZ 10/I). Mit zunehmender Nestdichte werden die einzelnen Paare aber friedlicher. Im Gegensatz zu Uferschwalben gibt es bei den Rauchschwalben auch Einzelbrüter, die ihren Nistraum heftig verteidigen.

Mehlschwalben sind ganzjährig gesellig. Häufig sind die an die Hauswand geklebten Nester dicht beieinander. Auch Mehlschwalben zeigen aggressives Verhalten, besonders gegenüber jedem neuen Vogel, der in der Kolonie auftaucht. Solche Streitigkeiten flauen aber schnell ab. In der Regel wird eigentlich nur das Flugloch in einem Umkreis von wenigen Zentimetern verteidigt. Wie Rauchschwalben zeigen Mehlschwalben auch Tendenzen zu Einzelbrütern. Dann kann ausnahmsweise auch eine ganze Hauswand verteidigt werden. Statt sich zu streiten, helfen Mehlschwalben aber auch brütenden Artgenossen beim Nestbau wie auch bei der Fütterung der Jungen. Viele Verhaltensweisen scheinen anzusteckend zu sein und «verlaufen innerhalb der Kolonie synchron ab, zum Beispiel Nestbau, Gesang, Putzen, Rüttelflug, Streitigkeiten» (GLUTZ 10/I). Wir dürfen annehmen, dass «gemeinsames Streiten» wohl eher «gesellige, spielerische Verfolgungsjagd» bedeutet. Zu beobachten ist bei Mehlschwalben auch, dass sie auf Leitungsdrähten fast immer viel näher beisammensitzen als Rauchschwalben.

Uferschwalben sind Koloniebrüter in selbstgegrabenen Röhren von Sand- und Kiesgruben. Falls es zu Auseinandersetzungen kommt, kämpfen zwei Vögel in flatterndem Flug dicht vor einer Röhre, fliegen gerichtet aus der Wand ab, verfolgen einander über längere Strecken und tragen regelrechte Luftgefechte aus (GLUTZ 10/I). In der Regel werden nur singende Eindringlinge sowie benachbarte ♂ angegriffen. Der gegenüber Artgenossen beanspruchte Bereich ist allerdings nur die Brutröhre und der engste Nestumkreis.

Gerade die geselligen «friedlichen» Schwalben liefern uns ein anschauliches Bild, dass wir nicht einseitig auf die Streitigkeiten schauen dürfen. Schwalben gehören zu Recht zu den geselligen Arten, weil sie so dicht beieinander brüten. Und das entspricht wiederum ihren bescheidenen Stimmäußerungen. Sie beanspruchen kaum Raum für sich. Sobald aber der engere Nestraum nicht respektiert wird, kann es zu Auseinandersetzungen kommen. Allerdings muss gesagt werden, dass diese rasanten Flieger solche Fluggefechte wohl auch recht gerne ausführen. Im «Handbuch der Vögel Mitteleuropas» heißt es: Nicht mit Luftkämpfen zu verwechseln sind spielerische Auseinandersetzungen (insbesondere beim Anflug der Röhre) um verlorene Federn; in einem Fall wechselte eine Feder siebenmal den Besitzer, ehe sie in eine Röhre getragen wurde (GLUTZ 10/I). Es scheinen die Verfolgungsflüge zur Verteidigung des Brutplatzes, ähnlich wie bei der Mehlschwalbe, rasch in spielerische Scheingefechte überzugehen.

Alle heimischen **Pieperarten** sind territorial. In der musikalischen Rangordnung steht der Baumpieper obenan, gefolgt von Wasserpieper, Wiesenpieper und Brachpieper.

Baumpieper sind gegenüber Artgenossen ausgesprochen aggressiv; Auseinandersetzungen bis hin zu Verfolgungsflügen sind während der gesamten Brutperiode zu beobachten. Pieper ziehen in der Regel am Tage; der Baumpieper verstärkt aber auch nachts.

Wasserpieper zeigen ein ähnliches Verhalten wie Baumpieper; sie sind nach der Brutzeit meistens einzeln anzutreffen. «Einzelvögel können sich gegenüber Artgenossen, aber auch gegenüber dem viel geselligeren Wiesenpieper und anderen Vogelarten sehr aggressiv gebärden … Bei reichem Nahrungsangebot suchen aber auch Wasserpieper im lockeren Schwarm Nahrung» (G$_{LUTZ}$ 10/II). Durchaus territorial, aber weniger aggressiv verhalten sich Wiesenpieper; diesjährige Jungvögel werden im Revier geduldet. Das Territorium dient mehr der Paarbildung. Wiesenpieper wandern im Vergleich zu den mehr einzeln oder kurzfristig in kleinen arteigenen Trupps ziehenden Baumpiepern häufig in gemischten Trupps, z.B. mit Buchfinken.

Der seltene Brachpieper trägt als Gesang lediglich ein häufig wiederholtes einfaches «zirrliih» vor. Er zeigt aber ein ausgeprägtes Territorialverhalten mit Imponiergehabe, Drohgebärde und Verfolgungsjagden und «fügt» sich somit nicht unserer Regel vom Klangrevier, weil er als bescheidener Sänger ein recht großes Revier verteidigt. Allerdings gibt er zur Zugzeit sein solitäres Verhalten auf und schließt sich zu kleineren Trupps zusammen.

Braunellen, bei denen auch die ♀ (leise) singen, zeigen ebenfalls ein von der Regel etwas abweichendes Bild. Der variationsreiche, mit lerchenartigen Trillern durchzogene Gesang der Alpenbraunelle übertrifft in der Gesangsqualität die eiligen, wohlklingenden Strophen der Heckenbraunelle. Trotzdem sind Alpenbraunellen weniger territorial, sie streiten sich manchmal erbittert um gute Schlafplätze, verteidigt wird aber zur Brutzeit nur die nähere Nestumgebung. Bei der Nahrungssuche sind häufig mehrere Exemplare zusammen zu beobachten. Heckenbraunellen sind wesentlich weniger gesellig. Ihr Brutverhalten ist recht ungewöhnlich: ♂ und ♀ haben voneinander unabhängige, sich überlagernde Territorien. Die ♀ besetzen kleine, gegen alle anderen ♀ verteidigte Territorien. Im Vergleich zu den Revieren der ♀ vermitteln die Reviere der ♂ mehr den Eindruck von «Interessensphären». Sie sind ausgedehnter und können sich sogar weitgehend überschneiden (G$_{LUTZ}$ 10/II). Außerdem ist oft ein ♀ mit zwei ♂ verpaart, die sich beide um die Jungenaufzucht kümmern. Bei den Alpenbraunellen begatten die ♂ nicht selten mehrere ♀. An der Jungenaufzucht beteiligen sich nicht nur beide Eltern, sondern auch ein oder mehrere Artgenossen. Vermutlich sind die gesangsbegabten Alpenbraunellen auf Grund dieser sozialen Komponente der Bruthilfe friedlicher als Heckenbraunellen.

Schwirle sind den Rohrsängern nah verwandte Vögel, die im Röhricht oder Pflanzendickicht recht verborgen leben. Die monotonen Gesänge zeichnen sich durch lang andauernde, weit hörbare Schwirrstrophen aus, die häufig auch nachts zu hören sind. Alle Schwirle sind zur Brutzeit territoriale Vögel.

Der Gesang des Rohrschwirls beginnt mit einem leisen Vorgesang, «der sich beschleunigend allmählich in das laute in Tonhöhe und Intensität gleichmäßige Schwirren übergeht. Es ist ein wohlklingenderes, tieferes und rascheres

Schnurren als das helle Klirren des Feldschwirl» (GLUTZ 12/I). Der Rohrschwirl liebt ausgedehnte Röhrichte; sein Hauptverbreitungsgebiet ist Nord- und besonders Ostdeutschland. In Baden-Württemberg brüten einige Paare zum Beispiel am Federsee und im Wollmatinger Ried. Die Stimme des Feldschwirls ist eintöniger und gleicht mehr einem grillenartigen Schwirren. Schlagschwirle verfügen über einen noch exakteren Rhythmus. Die einzelnen Tonelemente gehen nicht in ein Schwirren über, sondern werden fast mechanisch «gewetzt» vorgetragen. Nächtlicher Gesang ist mit nur kleinen Unterbrechungen oft stundenlang zu hören. Das Verbreitungsgebiet des Schlagschwirls ist vor allem Osteuropa, mit großer Bestandsdichte im Raum der Masurischen Seenplatte.

Der Rohrschwirl verteidigt sein Revier heftig gegenüber Artgenossen. Er verfügt über ein größeres Repertoire verschiedener Drohgebärden. In ein Revier eindringende ♂ werden vertrieben; zu Revierkämpfen kommt es dabei selten. Angegriffen werden aber stets fremde ♂, welche die Singwarten des Revierbesitzers benutzen. Arteigener Gesang in unmittelbarer Reviernähe löst sofort Aggression aus. Nachbarreviere werden nach dem Schlüpfen der Jungen mit genutzt; bei Folgebrut können sich die Reviergrenzen verschieben (GLUTZ 12/I).

Feldschwirle grenzen ihre Reviere bevorzugt von Singwarten ab. Bei aggressiven Auseinandersetzungen wird der Kopf zurückgezogen. Stirn- und Schulterfedern werden aufgerichtet, die Flügel vibrieren, dann erfolgt der Angriff. In der Regel erfolgen aber auf den Gesang eines Nachbarn oder bei Revierstreitigkeiten Erregungsstrophen oder (besonders kurz nach der Ankunft) synchrone Gesänge der Reviernachbarn (⇨ S. 158). Feldschwirle singen manchmal zur Zugzeit und zeigen auch während des Heimzuges territoriales Verhalten.

Auch das ♂ des Schlagschwirls überwacht und verteidigt sein Territorium. Es droht Artgenossen mit schleppendem, gespreiztem Schwanz, warnt und trägt dann seinen Warngesang vor, der aber bald darauf in den Reviergesang übergeht. Kürzeste Entfernung zwischen benachbarten Schlagschwirlnestern war 20 Meter. Da die kleinen Territorien gewöhnlich nicht aneinandergrenzen, sind Auseinandersetzungen zwischen Reviernachbarn selten (GLUTZ 12/I). Während der Schlagschwirl vom Rohrschwirl vertrieben wird, kann sich sein Revier mit dem des Feldschwirls überlappen.

Beim Vergleich verschiedener Singvogelarten innerhalb einzelner Gattungen konnten wir bisher sehen, wie eine mehr oder weniger deutliche Korrelation zwischen Gesangsentfaltung und Revierverteidigung besteht. Bei den Rohrsängern werden wir sehen, dass es etwas schwieriger ist.

Rohrsänger bevorzugen die Verlandungszonen von Gewässern. Den Lebensraum der mitteleuropäischen Rohrsängerarten können wir in einer habitatbezogenen (ökologischen) Reihenfolge betrachten. Stellen wir uns einen See mit einem breiten, ausgedehnten Schilfgürtel vor. An der offenen Seeseite steht das Schilf noch tief im Wasser. Mehr und mehr finden wir zum Ufer hin Übergänge vom schlammigen zum festen Boden mit entsprechenden Veränderungen der Vegetation. Der eintönige Schilfwald wird nach und nach abgelöst von dichten Stauden, Sträuchern und Weidengebüsch. In dieser räumlichen Verteilung leben Drossel- und Teichrohrsänger, gefolgt von Mariskensänger, Schilf-, Seggen- und Sumpfrohrsänger. Dem würde auch die unterschiedliche Bewegungsweise der Rohrsänger entsprechen: Während Drosselrohrsänger, Teichrohrsänger und Mariskensänger geschickte Kletterer in der Vertikalen sind, turnen Schilf- und Seggenrohrsänger häufiger auch auf waagerechten Zweigen. Und Sumpfrohrsänger erinnern im Vergleich zu anderen Rohrsängern bereits «in Haltung und Bewegung mehr an Grasmücken» (Glutz 12/I). Auch morphologisch sind Unterschiede zu erkennen: «Arten, wie Drossel- und Teichrohrsänger, welche hohe, vertikal strukturierte Vegetation (Schilf) über tieferem Wasser bewohnen, besitzen gegenüber den mehr landseitig lebenden Arten längere abgeflachte Schnäbel, ausgeprägtere Klammerfüße, längeren Schwanz und breitere Flügel» (Glutz 12/I). Dieser Gliederung entspricht etwa eine ansteigende musikalische Rangordnung, wie wir aus der unten aufgeführten Tabelle (⇨ S. 206) ersehen können. Auf den Zusammenhang von Gesang, Bewegung und Landschaft wurde bereits hingewiesen (⇨ S. 165).

Drosselrohrsänger fallen durch ihren lauten knarrenden Gesang auf. Tonumfang wie Dynamik sind verhältnismäßig groß. Auffallend sind die großen Tonsprünge wie auch der strenge Rhythmus des gesanglichen Vortrags.

Teichrohrsänger singen leiser; die Strophen können aber vielfältig variiert werden. Regelmäßiger Chorgesang ist vor allem in der Morgen- und Abenddämmerung zu hören.

Der in Deutschland sehr seltene Seggenrohrsänger streut in sein typisch rohrsängerartiges Schnarren häufig kleiberähnliche Flötenreihen ein, sodass wir zwei Gesangsteile unterscheiden können: eine mehr starre Strophenfolge und einen individuelleren, klangvollen Gesangsteil. «Trotz der Ähnlichkeit einiger Elemente ist der Gesang anhand der eher starren Lautfolge leicht von dem des Schilfrohrsängers, der mehr und viel verschiedenartigere Elemente aufweist, zu unterscheiden. Im Vorspielversuch reagierten Seggenrohrsänger praktisch nicht auf Schilfrohrsängergesang, wohl aber umgekehrt» (Glutz 12/I). Singflüge sind während der ganzen Brutzeit regelmäßig zu beobachten.

Schilfrohrsänger fallen durch vielfältige, kontinuierlich vorgetragene Strophen auf. Der Gesang, der auch im Flug erklingt, «ist durch immer wieder eingeflochtene auffallend hohe, reine und relativ lange Pfeiftöne und bemerkenswert große Lautstärkeunterschiede gekennzeichnet» (Glutz 12/I). Häufig sind Imitationen verschiedener Vogelarten zu hören. Schilfrohrsänger singen bereits ab Ende Dezember in Kenia.

Der Mariskensänger taucht in Deutschland mehr als Gast auf. Größere Brutvorkommen sind am Neusiedler See/Österreich und am Platten-see/Ungarn. Teichrohrsängerartige Gesangselemente werden unterbrochen durch typische an die Nachtigall erinnernde, klangvoll flötende Laute, mit der häufig Strophen eingeleitet werden. Der formenreiche Gesang des Mariskensängers reicht etwa gleich tief wie der des Teichrohrsängers, aber nicht so hoch wie der des Schilfrohrsängers. Nach Anzahl und Dauer klangreiner Elemente steht der Mariskensänger deutlich vor Schilf- und Teichrohrsänger (Glutz 12/I).

Von der stimmlichen Leistung des Sumpfrohrsängers und besonders seiner außergewöhnlichen Imitationskunst haben wir bereits ausführlich gehört (⇨ S. 69, 133). ♂ und ♀ singen auch im Winterquartier.

Wie ist es nun, wenn wir das Revierverhalten der Rohrsängerarten mit der obigen Steigerungsreihe der stimmlichen Qualitäten vergleichen?

Im Vergleich zu den anderen oben beschriebenen Vogelgattungen müsste der Drosselrohrsänger eigentlich am wenigsten aggressiv sein. Er zeigt uns aber genau das Gegenteil: er ist sowohl im Brutgebiet wie auch im Winterquartier territorial. Er vertreibt nicht nur alle Artgenossen aus seinem Revier, sondern ist auch gegenüber anderen Arten ausgesprochen angriffslustig. Er verhält sich also wesentlich aggressiver als die gesangsbegabteren Arten, was der Idee des Klangreviers zu widersprechen scheint. Nun ist aber zu beachten, dass es sich bei der Verteidigung eines Klangreviers nicht (nur) um klangliche Schönheit im menschlichen Sinne handelt, sondern vor allem auch darum, welches Raumvolumen vom Gesang eines Vogels ausgefüllt wird. Wie viel Klangraum beansprucht eine Art? Unter diesem Aspekt könnten wir den Drosselrohrsänger mit seiner lauten, weit tragenden Stimme und seinem großen Tonumfang in unserer Steigerungsreihe auch ans Ende stellen, was seiner aggressiven Verhaltensweise mehr entsprechen würde, denn sein knarrendes «karre-karre-krit-krit» ist zwar recht monoton, aber auch auf größere Entfernung nicht zu überhören. Der Drosselrohrsänger ist der dominanteste unserer Rohrsänger, und sicherlich spielt auch seine Größe eine bedeutsame Rolle, ist er doch mehr als doppelt so groß wie seine nahen Verwandten. So genügt meist seine drohende «Pfahlstellung», wobei sich der Vogel mit hoch aufgerecktem Kopf an einen Halm drückt, um seine Nachbarn auf Distanz zu halten. Ansonsten werden Eindringliche im Flug vertrieben (Glutz 12/I).

Seggenrohrsänger leben sehr versteckt im Röhricht, meist solitär. Reviergrenzen sind nicht sehr fest; es kann zu «mehrfacher Umsiedlung desselben ♂ innerhalb einer Brutperiode kommen» (Glutz 12/I). Singwarten können von benachbarten ♂ hintereinander benutzt werden. Kämpfe und Jagden konnten unter den ♂ bisher nicht beobachtet werden; fremde ♂ werden im Revier geduldet. Auseinandersetzungen finden vor allem zwischen den benachbarten ♀ statt (Glutz 12/I).

Teichrohrsänger verteidigen ihre Reviere teils heftig. «Die intensive Revierverteidigung lässt (aber) gleich nach der Paarbildung nach. Verpaarte Teichrohrsänger verteidigen nur noch einen kleinen Bezirk um das Nest herum; freigegebene Teile können von Neuankömmlingen rasch wieder belegt werden» (Glutz 12/I). Die ♀ scheinen sich weder beim Sammeln von Nistmaterial noch bei der Jagd auf Beutetiere an die Reviergrenzen zu halten. «Offensichtlich besteht die Funktion der nur kurzfristig aufrechterhaltenen Territorien vorrangig darin, die Paarbildung zu ermöglichen» (Glutz 12/I).

Schilfrohrsänger sind nicht nur territorial gegenüber Artgenossen, sondern auch gegenüber den später eintreffenden Seggen- und Teichrohrsängern. In verpaartem Zustand verteidigen ♂ ihre Reviere durch Erregungsrufe und optische Drohgebärden. Die Rivalen können einander angreifen und viele Male von einem Revier ins andere treiben; gewöhnlich bleibt es aber bei Drohgebärden. Baut das ♀ außerhalb des Territoriums, müssen die Reviergrenzen verändert werden. Die Verteidigung des Reviers dauert gewöhnlich mindestens bis zum Schlüpfen und hört spätestens auf, wenn die Jungen das Nest verlassen. Im Winterquartier leben Schilfrohrsänger in loser Anlehnung an Artgenossen oder territorial (Glutz 12/I).

Mariskensänger sind zur Brutzeit territorial. Bei Drohgebärden plustern sich die ♂ auf. Häufig sind Flatter- und Beschädigungskämpfe, bei denen die Kontrahenten aneinander hochflattern und einander mit Beinen und Schnabel bearbeiten. Andererseits gibt es in Gefangenschaft so genanntes Kontaktsitzen: die Vögel schmiegen sich dann, in gleicher oder in entgegengesetzter Richtung schauend, aneinander (Glutz 12/I).

Sumpfrohrsänger verteidigen ein Revier, das bis zum Ausschlüpfen der Jungen ständig kleiner wird. Vor der Paarung singen die ♂ unentwegt. Als einzige fremde Spezies wird der Teichrohrsänger häufig aus dem Revier verjagt. Eindringlingen wird mit gesträubtem Kopfgefieder gedroht. Danach kann es zu Verfolgungsjagden kommen oder auch zu kanonartigem Singen. Im Winterquartier singen ♂ und ♀ über viele Wochen, insgesamt länger als im Brutgebiet; anfangs ist eine gewisse Territorialität mit Verfolgungsjagden zu beobachten. (GLUTZ 12/I).

Eine klare Wechselbeziehung zwischen Gesang und Revierverteidigung, wie beispielsweise bei den Drosseln, ist bei den Rohrsängern nicht so deutlich zu erkennen. Das Revierverhalten der einzelnen Arten lässt sich nicht, wie bei anderen Vogelgattungen, klar voneinander abgrenzen. Allerdings geht die Tendenz in die gleiche Richtung. Das etwas abweichende Bild könnte mit verschiedenen Faktoren zusammenhängen: Die meisten Rohrsänger reduzieren ihre Gesangsaktivität nach der Paarung drastisch; das territoriale Verhalten ist dementsprechend kurz. Die meisten Singvögel sind in der Regel nur gegenüber Artgenossen aggressiv. Rohrsänger können dagegen auch zu anderen Rohrsängerarten recht unduldsam sein (⇨ S. 150). Diese interspezifische Aggression hängt wohl damit zusammen, dass sich die Arten sehr nah stehen und «ihre ökologische Trennung noch unvollkommen ist» (GLUTZ 12/I). Die Territorien sind nicht dauerhaft festgelegt, und einige Rohrsängerarten suchen auch nicht selten außerhalb der eigenen Reviere nach Nahrung. Sie bestätigen somit die Regel, dass man in fremden Revieren eher fressen als singen darf. So wie die Reviergrenzen scheinen auch die Verhaltensweisen der Rohrsängerarten noch recht fließend zu sein.

Auch bei den **Grasmücken** finden wir ein von unserer Regel abweichendes Verhalten, wenn auch in einer ganz anderen Art. Ab Frühjahrsbeginn ist die häufige Mönchsgrasmücke regelmäßig zu hören. Mit ihr beginnen wir auch unsere musikalische Rangordnung, dicht gefolgt von der Gartengrasmücke. Beide Arten sind meisterhafte Gesangskünstler. In der musikalischen Begabung schließen sich Sperber-, Dorn- und Klappergrasmücke an. In einer etwa gleichen Reihenfolge verläuft auch die Intensität der Revierverteidigung. Gartengrasmücken scheinen weniger aggressiv als Mönchsgrasmücken zu sein; Dorngrasmücken brüten bisweilen recht eng beisammen; Klappergrasmücken sind Artgenossen gegenüber gewöhnlich friedfertig (GLUTZ 12/II). Doch ähnlich wie bei den Rohrsängern sind auch bei den Grasmücken die Reviere nicht immer streng abgegrenzt; vor allem das Territorialverhalten der Dorngrasmücke scheint

Ökologische Reihenfolge (nach zunehmender Vegetationsdichte)		Musikalische Rangordnung (zunehmend)	Revierverteidigung (alle Arten sind territorial)	
Drosselrohrsänger Teichrohrsänger Mariskensänger Seggenrohrsänger Schilfrohrsänger Sumpfrohrsänger	Vom Schilfwald zur gebüschreichen Vegetationszone	Drosselrohrsänger Teichrohrsänger Seggenrohrsänger Schilfrohrsänger Mariskensänger Sumpfrohrsänger	Seggenrohrsänger Teichrohrsänger Schilfrohrsänger Mariskensänger Sumpfrohrsänger Drosselrohrsänger	Zunehmende Gesangsqualität steht tendenziell in Wechselbeziehung zu gesteigerter Revierverteidigung

recht instabil zu sein. Unsere größte europäische Grasmücke, die Sperbergrasmücke, verteidigt jedoch ihr kleines Revier intensiv. Mönchs- und Sperbergrasmücke setzen sich auch gegenüber anderen Grasmückenarten mit Erfolg durch. Heftige Auseinandersetzungen oder gar Kämpfe sind selten. Alle mitteleuropäischen Grasmücken sind verhältnismäßig friedlich: An den Reviergrenzen sitzen die singenden ♂ sich hin und wieder mit gesträubtem Kopfgefieder (bei der Sperbergrasmücke mit gefächertem Schwanz) gegenüber und drohen wohl auch gelegentlich. Doch Konflikte pflegen Grasmücken meistens musikalisch zu schlichten. Auch wird nicht selten über die eigenen Reviergrenzen hinaus nach Nahrung gesucht; Singen ist aber in fremden Territorien nicht erlaubt! Verfolgungsjagden scheinen mehr spielerischen Charakter zu haben. Einige Arten imponieren auch mit Singflügen. Grasmücken gelten zwar als territoriale Vögel, verteidigen aber in der Regel nur die nähere Nestumgebung.

Sobald wir die einheimischen Grasmücken der Gattung Sylvia mit den Drosseln vergleichen, so zeigt sich zwar in der Wechselbeziehung von Gesang und Revierverteidigung ein ähnliches Bild. Unter dem Aspekt des Klangreviers jedoch müssten musikalisch so begabte Vögel wie Mönchs- und Gartengrasmücke, die doch mit ihren herrlichen Gesängen einen großen Klangraum ausfüllen, ähnlich aggressiv sein wie einige Drosseln. Das sind sie aber nicht. Sie sind eigentlich zu friedlich! Womit mag das zusammenhängen?

Grasmücken sind fast die einzigen gut singenden, einheimischen Singvogelarten, bei denen die ♂ sich vollständig am Brutgeschäft beteiligen. Sie sind nicht nur am Nestbau beteiligt und füttern später zusammen mit den ♀ die Jungvögel, sondern sie brüten auch. Ähnlich wie bei den Braunellen könnte durch die Steigerung im sozialen Bereich diese bemerkenswerte Verträglichkeit entwickelt worden sein. Außerdem müssen Grasmücken ihren Gesang nicht erlernen; er ist ihnen angeboren. Auch schallisoliert aufgezogene Mönchs- und Gartengrasmücken entfalten ihre artspezifischen variationsreichen Gesänge. Das ist umso erstaunlicher, weil selbst ein so schlichter Sänger wie der Zilpzalp seinen einfachen Gesang lernen muss. Wir haben mehrfach betont, dass sich unsere vorzüglichen heimischen Sänger gerade durch ihr solitäres Verhalten auszeichnen. Das Individuelle tritt bei ihnen deutlicher hervor. Sie sind es vor allem, die ein akustisches Revier beanspruchen und verteidigen. Und das mag noch gesteigert werden dadurch, dass sie ihren Gesang erlernen müssen. So hängt möglicherweise die verminderte Aggressivität der Grasmücken auch damit zusammen, dass sie sich ihren Gesang nicht individuell erwerben müssen.

Gesang und Revierverteidigung unserer **Stelzen** sind auch ein wenig abgestuft, aber alle drei einheimischen Stelzenarten sind im Verhältnis zu ihren schlichten Gesängen recht territorial.

Die Gebirgsstelze hat einen mit scharfen Tönen durchzogenen Gesang. Jedes ♂ beherrscht mindestens zwei alternierend eingesetzte Strophentypen. Der etwas leisere, aber variationsreiche Zwitschergesang ist bei längeren Flugabschnitten, bei Revierkämpfen und im Winter zu hören. – Gebirgsstelzen sind territorial, auch im Winter ungesellig, und sie ziehen einzeln. Fremde Territorien werden im Bogen umflogen (GLUTZ 10/II).

Das meist zweisilbige «zü-litt» der Bachstelze ist im Gegensatz zu ihrem abwechslungsreichen, aber leisen Gesang häufig zu hören. Territoriale Vögel überfliegen benachbarte Reviere stumm; winterliche Territorien werden auch gegen andere Arten verteidigt (GLUTZ 10/II). Bachstelzen übernachten aber häufig gesellig.

Der auch im Singflug vorgetragene Gesang der Schafstelze ist sehr einfach und unauffällig und besteht aus der Aneinanderreihung eines oder mehrerer Elemente. Als Brutvogel ist diese Art territorial, außerhalb der Brutperiode aber gesellig. Sowohl an Schlafplätzen wie auch während des gemeinsamen Zugs sind Schafstelzen sehr gesellig, wobei die Individualdistanz mit 10-20 cm sehr gering sein kann (GLUTZ 10/II).

Auch den **Ammern** ist der Gesang angeboren. Für Körnerfresser scheinen sie aber recht territoriale Vögel zu sein; zumindest während der Brutzeit werden deutliche Reviere verteidigt. In Winterschwärmen sind Ammern dagegen meist verträglich. Einige Arten nächtigen außerhalb der Brutzeit in kleineren oder größeren Trupps. Die Gesänge mancher Ammern sind einfach und wenig auffällig, andere sind angenehm bis wohlklingend. Den prächtigsten Gesang besitzt die Waldammer, welche die Taiga in Nordosteuropa und Nordasien bewohnt.

Der Ortolan hat einen ausgesprochen weichen, wohlklingenden Gesang. Es ist der schönste Gesang der heimischen Ammern. Ortolane sind sehr stimmfreudig und verteidigen ihre Reviere durch ausdauernden Gesang. «Trotz strenger Territorialität zeigen sie aber selbst zur Brutzeit eine soziale Affinität zu Artgenossen» (GLUTZ 14/III). Rivalenkämpfe und Hetzjagden sind häufig zu beobachten. Nahrung wird aber oft außerhalb des Reviers gesucht. Der Ortolan neigt wie die Goldammer zur Dialektbildung und zeigt, im Vergleich mit anderen Ammern, einen individuelleren Charakter, denn er zieht einzeln und nachts.

Der Reviergesang der Grauammer «besteht aus einer stereotypen, individuell gestalteten Strophe» (GLUTZ 14/III). Der Gesang ist kraftvoll und endet während der Brutzeit fast immer in einem Triller. Reviernachbarn singen ihre Strophen häufig alternierend. Eindringlinge werden meistens von den wachsamen ♂ bereits an der Reviergrenze angegriffen, wo es zu Luftkämpfen kommen kann. Zur Brutzeit sind Grauammern streng territorial und untereinander unverträglich. Dennoch neigen auch territoriale ♂ zur Bildung lockerer Ansammlungen. Außerhalb der Brutzeit nächtigen Grauammern an Gemeinschaftsschlafplätzen, und wir treffen sie meist in Trupps an (GLUTZ 14/III).

Das Motiv der Goldammer ist allgemein bekannt. Sobald sich im zeitigen Frühjahr die lockeren Trupps aufgelöst haben, werden unter eifrigem Singen die Reviere verteidigt. Revierkämpfe sind schon im Februar zu beobachten und können zwischen den ♂ «mehrere Wochen andauern … (Ledige) Männchen, die in einem fremden Revier nicht als Konkurrenten auftreten wollen, erstarren bei der Begegnung mit dem Reviereigner (ebenso wie Zaunammern) zu völliger Reglosigkeit» (GLUTZ 14/III) und werden auf diese Weise von Letzterem toleriert. Paare halten eng zusammen. Nahrung wird auch über die Reviergrenzen hinaus gesucht. Außerhalb der Brutzeit sind Goldammern sehr artgesellig.

Die mehr Wärme liebende, in Südeuropa beheimatete Zaunammer brütet in Deutschland in wenigen Paaren, u. a. im südbadischen Rheintal. Sie ist «akustisch dank der weithin hörbaren klirrenden oder leiernden Strophen auffällig» (GLUTZ 14/III). Der Gesang ist dem der Goldammer ähnlich, aber ohne deren lang gezogene Endsilbe. Die kurzen Strophen werden eifrig vorgetragen. «An den Reviergrenzen kommt es häufig zu Auseinandersetzungen mit Kontersingen, Drohen und Luftkämpfen» (GLUTZ 14/III). Zaunammern singen, abgesehen von der Mauserzeit, fast ganzjährig, und die am Brutplatz überwinternden ♂ zeigen sich oft das ganze Jahr über entsprechend territorial. Im Winterschwarm verhalten sich Zaunammern zueinander meist verträglich, sind aber dann weniger gesellig als Goldammern.

Die Gesänge der <u>Zippammer</u> erinnern mehr an die Strophen der Heckenbraunelle (⇨ S. 159). Diese recht seltene Art liebt trockenwarme Hänge der Mittelgebirge und Alpen. Der Reviergesang beginnt kurz vor Reviergründung. Die zuerst längeren und variableren Gesänge werden nach der Paarbildung kürzer und stereotyper, wie auch nur anfangs größere Reviere verteidigt werden. Verfolgungsflüge und Luftkämpfe sind ähnlich wie bei der Zaunammer. «Nach Beendigung des Kampfes, besonders nach Vertreibung fremder ♂ und Rückkehr ins eigene Revier, singt das ♂ aggressiv-hart, dann zunehmend weicher bis zum normalen Gesangsmodus» (Glutz 14/III). Es zeigt sich auch bei dieser Art, wie wir es von zahlreichen Singvögeln kennen, dass besonders im entspannten Feld die ganze Schönheit des Gesanges erklingt. Die Reviere sind aufgrund der Hanglage meistens unübersichtlich, und Nahrungsflüge in Nachbarterritorien sind nicht selten (Glutz 14/III).

Den schlichtesten Gesang besitzt die <u>Rohrammer</u>. Ihre einfachen Strophen haben ihr den Namen «Rohrspatz» eingetragen. Die ♂ sind zur Brutzeit territorial, wobei aber «ausgeprägte Tendenz zu gruppenweisem Brüten besteht. Neu ankommende ♂ versuchen ihr Revier gewöhnlich in der Nähe von bereits singenden ♂ zu errichten und dabei Teile schon besetzter Gebiete zu erobern» (Glutz 14/III). Es kann aber auch vorkommen, dass zwei zusammen am Brutplatz eintreffende ♂ während der ganzen Brutzeit zusammenhalten, gemeinsam Nahrung suchen und in Rufkontakt bleiben.

Wenn auch nicht ausgeprägt, so ist doch tendenziell auch bei den Ammern eine Wechselbeziehung von Gesangsqualität und Aggressivität bzw. Geselligkeit zu erkennen, vor allem wenn wir die bei uns häufiger vorkommenden Gold- und Rohrammern miteinander vergleichen.

Wir wollen uns nun noch einer anderen großen, Körner fressenden Gruppe zuwenden.

Die **Finkenvögel** lassen sich in zwei Familien gliedern:

Edelfinken (Fringillidae): Buchfink, Bergfink, Teydefink. – Die Nahrung wird während der Brutzeit einzeln oder paarweise gesucht.

Zeisig-gimpelartige Finken (Carduelidae): Grünfink, Hänfling, Stieglitz, Erlenzeisig, Birkenzeisig, Girlitz, Kernbeißer, Kreuzschnabel, Gimpel u.a. – Die Nahrungssuche erfolgt paarweise, im Familienverband oder in der Gruppe (Glutz 14/II).

Über die Familie der Finkenvögel ist im «Handbuch der Vögel Mitteleuropas» Folgendes zu lesen: «Bei Arten, die ihre Jungen hauptsächlich mit tierischer Nahrung aufziehen (z.B. Buchfink und Bergfink), verteidigen die Paare ein mehr oder weniger großes Territorium; ihre Brutsaison ist kurz. Arten, die ihre Jungen mit Sämereien füttern (z.B. Grünfink, Girlitz, Zeisig und Gimpel), deren Vorkommen in rentabler Menge in Raum und Zeit nicht vorhersehbar ist, begnügen sich mit einem kleinen, bisweilen kaum existenten Nestrevier, das lediglich den ungestörten Ablauf des Brutgeschäfts garantiert. Solche Arten bilden oft auch lose Nestgruppen, deren Selektionsvorteil in der optimalen Nutzung begrenzt vorkommender Nahrung zu sehen ist. Ihre Brutsaison ist lang; oft werden zwei oder mehr Bruten aufgezogen» (Glutz 14/II).

Das Revierverhalten wird häufig, wie in diesem Beispiel, in einen engen Zusammenhang mit dem Nahrungserwerb gestellt. Das ist teilweise berechtigt, denn eine ausreichende Nahrungsgrundlage ist die wesentliche Voraussetzung für eine erfolgreiche Brut. Wichtige Gesichtspunkte bleiben jedoch nicht selten unerwähnt: Das oben zitierte unterschiedliche Verhalten von Edelfinken und Zeisigverwandten können wir beispielsweise innerhalb der ersten Gruppe, der echten Finken, selbst beobachten. Der Buchfink ist von allen einheimischen Finkenvögeln der kraftvollste Sänger und dazu sehr stimmfreudig. Wir kennen alle den schmetternden, weit tragenden Gesang. Trotz seiner immer ähnlichen Grundstruktur ist der Gesang außerordentlich variabel. Bergfinken bringen dagegen nur ein grünfinkenartiges, gezogenes Rätschen und Quäken hervor.

Buchfinken sind ausgesprochen territoriale Vögel, die ihre Reviere zu verteidigen wissen. Abgesehen von den millionenstarken Ansammlungen zur Winterzeit sind Bergfinken dagegen auch zur Brutzeit geselliger; sie sind wesentlich weniger revierbetont als Buchfinken und brüten in viel geringeren Nestabständen als diese. Bergfinken leben in lockeren Gesellschaften und sind «sozialer als alle anderen westpaläarktischen Finkenvögel» (GLUTZ 14/II). In der Art des Nahrungserwerbs verhalten sich Bergfinken wie Buchfinken, ansonsten aber mehr wie die geselligeren Zeisigverwandten. Dieses unterschiedliche Sozialverhalten ist also nicht aufgrund der Ernährungsweise zu erklären.

Ebenso wenig wie die Methoden der Chemie und Physik das Wesen des Lebendigen allein zu erschließen vermögen, so scheint auch das Verhalten der Gesangskünstler unter den Singvögeln nicht voll erfasst werden zu können, wenn wir ihre im ganzen Tierreich überragenden musikalischen Qualitäten nicht entsprechend berücksichtigen. Deshalb sollten wir uns nicht nur von zweckmäßigen Interpretationsversuchen leiten lassen, sondern das Musikalische stärker beachten. So finden wir nicht nur zwischen echten Finken und Zeisigverwandten unterschiedliche Gesangsqualitäten, sondern auch zwischen Buchfink und Bergfink. Erst unter dem Blickwinkel des Klangreviers wird die Wechselbeziehung von Gesang und Revierverteidigung dieser beiden Finken offenbar und somit auch ihr unterschiedliches Sozialverhalten verständlich.

Zeisigverwandte Finkenvögel sind nicht so territorial wie Edelfinken (Buchfink). Ihre Stimmen sind teils angenehm, aber weniger ausgeprägt. Wir finden die Kriterien für ein akustisches Revier aber nicht nur im Vergleich dieser beiden Unterfamilien bestätigt. Auch innerhalb der Zeisigverwandten selbst sind deutliche Tendenzen in dieser Richtung wahrzunehmen. Die obige Reihenfolge der zeisig-gimpelartigen Finken entspricht nicht einer exakten Rangliste, es ist aber vom Grünfink bis zum Dompfaff sowohl in der Gesangsentfaltung wie auch im Revierverhalten ein deutliches Gefälle zu erkennen. Die meisten Arten brüten in lockeren Verbänden und verteidigen zum größten Teil nur den engeren Nestraum. Während die meisten Arten teilweise ausgeprägt sozial leben, gibt es bei Grünfinken, die als gute Sänger unsere Reihe anführen, durchaus heftige Verfolgungsjagden und Luftkämpfe zu beobachten. Zeisige neigen mehr als Grünfinken und Stieglitze zur Geselligkeit, und Gimpel gelten zu Recht als die verträglichsten unserer Finkenvögel. Auf eine Besonderheit dieser Vogelgruppe wurde bereits hingewiesen: Zeisigverwandte sind sehr lange oder lebenslang lernfähig.

Zuletzt seien noch die **Sperlinge** erwähnt, die als Körnerfresser ihre Brut mit Insekten füttern. Haus- und Feldsperlinge, wie auch die im südlichen Europa vorkommenden Weiden- und Steinsperlinge sind sehr soziale Vögel. Auch wenn es einmal kleine Raufereien gibt, so lediglich um etwas Nahrung oder einen guten Ruheplatz. An guten Futterplätzen attackieren diese gesellig lebenden Überlebenskünstler aber mehr fremde Vogelarten als die eigenen Artgenossen. Reviere werden nicht verteidigt, nur der Nestbereich. Ihre bescheidenen Gesänge sind mit ihrem Verhalten im Einklang.

Es sei noch darauf hingewiesen, dass Begriffe wie Insekten- und Körnerfresser nicht absolut zu nehmen sind, denn zahlreiche Insektenfresser wie etwa Drosseln und Meisen gehen im Herbst/Winter zu Körnern und Beerenfrüchten über, während Körnerfresser, wie zum Beispiel Buch- und Bergfinken, ihre Jungen mit Insekten füttern.

Auffallend ist, dass Insekten fressende Singvogelarten in der Regel sehr viel aggressiver sind als Körnerfresser. Das könnte ein Argument für die Verteidigung eines Nahrungsreviers sein. Sobald wir aber das Verhalten von der musikalischen Seite her betrachten, scheint die Aggressivität weniger mit dem Nahrungserwerb zusammenzuhängen als vielmehr mit der gesteigerten Gesangsbegabung der Insektenfresser, denn gerade in dieser Gruppe finden wir die besten Sänger, die häufig auch entsprechend territorial sind. Insekten fressende Singvögel, die dagegen keinen besonders ausdrucksvollen Gesang ausgebildet haben, wie zum Beispiel Schwalben, sind auch wenig aggressiv und brüten gesellig. Und umgekehrt gibt es Körnerfresser, wie die gesangsbegabten Buchfinken, die ausgesprochen territorial sind und so unsere Darstellung vom akustischen Revier bestätigen. Gute Sänger, ob Insekten oder Körner fressend, sind in der Regel territorial und beanspruchen oder verteidigen entsprechend große Klangreviere.

Unter den Finkenvögeln finden wir zahlreiche fremdländische Arten, die wegen ihrer angenehmen Stimmen und ihrer verhältnismäßigen Anspruchslosigkeit als Samenfresser gern in Volieren gehalten werden. Außerdem sind gesellig lebende Arten in der Regel auch verträglicher.

Es gibt überzeugende Gründe, warum es sich lohnt gesellig zu leben, zum Beispiel größerer Schutz vor Raubtieren, Austausch von Informationen an Schlafplätzen, bessere Nutzung örtlich und zeitlich beschränkter Nahrungsangebote, Energieeinsparung beim Flug (GATTER 2000). Zahlreiche Vogelarten sind zumindest zeitweise gesellig, aber man muss sich auch ertragen können! Und vorzügliche, kraftvolle Sänger ertragen sich nicht in unmittelbarer Nähe, zumindest nicht singend – und wenn noch so viele zweckmäßige Gründe dafür sprechen sollten. Das, und nicht die Ernährungsweise, scheint der Grund zu sein, warum die meisten gesellig lebenden Singvögel weniger ausdrucksvolle Gesänge ausgebildet haben. Deshalb sind die begabten Sänger (als Solisten) durchweg ausgeprägt territorial; sie verteidigen nicht (nur) ein Brutrevier, sondern vor allem ein Klangrevier. So wird einsichtig, warum einige unserer vorzüglichen Singvögel, deren Gesänge wir im Winterquartier oder sogar ganzjährig hören können, sich auch außerhalb der Brutzeit territorial verhalten: sie verteidigen einen ihrem Gesang entsprechenden Klangraum. Nur so ist zu verstehen, dass bei Schamadrossel und Rotkehlchen, wie bereits erwähnt, sich auch die singenden Weibchen territorial verhalten und auch Winterterritorien bilden. Das Individuelle tritt bei unseren hervorragenden Sängern stärker hervor. Das zeigt sich auch im Zugverhalten. Man könnte zwar argumentieren, dass ausgeprägte Nachtzieher meistens Insektenfresser sind und dass für das Nachtziehen auch einige Vorzüge sprechen: Die Vögel können etwa tagsüber nach Nahrung suchen; nachts ist es über der Sahara nicht so brütend heiß und ein Vogel kann dort nachts auch nicht von Falken gejagt werden. Bedeutsamer erscheint aber die Tatsache, dass es mit wenigen Ausnahmen wiederum die gesangsbegabten Singvögel sind, welche nachts und allein oder nur in kleinen Trupps ziehen. Sobald wir Augen und Ohren für diese Phänomene offen halten, wird ein eigener, mehr individueller Weg der gesanglich hoch entwickelten Singvögel erkennbar.

In unterschiedlichen Steigerungsreihen habe ich versucht, die Entwicklung der Eigenwärme und der Lautbildung in Zusammenhang mit der zunehmenden seelischen Empfindungsfähigkeit erlebbar zu machen (⇨ S. 100, 106). Diese dargestellte Steigerung des Innenlebens klingt harmonisch mit der zunehmenden Gesangsqualität und dem entsprechenden Revierverhalten der Singvögel zusammen. Der Gesang unserer heimischen Singvögel ist lebendiger Ausdruck gesteigerter Innerlichkeit. Das bedeutet vor allem: Freiwerden von umweltbedingten Zwängen. Erinnern wir uns: Bei Grenzdisputen wird der Reviergesang in der Erregung häufig kämpferischer, lauter, härter und kürzer, während der ganze Zauber der Gesangskunst vor allem in einem *entspannten Feld* erklingt. Alles, was sich also über den erregten Reviergesang an Variationsreichtum, Melodik und Feinstruktur hinaus entfaltet, ist hörbares Ergebnis dieses Freierwerdens.

Anhand verschiedener Beispiele (spielerischer Stimmgebrauch, Imitationskunst, musikalische Qualitäten, Wechselgesang, Klangrevier) konnte dargestellt werden, dass die Gesangsentfaltung der begabten Singvögel weit über die biologischen Notwendigkeiten hinausreicht und dass sich so, stärker als gemeinhin angenommen, ein individueller Freiraum entfalten konnte, der sich uns in kunstvollen Gesängen offenbart.

Wenn im Vorangegangenen hin und wieder gewisse «Regeln» angedeutet oder bestimmte Einteilungen vorgenommen wurden, so vor allem deshalb, um Unterschiede zu verdeutlichen, um Phänomene im Zusammenhang darstellen und durch Vergleiche besser verstehen zu können, nicht aber um sie in ein starres System zu zwängen. Deshalb habe ich auch an anderen Beispielen aufzuzeigen versucht, wie schwierig es ist, gültige Regeln aufstellen zu wollen. Die Naturerscheinungen zeigen sich uns in den mannigfaltigsten Formen mit allen Übergängen zwischen den Extremen, und die Phänomene sind häufig vielgestaltiger, als wir sie gerne hätten. Das gilt auch in gewisser Weise für unsere Darstellung vom Klangrevier, wobei folgende Ausnahmen zu beachten sind: Einige schlichte Sänger wie Stelzen, Brachpieper und Grauschnäpper zeigen territoriales Verhalten, während einige gute Sänger wie Grasmücken und Alpenbraunelle wenig territorial sind. Es ist ein Versuch, den Zusammenhang von Gesangsqualität und Revierverhalten aufzuzeigen und in ein neues Licht zu stellen. Es gibt zu diesem Thema durchaus noch offene Fragen. Das ist nicht verwunderlich. Erstaunlich ist vielmehr, dass bei der außerordentlichen Mannigfaltigkeit der artspezifischen Gesänge, bis hin zu individuellen Eigenheiten, die Gesangsqualität mit dem Revierverhalten in den meisten Beispielen doch so deutlich übereinstimmt.

Deshalb wurde mehrfach betont, dass gerade stimmbegabte Singvögel meistens territorial sind und dass eine musikalische Rangordnung in der Regel mit einer entsprechenden unterschiedlichen Revierverteidigung zusammenhängt. Diese Korrelation zwischen Gesangsentfaltung und Revierverteidigung spricht für die Existenz eines Klangreviers. Aus diesem Grunde sollten wir den Blick auf die Vielfalt der Gesangsformen und auf die Wechselbeziehung von Gesangsqualität und territorialem Verhalten richten. Und es wäre mir eine große Freude, wenn sich die Leser angeregt fühlten, diese musikalischen Schätze der Natur selbst zu entdecken. Besonders die Beschäftigung mit dem Klangrevier kann uns zu einem tieferen Verständnis für den musikalischen Aspekt der Singvogel-Evolution führen und uns befähigen, die Sprache der Natur besser verstehen zu lernen.

Gesang entwickelt sich nun nicht allein, sondern es zeigt sich bei den Singvögeln eine Korrespondenz zwischen Gesangsentwicklung, komplizierterem Aufbau der Gesangswerkzeuge, gleichzeitiger Verfeinerung des Gehörs und entsprechender psychischer Verarbeitung. Oder anders gesagt: Wir haben einen Einklang in der Entwicklung der Stimme, der Ausbildung des Hörens, der gleichzeitigen Differenzierung der Sinnesorgane und in der Entwicklung des musikalischen Empfindens. Eng damit verbunden ist das, was wir als gesteigerte Musikalität erleben können. Und so mag sich mit zunehmender Ausbildung des Gesanges auch die Inanspruchnahme entsprechender klanglicher Freiräume ausgebildet haben. Diese Zunahme des Innenlebens kommt uns in vielfältigen Klang- und Liedformen entgegen.

Das Klangrevier ist innerhalb der Singvogelwelt der Ausdruck gesteigerter Innerlichkeit. Wir wissen, dass die meisten Singvögel ihre Gesänge erlernen; der Vollgesang ist ihnen in der Regel nicht angeboren. Diese weisheitsvolle Zurücknahme der Natur macht es gerade möglich, individuell lernen zu können. Wir können beim Studium der Vogelstimmen erleben, wie zahlreiche unserer besten Singvögel weit über das Artspezifische des Gesanges hinaus einen großen individuellen Variationsreichtum ausbilden. Denn je weniger einem Lebewesen angeboren ist, desto mehr wird es befähigt, selbstständig zu lernen und sich individuell zu entfalten. Allerdings will diese von der Natur gegebene große Chance auch ergriffen werden. Singvögel erschließen sich im Vergleich zum Menschen diese Möglichkeit wohl nicht individuell. Doch die Fähigkeit, mit dem Ton spielerisch umzugehen und andere Stimmen nachzuahmen, zeigt, wie hier ein Freiraum aufleuchtet. Und in der Ausbildung der Gesänge wird der Weg zum Individuellen innerhalb eines großen Naturbildes vor unsere Seele gestellt. Dieser Befreiungsvorgang kann uns lehren, die im Vogelbereich aufgezeigte große Chance auf der menschlichen Ebene immer intensiver und individueller zu ergreifen; denn davon hängt im Besondern ab, inwieweit wir nur reagierende oder ob wir aus Einsicht handelnde Wesen sind und wie wir die einzigartige Möglichkeit ergreifen, uns Lernfähigkeit und daraus hervorgehende Begeisterung bis ins hohe Alter zu erhalten. Es kann zu einem tieferen Erlebnis werden, dass die Fähigkeit zu lernen eine der größten Gaben der Natur ist und dass sie auf einem so genannten Mangel beruht.

Es steht uns frei, ein halbgefülltes Glas Wasser als halbleer oder halbvoll zu betrachten. Es liegt an uns, ob wir einen Schicksalsschlag als Katastrophe erleben oder ob wir versuchen einen Sinn darin zu erkennen; es steht uns frei, den Gesang der Singvögel auf Lautäußerungen im Dienste der Fortpflanzung zu reduzieren oder ihn als Steigerung des Vogelwesens zu erleben; es liegt an uns, ob wir einen Mangel als etwas Negatives betrachten oder ob wir darin einen Vorzug erleben können. Ein Künstler kann beispielsweise unter dem Bewusstsein leiden, niemals fertig zu werden oder vollkommen zu sein. Aber er kann dennoch dankbar und voll stillen Glückes über diesen «Mangel» sein, der ihn inspiriert und ihm unbegrenzte Möglichkeiten eröffnet, ihn vielleicht sogar zum Urquell seines Schaffens lenkt. So verstehe ich Goethes Ausspruch: «Dass du nicht enden kannst, das macht dich groß» (GOETHE, West-östlicher Divan).

Ausklang

Wir würden mit ganz anderen Gefühlen zu den Ornithologen in die Schule gehen, wenn sie uns lehren könnten, was die geselligen Vögel sagen, wenn sie in ihrer Herbstversammlung sitzen und zusammen auf den Bäumen plaudern.
Ralph Waldo Emerson (Von der Schönheit des Guten).

Wer einmal ein Frühjahr lang regelmäßig morgens, am besten schon vor Sonnenaufgang, in die Natur hinausgeht, aufmerksam den vielstimmigen Vogelliedern lauscht und die besonderen Eigenschaften der mannigfaltigen Klänge erspürt, erwirbt sich eine gründliche Kenntnis der wichtigsten heimischen Vogelstimmen. Wir entwickeln nach und nach ein Gedächtnis für Töne und Klänge. Diese Fähigkeit ermöglicht es jedem Vogelfreund, die individuellen Variationen der artspezifischen Gesänge deutlicher wahrzunehmen, und es lassen sich auch die einzelnen Strophen besser miteinander vergleichen.

Aufgrund der Klangfarbe, Strophenfolge, Dynamik und Tonstärke einer Stimme erinnern wir uns an die jeweilige Vogelart. Am Beginn unserer Bemühungen geschieht das in der Regel, *nachdem* wir den Gesang gehört haben. Mit entsprechender Geduld bemerken wir, dass wir schon bald *während* des Zuhörens einzelne Vogelarten bestimmen können. Je mehr wir im weiteren Übungsprozess versuchen, auch den seelischen Charakter eines Vogellieds wahrzunehmen, desto mehr verbinden wir uns mit dem Wesen unserer Singvögel und ihrer Gesänge. Und es entwickeln sich im Laufe der Jahre in uns innere Klangbilder, die nicht selten schon bei den ersten Tönen eines Gesangs in uns widerhallen, sodass wir bereits am Anfang einer Strophe den Sänger erkennen. Unsere innere Stimme antwortet unmittelbar mit der entsprechenden Melodie.

Wir sind sozusagen dem Sänger ein wenig *voraus*. Das Hören gewinnt eine neue Qualität: es kommt zum Zusammenklang von äußerem und innerem Hören.

Wer sich einem so beweglichen und eilig dahin fließenden Naturphänomen wie dem Vogelgesang zuwendet, der oft schon verklungen ist, bevor man recht hingehört hat, der kann eigentlich gar nicht anders, als auch selbst innerlich beweglich zu bleiben. Nun ist aber dieses Zusammenklingen von äußerem und innerem Hören nicht immer sofort ein harmonischer Einklang. Ein Dirigent wird zum Beispiel während einer Probe jede Differenz zwischen der eigenen inneren Klangvorstellung und dem, was er von seinen Musikern oder Sängern hört, als Disharmonie empfinden und entsprechend korrigieren. Es geht bei geschulten Musikern, die ihr «Handwerk» verstehen, seltener um falsche oder richtige Töne, sondern – über die sichere Handhabung des Instruments hinaus – um die unzähligen Feinheiten von Tonqualität, Rhythmus, Tempo, Tonstärke, Dynamik, und dem nuancierten Zusammen- und Wechselspiel der Instrumente oder Stimmen, die einem Musik- oder Chorwerk erst künstlerisches Leben einhauchen.

Beim Studium der Vogelstimmen wird der Unterschied von dem äußerlich wahrgenommenen Gesang zum innerlich in Schwingungen geratenen Klangbild nicht als disharmonisch empfunden. Ebenso wenig wie wir die, je nach

Solist und Dirigent, anders geartete Gestaltung des Violinkonzerts von Beethoven als disharmonisch wahrnehmen. Ich habe die unterschiedlichen individuellen Interpretationen von David Oistrach, Yehudi Menuhin, Gidon Kremer oder Itzak Perlman als große Bereicherung empfunden. Gerade in der vergleichenden Betrachtung lernen wir die unterschiedliche Herangehensweise dieser großen Geiger und Interpreten kennen und kommen vielleicht so auch der musikalischen Inspiration näher, die im Komponisten gelebt hat.

Und in ähnlicher Weise beginnen wir bei den Vogelstimmen die feinen Abweichungen des inneren Klangbildes, das ja eine Art musikalisches Urbild des arteigenen Gesanges darstellt, zu beachten. Das wiederum lässt uns bewusster auch Feinstrukturen und zarteste individuelle Variationen eines Gesanges erlauschen und miteinander vergleichen. Wir erleben in uns eine gesteigerte innere Bewegung, die dann – immer wieder neu – zum harmonischen Zusammenklang von innerem Hörbild und äußerlich wahrgenommener Klangerscheinung führt. Das innere Klangbild ist also ein durchaus dynamisches, welches sich durch unsere eigene Aktivität dem Wesen des Singvogels annähert. Insofern wird auch deutlich, warum die Gesangswiedergaben auf der CD nur ein bescheidenes Hilfsmittel sein können; denn es besteht die Gefahr, dass unsere Vorstellungen von den verschiedenen arteigenen Gesängen durch die Gesangsmuster auf der CD fixiert werden. Deshalb rate ich allen Vogelfreunden, so oft wie nur möglich die Gesänge in der Natur wahrzunehmen und die Gesangsbeispiele auf der CD lediglich als Kontrolle zu benutzen oder um sich beispielsweise anzuregen, den Gesang einer noch unbekannten Vogelart einmal «richtig» zu hören.

Es bedarf nun zahlreicher Beobachtungen und Wahrnehmungen, bis sich die vielfältigen Phänomene innerhalb der Vogelwelt wie tönende Mosaiksteinchen zu einem farbigen Klangbild zusammenfügen. Jede Vogelstimmen-Exkursion verläuft etwas anders. Im Frühjahr können wir am frühen Morgen bei fast jedem Wetter sicher sein, dass wir ein vielfältiges Vogelkonzert hören werden. Aber es gibt fast immer noch etwas Unvorhergesehenes zu erleben. Einmal liefern sich die Singdrosseln ein prachtvolles Gesangsduell oder ein Rotkehlchen zeigt seine leuchtend rote Brust, schaut uns mit großen dunklen Augen an und lässt aus nächster Nähe den ganzen Zauber seiner Stimme erklingen. Oder ein Zaunkönig sitzt vor uns singend und am ganzen Körper bebend. Ein anderes Mal haben wir Glück, einen Pirol zu beobachten oder die Imitationen eines Sumpfrohrsängers wahrzunehmen. Dann sind es die vielfältigen Rhythmen einer Kohlmeise, die uns erstaunen, oder mehrere Buchfinken demonstrieren uns in pausenlosen dynamischen Strophen, dass ihre Gesänge individuell recht verschieden sind. Oder es ist der Gesangsvortrag einer begabten Mönchsgrasmücke, die uns zeigt, dass auch der leise, aber musikalisch vielfältige Vorgesang größere Beachtung verdient. Und sobald wir häufiger dieselbe Gegend durchwandern und versuchen die Gesänge zu verinnerlichen, so lernen auch wir, einige Reviersänger individuell an ihren Stimmen zu erkennen.

Darüber hinaus schenkt uns die Natur auch noch ihren großen Reichtum an Schönheit. Vor allem frühmorgens, beim Übergang von der Nacht zum Tage, regt sie uns an, auch die meditativen Fähigkeiten unserer Seele zu entfalten. Das Erleben der noch nächtlichen Waldesstille befähigt uns, mit all unseren Sinnen die Welt zu ergreifen, unsere Wahrnehmungsmöglichkeiten zu steigern: Mondenglanz durch Baumeswipfel oder auf zitternden Wellen eines Teiches, die Kühle des Morgens, das Flüstern des Windes, die ersten zarten Strophen der Amsel oder des Rotkehlchens, zarte Nebelschwaden über der Waldwiese, das Blätterrascheln einer dahin huschenden Waldmaus, später die gebündelten Strahlen der aufgehenden Sonne, die den Wald verzaubern, aber auch das stille Betrachten einer Blüte oder eines Schmetterlings, der im ersten Sonnenschein seine zarten Flügel öffnet. Oder wir sehen einen Eisvogel wie einen blauen, leuchtenden Edelstein übers Wasser fliegen.

Das intensive Wahrnehmen der Naturerscheinungen und der Versuch in die verborgenen Geheimnisse einzudringen, kann zu einem tieferen Naturverständnis führen, sodass unser Staunen umso größer wird, je mehr Fragen wir beantworten beziehungsweise je mehr Rätsel wir lösen können. Und es sollte unseren Willen impulsieren, diese wunderbare Welt des Lebendigen zu schützen und zu pflegen, damit wir niemals einen «stummen Frühling» erleben müssen. Auch sind die mannigfaltigen Naturerlebnisse, im Zusammenklang mit dem wundervollen, vielstimmigen Vogelchor, geeignet, eine schützende Hülle zu bilden, um das eigene Selbst, den eigenen seelisch-geistigen Innenraum, nicht im heute oft hektischen Alltag zu verlieren. So vermögen wir unsere inneren Fähigkeiten «vom bloßen Sehen zum Schauen, vom zufälligen Hören zum Lauschen» (BÜHLER 1993) zu entwickeln und zu steigern.

Literaturverzeichnis

Gute Bestimmungsbücher

BERGMANN/HELB (2008): Die Stimmen der Vögel Europas. 474 Vogelporträts mit 914 Rufen und Gesängen auf 2200 Sonagrammen. BLV, München

DELIN/SVENSSON (2004): Der große Kosmos-Naturführer Vögel. 3. Aufl. Franckh-Kosmos, Stuttgart

ENZYKLOPÄDIE DER BRUTVÖGEL EUROPAS (2001). Hrsg. von A. LIMBRUNNER, E. BEZZEL, K. RICHARZ. u. D. SINGER. 2 Bände. Franckh-Kosmos-Verlag, Stuttgart

FÜNFSTÜCK/WEISS (2018): Die Vögel Mitteleuropas im Porträt. Quelle & Meyer, Wiebelsheim

JONSSON, L. (1999): Die Vögel Europas und des Mittelmeerraumes. 2. Aufl. Franckh-Kosmos, Stuttgart (vergriffen)

PAREYS VOGELBUCH. Alle Vögel Europas, Nordafrikas und des Mittleren Ostens. (1996): 7. überarb. Auflage. Parey/Blackwell, Berlin (vergriffen)

PETERSON, R. (2002): Die Vögel Europas. 15. bearb. Aufl. Parey/Blackwell, Berlin (vergriffen)

SINGER, D. (2016): Was fliegt denn da? Der Fotoband. Franckh-Kosmos, Stuttgart

SVENSSON/MULLARNEY/ZETTERSTRÖM (2018): Der Kosmos-Vogelführer. Aktualis. Aufl. Franckh-Kosmos, Stgt.

Allgemeine Literatur

ADRET-HAUSBERGER/GÜTTINGER (1989): Individualgeschichte und Gesangsprägung beim Star (*Sturnus vulgaris*) in einer Kolonie. Journal für Ornithologie. Bd. 130, H. 2

ALBRECHT/WICKLER (1968): Freilandbeobachtungen zur «Begrüßungszeremonie» des Schmuckbartvogels *Trachyphonus d'arnaudii*. Journal für Ornithologie. Bd. 109, Heft 3

ALTUM, B. (1898): Der Vogel und sein Leben. 6. Aufl. Schöningh, Münster/Westf. 11. bearb. Aufl. 1937.

ATTENBOROUGH, D. (1999): Das geheime Leben der Vögel. Scherz, München

BAIRLEIN, F. (1978): Über die Biologie. einer südwestdeutschen Population der Mönchsgrasmücke (*Sylvia atricapilla*). Journal für Ornithologie Bd. 119, Heft 1

BAPTISTA, L. F. (1978): Territorial, courtship and duet songs of the Cuban Grassquit (*Tiaris canora*). Journal für Ornithologie. Bd. 119, Heft 1

– (1990): Dialectal variation in the raincall of the Chaffinch (*Fringilla coelebs*). Die Vogelwarte. Bd. 35, H. 4

BARBEAU, Ph. (2002): Vogelstimmen wecken Erinnerungen. In: PERRIN, J.: Nomaden der Lüfte. Gerstenberg, Hildesheim

BARTSCH/HULTSCH/KIPPER. (2016): What is the whistle all about? A study on whistle songs, related male characteristics, and female song preferences in common nightingales. Journal of Ornithology. Vol. 157: 49-60

BASTIAN, H.V. (1984): Die Abhängigkeit der Herzfrequenz des Zilpzalps (*Phylloscopus collybita*) von Qualität und Lautstärke akustischer Signale. Die Vogelwarte. Bd. 32, Heft 4

BAUER/BERTHOLD (1997): Die Brutvögel Mitteleuropas. Bestand und Gefährdung. 2. Aufl. Aula, Wiesbaden

BEAMAN/MADGE (1998): Handbuch der Vogelbestimmung. Europa und Westpaläarktis. Ulmer, Stuttgart

BECKER, P. H. (1977a): Geographische Variation des Gesanges von Winter- und Sommergoldhähnchen (*Regulus regulus* u. *R. ignicapillus*). Die Vogelwarte. Bd. 29, Heft 1

– (1977b): Verhalten auf Lautäußerungen der Zwillingsart, interspezifische Territorialität und Habitatansprüche von Winter- und Sommergoldhähnchen. Journal für Ornithologie. Bd. 118, H. 3

– (1978): Der Einfluß des Lernens auf einfache und komplexe Gesangsstrophen der Sumpfmeise (*Parus palustris*). Journal für Ornithologie. Bd. 119, Heft 4

– (1990): Der Gesang des Feldschwirls (*Locustella naevia*) bei Lernentzug. Die Vogelwarte. Bd. 35, H. 4

BECKER/THIELKE (1980): Der Tonhöhenverlauf ist entscheidend für das Gesangserkennen beim mitteleuropäischen Zilpzalp (*Phylloscopus collybita*). Journal für Ornithologie. Bd. 121, Heft 3

BEIER, J. (1981): Untersuchungen an Drossel- und Teichrohrsänger (*Acrocephalus arundinaceus, A. scirpaceus*): Bestandsentwicklung, Brutbiologie, Ökologie. Journal für Ornithologie. Bd. 122, Heft 3
BELTLE, E. (1994): Angus Og. Mellinger, Stuttgart
- (1998): Mit dem Sonnengang. Mellinger, Stuttgart
BERGER/HART (1968): Ein Beitrag zum Zusammenhang zwischen Stimme und Atmung bei Vögeln. Journal für Ornithologie. Bd. 109, Heft 4
BERGMANN, H.H. (1973): Imitationsleistung einer Mischsänger-Dorngrasmücke (*Sylvia communis*). Journal für Ornithologie. Bd. 114, Heft 3
- (1976): Inseldialekte in den Alarmrufen von Weißbart- und Samtkopfgrasmücke (*Sylvia cantillans* u. *S. melanocephala*). Die Vogelwarte. Bd. 28, Heft 4
- (1977): Mönchsgrasmücke (*Sylvia atricapilla*) lernt Leiergesang. Journal für Ornithologie. Bd. 118, H. 3
- (1987): Die Biologie des Vogels. Aula, Wiesbaden
BERGMANN/DÜTTMANN (1985): Gesangsverhalten an der Reviergrenze beim Buchfinken (*Fringilla coelebs*). Journal für Ornithologie. Bd. 126, Heft 3
BERGMANN/HELB (2008): Die Stimmen der Vögel Europas. 474 Vogelporträts mit 914 Rufen und Gesängen auf 2200 Sonagrammen. BLV, München
BERNDT/MEISE (1959–66): Naturgeschichte der Vögel. 3 Bände. Franckh/Kosmos, Stuttgart
BERNDT/WINKEL (1975): Gibt es beim Trauerschnäpper (*Ficedula hypoleuca*) eine Prägung auf den Biotop des Geburtsortes? Journal für Ornithol. Bd.116, Heft 2
BERTHOLD, P. (2000): Vogelzug. Eine aktuelle Gesamtübersicht. 4. bearb. Aufl. Wissenschaftliche Buchgesellschaft, Darmstadt
BERTHOLD/FIEDLER (1999): Bestandsveränderungen mitteleuropäischer Kleinvögel: Abschlussbericht zum MRI-Programm. Die Vogelwarte. Bd. 40, Heft 1–2
BERTHOLD/FLIEGE (1986): Die Bestandsentwicklung von Kleinvögeln in Mitteleuropa: Analyse von Fangzahlen. Journal für Ornithologie. Bd. 127, Heft 4
BERTHOLD/QUERNER/SCHLENKER (1990): Die Mönchsgrasmücke. Neue-Brehm-Bücherei. Wittenberg
BEZZEL, E. (1977): Ornithologie. Ulmer, Stuttgart
- (1988) Die Gesangszeiten des Buchfinken (*Fringilla coelebs*): Eine Regionalstudie. Journal für Ornithol. Bd. 129, Heft 1
- (1989): Der Pirol – das besondere Vogelporträt. Blüchel & Philler, München
- (1993): Kompendium der Vögel Mitteleuropas. Bd. 2: Passeres, Singvögel. Aula, Wiesbaden
- (1996): BLV Handbuch der Vögel. 2. Aufl. BLV, München
- (2002): Vögel beobachten. Praxistipps, Vogelschutz, Nisthilfen. BLV, München
- (2003): Vogelfedern. Federn heimischer Arten bestimmen. BLV, München
BEZZEL/LIMBRUNNER (2001): Enzyklopädie der Brutvögel Europas. 2 Bände. Kosmos, Stuttgart
BEZZEL/PRINZINGER (1990): Ornithologie. 2. bearb. u. erweit. Aufl. Ulmer, Stuttgart
BORNEMISZA, C. (1999): Musik der Vögel. Braumüller, Wien
BREHM, A.E. (1872): Gefangene Vögel. Bd. I. Winter, Heidelberg
BUB/OELKE (1981): Zur Geschichte der Vogelmarkierungen bis zu den Anfängen der wissenschaftlichen Vogelberingung. Journal für Ornithologie. Bd. 122, Heft 4
BÜHLER, P. (1986): Archäopteryx – eine Diskussion der aktuellen Urvogelforschung. Journal für Ornithologie. Bd. 127, Heft 4
BÜHLER/BOCK (2002): Zur Archaeopteryx-Nomenklatur: Missverständnisse und Lösung. Journal für Ornithologie. Bd. 143, Heft 3
BÜHLER, W. (1993): Das Maß des Regenbogens. Beiträge zu einer geisteswissenschaftlichen Natur- und Menschenkunde. Verlag Freies Geistesleben, Stuttgart
BURTON, R. (1985): Das Leben der Vögel. Vogelverhalten – verständlich gemacht. Franckh, Stuttgart
BUSCHE, G. (1989): Niedergang des Bestandes der Grauammer (*Emberiza calandra*) in Schleswig-Holstein. Die Vogelwarte. Bd. 35, Heft 1
CATCHPOLE/SLATER (1995): Bird Song: Biological themes and variations. Cambridge University Press, Cambridge MA
COATES/BISHOP (1997): Birds of Wallacea. Sulawesi, Moluccas. Dove Publications, Queensland
CONRADS, K. (1976): Studien an Fremddialekt-Sängern und Dialekt-Mischsängern des Ortolans (Emberiza hortulana). Journal für Ornithologie. Bd. 117, Heft 4
- (1984): Gesangsdialekte der Goldammer (*Emberiza citrinella*) auf Bornholm. Journal für Ornithologie. Bd. 125. Heft 2
COUSTEAU, J.Y. (1978): Delphine. Intelligente Freunde des Menschen. Droemer/Knaur, München
CRAIG, W. (1943): The Song of the Wood Pewee. N.Y. State. Mus. Bull. No. 334

CREUTZ, G. (1955): Der Trauerschnäpper. Eine Populationsstudie. Journal für Ornithologie. Bd. 96, Heft 3

CSICSÁKY, M. (1978): Über den Gesang der Feldlerche (*Alauda arvensis*) und seine Beziehung zur Atmung. Journal für Ornithologie. Bd. 119, Heft 3

CURRY-LINDAHL, K. (1982): Das große Buch vom Vogelzug. Parey, Berlin

DÄUBLER, TH. (1921): Das Nordlicht. Genfer Ausgabe. Bd. 1. Insel-Verlag, Leipzig

DALE/MANCEAU (2003): Habitat selection of two locally sympatric species of *Emberiza* buntings (*E. citrinella* and *E. hortulana*). Journal für Ornithologie. Bd. 144, Heft 1

DIEHL/HELB (1985): Vogelgesang und Herzfrequenz – radiotelemetrische Messungen beim Subsong bei der Amsel. Journal für Ornithologie. Bd. 126, Heft 3

DIRCKSEN, R. (1954): Vogelvolk auf weiter Reise. Das Wunder des Vogelzuges. Bertelsmann, Gütersloh

DORST, J. (1972a): Das Leben der Vögel. 2 Bände. Editions Rencontre, Lausanne

– (1972b): Die Vögel in ihrem Lebensraum. Editions Rencontre, Lausanne

DOWSETT-LEMAIRE, F. (1979): The imitative range of the song of the marsh warbler (*Acrocephalus palustris*), with special reference to imitation of African birds. Ibis, vol. 121.

ECKERMANN, J.P. (1848): Gespräche mit Goethe in den letzten Jahren seines Lebens. Bd. 3 (26. Sept. u. 8. Okt. 1827). Heinrichshofen'sche Buchhandlung, Magdeburg

EMERSON, R.W. (1992): Von der Schönheit des Guten. Betrachtungen und Beobachtungen. Ausgew. und hrsg. von Egon Friedell. Diogenes, Zürich

EMERY, N. J. (2006): Cognitive ornithology: the evolution of avian intelligence. Philosophical Transactions of the Royal Society B, 361(1464): 23-43

ENGLER/BAUER (2002): Dokumentation eines starken Bestandsrückgangs beim Haussperling in Deutschland auf Basis von Literaturangaben von 1850 – 2000. Die Vogelwarte. Bd. 41, Heft 3

EPPLE, W. (1997): Rabenvögel. Göttervögel, Galgenvögel. Ein Plädoyer im ‹Rabenvogelstreit›. Braun, Karlsruhe

ETCHÉCOPAR/HÜE (1967): The Birds of North Africa. Oliver & Boyd, Edinburgh

FERGUSON/VAN ZYL (2002): Vocal mimicry in African Cossypha robin chats. Journal für Ornithologie. Bd. 143, Heft 3

FLEUSTER, W. (1973): Versuche zur Reaktion freilebender Vögel auf Klangattrappen verschiedener Buchfinkenalarme. Journal für Ornithologie. Bd. 114, H. 4

FLOERICKE, K. (1924): Vogelbuch. Gemeinverständliche Naturgeschichte der mitteleuropäischen Vogelwelt. 3. bearb. Aufl. Franckh, Stuttgart

FRANZ/THEISS (1983): Brutbiologie und Bestandentwicklung einer farbberingten Population der Beutelmeise. Verhandlungen der Ornithologischen Gesellschaft in Bayern. Bd. 23, Heft 5/6

FRIDERICH, C.G. (1922): Naturgeschichte der Vögel Europas. 6. neu bearb. v. A. Bau. Schweizerbart, Stuttgart

FRIELING, H. (1937a): Stimme der Landschaft. Begreifen und Erleben der Tierstimme vom biologischen Standpunkt. Oldenbourg, München

– (1937b): Harmonie und Rhythmus in Natur und Kunst. Oldenbourg, München

GATTER, W. (1979): Unterschiedliche Zuggeschwindigkeiten nahe verwandter Vogelarten. Journal für Ornithologie Bd. 120, Heft 2

– (2000): Vogelzug und Vogelbestände in Mitteleuropa. Aula, Wiesbaden

GATTIKER, E. u. L. (1989): Die Vögel im Volksglauben. Aula, Wiesbaden

GEORGE, U. (1970): Beobachtungen an *Pterocles senegallus* und *Pterocles coronatus* in der Nordwest-Sahara. Journal für Ornithologie. Bd. 111, Heft 2

– (1976): In den Wüsten dieser Erde. Hoffmann und Campe, Hamburg

GERLACH, R. (1960): Wie die Vögel singen. Albert Müller Verlag, Rüschlikon-Zürich

GLAUBRECHT, M. (1989): Geographische Variabilität des Gesangs der Goldammer (*Emberiza citrinella*) im norddeutschen Dialekt-Grenzgebiet. Journal für Ornithologie. Bd. 130, Heft 3

– (2002): Die ganze Welt ist eine Insel. Beobachtungen eines Evolutionsbiologen. Hirzel, Stuttgart

GLUTZ VON BLOTZHEIM, U. (1966–98): Handbuch der Vögel Mitteleuropas. 14 Bände in 23 Teilen. Akademische Verlagsgesellschaft, Frankfurt / Aula, Wiesbaden

GOETHE, J. W. v. (1982): Werke. Hrsg. v. E. Trunz. 12 Bde. Beck, München

GOLLER, F. (1987): Der Gesang der Tannenmeise: Beschreibung und kommunikative Funktion. Journal für Ornithologie. Bd. 128, Heft 3

GORKIJ, M. (1965): Mein Freund Fjodor. Das Leben Schaljapins. Wunderlich, Tübingen

GRATTAROLA, A. (1999): Spring migration of the Garden Warbler (*Sylvia borin*) across the Mediterranean Sea. Journal für Ornithologie. Bd. 140, Heft 4

GROOS, K. (1907): Die Spiele der Tiere. 2. bearb. Aufl. G. Fischer, Jena

GRÜLL, A.(1981): Untersuchungen über das Revier der Nachtigall (*Luscinia megarhynchos*). Journal für Ornithologie. Bd. 122, Heft 3

GRZIMEKS TIERLEBEN (1980). Enzyklopädie des Tierreichs. 13 Bände. Bd. 7-9 (Vögel). DTV, München

GÜTTINGER, H.R. (1974): Gesang des Grünlings (*Chloris chloris*). Journal für Ornithologie. Bd. 115, Heft 3

– (1977): Variable and constant structures in greenfinch songs (*Chloris chloris*) in different locations. Behaviour. Vol. 60

– (1978): Verwandtschaftsbeziehungen und Gesangsaufbau bei Stieglitz (*Carduelis carduelis*) und Grünlingsverwandten (*Chloris spec.*). Journal für Ornithologie. Bd. 119, Heft 2

GÜTTINGER/FUCHS/SCHWAGER (1990): Das Gesangslernen und seine Beziehung zur Gehirnentwicklung beim Kanarienvogel (*Serinus canaria*). Die Vogelwarte. Bd. 35, Heft 4

GÜTTINGER/NICOLAI (2002): Melodiewahrnehmung und Wiedergabe: Untersuchungen an liederpfeifenden und Kanariengesang imitierenden Gimpeln (*Pyrrhula pyrrhula*). Journal für Ornithologie. Bd. 143, H. 3

GWINNER, E. (1961): Über die Entstachelungshandlung des Neuntöters. Die Vogelwarte. Bd. 21, Heft 1

– (1964): Untersuchungen über das Ausdrucks- und Sozialverhalten des Kolkraben (*Corvus corax*). Zeitschrift für Tierpsychologie. Jg. 21

– (1968): Circannuale Periodik als Grundlage des jahreszeitlichen Funktionswandels bei Zugvögeln. Journal für Ornithologie. Bd. 109, Heft 1

– (1969): Untersuchungen zur Jahresperiodik von Laubsängern. Journal für Ornithol. Bd. 110, H. 1

– (1986): Endogene Jahresrhythmen beim Vogelzug. Spektrum der Wissenschaft. Heft 6

GWINNER/KNEUTGEN (1962): Über die biologische Bedeutung der «zweckdienlichen» Anwendung erlernter Laute bei Vögeln. Zeitschrift für Tierpsychologie. Jg. 19

HAARHAUS, D. (1973): Die Zeteraktivität der Amsel (*Turdus merula*). Journal für Ornithologie. Bd. 114, H. 1

HÄCKER, V. (1900): Der Gesang der Vögel, seine anatomischen und biologischen Grundlagen. Fischer, Jena

HAFFER, J. (1988): Vögel Amazoniens: Ökologie, Brutbiologie und Artenreichtum. Journal für Ornithologie. Bd. 129, Heft 1

HAHN, V. (1982): Rufduett des Bienenfressers (*Merops apiaster*). Journal für Ornithologie. Bd. 123, Heft 1

HANSKI, I.K. (1993): Territorial behaviour and breeding strategies in the Chaffinch (*Fringilla coelebs*). Dissertation, Helsinki

HANSKI/HAILA (1988): Territorial behaviour and breeding strategies in the Chaffinch (*Fringilla coelebs*). Dissertation, Helsinki

HANSLICK, E. (1978): Vom Musikalisch-Schönen. 19. Aufl. Breitkopf & Härtel, Wiesbaden

HARTERT, E. (1910-38): Die Vögel der paläarktischen Fauna. 4 Bände. Friedländer, Berlin

HARTSHORNE, C. (1956): The monotony threshold in singing birds. Auk. Vol. 73:176-191

– (1958): The Relation of Bird Song to Music. Ibis. Vol. 100

HASSENSTEIN, B. (1969): Aspekte der «Freiheit» im Verhalten der Tiere. Universitas. Jg. 24, Heft 12

HAUBITZ, B. (1985): Vogelkundliches im Werk des späten Minnesängers Oswald von Wolkenstein (1376-1445). Journal für Ornithologie. Bd. 126, Heft 3

HECKE, P. v. (1979): Verhalten, Nest und Neststandort des Baumpiepers (*Anthus trivialis*). Journal für Ornithologie Bd. 120, Heft 3

HEER, L. (1996): Cooperative Breeding by Alpine Accentors *Prunella modularis*. Journal für Ornithologie. Bd. 137, Heft 1

HEGELBACH/SPAAR (2000): Saisonaler Verlauf der Gesangsaktivität der Singdrossel (*Turdus philomelos*), mit Anmerkungen zum nachbrutzeitlichen Gesangsschub. Journal für Ornithologie. Bd. 141, Heft 4

HEINROTH, O. (1924): Lautäußerungen der Vögel. Journal für Ornithologie. Bd. 72

– (1955): Aus dem Leben der Vögel. 2. verb. Aufl. Springer, Berlin

HEINROTH, O. u. M. (1966-67): Die Vögel Mitteleuropas. 4 Bände. Nachdruck. Deutsch, Frankfurt

HELB, H.W. (1973): Analyse der artisolierenden Parameter im Gesang des Fitis (*Phylloscopus trochilus*) mit Untersuchungen zur Objektivierung der analytischen Methode. Journal für Ornithol. Bd. 114, Heft 2

HELDMAIER/NEUWEILER, G. (2003): Vergleichende Tierphysiologie. Vol. 1: Neuro- und Sinnesphysiologie. Springer, Berlin

HERZOG, K. (1968): Anatomie und Flugbiologie der Vögel. Fischer, Stuttgart

HIRSBRUNNER, T. (1999): Olivier Messiaen. Leben und Werk. 2. Aufl. Laaber-Verlag, Laaber

HÖLZINGER, J. (1997-99): Die Vögel Baden-Württembergs. Bd. 3.1 u. 3.2 (Singvögel). Ulmer, Stuttgart

HOFFMANN, B. (1908): Kunst und Vogelgesang in ihren wechselseitigen Beziehungen vom naturwissenschaftlich-musikalischen Standpunkte beleuchtet. Quelle & Meyer, Leipzig

HOYO, J. DEL (2003-2011): Handbook of the Birds of the World. Vol. 8-16. (Passerines). Lynx Edicions, Barcelona

HUBER, F. (1991): Akustische Verständigung im Tierreich. Bayerische Akademie der Wissenschaften. München

– (2008): Soziale, technische und konzeptuelle Kognitionsleistungen bei Vögeln. Vogelwarte 46, Heft 4

HUDDE, H. (1988): Vier adulte Blaumeisen (Parus caeruleus) an einem Nest. Die Vogelwarte. Bd. 34, Heft 3

HULTSCH, H. & TODT, D. (1989): Hierarchical learning and development of song. In: PEPPERBERG/BALDA/KAMIL (Ed.): Animal Cognition in Nature. Academic Press, New York, p. 275-303

HUMMEL, D. (1978): Die Leistungsersparnis in Flugformation von Vögeln mit Unterschieden in Größe, Form und Gewicht. Journal für Ornithol. Bd. 119, H. 1

HUNTER/KREBS (1979): Geographical variation in the song of the great tit (Parus major) in the relation to ecological factors. Journ. Anim. Ecol. 48

HUSEMANN, A. (2003): Der musikalische Bau des Menschen. 4. bearb. Aufl. Freies Geistesleben, Stuttgart

– (2015): Form, Leben und Bewusstsein. Einführung in die Menschenkunde der Anthroposophischen Medizin. Verlag Freies Geistesleben, Stuttgart

IMMELMANN, K. (1961): Beiträge zur Biologie und Ethologie australischer Honigfresser (Meliphagidae). Journal für Ornithologie. Bd. 102, Heft 2

IMMELMANN/BÖHNER (1984): Beobachtungen am Thermometerhuhn (Leipoa ocellata) in Australien. Journal für Ornithologie. Bd. 125, Heft 2

JARVIS, E. D. (2007): Neural systems for vocal learning in birds and humans: a synopsis. Journal of Ornithology, vol.148, suppl. 1: 35-44

JENNY, M. (1990): Territorialität und Brutbiologie der Feldlerche (Alauda arvensis) in einer intensiv genutzten Agrarlandschaft. Journal für Ornithologie. Bd. 131, Heft 3

JILKA/LEISLER (1974): Die Einpassung dreier Rohrsängerarten (Acrocephalus schoenobaenus, A. scirpaceus, A. arundinaceus) in ihre Lebensräume in Bezug auf das Frequenzspektrum ihrer Reviergesänge. Journal für Ornithologie. Bd. 115, Heft 2

JULIUS, F.H. (1970): Das Tier zwischen Mensch und Kosmos. Neue Wege zu einer Charakteristik der Tiere. Verlag Freies Geistesleben, Stuttgart

KANT, I. (1803): Über Pädagogik. Hrsg. v. F. T. Rink. Nicolovius, Königsberg

KIEFER/KIPPER/MUNDRY (2009): Tuning towards tomorrow? Common nightingales (Luscinia megarhynchos) change and increase their song repertoires from the first to the second breeding season. Journal of Avian Biology 40: 231-236

KIPP, F.A.(1942): Das Kompensationsprinzip in der Brutbiologie der Vögel. Beiträge zur Fortpflanzungsbiologie der Vögel. Jg. 18, Heft 2

– (1949a): Arterhaltung und Individualisierung in der Tierreihe. Verhandlungen der Deutschen Zoologen in Mainz.

– (1949b): Über den Vogelzug. Sternkalender 1949. Novalis, Freiburg

– (1958): Zur Geschichte des Vogelzuges auf der Grundlage der Flügelanpassungen. Die Vogelwarte. Bd. 19, Heft 4

– (1959): Der Handflügel-Index als flugbiologisches Maß. Die Vogelwarte. Bd. 20, Heft 2

– (1976): Zur Verbreitungsgeschichte des Kuckucks (Cuculus canorus). Journal für Ornithol. Bd. 117, H. 4

– (1978): Zeremonielle Frühlingsversammlungen bei Eichelhäher, Elster, Tannenhäher und Rabenkrähe. Die Vogelwelt. Jg. 99, Heft 5

– (1983a). Eine Gliederung der Vogelwelt nach den vier Elementen. Die Drei. Jg. 53, Heft 7/8

– (1983b): Über die Pfahlstellung der Rohrdommeln und verwandte Erscheinungen. In: SCHAD, W.: Goetheanistische Naturwissenschaft. Bd. 3: Zoologie. Freies Geistesleben, Stuttgart

– (1991): Die Evolution des Menschen im Hinblick auf seine lange Jugendzeit 2. Aufl. Verlag Freies Geistesleben, Stuttgart

KIPPER/MUNDRY/HULTSCH/TODT (2004): Long-term persistence of song performance rules in nightingales (Luscinia megarhynchos): A longitudinal field study on repertoire size and composition. Behaviour 141: 371-390

Kipper & al. (2014): Female calling? Song responses to conspecific call playbacks in nightingales (*Luscinia megarhynchos*). Animal Behaviour 100: 60-66

Kleinschmidt, O. (1931): Die Singvögel der Heimat. 6. Aufl. Quelle & Meyer, Leipzig

Klump, G. (2008): Das Gehör der Vögel und die Ökologie der Kommunikation. Vogelwarte, Bd. 46, Heft 4

Kneutgen, J. (1969a): Zwei Vögel verschiedener Arten verständigen sich in einer «Fremdsprache». Beobachtungen zur interspezifischen Kommunikation. Journal für Ornithologie. Bd. 110, Heft 2

- (1969b): «Musikalische» Formen im Gesang der Schamadrossel und ihre Funktionen. Journal für Ornithologie. Bd. 110, Heft 3

Kolb, H. (1996): Fortpflanzungsbiologie der Kohlmeise (*Parus major*) auf kleinen Flächen: Vergleich zwischen einheimischen und exotischen Baumbeständen. Journal für Ornithologie. Bd. 137, Heft 2

Kranich, E.-M. (2004): Wesensbilder der Tiere. Einführung in die goetheanistische Zoologie. 2. erweit. Aufl. Verlag Freies Geistesleben, Stuttgart

Kroodsma, D. E. (2005): The singing life of birds. The art and science of listening to birdsong. Houghton Mifflin Company, New York

Kropotkin, P. (1910): Gegenseitige Hilfe in der Tier- und Menschenwelt. Übers. v. G. Landauer. Verlag Theodor Thomas, Leipzig

Lachner, R. (1956): Schwanzmeise als Koloniebrüter? Die Vogelwelt. Jg. 77, Heft 1

- (1969): Paradies der Wilden Vögel – Ostafrika. Südwest-Verlag, München
- (1985): Vogelvolk am Fenster. Landbuch, Hannover

Lack, D. (1943): The Life of the Robin. Witherby, London

Landois, H. (1874): Thierstimmen. Herder, Freiburg

Leisler, B. (1975): Die Bedeutung der Fußmorphologie für die ökologische Sonderung mitteleuropäischer Rohrsänger (*Acrocephalus*) und Schwirle (*Locustella*). Journal für Ornithologie. Bd. 116, Heft 2

Lieckfeld/Strass (2002): Mythos Vogel. Geschichte, Legenden, 40 Vogelporträts. BLV, München

Ligon, J.D. (1988): Rotschnabel-Baumhopfe: Familiensinn als Überlebensstrategie. In: Biologie des Sozialverhaltens. Spektrum der Wissenschaft, Heidelberg

- (1999): The Evolution of Avian Breeding Systems. Oxford University Press, Oxford

Lille, R. (1988): Art- und Mischgesang von Nachtigall und Sprosser. Journal für Ornithol. Bd. 129, Heft 2

Linsenmair, K.E. (1968). Wie die Alten sungen... Warum singen Vögel? Franckh/Kosmos, Stuttgart

Löhrl, H. (1983): Zur Feindabwehr der Wacholderdrossel (*Turdus pilaris*). Journal für Ornithologie. Bd. 124, Heft 3

- (1990): Beobachtungen an Beutelmeisen (*Remiz pendulinus*) in der Voliere. Die Vogelwarte. Bd. 35, Heft 4

Löhrl/Thielcke (1973): Alarmlaute europäischer und nordafrikanischer Tannenmeisen (*Parus ater*) und der Schwarz-schopfmeise (*Parus melanolophus*). Journal für Ornithologie. Bd. 114, Heft 2

Lorenz, K. (1935): Der Kumpan in der Umwelt des Vogels. Journal für Ornithologie. Jg. 83

- (1965): Der Vogelflug. Neske, Pfullingen
- (1968): Die Entwicklung des Spießens und Klemmens bei drei Würgerarten. Journal für Ornithol. Bd. 109, Heft 2

Lucanus, F. v. (1925): Das Leben der Vögel. Verlag August Scherl Berlin, Berlin

Lutzker, P. (1996): Der Sprachsinn. Sprachwahrnehmung als Sinnesvorgang. Freies Geistesleben, Stuttgart

Maciejok, J. & al. (1995): Was tun Buchfinken (*Fringilla coelebs*) zur Brutzeit außerhalb ihrer Reviere? Journal für Ornithologie. Bd. 136. Heft 1

Mackkinnon, J. (1997): The Birds of Borneo, Sumatra, Java and Bali. Oxford University Press, Oxford

Mackowitz, R. (1970): Biology of the Woodlark in the Rzepin Forest (Western Poland). Acta Zoolog. Cracov

Mäck, U. (1998): Populationsbiologie und Raumnutzung der Elster... Ökologie der Vögel, Bd. 20, Heft 1

Marler, P. & Slabbekoorn, H. (2004): Nature's music: the science of birdsong. Academic Press, London

Messiaen, O. (1982): Vortrag in Brüssel. Musik-Konzepte 28/5 Hirsbrunner (1999)

Messmer, E. u. I. (1956): Die Entwicklung der Lautäußerungen und einiger Verhaltensweisen der Amsel. Zeitschrift für Tierpsychologie. Jg. 13

Mörike, K.D. (1953): Der Leier-Überschlag der Mönchsgrasmücke. Ornithologische Mitteilungen. Jg. 5

Moreau, R.E. (1972): The Palaearctic-African Bird Migrations Systems. Academic Press, London

Mücke, H. (1991): Vogelvolk im Garten. Landbuch, Hannover

Nachtigall, W. (1973): Geschichte der Erforschung des Vogelflugs von der Renaissance bis zur Gegenwart. Journal für Ornithologie. Bd. 114, Heft 3

Naumann, J.F. (1897-1905): Naturgeschichte der Vögel Mitteleuropas. 2. Aufl. Hrsg. v. C. R. Hennicke. 12 Bände. Köhler, Gera

Neuschulz, F. (1981): Brutbiologie einer Population der Sperbergrasmücke (*Sylvia nisoria*). Journal für Ornithologie. Bd. 122, Heft 3

Nicolai, J. (1959): Familientradition in der Gesangsentwicklung des Gimpels (*Pyrrhula pyrrhula*). Journal für Ornithologie. Bd. 100, Heft 1

– (1969): Beobachtungen an Paradieswitwen (*Steganura paradisaea, Steganura obtusa*) und der Strohwitwe (*Tetraenura fischeri*) in Ostafrika. Journal für Ornithologie. Bd. 110, Heft 4

– (1973): Vogelleben. Einführung von Konrad Lorenz. Belser, Stuttgart

– (1976): Vogelhaltung – Vogelpflege. 5. Aufl. Franckh/Kosmos, Stuttgart

– (1989) Brutparasitismus der Glanzwitwe (*Vidua hypocherina*). Journal für Ornithol. Bd. 130, H. 4

Niethammer, G. (1937-42): Handbuch der deutschen Vogelkunde. 3 Bände. Akad. Verlagsges., Leipzig

Nipkow, M. (2002): Kurztrip statt Langstreckenflug. Vögel reagieren auf Klimaerwärmung. Naturschutz heute. Heft 2

Nordeen, K. u. E. (1988): Projection neurons within a vocal motor pathway are born during song learning in Zebra Finches. Nature, Vol. 334

Nottebohm, F. (1972): The origins of vocal learning. American. Nat. 106

Nowak/Berthold (1987): Die Satelliten-Telemetrie in der Erforschung von Tierwanderungen: eine Übersicht. Journal für Ornithologie, Bd. 128, Heft 4

Odom/Omland (2014): Female song is widespread and ancestral in songbirds. Nature Communications 5: 3379/1-6

Päckert/Martens (2003): Evolution von Inseldialekten: Die Wintergoldhähnchen (*R. regulus*) der Azoren. Vortrag auf der 135. Jahresversammlung der Deutschen Ornithologen-Gesellschaft in Münster/W. vom 25. bis 29. Sept. 2002. Journal für Ornithologie. Bd. 144, Heft 2

Pätzold, R. (1983): Die Feldlerche. 3. Aufl. Neue Brehm-Bücherei. Ziemsen, Wittenberg

Patzlaff, R. (2001): Der gefrorene Blick. Physiologische Wirkungen des Fernsehens und die Entwicklung des Kindes. Verlag Freies Geistesleben, Stuttgart

Paulsen, K. (1967): Das Prinzip der Stimmbildung in der Wirbeltierreihe und beim Menschen. Akademische Verlagsgesellschaft, Frankfurt

Payne, R.B. (1971): Duetting and chorus singing in African birds. Ostrich. Suppl. 9: 125–146

– (1990): Song mimicry by the village indigobird (*Vidua chalybeata*) of the red-billed firefinch (*Lagonosticta senegala*). Die Vogelwarte. Bd. 35, Heft 4

Peitzmeier, J. (1955): Zur Deutung des «Regenrufes» des Buchfinken (*Fringilla coelebs*). Journal für Ornithologie. Bd. 96, Heft 2

Pernau, F. A. v. (1786): Gründliche Anweisung alle Arten von Vögel zu fangen, einzustellen, abzurichten, zahm zu machen, ihre Eigenschaften zu erkennen, Pastarden zu ziehen, ihnen fremde Gesänge zu lernen, und sie zum aus- und einfliegen zu gewöhnen. Nürnberg

Perrin, J. (2002): Nomaden der Lüfte. Gerstenberg, Hildesheim

Perrins, C. (1987): Vögel. Biologie, Bestimmen, Ökologie. Parey, Hamburg

Peters, D. S. (1962): Gedanken zum Revierproblem. Ornithologische Mitteilungen. Jg. 14

Poesel/Nelson (2012): Delayed song maturation and territorial aggression in a songbird. Royal Society Biology Letters, vol. 8/3, doi: 10.1098/rsbl.2011.1119

Poley, D. (1994): Kolibris. Trochilidae. 3. erweit. Aufl. Neue Brehm-Bücherei. Westarp, Magdeburg

Portmann, A. (1953): Das Tier als soziales Wesen. Rhein-Verlag, Zürich

– (1956): Biologie und Geist. Rhein-Verlag, Zürich

– (1957): Von Vögeln und Insekten. Reinhardt, Basel

– (1960): Die Tiergestalt. 2. Aufl. Reinhardt, Basel

– (1965): Aufbruch der Lebensforschung. (Vorträge Eranos-Tagungen) Rhein-Verlag, Zürich

– (1966): Kleine Einführung in die Vogelkunde. Piper, München

– (1984): Vom Wunder des Vogellebens. Piper, München

Post, L. van der (1962): Das Herz des kleinen Jägers. Übers. v. L. Gescher. Henssel, Berlin

– (1988): A Walk with a White Bushman. Laurens van der Post in conversation with Jean-Marc Pottiez. Penguin Books, London

Prinzinger, R. (1982): Gesangsduett beim Rotrückenmausvogel (*Colius castanotus*). Journal für Ornithol. Bd. 123, Heft 3

Querengässer, A. (1973): Über das Einemsen von Singvögeln und die Reifung dieses Verhaltens. Journal für Ornithologie. Bd. 114, Heft 1

Remane/Storch/Welsch (1980): Systematische Zoologie. 2. bearb. Aufl. Fischer, Stuttgart

Reyer, H.U. (1988): Ökologie und Evolution von kooperativer Jungenaufzucht bei Vögeln. Verh. Dtsch. Zool. Ges. 81: 169-182

Riebel/Slater (1998): Male chaffinches (*Fringilla coelebs*) can copy calls from a tape tutor. Journal für Ornithologie. Bd. 139, Heft 3

Riemer, Fr. W. (1806): Mitteilungen über Goethe (23.11. 1806). Hrsg. v. A. Pollmer. Insel, Leipzig 1921

Roberson, M. R. (2016): Mockingbirds can learn hundred of songs, but there's a limit. Living Bird, Cornell Lab of Ornithology, 12. April 2016

Röhl, A. (1968): Duette mit ihm. Verlag Freies Geistesleben, Stuttgart, 21. Aufl. 2017

- (1975): Geflügelte über uns. Der Vogel in Mythos und Geschichte, in Natur- und Geisteswissenschaft. Verlag Freies Geistesleben, Stuttgart

Rosslenbroich, B. (2002): Geschichte und Problem des Höherentwicklungsbegriffs. In: Tycho de Brahe-Jahrbuch für Goetheanismus 2002. Niefern-Öschelbronn

- (2007): Autonomiezunahme als Modus der Makroevolution. Habilitationsschrift Universität Witten-Herdecke. Galunder-Verlag, Nümbrecht

- (2014): On the Origin of Autonomy. A new look at the major transitions in evolution. Springer, Heidelberg

- (2018): Entwurf einer Biologie der Freiheit. Die Frage der Autonomie in der Evolution. Verlag Freies Geistesleben

Rost, R. (1987): Entstehung und Fortbestand und funktionelle Bedeutung von Gesangsdialekten bei der Sumpfmeise – ein Test von Modellen. Dissertation. Hartung-Gorre-Verlag, Konstanz

Rüppell, G. (1975): Vogelflug. Kindler, München

Rutgers, A. (1979): Handbuch für Zucht und Haltung fremdländischer Vögel. 4. A. Neumann, Melsungen

Saint-John Perse (1978): Das dichterische Werk. Übers. v. Fr. Kemp. Heimeran, München

Sauer, F. (1954): Die Entwicklungen der Lautäußerungen vom Ei ab schalldicht gehaltener Dorngrasmücken im Vergleich mit später isolierten und wildlebenden Artgenossen. Zeitschrift für Tierpsychologie. Jg. 10

- (1955): Über Variationen der Artgesänge bei Grasmücken. Ein Beitrag zur Frage des «Leierns» der Mönchsgrasmücke (*Sylvia atricapilla*). Journal für Ornithologie. Bd. 96, Heft 2

- (1957a): Die Sternorientierung nächtlich ziehender Grasmücken. Zeitschrift für Tierpsychologie. Jg. 14

- (1957b): Ein Beitrag zur Frage des «Einemsens» von Vögeln. Journal für Ornithologie. Bd. 98, Heft 3

Schad, W. (1980): Vom Naturlaut zum Sprachlaut. Erziehungskunst. Jg. 44, Heft 4

- (1982): Der Entwicklungsgang zur organischen Eigenwärme. In: Schad, W.: Goetheanistische Naturwissenschaft. Bd. 1. Freies Geistesleben, Stuttgart

- (1983): Vögel über uns. Die Drei. Jg. 53, Heft 7/8

Schifferli, L. (1981): Federgewichte des Haussperlings im Jahreswechsel. Ornitholog. Beobachter. Jg. 78

Schild, D. (1986): Syringeale Kippschwingungen und Klangerzeugung beim Feldschwirl (*Locustella naevia*). Journal für Ornithologie. Bd. 127, Heft 3

Schlee, D. (1973): Harzkonservierte fossile Vogelfedern aus der untersten Kreide. Journal für Ornithologie. Bd. 114, Heft 2

Schloegl, C. (2009): Kognitionsforschung an Rabenvögeln und Papageien. Der Falke. Taschenkalender für Vogelbeobachter 2010. Aula, Wiesbaden

Schmeil, O. (1911): Lehrbuch der Zoologie. 32. Aufl. Quelle & Meyer, Leipzig

Schmidt-Koenig, K. (1956): Über Rückkehr, Revierbesetzung und Durchzug des Weißsternigen Blaukehlchens (*Luscinia svecica cyanecula*) im Frühjahr. Die Vogelwarte. Bd. 18, Heft 4

Schmitt /Kitto (1976): Winterpopulation der Kohlmeise. (*Parus major*). Journal für Ornithol. Bd. 117, H. 3

Schubert, M. (1967): Probleme der Motivwahl und der Gesangsaktivität bei *Phylloscopus trochilus*. Journal für Ornithologie. Bd. 108, Heft 3

Schuchmann, K. (1999): Trochilidae (Hummingbirds). Hoyo: Handbook of the Birds of the World. Vol. 5

Schüz, E. (1971): Grundriß der Vogelzugskunde. 2. Aufl. Parey, Berlin

Schulze, W. (1999): Musik in der Natur. Csaba Bornemisza: Musik der Vögel. Harmonikales Denken, Wien. 1: 7-10

Schulze-Hagen/Sennert (1990): Teich- und Sumpfrohrsänger (*Acrocephalus scirpaceus, A. palustris*) in gemeinsamem Habitat: Zeitliche und räumliche Trennung. Die Vogelwarte. Bd. 35, Heft 3

SCHWAGER/GÜTTINGER (1984): Der Gesangsaufbau von Braunkehlchen (*Saxicola rubetra*) und Schwarzkehlchen (*S. torquata*) im Vergleich. Journal für Ornithologie. Bd. 125, Heft 3

SEIBT, U. (1975): Instrumentaldialekte der Klapperlerche (*Mirafra ruffocinnamea*). Journal für Ornithologie. Bd. 116, Heft 1

SEIBT/WICKLER (1977): Ein Stimmfühlungs-Duett beim Hornraben (*Bucorvus leadbeateri*). Journal für Ornithologie. Bd. 118, Heft 2

SICK, H. (1959): Die Balz der Schmuckvögel. Journal für Ornithologie. Bd. 100, Heft 3
- (1980): Familie Schnurrvögel GRZIMEKS TIERLEBEN. Bd. 9

SINGER/NICOLAI (1990): Organisationsprinzipien im Gesang der Heidelerche (*Lullula arborea*). Journal für Ornithologie. Bd. 131, Heft 3

SITASUWAN/THALER (1985): Lautinventar und Verständigung bei Alpenkrähe (*Pyrrhocorax pyrrhocorax*), Alpendohle (*Pyrrhocorax graculus*) und deren Hybriden. Journal für Ornithologie. Bd. 126, Heft 2

SKIBA, R. (2000): Mögliche Dialektselektion des Regenrufes beim Buchfink (*Fringilla coelebs*) durch Lärmbelastung – Prüfung einer Hypothese. Journal für Ornithologie. Bd. 141, Heft 2

SKUTCH, A.F. (1961): Helpers among birds. Condor 63: 198-226
- (1986): Helpers at bird's nest. University of Iowa Press. Iowa City

SKUTCH, A.F. & SINGER (1973): The Life of the Hummingbird. Octopus Books Ltd., New York

SLABBEKOORN/DEN BOER-VISER (2006): Cities change the songs of birds. Current Biology 16(23): 2326-2331

SLATER, P. (1971): Australian Birds. 2 Bände. Oliver & Boyd, Edinburgh

SLATER, P.J.B. (2001): Birdsong repertories: Their origins and use. In: The origins of music. Ed. by N. L. Wallin & al. MIT Press Cambridge, MA, p. 49-64

SPITZER, M. (2002): Lernen. Gehirnforschung und die Schule des Lebens. Spektrum, Heidelberg

STACEY, P. B. & KOENIG, W. B. (1988): Die Brutgemeinschaften der Eichelspechte. In: Biologie des Sozialverhaltens. Spektrum der Wissenschaft, Heidelberg
- (1990): Cooperative breeding in birds. Long Term Studies of Ecology and Behaviour. Cambridge University Press, Cambridge

STEINER, R. (1904): Wie erlangt man Erkenntnisse der höheren Welten? GA 10. 24. Aufl. Rudolf Steiner Verlag, Dornach 1993
- (1908): Die Beantwortung von Welt- und Lebensfragen durch Anthroposophie. GA 108. (23.11.1908) 2. Aufl. Rudolf Steiner Verlag, Dornach 1986
- (1919): Vergangenheits- und Zukunftsimpulse im sozialen Geschehen. GA 190. (29.3.1919) 3. Aufl. Rudolf Steiner Verlag, Dornach 1980

STELTE/SOSSINKA (1996): Zur Bedeutung der Singwarten bei der Habitatwahl des Sumpfrohrsängers (*Acrocephalus palustris*) im Brutgebiet. Die Vogelwarte. Bd. 38, Heft 3

STIEFEL, A. (1976): Ruhe und Schlaf bei Vögeln. Neue Brehm Bücherei. Ziemsen, Wittenberg

STREFFER, W. (2005): Wunder des Vogelzuges. Die großen Wanderungen der Zugvögel und das Geheimnis ihrer Orientierung. Verlag Freies Geistesleben, Stuttgart
- (2007): Entwurf zu einer Biologie der Freiheit am Beispiel der Singvögel. Zur Differenzierung des Reviergesangs. Jahrbuch für Goetheanismus 2007: 33-76
- (2009): Klangsphären. Motive der Autonomie im Gesang der Vögel Verlag Freies Geistesleben, Stuttgart
- (2010): Die Melodiewahrnehmung der Singvögel. Ein Beitrag zu den intelligenten Leistungen in der Singvogelwelt. Jahrbuch für Goetheanismus 2010: 5-156
- (2013): Von der Symbiose zum sogenannten Brutparasitismus. Teil I: Aus dem Leben der Kuckucke. Jahrbuch für Goetheanismus 2013: 141-185
- (2014): Von der Symbiose zum sogenannten Brutparasitismus. Teil II: Aus dem Leben der Webervögel, Prachtfinken und Witwenvögel. Jahrbuch für Goetheanismus 2014: 71-182
- (2016): Über die Art hinaus. Die Bedeutung intelligenter Individuen für die Evolution der Tiere. Verlag Freies Geistesleben, Stuttgart

STRESEMANN, E. (1934): Aves. In: KÜKENTHAL: Handbuch der Zoologie. Bd. VII/2. De Gruyter, Berlin
- (1951): Die Entwicklung der Ornithologie von Aristoteles bis zur Gegenwart. Limberg, Aachen

STURM, G. (1989): Leben im Wald. Verlag Freies Geistesleben, Stuttgart

SUCHANTKE, A. (1964): Was spricht sich in den Prachtkleidern der Vögel aus? Die Drei. Jg. 34, Heft 4

- (1975): Skizzen zu einer ökologischen Ethik. Erziehungskunst. Jg. 39, Heft 11
- (1978): Der dreigliederige Landschaftsorganismus Afrikas. In: Bockemühl/Schad/Suchantke: Mensch und Landschaft Afrikas. Verlag Freies Geistesleben, Stuttgart
- (1982): Der Kontinent der Kolibris. Landschaften und Lebensformen in den Tropen Südamerikas. Verlag Freies Geistesleben, Stuttgart
- (1983): Der Vogel und sein Evolutionsmotiv. Die Drei. Jg. 53, Heft 7/8
- (1987): Mensch und Natur in anderen Kulturen und Kontinenten. Die Drei. Jg. 57, Heft 5
- (1992): Sonnensavannen und Nebelwälder. Pflanzen, Tiere und Menschen in Ostafrika. 2. bearb. Aufl. Verlag Freies Geistesleben, Stuttgart
- (1993): Partnerschaft mit der Natur. Entscheidung für das kommende Jahrtausend. Urachhaus, Stuttgart
- (1996): Natur in Israel und Palästina – Brennpunkt und Synthese weltweiter Einflüsse. In: Suchantke, A. (Hrsg.): Mitte der Erde. Israel und Palästina im Brennpunkt natur- und kulturgeschichtlicher Entwicklungen. 2. bearb. Aufl. Verlag Freies Geistesleben, Stuttgart
- (2002): Metamorphose. Kunstgriff der Evolution. Verlag Freies Geistesleben, Stuttgart
- (2003): Tiere – Brüder und Weggenossen des Menschen. Wie eine geistig erweiterte Naturwissenschaft und Ethik zusammen finden. Info 3. Heft 3

Tembrock, G. (1982): Tierstimmenforschung. Eine Einführung in die Bioakustik. 3. Aufl. Neue Brehm-Bücherei. Ziemsen, Wittenberg

Thaler, E. (1990): Die Goldhähnchen. Neue Brehm-Bücherei. Ziemsen, Wittenberg

Thielcke, G. (1959): Über Schlafgewohnheiten des Gartenbaumläufers (*Certhia brachydactyla*) und des Waldbaumläufers (*Certhia familiaris*). Journal für Ornithologie. Bd. 100, Heft 1
- (1960): Akustisches Lernen verschiedener Arten … Zeitschrift für Tierpsychologie. Bd. 17
- (1961): Ergebnisse der Vogelstimmen-Analyse. Journal für Ornithologie. Bd. 102, Heft 3
- (1964): Lautäußerungen der Vögel in ihrer Bedeutung für die Taxonomie. Journal für Ornithologie. Bd. 105, Heft 1
- (1969): Die Reaktion von Tannen- und Kohlmeise (*Parus ater, P. major*) auf den Gesang nahverwandter Formen. Journal für Ornithologie. Bd. 110, H. 2
- (1970a): Die sozialen Funktionen der Vogelstimmen. Die Vogelwarte. Bd. 25, Heft 3
- (1970b): Vogelstimmen. Verständliche Wissenschaft. Springer, Berlin
- (1972): Waldbaumläufer (*Certhia familiaris*) ahmen artfremdes Signal nach und reagieren darauf. Journal für Ornithologie. Bd. 113, Heft 3
- (1973): Uniformierung des Gesangs der Tannenmeise (*Parus ater*) durch Lernen. Journal für Ornithol. Bd. 114, Heft 4
- (1974): Stabilität erlernter Singvogel-Gesänge trotz vollständiger geografischer Isolation. Die Vogelwarte. Bd. 27, Heft 3
- (1983): Entstanden Dialekte des Zilpzalps *Phylloscopus collybita* durch Lernentzug? Journal für Ornithol. Bd. 124, Heft 4
- (1984a): Lebenslange Stabilität des Gesangs handaufgezogener Gartenbaumläufer (*Certhia brachydactyla*). Journal für Ornithologie. Bd. 125, Heft 4
- (1984b): Gesangslernen beim Gartenbaumläufer (*Certhia brachydactyla*). Die Vogelwarte. Bd. 32, Heft 4
- (1987): Langjährige Dialektkonstanz beim Gartenbaumläufer (*Certhia brachydactyla*). Journal für Ornithologie. Bd. 128, Heft 2
- (1988): Neue Befunde bestätigen Baron Pernaus (1660-1731) Angaben über Lautäußerungen des Buchfinken (*Fringilla coelebs*). Journal für Ornithologie. Bd. 129, Heft 1
- (1992): Stabilität und Änderungen von Dialekten und Dialektgrenzen beim Gartenbaumläufer. Journal für Ornithologie. Bd. 133, Heft 1

Thielcke/Krome (1989): Experimente über sensible Phasen und Gesangsvariabilität beim Buchfinken (*Fringilla coelebs*). Journal für Ornithologie. Bd. 130, Heft 4

Thorpe, W.H. (1961): Bird-Song. Cambridge University Press, London
- (1972): Duetting and Antiphonal Song in Birds its extent and significance. Behaviour. Suppl. XVIII. Brill, Leiden

Tiessen, H. (1989): Musik der Natur. Über den Gesang der Amsel und anderer Singvögel. 2. A. Atlantis, Zürich

Todt, D. (1970): Die antiphonen Paargesänge des ostafrikanischen Grassängers Cisticola hunteri prinioides. Journal für Ornithologie. Bd. 111, Heft 3/4

Tretzel, E. (1965): Imitation und Variation von Schäferpfiffen durch Haubenlerchen. Ein Beispiel für spezielle Spottmotiv-Prädisposition. Zeitschrift für Tierpsychologie. Jg. 22
- (1997): Lernen artfremder Laute und «Musikalität» von Vögeln: Imitation und Variation einer Tonleiter durch Schamadrosseln. Journal für Ornithologie. Bd. 138, Heft 4

Urban/Fry/Keith (1982 – 2004): The Birds of Africa. 7 Bände. Academic Press, San Diego / Helm, London

Voigt, A. (1950): Exkursionsbuch zum Studium der Vogelstimmen. 11. Aufl. Quelle & Meyer, Heidelberg

Wassmann, R. (1999): Ornithologisches Taschenlexikon. Aula, Wiesbaden

Wellnhofer, P. (1998): Ursprung der Vögel. Kosmos. Jg. 1998, Heft 10/11

Westheide/Rieger (2004): Spezielle Zoologie. Tl. II: Wirbel- oder Schädeltiere. Spektrum Akadem. Verlag, Heidelberg

Wickler, W. (1973): Artunterschiede im Duettgesang zwischen *Trachyphonus d'arnaudii usambiro* und den anderen Unterarten von *T. d'arnaudii*. Journal für Ornithologie. Bd. 114, Heft 1
- (1986): Dialekte im Tierreich. Aschendorff, Münster

Wickler/Seibt (1980): Einflüsse auf Paarpartner und Rivalen in «Duett-Kämpfen» revierverteidigender Vögel. Journal für Ornithologie. Jg. 121, Heft 2

Wiltschko, R. u. W. (1999): Das Orientierungssystem der Vögel. Journal für Ornithologie. Bd. 140. Heft 1–4

Wimmer/Poethke (1996): Blaumeise hilft beim Füttern nestjunger Mehlschwalben. Die Vogelwarte. Bd.38, Heft 4

Winkel, W. (1980): Zum Paarzusammenhalt bei Kohl-, Blau- und Tannenmeise (*Parus major, P. caeruleus und P. ater*). Die Vogelwarte. Bd. 30, Heft 4
- (1982): Zum Ortstreue-Verhalten des Trauerschnäppers (*Ficedula hypoleuca*) im westlichen Randbereich seines mitteleuropäischen Verbreitungsgebietes. Journal für Ornithologie. Bd. 123, Heft 2

Winkel/Hudde (1988): Über das Nächtigen von Vögeln in künstlichen Nisthöhlen während des Winters. Die Vogelwarte. Bd. 34, Heft 3

Wolters, H.E. (1982): Die Vogelarten der Erde. Parey, Hamburg

Wüst, W. (1970): Die Brutvögel Mitteleuropas. Bayerischer Schulbuchverlag, München

Zeigler/Marler (2004): Behavioral Neurobiology of Birdsong. Annals of the New York Academy of Sciences. Vol. 1016

Zink/Bairlein (1987–95): Der Zug europäischer Singvögel. Ein Atlas der Wiederfunde beringter Vögel. Hrsg. von der Vogelwarte Radolfzell. 3 Bände. Aula, Wiesbaden

Nachweis der Abbildungen und Tonbeispiele

Die Fotos Nr. 6, 7, 8, 11, 13, 16, 23, 27, 41, 51, 59, 65, 70, 71, 75, 78, 81, 83, 85 stammen von Gerhard Sturm, Basel.
Die Fotos Nr. 1, 15, 21, 28, 44, 60, 62, 68, 86 stammen von Dr. Rolf Lachner; mit freundlicher Genehmigung von Dr. Rudolf Lühl, Freiburg.
Die Zeichnungen 2, 3, 4, 5, 9, 10, 12, 14, 17, 18, 19, 20, 22, 24, 26, 29, 30, 31, 32, 33, 34, 35, 36, 37, 39, 42, 43, 45, 46, 48, 49, 50, 52, 53, 54, 56, 57, 61, 63, 64, 66, 67, 69, 72, 73, 74, 76, 77, 80, 82, 84, 87, 88 stammen von L. Binder und F. Murr aus der Sammlung Mitteleuropäische Vögel, ausgewählt von K. Heinroth und J. Steinbacher, Senckenbergische Naturforschende Gesellschaft, Frankfurt. Erschienen im Kronen-Verlag Erich Kramer, Hamburg ca. 1965.
Die Zeichnungen 25, 55, 58, 79 von L. Binder stammen aus Wüst, Vögel Mitteleuropas, Bayerischer Schulbuchverlag.
Die Zeichnungen 38, 40, 47, 89 stammen aus Pareys Vogelbuch, Parey/Blackwell Verlag 1972/1996.
Die Zeichnungen 16a und 82a von F. Weick stammen aus Glutz von Blotzheim, Handbuch der Vögel Mittel-europas, Aula Verlag, ebenso die 14 Sonagramme (Abb. 93–97).
Die Zeichnung 90 stammt aus Portmann, Wunder des Vogellebens, Piper Verlag München.
Die Zeichnung 91 stammt aus Bergmann/Helb, Stimmen der Vögel Europas, BLV Verlag München.
Die Zeichnung 92 stammt aus Thielcke, Vogelstimmen, Springer Verlag Heidelberg.

Sämtliche Tonbeispiele auf der beiliegenden CD stammen aus dem Archiv Jean C. Roché des Centre d'Etudes Bioacoustiques Alpin (CEBA), Le Verdier, Mens. Sie werden mit freundlicher Genehmigung des CEBA verwendet. Sie wurden entnommen der Sammlung Jean C. Roché, Vogelstimmen Mitteleuropas, erschienen im Kosmos Verlag Stuttgart.

Allgemeines Register

Adoption 168ff, 172
Affektgebundene Laute 119ff, 129, 139
Aggressives Verhalten 115, 150ff, 157ff, 185f, 188, 191–213
Akustisches Revier ⇨ Klangrevier
Alarmrufe ⇨ Warnrufe
Alternieren (⇨ Wechselgesang) 134, 139, 157ff, 199, 208,
Amphibien 100f, 107, 112f
Angeborene Lautäußerungen 74f, 115, 120, 122, 126, 130f, 132ff, 139f, 145f, 152, 184, 193, 207f
Angleichen der Motive ⇨ Wechselgesang
«Angleichungsprozedur» 124f
Ankunftszeit der Zugvögel 51–54
Ankunftszeiten der Weibchen 148
Anlocken der Weibchen ⇨ Gesang
Antiphonieren (⇨ Duett, Wechselgesang) 108, 125, 176
Archäopteryx 94
Art / Artbildung 10, 29f, 138
Artfremde Signale 115, 160
Atmung 91f, 100f, 109, 110ff
– während des Singens 111f
Auflösungsvermögen für Zeit u. Klänge 73, 111f, 118, 120, 178
Aufrichtungstendenz und Stimme 113
Auslösemechanismus 151f
Autonomie 102, 105, 119, 151f,183, 212f
Baden 20, 40, 85, 94, 148
Balzverhalten 26, 37f, 78, 98f, 103, 115, 142, 148, 170f
Baumgecko 108
Baumsteigerfrosch 101
Beschwichtigungslaute 115, 120
Bettel- und Fütterungslaute 114f, 136, 170, 172
Bewegungsart und Umwelt 164f
Bio-Akustik 106

Biologie der Freiheit 105
Biozid-Einsatz 66, 70, 81, 87
Breitfrontzug 52
Brückenechse 108
Brüllaffe 112, 120
Brutdauer 104
Brutfleck 104
Bruthelfer ⇨ Helfer-Arten
Brutparasitismus (Brutschmarotzer) 104, 160
Brutpflege bei Fischen, Amphibien, Reptilien 101
Brutpflege bei Vögeln 103f
Buckelwal 112f
Bürzeldrüse 95
Buntbarsch 101
Chorgesang 49, 56, 61, 68, 70, 108, 114, 120, 122f, 136, 156, 171, 187, 204
Delphin 106, 112f, 120, 179
Dialekt, Dialektbildung 27, 30f, 88, 133–138, 208
Doppelter Atemstrom 110f, 117
Drittes Auge ⇨ Zirbeldrüse
Drohgebärden 150f, 154, 197f, 199f, 202, 205f, 209
Drohlaute 115, 151, 197
Dürre-Katastrophen (Sahelzone) 58f, 66f, 81
Duett 123–126, 137, 143, 156, 159, 175f, 180, 187
Durchzügler 19, 49
Dynamik 30, 61, 67, 69, 127, 144, 180
Eckermann, Johann Peter 53, 168–172
Eidechsen 101, 109
Eigenwärme 100–105, 119, 212
Einemsen 95
Elefant 112, 120
Elemente (Gesang) 62, 73, 114, 116, 133, 136, 176
Emanzipation von biologischen Notwendigkeiten und Zwängen 102ff, 105, 119f, 121f, 124f, 128f, 139, 144, 151f, 161, 183f, 212f

Endemische Arten 30, 85
Endogene Jahresrhythmen 96
Energiebedarf 91, 102
Entspannte Atmosphäre 123, 136, 183–186, 209, 212
Epiphyse ⇨ Zirbeldrüse
Erdkröte 107
Erregungsrufe 18, 22, 84, 114f, 126, 128, 205
Evolution 8, 30, 92, 94, 98, 100–113, 119f, 137f, 140f, 145, 151f, 171, 178, 183, 185, 187, 193, 212
Farbenlehre (Goethe) 97
Farben 96f
Federn 94ff, 97, 100
Federseele 94
Fettpolster (Fettreserven) 52, 90, 102
Fische 100f, 106f, 112f
Fledermaus 113
Fluchtdistanz 115
Flugfähigkeit 91f, 94f
Flügelform 41, 55, 92f
Flügelmuster 30, 35, 44, 49, 96f
Fluggesang (⇨ Singflug) 19, 142
Flugmuskulatur 92
Flugrufe 50, 86, 115, 120
Flugspezialisten 92ff
Flugspiele 35, 38
Flugunfähigkeit 92, 96
Freiheitlicher Stimmgebrauch 8, 121f, 124ff, 139, 144, 152, 161, 185
Frequenz 45, 110f, 120, 133, 137, 166, 173ff, 179f
Frösche 100f, 106ff, 113
Froschlurche 100f, 107, 113
Frühjahrszug (Heimzug) 51, 71, 77, 127, 129, 196
«Funktionslose» Lautäußerungen 119–129, 187f
Garibaldifisch 106
Gattung 10, 55
Geburtshelferkröte 107f, 113
Geckos 101, 108
Gedächtnis für Töne und Klänge 8, 133, 137, 141, 143
Gefieder 85, 94ff, 97, 99f
Gefiederabnutzung 35, 48, 95f
Gefiederkontakt ⇨ Kontaktsitzen
Gefiederpflege 85ff, 94f, 99
Gegenseitige Hilfe (⇨ Helfer-Arten) 172
Gehör 131, 137, 141, 178, 180, 213
Gelbbauchunke 108
Gesang und Bewegung 163f
Gesang und Landschaft 161–167

Gesang und individuelles Erkennen 8, 29, 69, 80, 140, 144f, 153, 156ff, 184, 198
Gesang unabhängig von biolog. Notwendigkeiten 8, 73, 102, 119–130, 152, 156, 183ff, 187f, 193, 212
Gesangsaktivität (Jahr) 13, 20f, 53, 72, 84, 96, 135ff, 187, 206
Gesangsaktivität (Tag) 22, 31, 61, 74, 84, 89
Gesangsdauer (⇨ Tempo) 111f, 116–118, 173, 177
Gesangsduell ⇨ Wechselgesang
Geschlechtsdimorphismus 16, 85, 97ff
Gesellig lebende Vögel 8, 17, 25, 35, 40, 46, 57, 86, 114, 171f, 185f, 188ff, 191f, 194–203, 208ff, 211
Gibbon 112, 120
Gleichgewichtsorgan 107
Gruppenrufe 141f
Harmonikale Zusammenhänge 179
Heimzug ⇨ Frühjahrszug
Helfer-Arten 26, 46, 85, 168–172, 199ff
Herbstgesang 96, 114, 122, 127f
Herbstzug 51, 129
Herz 92, 101, 109
Höhle-Zeigen 78f, 149
Höhlenbrüter 9, 14, 22, 24, 26, 40, 57, 66, 78ff, 115, 126, 136, 147ff, 153f, 196f, 199
Höherentwicklung 102, 112, 119, 137, 141, 144f, 152
Hörbereich 137
Homöothermie ⇨ Eigenwärme
Hormone, hormonelle Steuerung 89f, 128f, 131, 148, 182, 187f
Hornviper 109
Hudern 104
Imitation 17, 22f, 29, 32, 36, 38, 41, 43, 56, 63f, 66, 69ff, 73f, 78, 83, 111, 113, 120f, 125ff, 130, 132f, 135, 137f, 140–146, 157, 159f, 174–176, 178, 184, 188, 191, 194, 197, 204f, 212f
Imponieren 98, 115, 120, 150f, 154, 171, 196, 202, 207
Improvisation 142, 144, 176, 179, 194
Individualdistanz 192f, 199, 208
Individualisierung 8, 14, 29, 31, 69, 71, 73f, 76, 80, 120, 134f, 139ff, 144f, 152, 157f, 191, 193f, 207f, 212f
Individuelles Erkennen ⇨ Gesang
Innere Uhr 53, 90
Inneres Klangbild 131
Innerlichkeit / Innenleben 8, 99, 104f, 112, 119, 129, 143, 151f, 212f
Insekten- und Körnerfresser 14, 154, 208, 211f

Instinkt 134, 183
Instrumentallaute 81, 107ff, 114, 197
Intensive Landwirtschaft 12, 41, 64, 70, 86f
Interferenzfarben ⇨ Schillerfarben
Interspezifische Kommunikation 115, 145, 159f
Interspezifisches Verhalten 145, 150, 169f, 190, 195, 197f, 203, 205f
Intervalle 43f, 71, 158, 174ff, 179f
Intonation 135, 144, 173
Intraspezifisches Verhalten 170
Invasion, Invasionsvögel 33, 35, 48f, 54
Involution 112
Jugendgesang 72, 114, 123, 126ff, 132f, 136, 156, 187
Jugendkleid 96f
Kältestarre 102
Kaiman 108
Kanarische Eidechse 108
Kanarische Inseln 20, 29f, 85, 109
Kanonartiges Singen 158, 206
Kaspar-Hauser-Vögel 130–133, 139
Kehlkopf 107, 109f
Kehlsack 109
Kipp, Friedrich Alexander 43, 98f, 186
Klangfarbe 9, 20, 61, 135, 141, 144, 166, 173
Klangmikroskopie 178
Klangraum 129, 188, 192f, 195f, 205, 207, 212
Klangrevier 186–214
Klangspektrogramm ⇨ Sonagramm
Klapperschlange 109
Klimawandel und Vogelzug 51f
Knurrhahn 107
Körpertemperatur 96, 100, 102f
Kommunikation mit Artfremden 145, 160
Komodowaran 101
Kompensationsprinzip (Goethe/Kipp) 98
Komponieren 17, 73, 132, 138, 138, 140, 144, 176f, 184, 189, 194
Kontaktsitzen (-schlafen) 27f, 33, 136, 200, 205
Kontergesang ⇨ Wechselgesang
Kooperative Brutpflege ⇨ Helfer-Arten
Kreuzkröte 107
Kröten 100, 107f, 113
Krokodile 101, 108
Kurzstreckenzieher 51ff
Langstreckenzieher 51ff, 75, 89f, 92, 163, 170
Larynx ⇨ Kehlkopf
Laubfrosch 100, 107f, 113

Lautbildung (Evolution) 106–113, 119, 137, 212
Lautstärke 9, 17, 68, 107, 110, 156, 177, 179
Leierstrophen (Mönchsgrasmücke) 71, 132, 138f
Lerndisposition 131, 143
Lernen von Gesängen 8, 73, 75, 111, 114f, 124f, 129–146, 152, 158, 175f, 178, 193, 207, 210, 213
Lernen durch Einsicht 143
Lernfähigkeit 133f, 144f, 152, 213
Lernphase 130–136, 146
Lernprozess 12, 127, 129, 130-136
Lichteinfluss 13f, 20, 53, 89f, 148, 187
Lockrufe 16, 29, 41, 45, 60, 77f, 80, 115, 120, 145, 160
Luftröhre 109ff
Luftsäcke 91, 109, 111
Lunge 91f, 101, 107, 109f
Mauergecko 108
Maulbrüter 101
Mauser 35, 53, 79, 85f, 89, 95f, 99, 172, 192, 196, 209
Melanin 97
Melatonin 90
Melodie 135, 166, 174, 176, 179ff
Menschenaffen 112
Menschliche Entwicklung 104ff, 107, 120f
Mischsänger 28, 62, 145
Modulation 45, 70, 110f, 113, 128f, 132, 173, 180
Motiv 9, 16f, 23, 30f, 41, 43, 45, 114, 118, 125ff, 131f, 134f, 139ff, 142ff, 158f, 174f, 177ff, 180
Motivangleichung ⇨ Wechselgesang
Musikalische Qualitäten 17f, 43, 69f, 112f, 126, 135, 137ff, 143f, 152, 159f, 165, 173-182, 183f, 187–195, 200, 210, 212f
Nachahmung ⇨ Imitation
Nachtsänger 15, 20, 42f, 56, 61ff, 66ff, 70f, 165, 203
Nachtzug/Nachtzieher 49, 53, 115, 191, 194ff, 202, 208, 211
Nadelwald bewohnende Arten 18f, 24, 28f, 165, 168
Nächtigen ⇨ Schlafen
Nahrungssuche in fremden Revieren ⇨ Reviergrenzen
Nestbau 20ff, 24, 26, 28, 37, 40, 45f, 56f, 68, 71f, 74f, 78f, 81f, 85, 103f, 124, 144, 148ff, 153, 171f
- Schmuck verwendende Vögel 37f
- Spielnester 21
- Wahlnester 21, 72, 74, 148
Nestbau der ♀ außerhalb der Reviergrenzen 153, 196, 205
Nestflüchter 103
Nesthocker 115

Nestlaute ⇨ Bettel- und Fütterungslaute
Neugierverhalten 143
Obertöne 108, 173
Ortstreue 148, 198
Parasiten 95
Paargesang ⇨ Duett
Partnerschaft 68, 99, 103, 124ff, 135, 141, 148, 156, 159f, 191
Paukenhäute 110f
Pfahlstellung 164, 205
Pfeifgecko 108
Phrasen 21, 30, 58, 62, 73, 114, 136, 179f
Pigmentfarben 96f
Pinealorgan ⇨ Zirbeldrüse
Plastischer Gesang ⇨ Plaudergesang
Plaudergesang 114, 117, 122, 127–130, 142, 156, 187, 197
Population 30, 37, 46, 64, 71, 80f, 113, 134, 138, 152
Prachtkleider 47f, 85, 87, 96–98, 142, 148, 170f
Prägung (⇨ Lernphasen) 129, 136
Rangordnung (dominant) 150, 190f, 205f
Rangordnung (musikalisch) 176, 182, 188–213
Regenerationskräfte 105
Regenruf 31, 134
Reizschwelle 192, 201
Reptilien 94, 100ff, 103, 105, 108f, 112f
Resonanzräume 107, 109
Reviergesang und -verteidigung 8, 114, 121f, 125, 129, 139, 147–155, 160, 183ff, 187–213
- Anlocken der ♀ 114, 147f, 153, 155f
- Anziehungskraft auf neuankommende ♂ 153, 155f, 209
Reviergrenzen und -größe 8, 70, 123, 125, 150ff, 153ff, 159, 183, 190, 193, 196f, 199, 205f, 207ff
- Nahrungssuche in fremden Revieren 45, 153ff, 156, 188ff, 196, 206f, 208f
- Veränderung von Reviergrenzen 153ff, 203, 205f, 209
Riesenschlangen 101
Rhythmus 15, 22f, 41, 89f, 112, 118, 125, 132, 143f, 158f, 173, 174f, 179ff, 203
Rivalen 8, 115, 121, 125, 127, 134, 147, 160, 183ff, 188–214
Rotbauchunken 108
Rüttelflug 41, 81, 85, 171, 201
Rufe 16, 98, 108, 114ff, 120, 142, 145, 151, 161
Säugetiere 92, 94, 105f, 112f, 119f, 129, 152, 160

Sahara-Überquerung 52f, 211
Salamander 100
Sandbad 40,95
Sandrasselotter 109
Sauerstoffbedarf 91f, 102
Schallblasen 107f
Schallisolierte Aufzucht ⇨ Kaspar-Hauser-Versuch
Schildkröten 101, 108f, 113
Schillerfarben 97
Schlafen 14f, 21, 27f, 35f, 48, 56f, 102, 115, 122f, 145, 180, 197, 199, 208
- Massenschlafplätze 35, 48, 56
Schlangen 101, 108f, 113
Schlichtkleider 16, 48, 50, 80, 85f, 95–98
Schwanzbildung bei den Wirbeltieren 113
Schwanzlurche 100, 107, 113
Schwerkraft 113
Schwimmblase 107
Schwirrflug 46f, 77, 171
Seefrosch 107
Seelische Qualitäten 98, 102f, 105, 119, 187, 212
Seelische Wärme 103, 105
Segelflug 52, 93
Sehsinn 90
Selektionsaspekte 121, 124, 144, 151, 173, 210
Sensible Phase ⇨ Lernphase
Simultane Erzeugung mehrerer Töne 111f, 176, 180
Singflug 15, 32, 41f, 44, 58f, 63f, 69, 74, 77, 80, 86ff, 111, 122, 163, 191, 200, 204, 208
Singstunden 17, 129
Singwarte 42f, 60, 62, 74, 77, 81, 86f, 141, 148, 159, 196, 203, 205
Sonagramm 116ff, 128, 158, 163
Sonnenbad 85, 95
Sonnenstand (Gesangsbeginn/ Zug) ⇨ Lichteinfluss
Sozial lebende Vögel ⇨ Gesellig lebende Vögel
Soziale Funktionen der Lautäußerungen 114f, 120–126, 148, 161
Sperren 115, 142, 170, 197
Spezialisierung 92ff, 110f, 151
Spielerischer Stimmgebrauch 119–130, 139f, 144, 152, 156, 160, 183f, 187f, 193, 213
Spieltrieb 35, 38, 129, 151, 183, 201f, 207
Spotten, Spötter, Spottsänger ⇨ Imitation
Sprache 104, 111, 113, 120f, 135, 145f, 179, 213
Standvögel 19, 24, 46, 54, 92, 95, 198
Starre Verhaltensweisen 151f

Steigerungsreihe (⇨ Rangordnung) 112, 146, 182, 205, 212
Steppenvögel 45, 122
Stichling 101
Stimmbänder 107, 109
Stimme als verbindendes Element 125, 145
Stimmentwicklung ⇨ Lautbildung
Stimmfühlungslaute 16, 33f, 114f, 120, 124, 126
Stimmorgan ⇨ Syrinx
Stimmung 159, 167, 177, 183f, 187
Stimulation 115, 132, 147, 149, 159, 189
Strophen 114
Strukturfarben 97
Subsong ⇨ Plaudergesang
Süßlippe 106
Synchronsingen ⇨ Wechselgesang
Syrinx 39, 109–112, 137
Syrinxmembran ⇨ Paukenhaut
Syrinxmuskulatur 110f, 129f
«Täuschungsmanöver» 144
Tagesperiodik 90
Tagzug 195
Tanzvögel 170f
Tarnkleider 98
Teilzieher 51f, 52, 94
Tempo 20, 23, 31, 69, 117, 125, 144, 175ff, 178ff
Territoriale Arten 151, 153, 172, 188–213
Territoriales Verhalten ⇨ Revierverteidigung
Tierstimmenforschung 106
Tigerbarsch 107
Tokee 108
Tonhöhe 23, 43, 70, 78, 110f, 116f, 125, 131f, 139f, 143, 158f, 173ff, 179f, 197, 203
Tonleiter-Singen 137, 175f, 179
Tonsprünge (⇨ Intervalle) 116, 174, 204
Tonstärke ⇨ Lautstärke
Tradition 131ff, 134f, 137f, 140
Transponieren 174, 176, 179f
Trommelfisch 107
Überschlag 31, 71, 76, 84, 130f, 137, 139

Umberfisch 107
Unabhängigwerden von der Umwelt (⇨ Emanzipation) 100, 102, 105, 120, 151, 212
Universalgesang 139, 179
Unken 100, 108, 113
Variation 17, 69, 110, 127f, 132, 143, 159f, 176f, 184f
Vergesellschaftungen 22, 26, 49, 191, 195ff
Vogelstimmen-Exkursion 7f, 10f, 13, 114, 121, 215
Vogeluhr 13ff
Vogelzug 51–54, 80, 85, 89f, 92, 95, 102
Vorbild (Gesang) 69, 73, 131–145, 157
Vortragskunst 62, 124, 177
Wärmeregulierung 8, 27f, 100–105
Wahrnehmungsgenauigkeit 70, 112, 126, 141, 157ff, 173, 175f, 178ff
Wahrnehmungsgeschwindigkeit 73, 178f
Walgesänge 106, 112f, 120, 179
Warane 101, 108
Warnrufe 16, 20, 31, 74, 79, 84, 108, 114, 115 (Fremdalarm) 139, 145, 151, 161
Wasserfrosch 107
Wechselgesang 9, 31, 42, 61, 74, 76, 108, 117, 125f, 134, 154, 156–160, 176, 180, 193, 198f, 208, 212
Wegzug ⇨ Herbstzug
Weibchen (Gesang) 16, 20f, 32, 47, 60, 89, 123–126, 129, 136, 157, 159, 191, 193, 202, 206, 211
Wintergäste 33, 48–50, 52, 54
Winterflüchter 54
Wintergesang 20f, 25, 47, 114, 122f, 128f, 192, 198, 206, 211
Zauneidechse 102
Zeremonielle Versammlungen 36, 72
Zirbeldrüse 90
Zugvögel 51ff, 54, 55–88, 96
– Gesang während des Zugs bzw. im Winterquartier 127ff, 192f, 196, 203ff, 206
– Verhalten 51ff, 80, 96, 140, 191ff, 194-213
Zweistimmiger Gesang 110f, 117
Zwillingsarten 25, 62, 75, 145, 197

Lateinisch-deutsche Vogelnamen

Acanthis flammea Birkenzeisig
Accipiter gentilis Habicht
Acridotheres tristis Hirtenmaina
Acrocephalus arundinaceus Drosselrohrsänger
Acrocephalus dumetorum Buschrohrsänger
Acrocephalus melanopogon Mariskensänger
Acrocephalus paludicola Seggenrohrsänger
Acrocephalus palustris Sumpfrohrsänger
Acrocephalus schoenobaenus Schilfrohrsänger
Acrocephalus scirpaceus Teichrohrsänger
Actitis hypoleucos Flussuferläufer
Aegithalos caudatus Schwanzmeise
Aegypius monachus Mönchsgeier
Alaemon alaudipes Wüstenläuferlerche
Alauda arvensis Feldlerche
Alectura lathami Buschhuhn
Ammomanes cincturus Sandlerche
Ammomanes deserti Steinlerche
Anas platyrhynchos Stockente
Anser anser Graugans
Anthus berthelotii Kanaren-Pieper
Anthus campestris Brachpieper
Anthus pratensis Wiesenpieper
Anthus spinoletta Wasserpieper
Anthus trivialis Baumpieper
Aptenodytes patagonicus Königspinguin
Apteryx spec. Kiwi
Apus apus Mauersegler
Aquila adalberti Kaiseradler (Spanischer)
Aquila chrysaetos Steinadler
Asio otus Waldohreule
Bombycilla garrulus Seidenschwanz
Botaurus stellaris Rohrdommel
Bucanetes githagineus Wüstengimpel
Burhinus oedicnemus Triel
Buteo buteo Mäusebussard
Caprimulgus europaeus Ziegenmelker
Cardinalis cardinalis Roter Kardinal
Carduelis cannabina ⇒ *Linaria*

Carduelis carduelis Stieglitz
Carduelis chloris Grünfink (Grünling)
Carduelis flammea ⇒ *Acanthis*
Carduelis spinus ⇒ *Spinus*
Carpodacus erythrinus ⇒ *Erythrina*
Catharus guttatus Einsiedlerdrossel
Certhia brachydactyla Gartenbaumläufer
Certhia familiaris Waldbaumläufer
Charadrius dubius Flussregenpfeifer
Charadrius morinellus ⇒ *Eudromias*
Chiroxiphia caudata Blaubrustpipra
Chiroxiphia linearis Langschwanz-Pipra
Chlamydera nuchalis Graulaubenvogel
Chlorophoneus sulfureopectus Orangebrustwürger
Chloropsis spec. Blattvogel
Ciconia ciconia Weißstorch
Cinclus cinclus Wasseramsel
Circaetus gallicus Schlangenadler
Cisticola hunteri Grassänger
Cisticola juncidis Cistensänger
Coccothraustes coccothraustes Kernbeißer
Colius spec. Mausvogel
Columba oenas Hohltaube
Columba palumbus Ringeltaube
Contopus virens Wald(schnäpper)tyrann
Copsychus malabaricus Schamadrossel
Corvus brachyrhynchos Amerikanerkrähe
Corvus corax Kolkrabe
Corvus corone corone Rabenkrähe
Corvus corone cornix Nebelkrähe
Corvus frugilegus Saatkrähe
Corvus monedula Dohle
Corvus ruficollis Wüstenrabe
Cuculus canorus Kuckuck
Curruca communis Dorngrasmücke
Curruca curruca Klappergrasmücke
Cyanistes ceruleus Blaumeise
Cyanistes teneriffae Kanaren-Blaumeise
Cygnus columbianus Zwergschwan

Cygnus olor Höckerschwan
Delichon urbicum Mehlschwalbe
Dendrocopus major Buntspecht
Dendrocopus medius Mittelspecht
Dendrocopus minor Kleinspecht
Dicrurus adsimilis Trauerdrongo
Diomedea epomorpha Königsalbatros
Emberiza calandra Grauammer
Emberiza cia Zippammer
Emberiza cirlus Zaunammer
Emberiza citrinella Goldammer
Emberiza hortulana Ortolan
Emberiza rustica ⇒ *Schoeniclus*
Emberiza schoeniclus ⇒ *Schoeniclus*
Emberiza striolata saharae ⇒ *Fringillaria*
Erithacus rubecula Rotkehlchen
Erithacus superbus Kanaren-Rotkehlchen
Erythrina erythrina Karmingimpel
Eudromias morinellus Mornellregenpfeifer
Falco peregrinus Wanderfalke
Falco subbuteo Baumfalke
Falco tinnunculus Turmfalke
Ficedula albicollis Halsbandschnäpper
Ficedula hypoleuca Trauerschnäpper
Ficedula parva Zwergschnäpper
Francolinus ahantensis Ahantafrankolin
Fregata spec. Fregattvogel
Fringilla coelebs Buchfink
Fringilla montifringilla Bergfink
Fringilla teydea Teydefink
Fringillaria striolata Hausammer
Furnarius rufus Töpfervogel
Galerida cristata Haubenlerche
Gallinago gallinago Bekassine
Gallinula chloropos Teichhuhn
Garrulus glandarius Eichelhäher
Grallina cyanoleuca Drosselstelze
Granula religiosa Beo
Grus grus Kranich
Gymnorhina hypoleuca Weißrücken-Flötenvogel
Gymnorhina tibicen Schwarzrücken-Flötenvogel
Gypaetus barbatus Bartgeier
Gyps fulvus Gänsegeier
Haliaeetus albicilla Seeadler
Hieraaetus pennatus Zwergadler
Hippolais icterina Gelbspötter
Hirundo rustica Rauchschwalbe
Hylocichla mustelina Walddrossel
Jynx torquilla Wendehals
Laniarius aethiopicus Flötenwürger
Laniarius erythrogaster Scharlachwürger
Lanius collurio Neuntöter

Lanius excubitor Raubwürger
Lanius minor Schwarzstirnwürger
Lanius senator Rotkopfwürger
Leipoa ocellata Thermometerhuhn
Limosa limosa Uferschnepfe
Linaria cannabina Hänfling
Locustella fluviatilis Schlagschwirl
Locustella luscinoides Rohrschwirl
Locustella naevia Feldschwirl
Lophophanes cristatus Haubenmeise
Loxia curvirostra Fichtenkreuzschnabel
Lullula arborea Heidelerche
Luscinia luscinia Sprosser
Luscinia megarhynchos Nachtigall
Luscinia svecica Blaukehlchen
Macrocephalon maleo Hammerhuhn
Melanerpes fomicivorus Eichelspecht
Melanocorypha calandra Kalandererche
Mellisuga helenae Bienenelfe
Melopsittacus undulatus Wellensittich
Menura novaehollandiae Graurücken-Leierschwanz
Merops apiaster Bienenfresser
Milvus migrans Schwarzer Milan
Mimus polyglottos Spottdrossel
Monticola saxatilis Steinrötel
Monticola solitarius Blaumerle
Montifringilla nivalis Schneefink
Motacilla alba Bachstelze
Motacilla cinerea Gebirgsstelze
Motacilla flava Schafstelze
Muscicapa striata Grauschnäpper
Musophagidae Turakos
Neophron percnopterus Schmutzgeier
Nucifraga caryocatactes Tannenhäher
Numenius arquata Großer Brachvogel
Oenanthe deserti Wüstensteinschmätzer
Oenanthe isabellina Isabellsteinschmätzer
Oenanthe leucopyga Saharasteinschmätzer
Oenanthe oenanthe Steinschmätzer
Oriolus oriolus Pirol
Otis tarda Großtrappe
Panurus biarmicus Bartmeise
Paradisaeidae Paradiesvögel
Parus ater ⇒ *Periparus*
Parus caeruleus ⇒ *Cyanistes*
Parus cristatus ⇒ *Lophophanes*
Parus major Kohlmeise
Parus melanolophus ⇒ *Periparus*
Parus montanus ⇒ *Poecile*
Parus palustris ⇒ *Poecile*
Parus teneriffae Teneriffa-Blaumeise
Passer domesticus Haussperling

Passer hispaniolensis Weidensperling
Passer montanus Feldsperling
Pavo cristatus Pfau
Pelecanidae Pelikane
Perdix perdix Rebhuhn
Periparus ater Tannenmeise
Periparus melanolophus Schwarzschopfmeise
Petronia petronia Steinsperling
Phalaropus fulicarius Thorshühnchen
Phalarapus lobatus Odinshühnchen
Philomachus pugnax Kampfläufer
Phoenicopterus spec. Flamingo
Phoeniculus purpureus Rotschnabel-Baumhopf
Phoenicurus ochruros Hausrotschwanz
Phoenicurus phoenicurus Gartenrotschwanz
Phylloscopus bonelli ⇒ *Rhadina*
Phylloscopus collybita Zilpzalp
Phylloscopus sibilatrix ⇒ *Rhadina*
Phylloscopus trochiloides ⇒ *Seicercus*
Phylloscopus trochilus Fitis
Pica pica Elster
Picus viridis Grünspecht
Plectrophenax nivalis Schneeammer
Ploceus bicolor Waldweber
Podiceps cristatus Taubentaucher
Poecile montanus Weidenmeise
Poecile palustris Sumpfmeise
Procellariidae Sturmvögel
Prunella collaris Alpenbraunelle
Prunella modularis Heckenbraunelle
Psittacus erithacus Graupapagei
Ptilonorhynchos violaceus Seidenlaubenvogel
Ptiloris magnificus Pracht-Paradiesvogel
Pyrrhocorax graculus Alpendohle
Pyrrhocorax pyrrhocorax Alpenkrähe
Pyrrhula pyrrhula Gimpel (Dompfaff)
Quelea quelea Blutschnabelweber
Regulus ignicapillus Sommergoldhähnchen
Regulus regulus Wintergoldhähnchen
Regulus teneriffae Kanaren-Goldhähnchen
Remiz pendulinus Beutelmeise
Rhadina bonelli Berglaubsänger
Rhadina sibilatrix Waldlaubsänger
Riparia riparia Uferschwalbe
Rostratula benghalensis Goldschnepfe
Saxicola rubetra Braunkehlchen

Saxicola rubicola Schwarzkehlchen
Schoeniclus rusticus Waldammer
Schoeniclus schoeniclus Rohrammer
Seicercus trochiloides Grünlaubsänger
Sericulus chrysocephalus Gelbnacken-Laubenvogel
Serinus canaria Kanaren-Girlitz
Serinus serinus Girlitz
Sitta europaea Kleiber
Spinus spinus Erlenzeisig
Spinus tristis Goldzeisig
Sterna paradisaea Küstenseeschwalbe
Streptopelia decaocto Türkentaube
Streptopelia turtur Turteltaube
Strix aluco Waldkauz
Struthio camelus Strauß
Sturnus vulgaris Star
Sula bassana Basstöpel
Sylvia atricapilla Mönchsgrasmücke
Sylvia borin Gartengrasmücke
Sylvia cantillans Weißbartgrasmücke
Sylvia communis ⇒ *Curruca*
Sylvia conspicillata Brillengrasmücke
Sylvia curruca ⇒ *Curruca*
Sylvia hortensis Orpheusgrasmücke
Sylvia melanocephala Samtkopfgrasmücke
Sylvia nisoria Sperbergrasmücke
Sylvia undata Provencegrasmücke
Tachybaptus ruficollis Zwergtaucher
Taeniopygia guttata Zebrafink
Tetrao tetrix Birkhuhn
Tetrao urogallus Auerhuhn
Trachiphonus d'arnaudii Schmuckbartvogel
Trochilidae Kolibris
Troglodytes troglodytes Zaunkönig
Turdus iliacus Rotdrossel
Turdus merula Amsel
Turdus philomelos Singdrossel
Turdus pilaris Wacholderdrossel
Turdus torquatus Ringdrossel
Turdus viscivorus Misteldrossel
Turnicidae Kampfwachteln (Laufhühnchen)
Tyto alba Schleiereule
Viduinae Witwen
Vultur gryphus Kondor
Zosterops spec. Brillenvogel

Verzeichnis der Vogelarten

Fett gedruckte Zahlen verweisen auf die Abbildungen.

Aaskrähe ⇒ Rabenkrähe
Ahantafrankolin *Francolinus ahantensis* 126
Albatros *Diomedea spec.* 92f
Alpenbraunelle *Prunella collaris* 54, **60**, 148, 172, 202, 212
Alpendohle *Pyrrhocorax graculus* 38
Alpenkrähe *Pyrrhocorax pyrrhocorax* 38
Amerikanerkrähe *Corvus brachyrhynchos* 141
Amsel *Turdus merula* 16, **17**f, 54, 95ff, 110f, 126, 129, 132, 134f, 149, 151f, 170, 174, 176f, 182, 187, 189ff
Auerhuhn *Tetrao urogallus* 98
Bachstelze *Motacilla alba* **47**, 54, 155, 164, 207f
Bartgeier *Gypaetus barbatus* 93
Bartmeise *Panurus biarmicus* 45, **46**, 54, 97, 149, 172, 188, 200
Basstölpel *Sula bassana* 92, 148
Baumfalke *Falco subbuteo* 18
Baumpieper *Anthus trivialis* 15, 54, **58**, 104, 122, 133, 151, 163, 202
Bekassine *Gallinago gallinago* 109
Beo *Granula religiosa* 141, 175
Bergfink *Fringilla montifringilla* **48**, 54, 97, 122, 172, 209f
Berglaubsänger *Rhadina bonelli* 54, **77**, 196
Beutelmeise *Remiz pendulinus* 37, 54, 81, **82**, 148f, 199
Bienenelfe *Mellisuga helenae* 91
Bienenfresser *Merops apiaster* 28, 126, 172
Birkenzeisig *Acanthis flammea* **33**, 54, 127, 209
Birkhuhn *Tetrao tetrix* 98, 109
Blässhuhn *Fulica atra* 147
Blattvogel *Chloropsis spec.* 142
Blaubrustpipra *Chiroxiphia caudata* 171
Blaukehlchen *Luscinia svecica* 54, **63**, 95, 97f, 129, 142, 184, 192

Blaumeise *Cyanistes caeruleus* **23**, 54, 97, 102, 104, 128, 148, 169f, 174, 177, 197f
Blaumerle *Monticola solitarius* 97f, 163, 191, 193
Bluthänfling ⇒ Hänfling
Blutschnabelweber *Quelea quelea* 49
Brachpieper *Anthus campestris* 163, 202, 212
Brachvogel, Großer *Numenius arquata* 36, 39, 109
Braunkehlchen *Saxicola rubetra* 12, 54, **64**, 97, 142, 195
Brillengrasmücke *Sylvia conspicillata* 97, 163
Brillenvogel *Zosterops spec.* 98
Boubouwürger *Laniarius aethiopicus* 124f, 175
Buchfink *Fringilla coelebs* 30, **31**, 54, 95, 97f, 104, 110, 116, 127f, 130-135, 150, 154f, 156ff, 209ff
Buntspecht *Dendrocopus major* 22, 29, 115
Buschhuhn *Alectura lathami* 103
Buschrohrsänger *Acrocephalus dumetorum* 142
Cistensänger *Cisticola juncidis* 149
Distelfink ⇒ Stieglitz
Dohle *Corvus monedula* 37, 38, 104
Dompfaff ⇒ Gimpel)
Dorngrasmücke *Curruca communis* 52, 54, **74**, 122, 127, 142, 149, 152, 158, 167, 206f
Drosselrohrsänger *Acrocephalus arundinaceus* 54, 67, **68**, 150, 165, 203ff, 206
Drosselstelze *Grallina cyanoleuca* 126
Eichelhäher *Garrulus glandarius* 36f, 54, 115, 140
Eichelspecht *Melanerpes fomicivorus* 172
Einsiedlerdrossel *Catharus guttatus* 175, 191
Elster *Pica pica* 36, **37**f, 54
Erlenzeisig *Spinus spinus* **32**f, 54, 97, 115, 123, 133, 140, 209f
Feldlerche *Alauda arvensis* 15, **41**f, 54, 89, 111, 117f, 122, 151, 163, 167, 176f, 200
Feldschwirl *Locustella naevia* 54, **67**, 111, 116, 127, 132, 149, 158, 165, 177, 203

Feldsperling *Passer montanus* 14, 27f, **40**, 54, 149, 211
Fichtenkreuzschnabel *Loxia curvirostra* **34**f, 54, 97
Fitis *Phylloscopus trochilus* 52f, 54, 75, **76**, 96, 117, 127, 134, 148, 163, 177, 184, 192, 196
Flamingo *Phoenicopterus spec.* 97
Flussregenpfeifer *Charadrius dubius* 62, 164
Flussuferläufer *Actitis hypoleucos* 164
Fregattvögel *Fregata spec.* 92
Gänsegeier *Gyps fulvus* 93, 104
Gartenbaumläufer *Certhia brachydactyla* **27**f, 54, 115, 126, 132, 134, 153, 197
Gartengrasmücke *Sylvia borin* 54, **73**f, 95f, 128, 142, 149, 162, 167f, 177f, 206f
Gartenrotschwanz *Phoenicurus phoenicurus* 15, 52, 54, 65, **66**, 97f, 104, 149, 154, 188, 195
Gebirgsstelze *Motacilla cinerea* **47**f, 54, 97, 161f, 164, 207
Gelbspötter *Hippolais icterina* 17, 54, 70, **71**, 89, 96, 129, 140, 150, 165, 174, 195
Gimpel (Dompfaff) *Pyrrhula pyrrhula* **33**f, 54, 97, 141, 148f, 188, 209f
Girlitz *Serinus serinus* **85**f, 97, 116, 122, 126, 209
Goldammer *Emberiza citrinella* **44**f, 54, 95, 97, 122, 128,132, 134, 150, 155, 158, 167, 177, 208f
Goldschnepfe *Rostratula benghalensis* 99
Goldzeisig *Spinus tristis* 112
Grassänger *Cisticola hunteri* 125
Grauammer *Emberiza calandra* 54, **87**, 123, 148, 208
Graugans *Anser anser* 104, 148
Graulaubenvogel *Chlamydera nuchalis* 38, 98
Graupapagei *Psittacus erithacus* 141
Graurücken-Leierschwanz *Menura novaehollandiae* 98, 111, 142f
Grauschnäpper *Muscicapa striata* 54, 80, **81**, 142, 197, 212
Grauspecht *Picus canus* 39
Großfußhühner *Megapodiidae* 103
Großtrappe *Otis tarda* 91, 98, 109
Grünfink (Grünling) *Carduelis chloris* 14, 31, **32**, 54, 95, 97, 117, 122, 133, 135, 145, 158, 209f
Grünlaubsänger *Seicercus trochiloides* 196
Grünspecht *Picus viridis* 39
Habicht *Accipiter gentilis* 13
Hänfling *Linaria cannabina* 54, 86, **87**, 95, 97f, 115, 132f, 145, 158, 188
Halsbandschnäpper *Ficedula albicollis* 54, 79f, 97, 148f, 170, 172, 197

Hammerhuhn *Macrocephalon maleo* 103
Haubenlerche *Galerida cristata* 42, **43**, 54, 142, 200
Haubenmeise *Lophophanes cristatus* **24**, 54, 165, 197, 199
Haubentaucher *Podiceps cristatus* 104
Hausammer *Fringillaria striolata* 88
Hausrotschwanz *Phoenicurus ochruros* 15, 54, 64, **65**f, 97, 128, 196
Haussperling *Passer domesticus* 14, 39, **40**, 54, 94, 97, 104, 150, 169, 172, 176
Heckenbraunelle *Prunella modularis* 14, 16, 54, **60**, 116, 148ff, 159, 172, 185, 202, 209
Heidelerche *Lullula arborea* 15, 41, **42**, 54, 165, 174, 195, 200
Hirtenmaina *Acridotheres tristis* 141
Höckerschwan *Cygnus olor* 91, 104, 147f
Hohltaube *Columba oenas* 39
Isabellsteinschmätzer *Oenanthe isabellina* 163
Kaiseradler (Spanischer) *Aquila adalberti* 93
Kalandererche *Melanocorypha calandra* 142, 200
Kampfläufer *Philomachus pugnax* 98
Kampfwachteln (Laufhühnchen) *Turnicidae* 99
Kanaren-Blaumeise *Cyanistes teneriffae*
Kanaren-Girlitz *Serinus canaria* 31, 85, 112 135
Kanaren-Goldhähnchen *Regulus teneriffae* 30
Kanaren-Pieper *Anthus berthelotii* 163f
Kanaren-Rotkehlchen *Erithacus superbus* 20f
Kanarienvogel *Serinus canaria domest.* 111, 141
Karmingimpel *Erythrina erythrina* 98
Kernbeißer *Coccothraustes coccothraustes* **34**, 35, 54, 97, 148f
Kiwi *Apteryx spec.* 92
Klappergrasmücke *Curruca curruca* 54, 72, 74, **75**, 127, 132, 143, 149, 167f, 206
Kleiber *Sitta europaea* 14, 22, **26**f, 54, 116, 158, 173, 177, 200
Kleinspecht *Dendrocopus minor* 39
Königsalbatros *Diomedea epomorpha* 104
Königspinguin *Aptenodytes patagonicus* 104
Kohlmeise *Parus major* 14, **22**f, 54, 115, 117f, 126, 128, 144, 147f, 154, 157f, 165f, 174, 177, 179, 185, 197f
Kolibris *Trochilidae* 91f, 97, 102, 141f, 178
Kolkrabe *Corvus corax* **38**, 54, 125, 149
Kondor *Vultur gryphus* 148
Krammetsvogel ⇒ Wacholderdrossel
Kranich *Grus grus* 104, 109, 147f

Kuckuck *Cuculus canorus* 39, 104, 109
Küstenseeschwalbe *Sterna paradisaea* 90, 104, 172
Langschwanz-Pipra *Chiroxiphia linearis* 170
Laufhühnchen ⇒ Kampfwachteln
Mariskensänger *Acrocephalus melanopogon* 27, 203ff, 206
Mäusebussard *Buteo buteo* 39, 93, 104
Mauersegler *Apus apus* 92ff, 102, 104
Mausvogel *Colius spec.* 28, 102, 170
Mehlschwalbe *Delichon urbicum* 14, 27, 54, 56, 57, 96, 149, 170, 172, 201f
Misteldrossel *Turdus viscivorus* **18**, 54, 154ff, 165, 189ff
Mittelspecht *Dendrocopus medius* 39
Mönchsgeier *Aegypius monachus* 93
Mönchsgrasmücke *Sylvia atricapilla* 51ff, 54, 71, **72**f, 97, 127f, 131, 134, 137-139, 142, 149, 167f, 177, 206f
Mornellregenpfeifer *Eudromias morinellus* 99
Nachtigall *Luscinia megarhynchos* 15, 54, 60ff, **61**, 104, 122, 128f, 131, 142, 145, 151, 153, 158, 165, 174, 177, 183ff, 188, 192, 195
Nachtschwalbe *Caprimulgus spec.* 102
Nebelkrähe *Corvus corone cornix* 38
Neuntöter *Lanius collurio* 17, 54, **83**, 97, 142, 149, 150, 152
Odinshühnchen *Phalarapus lobatus* 99
Orangebrustwürger *Chlorophoneus sulfureopectus* 174
Orpheusgrasmücke *Sylvia hortensis* 150, 163
Ortolan *Emberiza hortulana* 54, 81, 87, **88**, 134, 155, 158, 208
Papageien *Psittaciformes* 28, 38, 98, 111, 141
Paradiesvögel *Paradisaeidae* 93, 98
Pelikane *Pelecanidae* 52
Pfau *Pavo cristatus* 98
Pipra Tanzvogel
Pirol *Oriolus oriolus* 51f, 53f, **84**f, 96ff, 104, 126, 128, 149f, 154, 170, 172, 181, 185
Pracht-Paradiesvogel *Ptiloris magnificus* 98
Provencegrasmücke *Sylvia undata* 163
Rabenkrähe *Corvus c. corone* 38, 54, 104
Raubwürger *Lanius excubitor* 12, 83
Rauchschwalbe *Hirundo rustica* 54, **56**, 102, 104, 122, 149, 172, 201
Rebhuhn *Perdix perdix* 12, 104
Ringdrossel *Turdus torquatus* 18, **19**, 54, 97, 149, 189f
Ringeltaube *Columba palumbus* 39, 92, 104, 110, 156

Rohrammer *Schoeniclus schoeniclus* **45**, 54, 98, 132, 152f, 156, 185, 209
Rohrdommel *Botaurus stellaris* 109, 164
Rohrschwirl *Locustella luscinoides* 149, 202f
Rotbauchwürger ⇒ Scharlachwürger
Rotdrossel *Turdus iliacus* 49, 54, 123, 189ff
Roter Kardinal *Cardinalis cardinalis* 97, 111
Rotkehlchen *Erithacus rubecula* 9, 13f, 16, **20**f, 53f, 89, 95, 104, 114ff, 128f, 145, 150ff, 153ff, 157, 170, 172, 187, 192f, 211
Rotkopfwürger *Lanius senator* 83, 150
Rotrückiger Würger ⇒ Neuntöter
Rotschnabel-Baumhopf *Phoeniculus purpureus* 171
Saatkrähe *Corvus frugilegus* 38, 54
Saharasteinschmätzer *Oenanthe leucopyga* 163
Samtkopfgrasmücke *Sylvia melanocephala* 97, 163
Sandlerche *Ammomanes cincturus* 163, 200f
Schafstelze *Motacilla flava* 54, **59**, 97, 164, 208
Schamadrossel *Copsychus malabaricus* 112, 125, 129, 137, 144, 159f, 175f, 184, 191, 193, 211
Scharlachwürger *Laniarius erythrogaster* 125
Schilfrohrsänger *Acrocephalus schoenobaenus* 54, **69**, 128, 142f, 144, 150, 153, 160, 165, 203ff, 206
Schlagschwirl *Locustella fluviatilis* 165, 203
Schlangenadler *Circaetus gallicus* 93
Schleiereule *Tyto alba* 94
Schmuckbartvogel *Trachyphonus d'arnaudii* 124
Schmutzgeier *Neophron percnopterus* 93
Schneeammer *Plectrophenax nivalis* **50**, 54
Schneefink *Montifringilla nivalis* 163
Schnurrvögel *Pipridae* 170
Schwanzmeise *Aegithalos caudatus* **25**f, 54, 171f, 188, 199
Schwarzdrossel ⇒ Amsel
Schwarzer Milan *Milvus migrans* 109
Schwarzkehlchen *Saxicola rubicola* 54, 64, **65**, 97, 142
Schwarzplättchen⇒ Mönchsgrasmücke
Schwarzrücken-Flötenvogel *Gymnorhina tibicen* 123, 125
Schwarzschopfmeise *Periparus melanolophus* 179
Schwarzspecht *Dryocopus martius* 39
Schwarzstirnwürger *Lanius minor* 83
Seeadler *Haliaeetus albicilla* 96
Seggenrohrsänger *Acrocephalus paludicola* 203ff, 206
Seidenlaubenvogel *Ptilonorhynchos violaceus* 38
Seidenschwanz *Bombycilla garrulus* 49, **50**, 54, 123

Singdrossel *Turdus philomelos* 16, **17**, 54, 89, 104, 128, 135, 140ff, 150, 153ff, 166, 174f, 189ff
Sommergoldhähnchen *Regulus ignicapillus* 27f, **29**f, 54, 104, 177, 197
Sperbergrasmücke *Sylvia nisoria* 72, 150, 206f
Spottdrossel *Mimus polyglottos* 142f
Sprosser *Luscinia luscinia* 42, 54, 62, **63**, 128, 145, 195
Star *Sturnus vulgaris* 14, 17, **35**f, 54, 95, 114, 123, 140f, 188
Steinadler *Aquila chrysaetos* 96, 104
Steinlerche *Ammomanes deserti* 200
Steinrötel *Monticola saxatilis* 97f, 163, 191
Steinschmätzer *Oenanthe oenanthe* 54, 66, **67**, 97, 163
Steinsperling *Petronia petronia* 163, 211
Stieglitz *Carduelis carduelis* 54, **86**, 97f, 106, 133, 176, 211
Stockente *Anas platyrhynchos* 104
Strauß *Struthio camelus* 92, 104
Sturmvögel *Procellariidae* 92
Sumpfmeise *Poecile palustris* 22, **24**f, 123, 132, 135, 136f, 153, 158, 185, 197f
Sumpfrohrsänger *Acrocephalus palustris* 17, 54, 62, 69, **70**, 89, 96, 123, 126f, 133, 135, 140, 142, 149, 157f, 165, 174f, 203ff, 206
Tannenhäher *Nucifraga caryocatactes* 54, 149, 165
Tannenmeise *Periparus ater* **23**f, 54, 157, 178f, 197, 199
Teichhuhn *Gallinula chloropus* 172
Teichrohrsänger *Acrocephalus scirpaceus* 54, **68**f, 104, 122, 126, 140, 150, 153, 165, 203ff, 206
Teydefink *Fringilla teydea* 209
Thermometerhuhn *Leipoa ocellata* 103
Thorshühnchen *Phalaropus fulicarius* 99
Töpfervogel *Furnarius rufus* 124
Trauerdrongo *Dicrurus adsimilis* 125
Trauerschnäpper *Ficedula hypoleuca* 22, 52, 54, **78**f, 97, 126, 149, 154, 172, 196
Triel *Burhinus oedicnemus* 62
Türkentaube *Streptopelia decaocto* 39
Turakos *Musophagidae* 97
Turmfalke *Falco tinnunculus* 81, 104
Turteltaube *Streptopelia turtur* 39
Uferschnepfe *Limosa limosa* 109
Uferschwalbe *Riparia riparia* 54, **57**f, 62, 96, 126, 149, 201

Wacholderdrossel *Turdus pilaris* 18, **19**, 54, 94, 123, 150, 163, 189ff
Waldammer *Schoeniclus rustica* 123, 208
Waldbaumläufer *Certhia familiaris* **28**f, 132, 145, 149, 197
Walddrossel *Hylocichla mustelina* 112, 175
Waldkauz *Strix aluco* 39, 94, 104, 109
Waldlaubsänger *Rhadina sibilatrix* 14, 54, 76, **77**, 117, 122, 148, 153, 163, 174, 177, 185, 189, 195
Waldohreule *Asio otus* 39
Waldschnäppertyrann *Contopus virens* 111, 175
Waldweber *Ploceus bicolor* 124
Wanderfalke *Falco peregrinus* 92f, 147
Wasseramsel *Cinclus cinclus* 16, **46**f, 149, 161f, 164, 167
Wasserpieper *Anthus spinoletta* 163, 202
Weidenmeise *Poecile montanus* **25**, 54, 149, 197f
Weidensperling *Passer hispaniolensis* 97, 149, 211
Weißbartgrasmücke *Sylvia cantillans* 98, 163
Weißrücken-Flötenvogel *Gymnorhina hypoleuca* 123, 125
Weißstorch *Ciconia ciconia* 52, 92, 109, 148
Wellensittich *Melopsittacus undulatus* 141
Wendehals *Jynx torquilla* 39
Wiesenpieper *Anthus pratensis* 54, **59**, 163, 202
Wintergoldhähnchen *Regulus regulus* 28, 29f, 54, 128, 149, 157, 197
Witwen *Viduinae* 160
Wüstengimpel *Bucanetes githagineus* 163
Wüstenläuferlerche *Alaemon alaudipes* 43f, 163, 175
Wüstenrabe *Corvus ruficollis* 38
Wüstensteinschmätzer *Oenanthe deserti* 163
Zaunammer *Emberiza cirlus* 208f
Zaungrasmücke ⇒ Klappergrasmücke
Zaunkönig *Troglodytes troglodytes* 7, 14, **21**, 53f, 104, 114, 126, 128, 148ff, 155, 169f, 173, 177, 192
Zebrafink *Taeniopygia guttata* 131ff, 176, 188
Zeisig ⇒ Erlenzeisig
Ziegenmelker *Caprimulgus europaeus* 112
Zilpzalp *Phylloscopus collybita* 54, **75**f, 89, 104, 117, 128, 132, 139, 148, 154, 163, 185, 189, 195f, 207
Zippammer *Emberiza cia* 159, 209
Zwergadler *Hieraaetus pennatus* 93, 109
Zwergschnäpper *Ficedula parva* 54, 78, **80**, 97, 196
Zwergschwan *Cygnus columbianus* 94
Zwergtaucher *Tachybaptus ruficollis* 109, 126

Tonbeispiele auf der beiliegenden CD

Lfd. Nr.	Vogelart	Legende	Laufzeit(sec)	Seite
1	Amsel	Gesang und Warnrufe	70	17
2	Singdrossel	Ruf, Alarmruf, Gesang	52	17
3	Misteldrossel	Alarmrufe, Gesang	56	18
4	Wacholderdrossel	Rufe und Fluggesang	33	19
5	Ringdrossel	Gesang	20	19
6	Rotkehlchen	Gesang und Warnrufe	60	20
7	Zaunkönig	Alarmrufe und Gesang	35	21
8	Kohlmeise	Verschiedene Gesänge und Warnrufe	72	22
9	Blaumeise	Gesang und Warnrufe	78	23
10	Tannenmeise	Gesang und Schnurrlaute	33	23
11	Haubenmeise	Rufreihen	28	24
12	Sumpfmeise	Gesang	45	24
13	Weidenmeise	Gesang und Rufe	33	25
14	Schwanzmeise	Rufe und singendes ♂	32	25
15	Kleiber	Rufe und Gesang	48	26
16	Gartenbaumläufer	Rufe und Gesang	23	27
17	Waldbaumläufer	Gesang und Rufe	44	28
18	Wintergoldhähnchen	Gesang	33	29
19	Sommergoldhähnchen	Rufe, Gesang	28	29
20	Buchfink	Gesang und Rufe	32	31
21	Grünfink / Grünling	Gesang und Rufe	35	32
22	Erlenzeisig	Rufe und Gesang	31	32
23	Birkenzeisig	Flugrufe und Fluggesang	39	33
24	Gimpel (Dompfaff)	Rufe und Gesang	42	33
25	Fichtenkreuzschnabel	Rufe und Gesang	24	34
26	Kernbeißer	Rufgesang	20	34
27	Star	Gesang mit Imitationen	43	35
28	Eichelhäher	Rufe, Imitationen, Gesang	82	36
29	Elster	Rufe, Gesang	42	37
30	Dohle	Flugrufe eines Trupps	32	38
31	Rabenkrähe	Rufe	52	38
32	Kolkrabe	Rufe	58	38
33	Haussperling	Rufe und singendes ♂	23	40
34	Feldsperling	Rufe, Gesang	38	40
35	Feldlerche	Gesang	38	41
36	Heidelerche	Gesang	42	42
37	Haubenlerche	Gesang	32	43
38	Goldammer	Rufe und Gesang	31	44
39	Rohrammer	Gesang	23	45
40	Bartmeise	Rufe und Triller	34	46

Lfd. Nr.	Vogelart	Legende	Laufzeit(sec)	Seite
41	Wasseramsel	Flugruf, singendes ♂	44	46
42	Bachstelze	Rufe und singendes ♂	37	47
43	Gebirgsstelze	Rufe und singendes ♂	29	47
44	Bergfink	Rufe und „Gesang"	27	48
45	Rotdrossel	Gesang	43	49
46	Seidenschwanz	Singendes ♂	19	50
47	Schneeammer	Rufe, Gesang	25	50
48	Rauchschwalbe	Rufe und Gesang	47	56
49	Mehlschwalbe	Rufe und Gesang	34	57
50	Uferschwalbe	Flugrufe einer Kolonie, singendes ♂	38	57
51	Baumpieper	Singflug eines ♂	50	58
52	Wiesenpieper	Singflug eines ♂	27	59
53	Schafstelze	Rufe, Gesang	24	59
54	Heckenbraunelle	Gesang	30	60
55	Alpenbraunelle	Rufe, Gesang	34	60
56	Nachtigall	Alarmruf, Gesang	60	61
57	Sprosser	Alarmrufe, Gesang	43	63
58	Blaukehlchen	Alarmruf, Gesang	48	63
59	Braunkehlchen	Alarmruf, Gesang	36	64
60	Schwarzkehlchen	Alarmruf, Gesang	33	65
61	Hausrotschwanz	Alarmruf, Gesang	39	65
62	Gartenrotschwanz	Alarmruf, Gesang	40	66
63	Steinschmätzer	Gesang	30	67
64	Feldschwirl	Gesang	23	67
65	Drosselrohrsänger	Alarmruf, Gesang	32	68
66	Teichrohrsänger	Gesang	32	68
67	Schilfrohrsänger	Gesang	35	69
68	Sumpfrohrsänger	Gesang	44	70
69	Gelbspötter	Gesang	65	71
70	Mönchsgrasmücke	Gesang	36	72
71	Gartengrasmücke	Alarmruf, Gesang	34	73
72	Dorngrasmücke	Alarmrufe, Gesang	37	74
73	Klappergrasmücke	Alarmruf, Gesang	27	75
74	Zilpzalp	Rufe, Gesang	35	75
75	Fitis	Gesang, Rufe	35	76
76	Waldlaubsänger	Ruf, Gesang	39	77
77	Berglaubsänger	Gesang	16	77
78	Trauerschnäpper	Singendes ♂	32	78
79	Halsbandschnäpper	Ruf und Gesang	32	79
80	Zwergschnäpper	Gesang	26	80
81	Grauschnäpper	Gesang	29	81
82	Beutelmeise	Rufe, singendes ♂	38	82
83	Neuntöter	Verschiedene Rufe, Gesang	48	83
84	Pirol	Gesang und Rufe	33	84
85	Girlitz	Rufe, Fluggesang	33	85
86	Stieglitz	Rufe und Gesang	46	86
87	Hänfling	Rufe, singendes ♂	28	87
88	Grauammer	Gesang	17	87
89	Ortolan	Rufe, verschiedene Gesänge	47	88

Alphabetisches Register der CD

Vogelart	Lfd. Nr.
Alpenbraunelle	55
Amsel	1
Bachstelze	42
Bartmeise	40
Baumpieper	51
Bergfink	44
Berglaubsänger	77
Beutelmeise	82
Birkenzeisig	23
Blaukehlchen	58
Blaumeise	9
Braunkehlchen	59
Buchfink	20
Dohle	30
Dorngrasmücke	72
Drosselrohrsänger	65
Eichelhäher	28
Elster	29
Erlenzeisig	22
Feldlerche	35
Feldschwirl	64
Feldsperling	34
Fichtenkreuzschnabel	25
Fitis	75
Gartenbaumläufer	16
Gartengrasmücke	71
Gartenrotschwanz	62
Gebirgsstelze	43
Gelbspötter	69
Gimpel (Dompfaff)	24
Girlitz	85
Goldammer	38
Grauammer	88
Grauschnäpper	81
Grünfink / Grünling	21
Halsbandschnäpper	79
Hänfling	87
Haubenlerche	37
Haubenmeise	11
Hausrotschwanz	61
Haussperling	33
Heckenbraunelle	54
Heidelerche	36
Kernbeißer	26
Klappergrasmücke	73
Kleiber	15
Kohlmeise	8
Kolkrabe	32
Mehlschwalbe	49
Misteldrossel	3
Mönchsgrasmücke	70
Nachtigall	56
Neuntöter	83
Ortolan	89
Pirol	84
Rabenkrähe	31
Rauchschwalbe	48
Ringdrossel	5
Rohrammer	39
Rotdrossel	45
Rotkehlchen	6
Schafstelze	53
Schilfrohrsänger	67
Schneeammer	47
Schwanzmeise	14
Schwarzkehlchen	60
Seidenschwanz	46
Singdrossel	2
Sommergoldhähnchen	19
Sprosser	57
Star	27
Steinschmätzer	63
Stieglitz	86
Sumpfmeise	12
Sumpfrohrsänger	68
Tannenmeise	10
Teichrohrsänger	66
Trauerschnäpper	78
Uferschwalbe	50
Wacholderdrossel	4
Waldbaumläufer	17
Waldlaubsänger	76
Wasseramsel	41
Weidenmeise	13
Wiesenpieper	52
Wintergoldhähnchen	18
Zaunkönig	7
Zilpzalp	74
Zwergschnäpper	80

Walther Streffer
Vom Wunder des Vogelzuges
Die großen Wanderungen der Zugvögel und das Geheimnis ihrer Orientierung
Gebunden, 271 Seiten mit zahlreichen Schwarzweiß- und Farbabbildungen

Walther Streffer führt den Leser tief hinein in die faszinierende und immer noch rätselhafte Welt der Zugvögel. Alljährlich im Spätsommer und Herbst brechen Milliarden Brutvögel der Nordhalbkugel auf, um nach Süden zu ziehen und zum Teil weit entfernte Winterquartiere aufzusuchen. – Wann ziehen welche Arten und wann kehren sie wieder? Wo liegen ihre Ruheziele, welche Zugrouten nehmen sie und welche Flugleistungen vollbringen sie dabei? Wie orientieren sich Zugvögel auf ihrer Reise und wie finden sie in ihre Heimat wieder zurück? Welche Gefahren warten unterwegs auf sie und wie beeinträchtigt menschliche Natur- und Umweltzerstörung das Zugverhalten? Walther Streffer erschließt durch eigene Beobachtung und profunde Kenntnisse der Fachliteratur die wunderbare Welt der Zugvögel.

Walther Streffer
Klangsphären
Motive der Automonie im Gesang der Vögel
Gebunden, 283 Seiten mit zahlreichen Schwarzweiß- und Farbabbildungen

Walther Streffer legt eine aufschlussreiche Studie über die Qualität des Musikalischen in der Vogelwelt vor. Die Darstellungen regen an, den Vogelstimmen intensiver zuzuhören und Motive differenzierter wahrzunehmen. Der Vogelgesang erschließt sich in seiner Vielfalt und Bedeutung völlig neu und eröffnet auch für das Evolutionsverständnis wesentliche Aspekte. Wer den vielfältigen Gesang der Vögel näher studiert, macht erstaunliche Entdeckungen: Da gibt es den erregten Kampfgesang, einen entspannten, vielfältigen Motivgesang, Wechselgesänge in verschiedensten Variationen und bei einigen Arten sogar einen ausgeprägten Imitationsgesang – manche Vögel sind wahre Gesangskünstler. Es zeigt sich, dass Singvögel aufeinander horchen und fähig sind, Gehörtes wiederzugeben. Die psychische Affinität zum Musikalischen ist bei ihnen wesentlich größer als bei anderen Tiergruppen.

Walther Streffer
Über die Art hinaus
Die Bedeutung intelligenter Individuen für die Evolution der Tiere
Gebunden, 366 Seiten mit zahlreichen Schwarz-Weiß-Abbildungen

Höhere Wirbeltiere verfügen über einsichtiges Verhalten und Gedächtnis wie auch ein großes Maß an sozialer und motorischer Intelligenz. Die fortschrittlichen und flexibleren Individuen entdecken etwa im Umgang mit Werkzeugen bessere Techniken, die von den Artgenossen rasch nachgeahmt und als neue Fähigkeiten tradiert werden.
Diese extragenetische Vererbung umfasst auch die Weitergabe des Sozialverhaltens, z.B. Lernprozesse, Kommunikation, Fürsorge und Empathie. Die Neubewertung des Evolutionsgeschehens führt zu der Erkenntnis, dass die Organismen ihre eigene Evolution mitgestalten. Walther Streffer zeigt an vielen Beispielen die Bedeutung von Intelligenz und Individualismus bei Säugetieren und Vögeln. Bei einzelnen Tieren einer Art gibt es eine beobachtbare Entwicklung zu einer Individualisierung.

Verlag Freies Geistesleben